ECONOMIES OF RELATION

Portuguese Literary & Cultural Studies
23/24

ECONOMIES OF RELATION

MONEY AND PERSONALISM IN THE LUSOPHONE WORLD

Roger Sansi
Guest Editor

Tagus Press
UMass Dartmouth
Dartmouth, Massachusetts

Center for Portuguese Studies and Culture
University of Massachusetts Dartmouth (UMD)

Portuguese Literary & Cultural Studies (PLCS) 23–24
PLCS Editor: Victor K. Mendes, UMD
Guest Editor: Roger Sansi, Goldsmiths, University of London
Managing Editor: Mario Pereira, UMD
Assistant to PLCS editor: Fernando Beleza, UMD
Assistant to the Managing Editor: Melissa Costa, UMD
Manuscript Editing and Proofreading: Richard Larschan, Valéria M. Souza,
Eufrida da Silva, Michelle Marie Santos, Mark Streeter, Fernando Beleza
Graphic Designer and Cover: Spencer Ladd, UMD
Typesetter: Inês Sena, Lisbon

Publisher
Frank F. Sousa, UMD

Portuguese Literary & Cultural Studies is a multilingual interdisciplinary peer-reviewed journal published semi-annually by the Center for Portuguese Studies and Culture at the University of Massachusetts Dartmouth. The journal addresses the literatures and cultures of the diverse communities of the Portuguese-speaking world in terms of critical and theoretical approaches.

Manuscript Policy

Portuguese Literary & Cultural Studies (PLCS) welcomes submission of original and unpublished manuscripts in English, Portuguese, or Spanish appropriate to the goals of the journal. Manuscripts should be in accordance with the MLA Style (latest version) with parenthetical documentation and a list of Works Cited. The author is responsible for the accuracy of all quotations, titles, names, and dates. Font and sizes as close as possible to the style of the previous issue of PLCS should be used throughout the text. All of the information must be in the same language (e.g., abstract, body of the article, bio-blurb). Updated specific guidelines for submission of manuscripts to PLCS (articles, short articles, review-essays, and reviews) are available at www .portstudies.umassd.edu/PLCS/. PLCS encourages submission of manuscripts in the form of an attached single MS Word file.

Volume Price Information

This volume (double issue) of *Portuguese Literary & Cultural Studies* may be purchased for $24.95.

Tagus Press at UMass Dartmouth
www.portstudies.umassd.edu
© 2013 Tagus Press at UMass Dartmouth
Manufactured in the United States of America

Tagus Press books are produced and distributed for Tagus Press by University Press of New England, which is a member of the Green Press Initiative. The paper used in this book meets their minimum requirement for recycled paper.

For all inquiries, please contact:
Tagus Press at UMass Dartmouth
Center for Portuguese Studies and Culture
285 Old Westport Road
North Dartmouth MA 02747-2300
Tel. 508-999-8255   Fax 508-999-9272
www.portstudies.umassd.edu

This volume was made possible, in part, by a generous grant from Sovereign Bank/Santander Universities.

Cover image: Stacks of Golden Coins © Gregor Schuster/Iconica/Getty Images.

ISSN: 1521-804X   ISBN: 978-1-933227-14-6

Library of Congress Cataloging-in-Publication Data available upon request.

5 4 3 2 1

This volume is dedicated to the memory
of John Russell-Wood (1940–2010).

Contents

xv   Introduction: Money and Personalism
in the Lusophone World
Roger Sansi

1   Does Money Bring Happiness? Comparing Brazil
and the United States
Ruben George Oliven

15   Brazilian Gold and the Commercial Sector
in Oporto, 1710–1750
A. J. R. Russell-Wood

27   Trabalho, fortuna e mobilidade de negros, crioulos
e mestiços no Brasil do século XVIII
Eduardo França Paiva

55   Remittances, Welfare Solidarity, and Monetarization:
The Interaction between Personal and Economic
Relations in Cape Verde during the Colonial Period
João Estêvão

75   State-Sponsored Indemnification, the Materiality
of Money, and the Meanings of Community in
Salvador, Brazil's Pelourinho Cultural Heritage Center
John F. Collins

93   **A procissão do Senhor dos Passos da Sapataria:**
Função económica e reorganização da ordem social
Maria Margarida Paes Lobo Mascarenhas

103   **Coins for the Dead, Money on the Floor:**
Mortuary Ritual in Bahian Candomblé
Brian Brazeal

125   **Um caloteiro devoto: A contabilidade moral**
em *Dom Casmurro*
Bluma Waddington Vilar

173   **Religion and the Everyday Life of Money in Brazil**
Roger Sansi

199   **The Personal Significance of Impersonal Money**
Keith Hart

SHORT ESSAYS, SHORT STORIES, AND POEMS

223   **From the Stones of David to the Tanks**
of Goliath
José Saramago
Translated and introduced by George Monteiro

227   **Do imemorial ou a dança do tempo**
Eduardo Lourenço

233   **The Cell Phone**
João Melo
Translated by Luisa Venturini

239   **Herberto Helder, from *Flash***
Translated by Alexis Levitin

245   **Four Poems**
Margarida Vale de Gato
Translated by Ana Hudson and Margarita Vale de Gato

OTHER ARTICLES

263   **Brazilian Masculine Identity in Mario Prata's
Album-Novel *Buscando o seu mindinho:
Um almanaque auricular***
George Arthur Carlsen

279   **"Tradições evanescentes": A ficcionalização
do discurso científico racialista no regionalismo
literário brasileiro**
Luciana Murari

295   **Wasting Away: (De)Composing Trash**
in the Contemporary Brazilian Documentary
Steven F. Butterman

305   **Pressupostos estéticos do academicismo literário:**
A literatura brasileira no início do século XX
Maurício Silva

315   **Os livros de linhagens da idade média portuguesa:**
Os livros manuscritos medievais e sua rede
de poderes
José D'Assunção Barros

331   **Rewriting Carolina Maria de Jesus:**
Editing as Translating in *Quarto de despejo*
Frans Weiser

343   **Portingale to Portugee**
George Monteiro

361   **Camões revisitado na visão mitopoética**
de Manuel Alegre
Pedro Carlos Louzada Fonseca

371 **Portuguese Short Takes: Three Storytellers
in Portugal's Post-Revolution Years**
Rui Zink

389 **Literary Abodes: Machado de Assis on Interiors**
Estela Vieira

399 **Photobook of the City: Eduardo Gageiro's *Lisboa
no cais da memória***
Paul Melo e Castro

409 **The Blindness of Meirelles**
Alessandro Zir

419 **La retórica del poder: El discurso ideológico
de Salazar a través de sus aforismos políticos**
Alberto Pena-Rodríguez

441 **Fernando Beleza on Anibal Frias's *Fernando Pessoa
et le quint-empire de l'amour***

Introduction: Money and Personalism in the Lusophone World

Roger Sansi

Triste Bahia, oh, quão dessemelhante
Estás e estou do nosso antigo estado!
Pobre te vejo a ti, tu a mi empenhado
Rico te vejo eu já, tu a mi abundante

A ti tocou-te a máquina mercante
Quem tua larga barra tem entrado
A mim vem me trocando e tem trocado
Tanto negócio, e tanto negociante

Caetano Veloso's song *Triste Bahia* starts with these quartets of Gregório de Matos. In other poems grouped in the same section, *Santos Unhates*, de Matos complains about the privileges of (Portuguese) foreigners over Brazilians,[1] denounces the hunger in the city while the fleet takes all the food supplies,[2] and questions the monetary policy of depreciation[3] and the unequal exchange between colony and metropolis.[4] We can see that inflation in Brazil is not a recent phenomenon; and the awareness of the dependent situation of the country in world trade is not new either. The problem of Brazil has never been its backwardness; on the contrary, the "merchant machine" of capitalism has always been central to its formation. During Gregório de Matos's time (these

Portuguese Literary & Cultural Studies 23/24 (2012): xv–xxvi.

verses are dated in 1686) the policy of depreciation of the currency was part of a strategy of the Portuguese crown to stem the outflow of domestic coins— and the gold and silver they were made of—to northern European countries. By the end of the seventeenth century, however, it was clear that this outflow was a result of an unfavorable trade balance, and that devaluation had done little to stop it (see Macedo, Silva, and Sousa, and Almodóvar and Cardoso). As Brazil was dependent on Portugal, so Portugal was becoming aware of its dependence on the new and powerful northern European economies.

In order to understand the discourses and narratives around money in the lusophone world, it may be useful to start by acknowledging the centrality of the "merchant machine" that has constituted it, so poignantly described by de Matos both as its living force and its curse: his beloved and loathed city of Bahia is founded on money, but this same money keeps her captive of foreign powers.[5] The promise of wealth is the motor of colonization, but it also brings affliction—because it is dangerous to be an enthusiast of money "sem real autoridade"—without being in command over it. De Matos questioned the enthusiasm of Bahians for a measure of value, the Real, that they did not coin or control, but that was made far away, by El-Rey in Portugal. And yet, the Portuguese court was also unable to manage its outflow; despite the pro-active policies of the court to keep it under control, limiting its circulation, the Real was running away from their hands, and their country. Money is unpredictable, volatile, and tricky.

"Money does not bring happiness" ("O dinheiro não traz felicidade"). For Roberto DaMatta, this saying embodies the mistrust of money in Brazil. Brazilians are suspicious of money in contrast to personal relations: what brings happiness is friendship, not material wealth. In Georg Simmel's *Philosophy of Money*, money is the ultimate tool of individualization. Through money, people become autonomous individuals; all social interactions can be transformed into impersonal services, in which no personal acquaintance is required, because money becomes a universal mediator. For DaMatta, this model of absolute individualism is precisely what Brazilians resist in their suspicion of money; Brazilians don't want to be autonomous *individuals*, but gregarious *persons* (where a person is defined in relation to other people, not in relation to his/her objectives, like the individual). Brazilian culture privileges personal relationships over impersonal commoditized exchange.

What are the origins of this "personalism" of Brazilian society for DaMatta? The Catholic religion and a general lusophone or even Iberian cultural framework seem to be at its roots. In any case, DaMatta always counterpoises the Brazilian cultural model to that of the United States, the more accomplished example of individualist modernity.

The objective of this collective volume is to question the limits of this model. Is this "personalism" something really specific of lusophone cultures, as opposed to, say, Protestantism or Anglo-American cultures? Isn't it also a common saying in English that "money doesn't bring happiness"? In more general terms, does money stand in contradiction to personal relations? Is that the reason why money doesn't bring happiness? The papers in this volume address these questions at several levels, bringing different insights from the fields of literary criticism, cultural studies, history, and anthropology.

Drawing on Roberto DaMatta's argument, Ruben Oliven explores the contrasting relationship to money in everyday life in Brazil and in the United States. Looking at Brazilian and American proverbs and at *samba* lyrics, Oliven shows how money in Brazil is described as polluting, while in the US it is poverty that is filthier. Although the Biblical root of the connection between money and sin is common to both countries ("The love of money is the root of all evil" [1 Tim. 6.10, KJV]), Oliven shows how the sinfulness of money has been ironically subverted in everyday American sayings such as "Money is the root of all evil—but has anyone ever discovered a better route?" In the same way, "money doesn't bring happiness" has been transformed into "happiness doesn't bring money." This subversion of the sinfulness of money is partially a result of the embrace of capitalism by Weber's famous Protestant ethic, which is hegemonic in the US, as opposed to the Catholic aversion to money in Brazil. Oliven shows how Franklin and Emerson describe money as an expression of human power over time and nature. But he also qualifies this historically: there are different relations to money in northern and southern states in the US. According to Oliven, the cultural heritage of slavery is common to Brazil and the "Old South": the negative attitudes towards work and money are partially an inheritance of a landed gentry with aristocratic ideals, who despised work and the accumulation of money, as opposed to leisure and the liberal expense of wealth in social events. Oliven presents a Brazilian tradition of social thought, from Buarque de Hollanda and Vianna to DaMatta, for whom Brazilians would have a pre-capitalist mentality, in spite of the fact that materially the country is fully capitalist. This pre-capitalist mentality would not just be a patrimony of the elites but would also be predominant in the popular classes: the former slaves would reject work because it was associated with slavery and aspire to a life of leisure, like their masters. This would be the origin of the mythological figure of the *malandro*, the rogue, wonderfully described by Antonio Cândido and DaMatta.

Therefore, Catholicism and slavery would be keys to understanding the Brazilian—and perhaps more generally lusophone—contradiction between a capitalist economy and a pre-capitalist culture. But several papers in this volume question these assumptions. In his article on work, fortune, and the mobility of blacks, creoles, and mestizos in Brazil in the eighteenth century, Eduardo França Paiva questions the "slave mentality" that would generate an aversion to work and a "rogue culture" in the Brazilian popular classes. By looking at the trajectories of freed slaves in eighteenth-century Minas Gerais, Paiva shows how many of them, after attaining freedom—most of the time not by an act of grace but by buying it themselves with their own work— would not fall into idleness, as the myth of the rogue "malandro" would presume, but instead became entrepreneurs and business owners. In many of these cases, their predisposition and ability to save and capitalize money is unquestionable. This contradicted the discourse of the political elites, who described the freed slaves as "dangerous" anti-social elements. For Paiva, this concern of the establishment was a reaction against the social and economic success and adaptation of their former slaves, which questioned their own authority. The myth of the freed slave as an idler and a rogue, *vadio* and *malandro*, finds its roots in the venomous denunciations of a traditional elite that was afraid of being overcome by their former slaves in their own system: a capitalist economy in full expansion. This myth, however, survived the end of slavery and acquired the status of historical and sociological truth in the twentieth century, when many historians, anthropologists, and sociologists described the unsuccessful adaptation of "blacks" to the new class society as a result of their "slave culture" (Fernandes 1965).

The eighteenth century provides a good counterpoint to the presentism of certain approaches. The discovery of gold in Minas Gerais at the end of the seventeenth century gave a boost to the Portuguese Empire and a second chance to take control over its economic growth. John Russell-Wood's paper on "Brazilian Gold and the Commercial Sector in Oporto (1710–1750)," which follows the trajectories of the gold bullion, shows how the city of Oporto was not just a stopping place but an active participant in a European trade network that greatly benefited from this trade, both culturally and socially: not all the gold was pouring out of the empire. The Portuguese Empire was always involved in the emerging world-system of trade that would later be defined as "capitalism." As we know, this "second chance" of the eighteenth century did not finally shake the Portuguese Empire from its dependency on northern European powers. The "Reformas Pombalinas" are the first case of a self-conscious program of "modernization," a recurrent obsession of the elites in the next two centuries (what Faoro called the "impetus de modernização"), and which in all cases will only be partially successful. These modernization programs seemed inevitably destined to fail since they do not acknowledge that the problem is not just the *reform* of the State as much as the renegotiation of its relations with the world-system, as dependency theorists showed some time ago.[6] The discourse on the "backwardness" and "pre-capitalist" culture of the lusophone world also finds its roots in these reformist programs. But how can the lusophone world be pre- or anti-capitalist if the "merchant machine" is at its foundations?

In her meticulous and enlightening reading of Machado de Assis's *Dom Casmurro*, Bluma Waddington Vilar shows the complexity with which Assis was approaching the topic of "money doesn't bring happiness." At one level, Vilar shows how in many of his novels, reproduction and familial well-being are contradictory to material wealth, or better, material wealth is tarnished by sterility. And yet, at another level, the reversibility between economy, religion, and kinship as systems of value is based on an economic logic, the logic of debt, which is common to all of them, what Vilar calls a "moral accountability." Like the economy, the ritual exchange of the religious *promessa* is sarcastically described in terms of accountancy, and so is the relationship between fathers and sons. In that, Machado is a wonderful example of how the nineteenth-century "realist" bourgeois novel contained what in the twentieth century would become "realist" sociological theories that would describe the social man essentially as a bourgeois accountant, always seeking to accumulate capital in different forms—not just economic, but also cultural, religious, or symbolic capital (Bourdieu 1972). And yet Machado, through his use of multiple voices (is Dom Casmurro's cynical vision of moral accountability Machado's view, or just one aspect of it?) shows a much more complex picture than any critical sociology could have, by presenting characters who in all their complexity try to reduce and control the world through numbers, and yet are always overcome by emotions that cannot be accounted for: love, hatred, rage … which is precisely what "accounting" is all about in *Dom Casmurro*: hiding your real thoughts and emotions. The scene in *Dom Casmurro* where he pays his "son's" trip to the Near East, hoping to "pay for his leprosy," so that he dies on this trip, gives a sad and shocking impression of the misery of this "accounting man" that, curiously enough, has become the model of the social man for many contemporary social theorists.

Catholicism is the other factor that seems to forge an irredeemable contradiction between lusophone personalism and capitalist attitudes toward money. What to do then with the uses of money in traditional Catholic festivals like the procession of *Nosso Senhor dos Passos da Sapataria*, celebrated in Lisbon up to this day? In her article, Maria Mascarenhas shows how the procession's commission capitalizes the remains of the procession's expenses in a bank account, reinvesting the interest for the next year. This practice could be justified because the commission is constituted by secular members of the congregation and not by ordered priests; yet, one has to acknowledge the relevance of secular brotherhoods in the popular Catholicism of the lusophone world, and the centrality that the accumulation and display of material wealth have always had in these brotherhoods. In wider terms, Mascarenhas shows the centrality of money in everyday rituals like the *promessas*, inscribed in a dialectics of reciprocity.

In his paper about *axexé* funerary rituals, Brian Brazeal also shows the diverse ritual uses that money can have in the Afro-Brazilian religion Candomblé. In these rituals, money in the form of coins is used to "pay off" the spirit of a deceased person. This ritual indexes the passage from the particular living person to the generic dead spirit (*Egum*). According to Brazeal, "The coins for the dead work on the principle of the universal equivalence of money to transform a particular relationship into a generalized one": the members of the cult "purge themselves of their personal relationship to the deceased" by rubbing their body with coins and then throwing them into a clay bowl (*alguidar*). The money then becomes sacralized and may only be used for paying ritual services (although, as we see in this particular case, this can be interpreted rather generously). In another ritual, in the sacrifices to the gods (Orixás), money is distributed in a ceremonial manner (on the floor) amongst the participants, but in very different terms: "Unlike the coins for the dead, which sever kinship relations, the ritual transaction of money on the floor reaffirms them."

Both Mascarenhas and Brazeal show how money can acquire a ritual value, both in Catholicism and Candomblé. Both authors emphasize reciprocity and redistribution as central to the uses (or at least the discourses) of money in these ritual events. By looking at these religious practices with money, we can see that the discourse of "personalism" is in fact not contradictory in terms of money, but that money can be used to constitute and reproduce personal relations. However, we could also argue that money in these ritual uses loses one of its fundamental qualities: its universality and impersonality as a measure of value, because it becomes attached to the reproduction of a community and cannot be used out of this ritual context. Moreover, we could say that the values of these rituals are pre- or anti-capitalist, because their object is to reinforce communities and not to increase the wealth of single individuals.

But aren't there money rituals that aim to increase the wealth of individuals, formalizing the magical capacity of money to reproduce itself, the "magic of capitalism"? Michael Taussig's *The Devil and Commodity Fetishism in Latin America* (1980) described the production of new money rituals and mythologies of wealth with the arrival of new forms of capitalism. This is also one of the issues that Roger Sansi deals with in "Religion and the Everyday Life of Money in Brazil." One of the points that Sansi makes is that these ritual practices of "money magic" are not particularly new in Brazil or the lusophone world; rituals that seek the multiplication of money can be found in popular Catholic practice as well as in African rituals, and in the diverse inter-penetrations of the two, beginning in the early stages of colonization. This argument is a necessary prelude to discuss the practices of the Neo-Pentecostal churches in the lusophone world. The astonishing expansion of these churches in the last few years has been interpreted by many anthropologists and sociologists of religion as a result of the encounter with capitalism in its late phase: neo-liberalism. These new churches would incorporate this foreign "magic of capitalism" into their ritual practices, promoting a Gospel of Prosperity. In contrast, Sansi argues that, on the one hand, there is nothing foreign or new to this magic in the lusophone world; on the other hand, he proposes that there is something more than the pursuit of material wealth behind the Neo-Pentecostal ritualization of money: there is also a project of political and religious hegemony. This statement has to be understood in the context of the "authoritarian monetarism" that Brazil has suffered in the last decades, in which the State has kept the circulation of money under rigorous control, since the strength of the country is closely associated to the strength of its currency (the "Brazil risk"[7]). By sanctifying money, the Neo-Pentecostals are actually proposing to build a Christian economy anchored to the only truly stable "standard of value," one much better than the dollar: God himself.

One of the central questions that these papers on religion raise is the personalization of money—how it becomes an index of particular persons, networks, or communities, and a tool for their reproduction. But that is of course not an issue limited to religious practices. João Estêvão's paper describes the introduction of the colonial currency in Cape Verde. The process of monetarization of the economy in the archipelago did not result in a growing impersonalization of social relations; on the contrary, it was constituted by (and was constitutive to) kinship networks of migrants. These migrants sent remittances in foreign currencies that were then exchanged into Cape Verdean *escudos*, stabilizing the currency as a result. This transfer from the kinship network to the colonial state occurred through complex processes that involved formal and informal instances, mainly the relationship of local merchants with families of migrants. The local merchant would act as a mediator between the family and the bank, receiving the remittances from the migrants and transforming them into groceries and cash in the local currency for the family. "The personal and economic relations were thus complementary with each other."

John Collins describes a rather less successful story: the expropriation of the inhabitants of the historical center of Salvador de Bahia, the Pelourinho. The population of that neighborhood was seen as *marginais* and *malandros*, dangerous crooks. Many years after the eviction in 1992, Collins describes how the former neighbors reconstituted their lives from that second start, when they found themselves in the street and with an indemnification: "the exchange of money for dwellings has both destroyed a neighborhood and reconstituted a somewhat different community in its place": a community of memory. The stories of this second start—stories of success or, in most cases, failure—deal with the ability of these *marginais* to transform money into a new life.

How to avoid wasting money? How can we transform impersonal money into a personal value? How can we capitalize to build a better life, to build people, social relations, and communities? The theme of the personalization of money is relevant to many papers in this volume, and is also addressed in the concluding article by Keith Hart. Money is always both impersonal and personal; there is no such a thing as absolutely abstract, impersonal money because, first, many monetary transactions involve credit, which implies a social relation of recognition, a personalization of the participants in the exchange. Personal credit is becoming one of the dominant forms of economic transaction in our society (through cards, telephone and internet payments, loans, and, of course, mortgages). Money becomes more personal-ized: the credit we have depends on who we are; we pay with our individual signatures, IDs, and passwords; we need endorsers. But that does not imply so much a "re-personalization" of the economy as a re-negotiation of its personal and impersonal aspects, in which nation-states, as issuers of "impersonal" national currencies—and guarantors of their value—seem to lose pace. The result, Hart predicts, could be a new "feudalism," in which what you have depends on who you are—your wealth is related to your "fame"—your good reputation or good credit record.

Portugal, since its integration with the Euro, apparently has managed to overcome uncertainties and monetary fluctuations; yet, after the last credit crash, its integration with the Euro has begun to appear as a mixed bless-ing, and rumors about Portugal "defaulting" and "being kicked out" of the Eurozone were constant by the time this introduction was written (March 2012). Portugal is being cast aside with other European PIGS (Portugal, Ire-land, Greece, and Spain), poor countries that seemed to become rich thanks to the European Union, but apparently had only become heavily indebted. The media discourse on the PIGS (even in these same countries) is often astonishingly moralistic, rather than economic: the PIGS are often defined as "unreliable," not being "serious," not "doing their homework," needing to be supervised by "serious" Germany as a kind of father/mother figure, because they are unable to manage money … perhaps because of their "culture," and their religion? Because they are not Protestants? What and who generated the debt crisis in the first place—the credit crunch perpetrated by essentially Anglo-American (and therefore Protestant?) banks seems to be totally forgot-ten in these highly moralistic, and sometimes even racist narratives.

The fate of other countries in the lusophone world, like Brazil and Angola, seems to have been radically different: both Brazil and Angola have grown exponentially in the last decade thanks to their powerful exportations of raw materials and commodities. Nobody seems to remember today the "backwardness" of these countries, or their "culture," by the same token. They appear as perfectly proficient "capitalist" economies. But is their situation stable now? Do they have "credit"? By March 2012 Brazil has become the world's seventh largest economy, surpassing the alpha and omega of capital-ism, the UK. But still today, in Brazil, credit operations have excruciatingly high interest rates (9.75 percent in Brazil as opposed to 1 percent in the Eurozone in January 2012), a result of decades of authoritarian monetarism and uncertainty over the future of the currency and the economy in general—the "Brazil risk." Since the nineties, these high interest rates have attracted international banks, which have generated an expansion of credit that could eventually result in an extremely violent local "crunch" because of the excruciatingly high interest rates. Angola, on the other hand, after the brutal hyperinflation of the nineties, a result of the war and of the Russian crisis, is booming, thanks to the construction sector and exportations of raw materials, especially oil, in particular to China (which buys 40 percent of its exports). In fact Angolan business is heavily investing in Portugal, in a process that inevitably has the sentimental undertones of a "reverse colonization." But still, the interest rates in Angola are also excruciatingly high, higher than in Brazil (10 percent), and its economy is very dependent on the fluctuations of the world market; a crisis in China could have devastating effects for Angola.

All these considerations bring us to a more general question: to what extent is the distrust of money in lusophone countries not just the result of a "personalist" culture but of the dominated position of these countries in the world-system? At this point we need to re-frame the problem of the "personalization" of money in relation to its "impersonalization." What does it mean that money is "impersonal"? It means that it is a means of exchange, that it can be used to buy anything in a market, but also that money is a standard of value, that it is "a token of society," as Hart says: "it must be impersonal in order to connect each individual to the universe of relations to which they belong." This "standard of value," in the last centuries, was issued by the State, as the embodiment of "society." This double character of the impersonality of money, what Hart called its "heads or tails" (*Cara ou coroa* in Portuguese), makes of money the embodiment of a perhaps more fundamental dichotomy than the "personal" and the "impersonal": the dichotomy of markets and states. This dichotomy is not necessarily a contradiction—markets can work for the benefit of states and states can ensure the conditions of development of markets: such is the fundamental principle behind classical liberal political economy. But the fact remains that "all markets are in a sense world markets, in that they link specific places to a proliferating network of universal scope." By participating in a market, persons, communities, "societies," States take the risk of being unable to control the standards of exchange. This is probably one of the central questions behind the suspicious character of money, not just its impersonal character but its ambiguously key position in the dialectics of the global and the local, its identity as a token of the world-system, its uncontrollable otherness. The lusophone world, in the long run, has had a subaltern and dependent role in the distribution of this world-system, and money has been one of the more powerful tools of its compliance with international markets. This subaltern dependency has produced extreme hardships in the everyday lives of people in lusophone countries, who have had to suffer the consequences of depreciation, hyperinflation, and economic crises from 1686 to 1986, and beyond. In these conditions, there is plenty of proof that "money does not bring happiness," or better, that money cannot be easily controlled; it is difficult to plan one's future happiness by counting on it. Still, nowadays, the "merchant machine" is both the driving force and the curse of the lusophone world.

Notes

[1] Senhora Dona Bahia, / nobre, e opulenta cidade, / madrasta dos Naturais, / e dos Estrangeiros madre.

[2] Toda a cidade derrota / esta fome universal, / uns dão a culpa total / à Câmara, outros à frota: / a frota tudo abarrota / dentro nos escotilhões / a carne, o peixe, os feijões, / e se a Câmara olha, e ri, porque anda farta até aqui, / é cousa, que me não toca; / Ponto em boca (from pt.wikisource.org, last visited 18 February 2008).

[3] Tratam de diminuir / o dinheiro a meu pesar, / que para a cousa baixar / o melhor meio é subir: / quem via tão alto ir, / como eu vi ir a moeda, / lhe prognosticou a queda, / como eu lha prognostiquei: / dizem, que o mandou El-Rei, / quer creiais, quer não creiais. / Não vos espanteis, que inda lá vem mais.

[4] Virá a frota para o ano, / e que leve vós agouro / senão tudo a peso de ouro, / a peso tudo de engano: / não é o valor desumano, / que / a cada oitava se dá / da prata, que corre cá, / pelo meu fraco conceito, / mas ao cobrar fiel direito, / e oblíquo, quando pagais; / Não vos espanteis, que inda lá vem mais.

[5] Bem merece esta cidade / esta aflição, que a assalta, / pois os dinheiros exalta / sem real autoridade: / eu se / hei de falar verdade, / o agressor do delito / devia ser só o aflito: mas estão tão descansados, / talvez que sejam chamados / nesta frota, que esperais; / Não vos espanteis, que inda lá vem mais.

[6] See for example Cardoso and Faletto. For an interesting interpretation of Cardoso's later conversion to "modernization," read Rocha.

[7] Concerning the "Brazil risk," see Garcia and Didier.

Works Cited

Almodóvar, António, and José Luis Cardoso, eds. *A History of Portuguese Economic Thought.* New York: Routledge, 2002. Print.

Bourdieu, Pierre. *Esquisse d' une théorie de la pratique.* Paris: Ed. Droz, 1972. Print.

Cândido, Antonio. *Dialética da malandragem.* São Paulo: Instituto de Estudos Brasileiros, 1970. Print.

Cardoso, Fernando Henrique, and Enzo Faletto. *Dependency and Development in Latin America.* Berkeley: U of California P, 1979. Print.

DaMatta, Roberto. *Carnivals, Rogues, and Heroes: An Interpretation of the Brazilian Dilemma.* South Bend, IN: U of Notre Dame P, 1991. Print.

Faoro, Raymundo. "A questão nacional: a modernização." *Estudos Avançados* 6.14 (1992): 7-22. Print.

Fernandes, Florestan. *A integração do negro na sociedade de classes.* São Paulo: Dominus, 1965. Print.

Garcia, Márcio G. P., and Tatiana Didier. "Very High Interest Rates and the Cousin Risks: Brazil during the Real Years." *Textos para discussão 441,* Department of Economics PUC-Rio, 2000. Web. 18 Feb. 2008. <www.econ.puc-rio.br/pdf/td441.pdf>.

Holanda, Sérgio Buarque de. *Raízes do Brasil.* Rio de Janeiro: José Olympio, 1969. Print.

Holy Bible, 1611 King James Version. Web. 5 Jan. 2011. <http://www.kingjamesbibletrust.org/>.

Macedo, Jorge Braga de, Álvaro Ferreira da Silva, and Rita Martins de Sousa. "War, Taxes, and Gold. The Inheritance of the Real." *Transferring Wealth and Power from the Old to the New World: Monetary and Fiscal Institutions in the 17th through the 19th Centuries.* Cambridge, UK: Cambridge UP, 2001. 187-230. Print.

Rocha, Geisa Maria. "Neo-Dependency in Brazil." *New Left Review* 16 (2002): n.p. Web. 18 Feb 2008. <www.newleftreview.org/?page=article&view=2397>.

Simmel, Georg. *The Philosophy of Money.* London: Routledge, 1978. Print.

Taussig, Michael. *The Devil and Commodity Fetishism in Latin America.* Chapel Hill: U of North Carolina P, 1980. Print.

Vianna, Francisco José de Oliveira. *História social da economia capitalista no Brasil.* Belo Horizonte/Rio de Janeiro: Itatiaia/UFF, 1987. Print.

Weber, Max. *The Protestant Ethic and the Spirit of Capitalism.* London: Unwin Hyman, 1930. Print.

Roger Sansi (PhD, University of Chicago, 2003) is senior lecturer in the Department of Anthropology, Goldsmiths, University of London. His recent publications include *Fetishes and Monuments: Afro-Brazilian Art and Culture in Bahia* (Berghahn, 2007) and *Sorcery in the Black Atlantic* (co-edited with L. Nicolau: U of Chicago 2010). Email: ans01rsr@gold.ac.uk

ECONOMIES OF RELATION

Does Money Bring Happiness?
Comparing Brazil and the United States

Ruben George Oliven

Abstract: This article compares attitudes towards the relation between money and happiness in Brazil with those existing in the United States. Money is examined through language expressions, proverbs, popular music, and scholarly and non-scholarly articles. It is analyzed in relation to blood, sperm, slavery, free labor, saving, Catholicism, and Protestantism. Whereas in America money is outspoken, in Brazil there is frequently a diffident attitude towards it. While in Brazilian society, money is seen as polluting and leading to unhappiness, in North American society it is seen as something cleaner and as part of self-realization.

Money is the message

Money is a means of exchange not only of economic values but also of social values. Through money cultures communicate beliefs, mainstream ideas, and feelings about what is proper and improper. It is therefore important to compare different societies as regards money. The United States and Brazil are two interesting examples in the sense that their rhetoric about money differs.

Whereas in America money is outspoken (Oliven, "Looking"), in Brazil there is frequently a diffident attitude towards it. There are several expressions in the United States directly related to money. "To add my two cents to the discussion" means you want to voice your opinion as regards a subject that is being debated. "They don't buy it" means they don't agree or accept the idea.

Portuguese Literary & Cultural Studies 23/24 (2012): 1–14.
© Tagus Press at UMass Dartmouth.

"I would put my money on this" means that this is what is going to happen in the future as regards a certain trend. "For one's money" means "according to one's preference or opinion" (*New Lexicon* 1458). And "a penny for your thoughts" implies that theoretically everything is for sale including your most intimate feelings. In Brazil you buy a discussion (*comprar uma discussão*) and you buy a fight (*comprar uma briga*), both having a conflictive meaning.

In Brazil money is frequently shameful to discuss. The polite way to ask for money there is: "Can you lend me some?" (*Você pode me emprestar algum?*). In the States money is more easily seen as an integral part of the person. Thus the saying "Not a penny to my name." In America, when referring to the amount of wealth a person owns, newspapers frequently use the expression "Mr. X is worth so many million dollars." In Brazil one would not want to believe that a person could be defined by the money attached to him or her in spite of or because of the fact that social inequality is greater there.

In English you pay attention, you pay a visit, you pay a compliment, you pay your respects, you pay your way, and you pay lip service. In Brazil you pay for your sins (*pagar seus pecados*) and you pay promises (*pagar promessas*). Whereas in the United States you will ask a person if you can buy him or her a drink, in Brazil you would ask if you can get or offer someone a drink. In Brazil, asking if you can buy someone a drink would implicitly mean that you are trying to buy the person.

In Brazil, money is regarded as more polluting than in the States. Actually, in Brazil, when a person is totally out of money he or she is "clean" (*limpo*), and when a gang robs a bank they "clean" it. But when a person is very wealthy, he or she is "rotten rich" (*podre de rico*), the equivalent of the American "stinking rich." In Brazilian slang the word *poupança* (savings) is used to refer to the buttocks. And when you are totally out of money you can say: "I haven't got a whorish penny" (*Estou sem um puto tostão*).

In America, however, it is poverty that is filthier. In this respect one can be "dirt poor." There are other expressions relating poverty to dirt in English: something can be "dirt cheap" (again the dirt is in the lack, not in the abundance of money). On the other hand, *pay dirt*, according to the dictionary, is "earth containing enough ore to be profitably worked by a miner" or "something which turns out to be a valuable source of information" (*New Lexicon* 738). Notice how money (gold) breeds from dirt. Referring to American society, Knight argues that "Today poverty is recognized as an evil and money as the potential means of much good—of enjoying the arts, education, travel, medical care, philanthropy, as well as the material necessities and comforts of life" (11).

Some American proverbs attest to the idea that money in America is seen as less dirty than, for example, in Brazil: "All money is clean, even if it's dirty," "Money doesn't get dirty" (Mieder, *Dictionary* 415), and "Money doesn't smell." Some proverbs compare money to feces but the classical Freudian equation between these terms (see Freud and Ferenczi) is weak. Thus, the parody "Money talks, bullshit walks," makes money the strong element and feces the weak one. The payment day is "when the eagle shits." Although here there is an association between money and feces, the animal that provides people with money is not the filthy pig but the eagle, the symbol of the United States. And there is an instance of a direct equation of money to feces: "Money is like manure: it's only good when spread around" (Mieder, *Dictionary* 416). But the element that is stressed is the fertilizing aspect of feces. Since in the earth feces are not "matter out of place," to quote Douglas's (1966) expression, in this particular circumstance money and manure can not be considered dirty.

Actually, there is a strong incidence of American proverbs that lend a positive connotation to money. To give some examples: "Money talks"; "Money makes the mare go"; "Make money honestly if you can, but make money"; "Money is power"; "Money is the sinew of trade"; "Money must be made, or we should soon have the wolf at the door"; "Nothing but money is sweeter than honey"; "Nothing makes money faster than money." There seem to be fewer negative proverbs about money. Among them are: "Money can't buy happiness," and "Money isn't everything." But even the biblical proverb "Money is the root of all evil" is frequently transformed into a parody that negates its statement: "Money is the root of all wealth"; "Money is the root of the Bank of America"; "Money is the root of all evil and man needs roots"; "Money is the root of all evil but it does seem to grow some mighty fine plants"; "Money is the root of all evil but it's still number one as the root of all idylls"; "Money is the root of all evil but has anyone ever discovered a better route?"; "Money is the root of all evil and also of a good many family trees." In the same way, "Money can't buy happiness" is transformed into "Happiness can't buy money." And "Money isn't everything" becomes "Money isn't everything, only half." "Virtue is its own reward" becomes "Money is its own reward" (Mieder *Proverbs*).

Franklin, Emerson, and triumphant capitalism
Benjamin Franklin (1706–1790), frequently hailed as "the first civilized American" and "the apostle of modern times" and who, among other things, was a

successful inventor and businessman, became famous also for his "proverbs." He published an almanac from 1733 to 1758 that sold about 10,000 copies each year and which "next to the Bible [...] might well have been the most frequent reading material in the colonies" (Mieder, *Proverbs* 129). Although most of the proverbs in his *Poor Richard's Almanack* were not invented by him, as he himself made clear, they were associated with his person. "The Way to Wealth," a short article Franklin published in 1758, is an example of Puritan ethics rendered through 105 proverbs and has become a classic. In it Franklin goes on mentioning proverbs such as "God helps them that help themselves"; "It is foolish to lay out money in a purchase of repentance"; "It is hard for an empty bag to stand upright"; "At the working man's house hunger looks in, but dares not enter." In *Advice to a Young Tradesman*, written in 1748, he says: "Remember, that *time* is money [...]. Remember, that *credit* is money [...]. Remember, that money is of the prolific, generating nature. Money can beget money, and its offspring can beget more, and so on [...]. Remember this saying, *The good paymaster is lord of another man's purse*" (qtd. in Weber 48–49). Franklin represents the idea of the self-made man, the colonist who does not wait for others to do things for him.

Ralph Waldo Emerson, who lived a century later (1803–1882), is frequently considered "the last puritan" (Porte; Santayana). He can be seen as a champion of the virtues of capitalism, stressing the ideas of thriftiness, of free enterprise, etc. In his essay "Wealth," published in *The Conduct of Life*, he makes an apology for money when he says: "The world is his, who has money to go over it" (Emerson 994). It is interesting that he relates wealth to nature. He argues that "Wealth is in applications of mind to nature; and the art of getting rich consists not in industry, much less in saving, but in a better order, in timeliness, in being at the right spot" (989). He also stressed that "Men of sense esteem wealth to be the assimilation of nature to themselves, the converting of the sap and juices of the planet to their incarnation and nutriment of their design" (993). Emerson goes on in his analogy and argues that:

> It is a doctrine of philosophy, that man is a being of degrees; that there is nothing in the world, which is not repeated in his body; his body being a sort of miniature or summary of the world: then that there is nothing in his body, which is not repeated as in a celestial sphere in his mind: then, there is nothing in his brain, which not repeated in a higher sphere, in his moral system. Now these things are so in Nature. All things ascend, and the royal rule of economy is, that it should

ascend also, or, whatever we do must always have a higher aim. Thus it is a maxim, that *money is another kind of blood. Pecunia alter sanguis*: or, the estate of man is only a larger kind of body, and admits of regimen analogous to his bodily circulations. (1010; emphasis added)

Speaking about fluids, one could also speculate about the relation of money to sperm. In this perspective, money could be seen as something essentially masculine that has to be invested, preferably in different places in a similar way to the reproductive strategy used by some male animals. Actually, *Time Magazine* featured an article about human sexual behavior that had on its first page a drawing of a plowed field in which men are simultaneously sowing spermatozoids and one dollar bills (Wright 44–45). It is significant that there is something called *seed money*, which is money donated to be used as capital that will bear fruit, that is, will create more money.

Blood and sperm are of course kept in *blood banks* and *sperm banks*. And a euphemistic way of saying you are going to urinate is to say you are going "to spend a penny." Bodily fluids end up being tied to a debt and credit system.

In a sense, American money is related to God. Indeed, on all American coins and bills it is written, "In God we trust," in a clear association between the Almighty and money. Former Brazilian President Sarney (1985–1990) decided to have a similar saying on Brazilian bills so that now all of them say "God be blessed" (*Deus seja louvado*). Considering Brazil's staggering inflation rate, which followed the new currency he created, making money worthless shortly after it was issued, some Brazilians joked, saying that the sentence should be reversed to "God help us!" (*Deus nos acuda!*). But the fact that money bears the name of God in the States does not transform it into a sacred object. In fact, you can see in several tourist spots machines that press coins until they become unrecognizable and print another saying on them. In Brazil, bills and coins belong to the government and people who have them are only their bearers. To willfully destroy money is a legal offense in Brazil, money having a status similar to the national flag. When you want to say someone is nuts in Brazil you would say he or she is burning money. In America, there is something called *mad money*. According to the dictionary it is the "carfare carried by a girl on a date to provide a means of escaping her escort in the event of unwanted familiarities; *broadly*: a small sum carried by a woman for emergency use" (*New Lexicon* 1357). The term is also used for money you spend freely without any financial worry. It is interesting to note that the definitions given by the dictionary associate the mad use of money with women. The expression "almighty dollar" might sound blasphemous and contradictory to the sentence that appears on American money. It suggests, however, that the power entailed in money is a kind of *manna* because of its qualities of power. Money talks!

Things are different in the United States South

Franklin and Emerson were both born in Boston. Their attitudes towards money represent a more capitalist and northern view of a society that was based on free labor and the idea of the self-made man, giving equal possibilities to everybody. Analyzing southern folkways prior to the Civil War regarding money, Ogburn, in an article originally published in 1943, shows that things were different in the Old South, which did not have a very developed money economy because farmers were mainly self-sufficient. According to him, although the South changed after the Civil War and money became much more widely used, "some ideas, characteristic of the days of self-sufficing plantation economy, have persisted into the industrial civilization of the twentieth century" (199). Examples of the survival of attitudes of a moneyless economy are the resistance to the use of money in settling personal differences, the fact that it would be rude to come quickly to business matters without any preliminaries, the fact that tipping would be less widespread as a custom than it is in northern cities, expressions such as: "this is something money cannot buy," etc. Ogburn argues that these attitudes have a lot to do with an aristocratic society whose wealth is based on land not on money, and which looks down at merchants and businessmen. He draws a comparison with seventeenth- and eighteenth-century Europe, which was not yet a fully monetary economy: "The attitudes of the aristocrats were like the attitudes of a moneyless economy. They high-hatted tradesmen and people who worked for money" (203).

Sure, "money is making an inroad into such personal transactions, but slowly and with resentment" (Ogburn 203). Ogburn sees these attitudes as survivals that sooner or later will disappear:

> [S]everal of the manners and customs of the South become clearly understood when they are seen as survivals of attitudes of a moneyless society. Money appears first in a limited sphere of transactions in a society. But gradually it penetrates into wider and wider circles of exchanges and relationships. But in doing so,

it is opposed. Many of these attitudes of the South after the Civil War are best understood as oppositions to this wider use of money. In the course of time, these survivals will disappear, and the adoption of money will be as complete in the South as elsewhere. (206)

Why should we save?

Some of the attitudes about money mentioned by Ogburn as applying to the Old South can also be noticed in Brazil. Being one of the last countries to abolish slavery (in 1888), Brazil has no tradition of valuing work, mainly manual labor. To toil in Portuguese is *mourejar*, something that according to the Portuguese should be left to the moors. A racist expression referring to hard work is *trabalho para negro* ("work for a Negro"), a direct reference to slavery. But even after the abolition of slavery and introduction of wage labor in factories, work has never been very valued, because the social order has continued to be highly exclusive. Until the thirties Brazil was an essentially rural society. When industrialization and urbanization started to become more important in the thirties there was a strong reaction against working and the growing monetization of life. At that time one could find the same "resentment against expressing values in money" about which Ogburn speaks in relation to the Old South (205). The *horror ao batente* ("hatred of manual work") developed into *malandragem* ("idleness"), which can be seen simultaneously as a survival strategy and a conception of the world through which some segments of the lower classes refused to accept the discipline and monotony associated with the wage-earning world.

Not surprisingly, an important Brazilian icon is *Macunaíma, the Hero without Character*, from the homonymous modernist novel by Mário de Andrade. Not only has he no character but he is already born lazy. Instead of being a sin, sloth becomes a genetic and cultural trait in the Brazilian imagination.

The negative side of labor is reflected in Brazilian popular music. As I have shown elsewhere ("A malandragem"), during the thirties and forties, when an urban-industrial society was in the making in Brazil, *samba* composers used to eulogize idleness. *Malandragem* developed into a way of life and a way of regarding life. Instead of developing a work ethic (in the Weberian sense), Brazilians were developing a *malandro* ethic. This was so widespread that during the 1937–45 dictatorship the State decided to intervene through its censorship department, prohibiting songs that praised *malandragem* and at the same time giving prizes to those that praised work.

The same composers who praised *malandragem* also depicted money as something ignoble and as something generally demanded by women who didn't understand that the men from whom they were asking it had something much more precious to offer them: their love (Oliven, "Money"). Of course one can see here a "sour grapes complex": knowing they would never make much money no matter how hard they tried, those men looked down at the *vil metal* ("filthy lucre"). But on the other hand, in several of the lyrics of these songs one can notice that money is a reality from which one cannot escape in a monetized society. Yet all of this is seen in a melancholic fashion. Nobody is happy to work. And money after all is very destructive: it ends love and friendship, and it invites falsehood and treason. As Noel Rosa, perhaps the greatest of all the composers of the thirties, put it in the song "Fita Amarela" ("Yellow Ribbon") in 1933: "I haven't got any heirs / and I don't own a single penny / I lived owing to everybody / But I didn't pay anybody back" (*Não tenho herdeiros / Nem possuo um só vintém / Eu vivi devendo a todos / Mas não paguei a ninguém*). Or, as another composer of the period, Wilson Batista, put it in a song called "Meu mundo é hoje, Eu sou assim" ("My World is Today, I'm like that"), composed in 1968 shortly before his death: "I feel sorry for those / Who squat until the floor / Cheating themselves / For money or positions / I have never taken part / In this huge battalion / Because I know that besides the flowers / Nothing else goes with you in the coffin" ("Tenho pena daqueles / Que se agacham até o chão / Enganando a si mesmos / Por dinheiro ou posição / Nunca tomei parte / Neste enorme batalhão / Pois sei que além das flores / Nada mais vai no caixão").

Work in and of itself has never been something to be proud of in Brazil, even if most of the population works more hours than does the North American population. If you ask a Brazilian what he is doing there is a strong likelihood he'll reply: "Nothing." Actually, "to do nothing" is a native category that perhaps makes little sense in English but which is full of meaning in Portuguese.

Of course, people in Brazil work very hard and are interested in money. Rebhun, who carried out ethnological field work in Brazil, argues that

> [...] impoverished and working class Northeast Brazilians claim to believe in a sharp moral divide between *amor* (love) and what they call *interesses* or economic interests. However, in practice, the two are inextricably intertwined. Especially today, in this impoverished region characterized by a fractured, unstable, hyper inflated economy, the depth of love is increasingly measured in terms of the worth of generosity. In

addition, the weakness of cash makes the emotionally-loaded relations of family and social network increasingly important as avenues of access to goods and services. (1)

Money is also very relative: for years Brazil had a huge foreign debt and every Brazilian who was born already owed approximately a thousand dollars, if one divided the Brazilian foreign debt by the number of inhabitants. When Tancredo Neves, elected President in 1984, was asked how Brazil would pay its foreign debt he said that debts have to be paid with money, not with lives. This was a message to the moneylenders of the world: our blood is not available! Which of course did not mean our money was. According to this idea, large debts have to be administered, not paid. If you owe a bank a lot of money, it will certainly respect you. The Duke of Caxias, patron of the Brazilian army, and considered a model of rectitude (hence the half-derogatory word "caxias" for anybody excessively serious), becomes a parody. When fighting the war against Paraguay in the last century, he used to say *O dever acima de tudo* ("Duty above everything"), to which the people nowadays say *Dever* [to owe] *acima de tudo*. In contrast, an American bumper sticker says "I owe, I owe, so off to work I go."

The main discovery of a North American Nobel laureate in economics was basically that people invest to be safe when they grow old. This of course has to do with the predictability of the American economy and long-term preparation for the future. Considering the high rates of money devaluation Brazil has experienced in the past, with inflation sometimes reaching 50 percent a month, money is always slipping out of your hands. So the best thing you can do with money in Brazil is to spend it. As Brazilians say, "money was made to be spent" (*dinheiro foi feito para gastar*). In these circumstances, the idea of investing does not make much sense. Actually, several Brazilian economic plans aimed at increasing savings had the opposite effect. Once people have a little bit more money they immediately spend it, buying commodities because they suspect that with inflation the value of their savings will sooner or later be eroded. And then there is always the possibility of the government freezing all savings (as it did for eighteen months in March 1990), or simply not paying back compulsory loans built into the price of cars or of fuel.

Catholics versus Protestants

Saving and investing leads us to the question of a "Catholic" versus a "Protestant" view of money. In his letter to Timothy, the apostle Paul says that "The love of money is the root of all evil" (1 Timothy 6.10). We know that usury was condemned by Thomas Aquinas and could only be practiced in the Middle Ages by non-Christians, that is, Jews (Le Goff). But with Protestantism, more specifically with Calvinism, came the conception that success (measured by profit) was the indication that the chosen vocation pleased God. Dislike of work was seen as a sign of failure displeasing to God. As Weber has shown in *The Protestant Ethic and the Spirit of Capitalism*, Calvinism allowed and in a sense consecrated the drive to become rich, thus reconciling wealth with a good conscience.

It is of course difficult to make generalizations about Catholic versus Protestant views of money. Schama shows that in Holland in the Golden Age "riches seemed to provoke their own discomfort, and affluence cohabited with anxiety." For him:

> The official creeds of both Calvinism and humanism, then, were agreed that lucre was indeed filthy, and that devotion to its cult constituted a kind of polluting idolatry. In its extreme forms of avarice and cupidity it could unhinge the conscience and reason and turn the free souls into fawning slaves. This strong sense of the reprehensible nature of money-making persisted, even, while the Dutch amassed their individual and collective fortunes. The odd consequence of this disparity between principles and practice was to foster expenditure rather than capital accumulation, as a way to exonerate oneself from the suspicion of avarice. Admittedly, the forms of such expenditure had to be collectively sanctioned and regarded as morally unblemished by clergy and laity alike. (334)

Catholicism is frequently seen as an important influence on Brazilian culture. Moog has even tried to discuss the Weberian thesis in a comparison between Brazil and the United States. Whereas Brazilian culture would be characterized by the "dislike of useful work and all that is connected to it: initiative, organization, cooperation, and the technical and scientific spirit," in North American culture, "the sanctity of debt and the dignity of labor are notions that neither the Puritan, nor the Yankee or the crypto-Yankee are disposed to let perish" (Moog 210, 154).

As a matter of fact, Brazilian authors who wrote in the thirties frequently argued that Brazil was not a capitalist society. Thus Holanda, who coined the term "cordiality" to explain Brazilian society, maintained that it was characterized by social relations that were personalized, affective, particularistic, and clientelistic. In a similar perspective, although from a different political standpoint, Vianna maintained that in Brazil there prevailed what he called a pre-capitalist mentality or spirit, in spite of the fact that materially the country was capitalist (see Vianna; and Gomes "Dialéctica" and "Ética").

Dumont establishes a contrast between what he calls hierarchical societies and egalitarian societies. The first are based on the concept of person, whereas the second are based on the concept of a free individual. India would be the classical example of a hierarchical society whereas America would be the most developed example of an egalitarian one. Drawing on Dumont's model, DaMatta argues that today Brazil is somehow in between hierarchical and egalitarian societies. Whereas the United States tends to be a society very much based on the egalitarian individualistic model, Brazil is closer to the hierarchical and personal model. We would have a dilemma between the adherence to an impersonal individualistic model that exists formally in Brazilian laws, and the day-to-day tendency to constantly revert to personal relations. Hence the greater aversion to deal directly with money and the more face-to-face relations involved in transactions.

DaMatta also goes into the Catholicism versus Protestantism question. Commenting on the expression "*dinheiro não traz felicidade*" ("money does not bring happiness"), he argues that it "adds to the underlying cultural equation that tells how work corresponds to punishment and how the accumulation of wealth equals something dirty or illicit" (*Carnivals* 181). Analyzing the cultural matrix of Brazilian inflation, he argues:

> [O]f course we want to have money, but we can compensate for its absence through the presence filled with the value of friends, of health, of "education" and, above all, of "happiness." This incapacity to regard money—and above all the possession of money—as a positive activity, as a hegemonic measure of competence and success, as the aim of all things, creates areas of tolerance and of social compensation that seem important in the Brazilian case. (*Conta* 172)

The future is not ours to say

Brazil is a society of immense social and economic inequalities and, according to data from the World Bank, has one of the worst income distributions of the world, the minimum monthly wage being approximately one hundred and fifty dollars. It is a society that has experienced a "conservative modernization," in which the traditional has been combined with the modern and change articulated with continuity (Oliven, "Anthropology"). Since Brazil is an urban society, its population has to deal constantly with money. Although access to money (and goods and services) varies enormously according to social class, money is a reality that cannot be avoided, in spite of what the *samba* composers at the beginning of the last century wished. But although the monetization of life has increased, there is a lot of resistance to accepting money as a central value. This can be seen either as the "sour grapes complex" that I mentioned when referring to popular music or as a domination model based on a cultural tradition that tries to give a negative connotation to material things. This is part of an ongoing debate in Brazil about the question of our national identity. All sorts of intellectuals have at some point joined this debate, which is constantly brought up and deals with the question of defining our main traits (Oliven, "State").

Some recent events point in the direction of a growing monetization of life in Brazil. The number of credit cards has increased in an impressive way. In 2005 there were 61 million credit cards and 158 million debit cards (Mattos B1). There is an estimate that by the end of 2006 there will be 77 million credit cards (*Folha* B8).

Until the end of the eighties, Brazilian credit cards could only be used inside the country. This was a way of controlling foreign currency expenditures. When finally the government allowed credit cards to be used abroad, several banks started operating with international companies like Visa, MasterCard, American Express, etc. In 1995, the government-controlled *Banco do Brasil,* Brazil's largest bank, had an advertisement about their Visa card, which is called *Ourocard.* It said: "Visa Ourocard, your international identity." There is a double message here. The advertisement points to the fact that if you are rich and can afford to travel abroad and show your Visa Ourocard you will have established your identity as a respectable consumer. On the other hand, it hints that being national is no longer a question for Brazilians; what is important in a globalized world is to be international, and the credit card does it for you.

The United States is frequently depicted as a country where monetization—the increase in the proportion of all goods and services bought and sold by means of money—has taken place fully. In reality, this process is much more complex, as Zelizer shows when she argues that there are different sorts of monies in America: gift certificates, Christmas savings accounts, food stamps, etc. But America is probably the place where commoditization is a process that has extended to all spheres of life. In this sense it vindicates Marx's idea of *Vergeldlichung* (monetization) of society. It has become a central value about which no bones are made. But, as I have tried to show, in countries with different cultural traditions like Brazil, although capitalism is holding sway, money is not (yet?) the driving force that shapes behavior and sentiment. One can only speculate if monetization is a trend that sooner or later is going to take place in countries that are going through economic growth like Brazil or if their cultural specificities will work as counter-balancing checks.

Works Cited

Andrade, Mário de. *Macunaíma: o herói sem nenhum caráter.* Belo Horizonte: Villarica, 1993. Print.

DaMatta, Roberto. *Carnivals, Rogues, and Heroes: An Interpretation of the Brazilian Dilemma.* South Bend: U of Notre Dame P, 1991. Print.

———. *Conta de mentiroso. Sete ensaios de antropologia brasileira.* Rio de Janeiro: Rocco, 1993. Print.

Douglas, Mary. *Purity and Danger: An analysis of Concepts of Pollution and Taboo.* New York: Praeger, 1966. Print.

Dumont, Louis. *Homo Hierarchicus. The Caste System and Its Implications.* Chicago: U of Chicago P, 1980. Print.

Emerson, Ralph Waldo. *Essays and Lectures.* New York: Literary Classics of the United States, 1983. Print.

Ferenczi, Sandor. "The Ontogenesis of the Interest in Money." *Sex in Psychoanalysis.* New York: Dover, 1956. Print.

Freud, Sigmund. "Character and Anal Erotism." *Collected Papers.* London: Hogarth, 1953. Print.

Gomes, Ângela de Castro. "A dialética da tradição." *Revista Brasileira de Ciências Sociais* 5.12 (1990): 15–27. Print.

———. "A ética Católica e o espírito do pré-capitalismo." *Ciência Hoje* 9.52 (1989): 23–8. Print.

Holanda, Sérgio Buarque de. *Raízes do Brasil.* Rio de Janeiro: José Olympio, 1969. Print.

The King James Bible 1957 (1611).

Knight, James A. *For the Love of Money. Human Behavior and Money.* Philadelphia: Lippincott, 1968. Print.

Le Goff, Jacques. *Your Money or Your Life. Economy and Religion in the Middle Ages.* New York: Zone, 1988. Print.

Mattos, Adriana. "Comércio impõe limite a uso de cartões." *Folha de São Paulo* 26 June 2006: B 1. Print.

Mieder, Wofgang. *American Proverbs. A Study of Texts and Contexts.* New York: Lang, 1989. Print.

———. *A Dictionary of American Proverbs.* New York: Oxford UP, 1991. Print.

Moog, Clodomiro Vianna. *Bandeirantes and Pioneers.* New York: George Braziller, 1964. Print.

New Lexicon Webster's Dictionary of English Language. New York: Lexicon Publications, 1988. Print.

Ogburn, William F. "Southern Folkways Regarding Money." *On Culture and Social Change.* Chicago: U of Chicago P, 1964. Print.

Oliven, Ruben George. "Anthropology and Brazilian Society." *Current Anthropology* 30.4 (1989): 510–14. Print.

———. "Looking at Money in America." *Critique of Anthropology* 18.1 (1998): 35–59. Print.

———. "A malandragem na música popular brasileira." *Latin American Music Review* 5.1 (1984): 66–96. Print.

———. "Money in Brazilian Popular Music." *Studies in Latin American Popular Culture* 18 (1999): 115–137. Print.

———. "State and Culture in Brazil." *Studies in Latin American Popular Culture* 5 (1986): 180–85. Print.

Porte, Joel. *Representative Man. Ralph Waldo Emerson in His Time.* New York: Oxford UP, 1979. Print.

Rebhun, L. A. "Love and Interests. Negotiating the Value of Cash and Sentiment under Economic Disruption in Northeast Brazil." *Paper presented at the 92nd Annual Meeting of the American Anthropological Association, 1993.* Print.

Santayana, George. *The Last Puritan: A Memoir in the Form of a Novel.* New York: Scribner, 1936. Print.

Schama, Simon. *The Embarrassment of Riches. An Interpretation of Dutch Culture in the Golden Age.* New York: Knopf, 1987. Print.

"Uso de cartões de crédito e débito cresce 40%." *Folha de São Paulo* 5 May 2006: B 8. Print.

Vianna, Francisco José de Oliveira. *História social da economia capitalista no Brasil.* Belo Horizonte/Rio de Janeiro: Itatiaia/UFF, 1987. Print.

Weber, Max. *The Protestant Ethic and the Spirit of Capitalism.* New York: Scribner's, 1958. Print.

Webster's Unabridged Third New International Dictionary of the English Language. Springfield, MA: Merriam-Webster, 1986. Print.

Wright, Robert. "Our Cheating Hearts." *Time* 15 Aug. 1994: 44–52. Print.

Zelizer, Viviana A. *The Social Meaning of Money.* New York: Basic, 1994. Print.

Ruben George Oliven is professor of anthropology at the Federal University of Rio Grande do Sul in Porto Alegre, Brazil, and member of the Brazilian Academy of Sciences. He received his PhD from the University of London (London School of Economics and Political Science) and has been a visiting professor at several universities, among them the University of California at Berkeley, Brown University, Dartmouth College, University of Paris, and University of Leiden. He was the president of the Brazilian Anthropological Association and of the Brazilian Association for Graduate Studies and Research in Social Sciences. He has won the *Erico Vannucci Mendes Prize for Distinguished Contribution to the Study of Brazilian Culture.* He is the author of *Tradition Matters,* published by Columbia University Press. His research interests are: symbolic meanings of money, national and regional identities, and popular music. Email: oliven@uol.com.br

Brazilian Gold and the Commercial Sector in Oporto, 1710–1750

A. J. R. Russell-Wood

Abstract. In the historiography on the Atlantic in the Early Modern period, Oporto has been primarily associated with emigration and the export of wine. This is an essay in compensatory history in that it argues that Oporto, already the major city of northern Portugal and a major emporium, became a preferred (with Lisbon) destination for consignments of Brazilian gold. As a player in the Atlantic bullion-carrying trade, Oporto became an active participant in a European network of institutions, merchants, bankers, and individuals, which disseminated Brazilian gold from Portugal to northern Europe and as far east as Italy. Oporto was the hub from which consignments were distributed throughout northern Portugal. Based on ships' manifests, which indicate consignors and consignees (individual, institutional, lay, and clerical), this essay focuses on recipients identifiable as part of the commercial sector in Oporto and provides new information on partnerships of British businessmen, on Portuguese-Brazilian collaboration, and on resident Dutch and German merchants. Brazilian gold contributed to an urban florescence that embraced art, architecture and the fine arts, social philanthropy and public health, and urban infrastructure in the first half of the eighteenth century.

The period from 1695 to 1750 was characterized by C. R. Boxer as the "golden age" of Brazil. In the 1690s, alluvial gold had been found in the Rio das Velhas region. The next half century witnessed multiple gold strikes

Portuguese Literary & Cultural Studies 23/24 (2012): 15–26.
© Tagus Press at UMass Dartmouth.

in many regions, especially in Minas Gerais, Mato Grosso, and Goiás; gold rushes *in seriatum*; measures for the administration and fiscalization of gold production; mining encampments; chartered towns; and new captaincies to impose royal government. Overall, gold production increased through the 1750s, but already in the early 1740s in Minas Gerais there were signs of decline.[1] The impact on Portugal was both positive and negative. During the reign of Dom João V (1706–50), Portugal was represented at international council tables and the king was admired in the courts of Europe. Lisbon was a major European gateway to the wider world. Internationalism was a prominent feature of Portugal during his reign. Unfortunately, much of this gold left Portugal, notably for England both legally and clandestinely, and for northern Europe, to pay for imports, or was spent on royal palaces, coaches, and the king's extravagant lifestyle, and was not invested in building a strong national financial infrastructure. The unquestioned preeminence of Lisbon made it almost synonymous with Portugal, and part of my purpose here is to engage in an essay in compensatory history by focusing on the north of Portugal and the great city of Oporto, which achieved new glories in the eighteenth century. Connections between the north of Portugal and Brazil may be expressed in two words: emigration and commerce. The former has received much scholarly attention; less has been paid to the relationship between Brazilian gold and Oporto's commercial sector.

Oporto was the major demographic, administrative, commercial, and urban center of northern Portugal. It was an episcopal see, and counted a Court of Appeals (*Relação*), fine churches, impressive public buildings, and imposing private residences. In the eighteenth century there was demographic growth. Provisional data suggest that the city's population increased from 16,086 souls in 1623 to 24,883 in 1732, and more than doubled over the next half century. In 1710 the city was divided into two *bairros*, one with four parishes and the other with three. Location on the right bank of the River Douro, a harbor bar, and rock-infested passage from the mouth to the port did not stop Oporto from being an emporium with a multi-national merchant community and strong maritime links to northern Europe. This period saw a shift of the commercial center from the Rua dos Mercadores to the Rua Nova and foundation of the British Factory. Commodities from Brazil flooded into Portugal: sugar, molasses, manioc flour, honey, fish oil, cotton, coffee, cacao, tanned hides and skins, tobacco, construction and fine woods, resins and gums, and *drogas do sertão*. These found a ready market in

Oporto and were also distributed throughout northern Portugal. Exports to Brazil included salt, olive oil, codfish, cloth, tools, ironware, manufactured goods, items of personal adornment, and religious objects. One commodity associated specifically with Oporto was wine, already being exported to Brazil in the seventeenth century.[2]

The thesis posited in this essay is that Brazilian gold made Oporto part of a network of bullion consignments that embraced Brazil, Portugal, northern Europe, and extended eastwards to Italy. The focus is on the commercial sector in Oporto. This essay also calls attention to a source underutilized by social historians. This is the collection of *Manifestos das naus* in the Casa da Moeda in Lisbon. For the period 1710–1750, these number 756 bound volumes containing between 200,000 and 250,000 individual declarations.[3] Consignments of gold, silver, and precious stones had to be declared in manifests of vessels originating in Brazilian ports and bound for Portugal. Such declarations were made prior to departure or on board.[4] Consignments were of gold coins struck in colonial mints in Brazil; of gold bars forged and registered in colonial foundry houses; of gold dust and nuggets; of gold jewelry and personal objects such as toothpicks and buttons; and of religious objects such as crosses and medallions of Nossa Senhora da Conceição. There were also silver coins, bars, and objects worked in silver, originating in Spanish America.

Manifests identify consignors and consignees. The consignor was the person who delivered the consignment on board in a Brazilian port. This person might be acting on his/her own behalf, as agent for another person in Brazil, or as agent for the consignee who would take delivery in Portugal. Persons returning from Brazil to Portugal often traveled on the same vessel as their consignments. The consignee was the person to whom final delivery was made. Consignees not resident in Lisbon named an agent to act on their behalf. References to the place of residence of a consignee or his/her agent were as general as "morador no Porto" or as specific as "Porto em o lugar do ouro."[5] Manifests also record the name of the person at whose financial risk the consignment was sent. This could be the consignor, consignee, or a third party. Often unclear is whether a consignor was acting on his behalf or on behalf of an institution. Delivery of consignments to mints in Lisbon or Oporto was registered by the respective officials; unrecorded is whether, once they left the mints, consignments were delivered to consignees.

Most vessels sailing to Brazil had Lisbon as their home port but, especially before 1720, there are examples of vessels whose home port was Oporto. Their destinations were most frequently Rio de Janeiro, Salvador, and Pernambuco.[6] Even when vessels left Oporto for Brazil, their first port of call on return was Lisbon. Captains from Oporto followed procedures outlined in this example. On 24 May 1713, Manuel Saldanha Marinho, captain and master of the Bom Jesus e São Domingos e Nossa Senhora do Bom Sucesso, went to the mint in Oporto and received a book for manifests from Pedro da Costa Lima, Superintendent of the Casa da Moeda and variously styled as Superintendente das fábricas d'ElRei da Ribeira do Ouro or Superintendente das fábricas dos galiões da Ribeira das Naus. The book had been signed and pages numbered by the Desembargador Manuel da Cunha Sardinha, in his capacity as an official with jurisdiction in fiscal matters concerning the royal treasury. Marinho sailed for Pernambuco. Homeward-bound, on 12 July 1714 at 5º North and 42º 20' West, he posted on the main mast an *edital* informing passengers and crew who had not yet declared consignments of gold to do so. On 14 August the captain closed the vessel's manifest and no more declarations were accepted. Officials came on board in Lisbon. Penalties were imposed on those found in possession of undeclared gold. Consignments were delivered to the mint. Those consignments for Oporto continued on board and were delivered to the mint in Oporto for final clearance.[7]

The paradigm of consignor-consignee for consignments from Brazil to Oporto differed significantly from the model for consignments to Lisbon. A substantial proportion, both by numbers and value, of consignments for final delivery in Lisbon were institutional. These fell into three categories: consignments for the royal exchequer; for institutions under the royal protection; and consignments from overseas provinces of religious orders and of the Society of Jesus to procurators in Lisbon. Rarely are any of these categories represented in consignments to Oporto.[8] Thus, most consignors in Brazil of consignments to Oporto were individual, rather than institutional. They were predominantly male, reflecting emigration patterns from the north of Portugal to Brazil.[9] Many were priests, a reflection also of the disproportionate number of young men from the north of Portugal who took their vows. Rarely were consignors identified other than by name, but the context shows that often they acted on behalf of individuals in Brazil or as agents for individuals or business partnerships in Oporto. The small amount of silver suggests that their commercial networks did not include trade with Spanish America.

There was also the practice of designating a person to be responsible for handing in consignments in a Brazilian port, making a declaration of their value and nature, and then accompanying these himself as a passenger on the same vessel to Lisbon and even on to Oporto. An example of bundling together a number of consignments was the case of Joseph Teixeira e Sousa, a native and resident of Oporto. Teixeira e Sousa was a passenger homeward-bound from Salvador in 1721. He made individual declarations for the following consignments of gold on vessels of the fleet on which he was traveling: 10,000 gold *moedas* each valued at 4$800 *reis*; 11,000 *moedas*; a further 7650 *moedas*; 9843 *oitavas* of gold dust, divided among 58 packages (*embrulhos*) of different individuals; 54 packages totaling 7580 *oitavas* of gold dust for various people; a further 1299 *oitavas* of dust at the risk of a consortium in Vila do Conde.[10] Teixeira e Sousa's role was limited to delivering consignments on board, making the respective declarations, and taking delivery on arrival in Lisbon. He was not financially liable for the above consignments. Other than a consignment of 1130 *moedas* and 6379 *oitavas* of dust, where risk was assumed by persons in Recife and Bahia,[11] in all other cases risk was assumed by persons in Portugal. Teixeira e Sousa had receipts for consignments and recorded each consignment in a *caderno*, but there is no indication of whether or not consignees were in the commercial sector. His only personal interest was in a consignment of 467.5 *moedas* that he handed in and of which he would take delivery, for which he shared the risk with the heirs of Francisco Dias, a sometime resident of Oporto, and with other consignees in Oporto, and further consignments of 250 *moedas*, of 939.5 *oitavas,* and of 400 *moedas* respectively for which he personally assumed sole risk.[12] A fellow passenger was Captain Manuel do Vale de Carvalho, a resident of Oporto who handed in a consignment of 350 *moedas*, for which he had receipts for individuals in Entre Douro e Minho who assumed risk, and of which he would take delivery in Lisbon.[13] Marçal de Lima Veiga, returning in 1722, handed in 2152 *moedas* of 4$800 *reis* in Rio de Janeiro, at the risk of third parties, and intended to take delivery in Lisbon in his role as *carregador* and then make final delivery in Oporto. Aware of the dangers of an Atlantic crossing, he made provision that, in his absence, the consignment be delivered to Pe. Domingos Alvares da Veiga or, failing him, to the Procurador da mercância da cidade do Porto.[14] There are also examples of persons handing in consignments in Brazil and later taking final delivery in Oporto. Naval personnel were also involved in such consignments. The pilot on the Santa Cruz, homeward-bound from Salvador to Oporto in 1713, was responsible for consignments of gold dust, a gold bar, and coins for delivery in Oporto. Manuel da Silva, ship's surgeon on the Santa Cruz das Portas from Salvador in 1715, declared consignments of gold dust and a gold bar for delivery in Oporto.[15]

Consignments were of gold dust, bars, and coins. Gold dust was weighed in *oitavas* (1 *oitava* = 72 *grãos* or grains) and in 1724 fluctuated between 1$515 *reis* and 1$520 *reis* per *oitava*. Bars were forged in Brazilian smelting-houses from gold on which the royal fifth had been paid. Each bar was stamped with the royal seal and numbered and a matching certificate issued stating its weight. Gold coins were the most common form of consignment. Most frequent were *moedas* of 4$800 *reis* struck in Brazil; less frequent were *dobrões* of 24$000 *reis* (known as *dobrões grandes*) and *dobrões* of 12$800 *reis* or 12$000 *reis* (known in Brazil as *meio dobrões*). This gold was transported in containers, packages, and sewn wrappings. The 27,800 *oitavas* of gold dust destined for Ventura de Azevedo in Oporto were contained in a small trunk.[16]

By volume and by value, the lion's share of consignments had Lisbon as their final destination, but manifests show Oporto as the final destination for a considerable amount of bullion. Consignments for Oporto were transshipped in Lisbon or continued on in the same vessel in which they had crossed the Atlantic. It was not unusual for all consignments on a vessel whose home port was Oporto to be exclusively for delivery there. Much in evidence was the large number of consignments of gold dust for delivery in Oporto, especially on vessels from Pernambuco prior to 1720, but most fleets from Rio de Janeiro and Salvador also carried consignments of gold dust for Oporto. A passenger returning home from Pernambuco to Oporto in 1714 accompanied three consignments of gold dust. Likewise, Joseph Domingues Maia of Oporto, a passenger on Nossa Senhora da Palma e S. Pedro from Salvador to Lisbon in 1721, declared 6804.5 *oitavas* of gold dust, of which he would take delivery in Lisbon and which would then be delivered to various locations as per receipts.[17] Domingues Maia was also accompanying four consignments totaling 15557.5 *moedas*. An alternative to take delivery of two of these consignments totaling 5974.5 *moedas* was the ubiquitous Joseph Teixeira e Sousa.[18]

The use of ships' manifests as sources of information on commercial practices in Oporto, and on the merchant community in particular, presents a challenge. Unless the occupation of the consignor or the consignee is explicitly stated, it is impossible to differentiate a merchant or businessman (*homem de negócios*) from a person with no commercial interests. Nor is there sufficient information to reconstruct a hierarchy of merchants, ranging from those engaging in oceanic or long-distance trade to humble shopkeepers. Some consignments involved large amounts of bullion but, even when the name of a consignee is available, this fact alone does not permit identification of such a person as a member of a mercantile elite. Oceanic commerce was the prerogative of a few merchants in each port who had sufficient capital accumulation to dominate all sectors—supply and distribution, finance, insurance, making loans, and even naval construction—of the market and commerce, and to act as points of articulation between domestic and oceanic trade networks.[19] Only rarely do manifests indicate the nature of a transaction, of a commodity being bought or sold, or of a service being remunerated. Notwithstanding such caveats, manifests contain information on commercial practices, merchants, and traders in Oporto.

Merchants tried to maximize their trading and purchasing potential by forming partnerships or having collaborative arrangements with Brazilians. In 1720, João Carneiro da Silva & Cia delivered on board in Rio de Janeiro and manifested consignments, mostly of gold bars and gold dust, for delivery to Veríssimo Mendes da Fonseca in Lisbon. Risk was shared by members of the partnership in Brazil and by residents in Lisbon, Oporto, and Rio de Janeiro. Unstated is whether João Carneiro da Silva & Cia was acting merely as agent for Mendes da Fonseca. Another example concerned shared liability for a consignment in 1727 from Brazil to Portugal. Risk was assumed equally by Captain António Nunes da Silva in Oporto and Manuel Barbosa of the Engenho da Birinoga in the parish of Ipojuca in Pernambuco.[20]

Another option was for a businessman resident in Oporto himself to travel to Brazil. This may have been for solely personal reasons, but he was open to accepting commissions to defray part of his costs. Nossa Senhora do Pilar, homeward-bound from Salvador in 1716, carried on board António de Campos. He was described as an "homem de negócios" and "morador do Porto." Campos declared consignments of *moedas* and gold dust that he was accompanying for delivery to consignees in Lisbon and Oporto. There are also examples from other sources of merchants in Portugal encouraging a son or relative to take up residence in Brazil, represent family interests, and thereby further their own careers.[21]

As for consignees, most consignments whose final destination was not Lisbon—including those for Oporto and northern Portugal—were delivered to an agent in Lisbon. He ensured that they reached their final destination, either by transshipping them to another vessel or overland. Usually consignees are identified by name, but some preferred to use a third party. This practice seems to have been institutionalized in the creation of the post of "procurador dos homens do negócio da cidade do Porto" referred to in 1724.[22]

The name that appears most often among commercial consignees in Oporto is "viuva Aylvarde & Cia" (probably a variant on the English Aylward). Rare was the fleet from Brazil between 1720 and 1729 that did not have on board two or more consignments for this commercial house in Oporto. Such consignments were invariably in gold *moedas* of 4$800 *reis* and, for the most part, were carried on fleets from Rio de Janeiro. Consignments from Salvador can be counted on one hand, although Salvador provides the only example of a consignment of gold dust: 423.5 *oitavas* in 1722.[23] In 1725 and again in 1727 Diogo Aylward is designated by name as the consignee, and in 1727 Margarida Aylward is named as a consignee of 150 *moedas*.[24] It appears there was a change of ownership or management. After years of being designated as "Viuva Aylvarde & Cia," in 1726 and subsequently the company is referred to as "Viuva Aylvarde e Arcediago." The latter referred to one Pedro Arcediago. In 1728, 774$400 *reis* from Rio de Janeiro consigned to "Aylvarde e Arcediago" were handed to Pedro Arcediago with the agreement of Margarida Ariardo, widow of Ricardo Ariardo.[25] For the years 1720–29 inclusive, the manifests show that the business received consignments from Rio totaling some 17879$000 *reis* before the merger in 1726 and 6456$000 *reis* afterwards, and from Salvador some 1200$000 *reis* and 423.5 *oitavas* prior to 1726 and a further 256$000 *reis* after the merger.

The tantalizing question, namely, why consignments clearly of a business nature were made, remains largely unanswered. The manifest for a consignment of 31 *moedas* dispatched from Rio de Janeiro in 1722 notes that risk was assumed by a consortium referred to as Amigos do Norte. This consortium dealt in flanelette and other cloths. Two consignments were sent on the fleet from Rio de Janeiro in 1722 for delivery to investors with business interests in the vessel Bom Jesus da Gaia. Each was of 387 *moedas* and each was on a different vessel. This was a common strategy, presumably to avoid loss should one vessel founder at sea. A consignment of 108$800 *reis* from Salvador in 1740 was for delivery to André Teixeira in Oporto. Teixeira assumed risk and was identified as a "boticário" who had presumably dispatched potions or pills to a client in Bahia.[26] Such occupational identification is rare for consignees in Oporto, despite a lively community of persons in the "mechanical trades."

Manifests for consignments of bullion from Brazil to Portugal have a strong international component. Places of residence of consignees range from

London, Hamburg, and Paris, to Barcelona and Genoa. By the eighteenth century there was a thriving international merchant community in Oporto. Wholesale and retail sectors of the economy attracted not only Portuguese investment but foreign merchants: Flemish, French, and English. In the first half of the eighteenth century a vigorous exchange continued of products from northern Europe—foodstuffs, cloth, and manufactured goods—for Portuguese fruits, wax, honey, vinegar, and two products especially identified with the region of the River Douro: sumac and wine. The British were prominent in the commercial life of Oporto and England was a major market for the product already known as Port Wine. Members of this community appear as consignees for bullion consignments from Brazil, their names often appearing as Portuguese adaptations. Nothing indicates what generation of expatriates they were or their length of residence in Oporto. In the decade between about 1722 and 1732, John Stevenson & Co. appears frequently as consignee for shipments of *moedas* of 4$800 *reis* and invariably on fleets from Salvador. Only once, in 1722, was he named as consignee of 400 *oitavas* of gold dust. A ship's manifest recorded the consignment on the Nossa Senhora da Conceição, homeward-bound from Rio de Janeiro and which arrived in the Tagus in November 1737, of 126$000 *reis,* "bens do defunto João Stevenson."[27] The Hopman family name—Sibrando, Reinaldo, and Arnoldo—was associated with consignments from Brazil for more than 20 years: other than a consignment from Pernambuco in 1714 of a gold bar of 119 *marcos* for Sibrando, subsequent consignments were in *moedas* from Rio de Janeiro. This pattern did not change when a Hopman entered into a partnership with Arnold Vanzeller in 1733.[28]

Other British partnerships make fleeting appearances in manifests: Benjamin Tilden & Co., for a consignment of 1008$000 *reis* from Rio in 1720, another consignment in coin in 1730, and another of *moedas* from Rio, this time in 1733 and in partnership with Daniel Hunt and Richard Lance in Lisbon. In 1740 the partnership of Acland, Young, and Palmer in Oporto received two consignments in coin from Rio de Janeiro. Francis Milner in Oporto was the consignee for three consignments of coins from Salvador and Rio de Janeiro respectively in 1721 and 1740.[29] Other British names are scattered through the manifests as consignees: Jorge Clarque (Clark), Timothy Harris, John Lee, Samuel Palmer, John Hitchcock, Richard Thompson, John Paige & Co, and Cristóvão Croft. Pedro Beasley in Oporto was probably related to Guilherme Beasley, a commercial partner of Benjamin Jones in Lisbon.[30]

A. J. R. RUSSELL-WOOD

Despite their roles as consignees, there is not sufficient evidence from this source alone that persons of British birth or descent in Oporto intensively or consistently engaged in trade with Brazil in this period.

Manifests indicate that merchants of Oporto had relationships with their counterparts elsewhere in Europe. A consignment on the fleet from Salvador in 1721 referred to a consignment of 64 *moedas*. Risk was assumed by João Burmestre (Johan Burmeister) of Hamburg and delivery was to be made in Lisbon to the order of "João Brestins e Venduque" (Dutch van Diyk?) resident in Oporto. There are also references to risk being assumed by a merchant in Hamburg for consignments of gold dust and *moedas* from Salvador in 1724 for final delivery in Oporto. In 1721 a Raymundo Ritte (German Ritter?) and his son were residents in Oporto and receiving consignments from Brazil.[31]

The most visible evidence of a Brazilian presence in Oporto was the superbly gilded and carved *talha* executed in the church of São Francisco in the early 1750s. The years after 1731 also saw Nicolo Nasoni at the height of his creative powers in the city. Gold is a great enabler, with the capacity to be both the instrument and the catalyst for change: promotion of music and the fine arts; new architectural styles; enhanced support for social philanthropy; public health in the form of cemeteries, hospitals, and foundling wheels; distinguished private, public, and religious buildings; public services such as fountains, roads, bridges, and streets; and as the engine to drive local economies and commercial networks whose development could have positive ramifications for the *res publica*.

Notes

[1] See Boxer (*Golden Age*) and Russell-Wood ("Colonial Brazil" 547–600).

[2] See Luís A. de Oliveira Ramos (*História do Porto* 264–66) and Russell-Wood (*Um mundo* 198–200, 205–6).

[3] For a description of the 1386 volumes of *Manifestos das naus*, 23 volumes of *Manifestos das visitas do ouro*, and 32 volumes of *Receita do 1 por cento de ouro*, see Leme ("O Arquivo" 47–56).

[4] See Russell-Wood ("As frotas" 701–17); for the international dimension of this trade, see Russell-Wood ("An Asian Presence" 148–67).

[5] Arquivo da Casa da Moeda de Lisboa (hereafter ACML): vol. 1784 #476.

[6] See Pinto (*O ouro brasileiro* 133–85).

[7] ACML: vol. 1666. For other examples of Oporto-based vessels traveling to Brazil in 1713 and 1714, see vols. 1665, 1671, 1675, 1685, 1686, 1692, 1695, and 1702.

[8] See Russell-Wood ("Holy and Unholy Alliances" 815–37).

[9] See Donald Ramos ("From Minho to Minas" 639–62).

[10] ACML: vol. 1783 #528 and #1021; vol. 1784 #219; vol. 1785 #136, #264, #265.

[11] ACML: vol. 1784 #378.

[12] ACML: vol. 1783 #666; vol. 1784 #379; vol. 1785 #266; vol.1786 #114.

[13] ACML: vol.1784 #400.

[14] ACML: vol. 1799 #73, #74, #97.

[15] ACML: vol. 1653; vol. 1693, fols. 14v-17v.

[16] ACML: vol. 1679, fol. 36r.

[17] ACML: vol.1692; vol. 1666; vol.1787 #39.

[18] ACML: vol. 1786 #137, #382, #383, #388.

[19] Cited in Fragoso (*Homens* 253–303).

[20] ACML: vol. 1754 #87; vol. 1916 #357.

[21] ACML: vol. 1714. Also see Furtado (*Homens de negócios* 61–62).

[22] ACML: vol. 1828 #6.

[23] From Rio: ACML: vol. 1747 #42; vol. 1748 #244, #245, #249; vol. 1756 #62; vol. 1757 #31; vol. 1792 #15, #16; vol. 1800 #71, #111, #112, #113; vol. 1812 #114; vol. 1821 #75; vol. 1849 #55; vol. 1853 #36; vol. 1855 #216; vol. 1871 #37; vol. 1879 fol. 109v; vol. 1885 #115; vol. 1892 #13; vol. 1893 #129. From Salvador: ACML: vol. 1788 #95; vol. 1809 #70; vol. 1810 #6; vol. 1939 #7.

[24] ACML: vol. 1849 #55; vol. 1871 #18; vol. 1894 #237; vol. 1901 #212.

[25] ACML: vol. 1892 #13; vol. 1894 #241; vol. 1901 #211; 1921 #361; vol. 1939 #97; vol. 1921 #361.

[26] ACML: vol.1798 #69; vol. 1792 #13; vol. 1800 #109; vol. 2162 #195.

[27] See Luís A. de Oliveira Ramos (*História do Porto* 281–287). ACML: vol.1788 #21; vol. 1789 #22; vol.1860 #156; vol.1936 #158; vol. 2000 #151; vol.2095 #51.

[28] ACML: vol.1686 fol. 21r; vol. 1902 #170–71; vol. 1980 #199; vol. 2012 #241.

[29] ACML: vol.1747 #30; vol. 1963 #300; vol. 2012 #287; vol. 2147 #38; vol. 2149 #326; vol. 1785 #46; vol. 2144 #1074; vol. 2149 #44.

[30] ACML: vol. 1761 #21; vol. 1686; vol. 1719, fol. 50r; vol.2180 #71; vol.1936 #167; vol. 2000 #150; vol. 2239 #97; vol. 2000 #149; vol. 2135 #115; vol. 2143 #71, #343.

[31] ACML; vol. 1784 #98; vol. 1835; vol. 1836 #125; vol. 1783 #112.

Works Cited

Boxer, C. R. *The Golden Age of Brazil, 1695–1750*. Berkeley and Los Angeles: U of California P, 1962. Print.

Fragoso, João Luís Ribeiro. *Homens de grossa aventura: acumulação e hierarquia na praça mercantil do Rio de Janeiro, 1790–1830*. Rio de Janeiro: Arquivo Nacional, 1992. Print.

Furtado, Júnia Ferreira. *Homens de negócios. A interiorização da metrópole e do comércio nas Minas setecentistas*. São Paulo: Hucitec, 1999. Print.

Leme, Margarida Ortigão Ramos Paes. "O arquivo da Casa da Moeda de Lisboa: seu interesse para a história do Brasil colonial, 1686–1822." *Acervo: Revista do Arquivo Nacional* X (1997): 47–56. Print.

Pinto, Virgílio Noya. *O ouro brasileiro e o comércio anglo-português.* 2nd ed. São Paulo: Companhia Editorial Nacional, 1979. Print.

Ramos, Donald. "From Minho to Minas: The Portuguese Roots of the Mineiro Family." *Hispanic American Historical Review* 73.4 (1993): 639–662. Print.

Ramos, Luís A. de Oliveira, ed. *História do Porto.* Porto: Porto Editora, 1995. Print.

Russell-Wood, A. J. R. "An Asian Presence in the Atlantic Bullion Carrying Trade." *Portuguese Studies* 17 (2001): 148–67. Print.

———. "Colonial Brazil: The Gold Cycle, c. 1690–1750." *Colonial Latin America.* Ed. Leslie Bethell. Cambridge: Cambridge UP, 1985. 547–600. Print. Vol. 2 of *The Cambridge History of Latin America.* 1985–2008.

———. "As frotas do ouro do Brasil, 1710–1750." *Estudos Econômicos* XIII (1983): 701–17. Print.

———. "Holy and Unholy Alliances: Clerical Participation in the Flow of Bullion from Brazil to Portugal during the Reign of Dom João V (1706–1750)." *Hispanic American Historical Review* 80.4 (2000): 815–837. Print.

———. *Um mundo em movimento. Os portugueses na África, Asia e América (1415–1808).* Lisbon: Difel, 1998. Print.

A. J. R. Russell-Wood (1940–2010) was the Herbert Baxter Adams Professor of History at The Johns Hopkins University. His latest books were: *The Portuguese Empire, 1415–1808* (1998), *Government and Governance of European Empires, 1450–1800* (2000), and *Slavery and Freedom in Colonial Brazil* (2002).

Trabalho, fortuna e mobilidade de negros, crioulos e mestiços no Brasil do século XVIII

Eduardo França Paiva

Abstract. In eighteenth-century Brazil, more specifically in the urbanized slave areas of Minas Gerais, labour and increase of wealth often were aspects that were intricately related to personal and collective relations. This favored economic and social accession of freedmen (mostly freed-women) and their descendants, who knew how to take advantage of all possibilities created by a society that was strongly marked by a physical and social mobility, by biological and cultural miscegenation, and by an intense economic dynamism. The examples presented in this text are only some of the many registered cases in the extensive documentation that exists on this period and that has fostered the profound renewal of Brazilian historiography since the 1980s.

Durante o século XVIII, em Minas Gerais, Brasil, assim como em outras áreas urbanizadas de regiões escravistas da América,[1] o acumulo de valores materiais—dinheiro cunhado; ouro em pó e em barra; prata lavrada e em barra; jóias e acessórios; objetos de uso cotidiano, como porcelanas, talheres e espelhos; tecidos caros—, bem como de créditos e de débitos—pode-se dizer, quase, que todos deviam a todos, incluídos brancos, negros, crioulos e mestiços, livres, libertos e escravos[2]—não aparecem, na documentação geral, como aspecto contraditório ou em oposição às relações pessoais. Ao contrário, na maioria dos casos, sobretudo os observados em testamentos e em inventários *post-mortem* do período, uma coisa e outra se encontravam intimamente vinculadas, sem que isso provocasse

Portuguese Literary & Cultural Studies 23/24 (2012): 27–54.
© Tagus Press at UMass Dartmouth.

choque de consciência individual, nem, tampouco, reprovação religiosa ou ética. De maneira muito semelhante, outro desses mitos que vêm atravessando séculos deve ser revisto. Muitas vezes, inclusive, ele aparece associado ao primeiro, tanto de forma explícita, quanto implicitamente. Trata-se da idéia generalizante e simplificadora de que o trabalho era genericamente desprezado pela população livre e que era igualmente negado pelos ex-escravos que conseguiam a alforria, o que significa afirmar, como se afirmou durante muito tempo, que a primeira coisa que o forro fazia era opor-se ao trabalho e que liberdade e trabalho eram aspectos contraditórios nessas sociedades escravistas coloniais. Novamente, a análise mais pormenorizada da extensa massa documental disponível e as análises da historiografia chamada "revisionista"—esta que se desenvolveu depois de 1980, no Brasil e em outros países—comprovam o equívoco de axiomas como esses, frutos de metodologias que aplicavam modelos ideais (quase sempre etnocêntricos) a qualquer região e a qualquer época, e que forçavam as realidades históricas a se enquadrarem em categorias teóricas pré-concebidas.[3]

As histórias compreendidas nesses textos mostram exatamente como essas "contradições," em grande medida, não existiram no dia-a-dia desses agentes históricos. Elas demonstram, inclusive, que as sociedades escravistas, sobretudo em sua dimensão urbana, estiveram longe do "engessamento" produzido por meio de categorias de análise e de juízos de valor aplicados *a posteriori*.

Trajetórias individuais—histórias coletivas

A se julgar pelas opiniões das autoridades coloniais e metropolitanas sobre escravos e sobre forros, e seus descendentes nascidos livres, negros, crioulos[4] e mestiços, eles formavam, realmente, agrupamentos sociais que traziam grande incômodo a toda a sociedade ou, pelo menos, à parte mais ordenada dela. Roubavam, matavam, vadiavam, desacatavam as normas e corrompiam o *establishment*. Acusações semelhantes existiriam por todo o século XVIII e foram comuns em várias regiões.[5] Mas, se eram tão nocivos, por que o Estado, centralizado e fortificado na Capitania das Minas Gerais, onde se havia encontrado muito ouro e diamantes, e onde se conformou enorme população escrava e liberta,[6] não logrou impedir tantos danos causados por eles? Parte da resposta tinha sido apresentada já no início do século XVIII pelo então governador, o Conde das Galveas: sem o trabalho deles, os reais quintos (imposto cobrado pela coroa) sofreriam notável avaria. Mas não era apenas isso.[7]

É preciso separar, desde já, a interpretação dos administradores sobre esses agrupamentos sociais e a realidade que envolvia esses homens e mulheres não brancos. Muitas vezes, não foi o fato de transgredirem a lei que os transfor-mava em indivíduos indesejáveis.[8] Em boa medida, o que causava esse incô-modo era o fato de, entre eles, haver vários que, geração após geração, logra-vam ascender economicamente e conquistar *status* social e, tudo isso, com certa facilidade. Mais ainda: essas trajetórias não infringiam, pelo menos clara e abertamente, a legislação e os costumes vigentes. O mundo que os libertos construíram para si e para seus descendentes, também ele cheio de facetas, pleno de tradições preservadas, de adaptações processadas e de descontinui-dades, é o que, enfim, maior desconfiança e desconforto gerava entre a camada mais rica da população. Junto a isso, claro, a mestiçagem biológica e cultural entre brancos e negros contribuía muito para que o universo dos forros viesse a ser visto pela elite branca como ameaça direta à sua hegemonia. Afinal, a cada dia aumentava a quantidade de filhos mulatos e pardos, de pele aclarada, que exigiam o amparo das mesmas condições privilegiadas de seus pais brancos e desconsideravam várias das restrições legais impostas aos não brancos.

Os discursos oficiais e os proferidos pela elite colonial, no seu inverso, acabavam por demonstrar a enorme dimensão alcançada pelas práticas de alforria naquela sociedade escravista. Além disso, constatavam as reduzidas possibilidades de reverter o quadro ou mesmo de estancá-lo. Daí as acusa-ções de atrevimento e de indolência. Evidentemente, as pequenas rebeliões existentes e outras que não chegaram a ser concretizadas; as fugas; os roubos e as atitudes violentas contra proprietários e familiares deles e a formação de quilombos[9] contribuíram decisivamente com uma certa legitimidade desses discursos. Contudo, a maior parte dos escravos, dos forros e dos não brancos, nascidos livres das Minas, permaneceu nas vilas e arraiais, onde moravam e trabalhavam e onde estabeleceram relacionamentos de variada espécie com outros de iguais "condição" e "qualidade," bem como com brancos.[10]

Os libertos e as libertas moradores das áreas urbanas, fossem eles africanos, crioulos ou mestiços, levavam uma vida mais ou menos pacata, sem intentar promover profundas alterações na lógica do mando escravista. Afinal, trat-ava-se de libertos vivendo em uma sociedade escravocrata, onde era preciso enfrentar o estigma deixado pela antiga condição. É claro que, diante dessas condições, tornar-se senhor de escravos era um dos objetivos naturalmente perseguidos pelos forros. Para uma significativa parcela deste grupo, isto é, para os africanos, o cativeiro era condição inclusive já conhecida nas terras de origem. Mesmo sem alcançar a mesma dimensão e sem conhecer a mesma dinâmica desenvolvidas no Novo Mundo, a escravidão já era instituição praticada há séculos em várias regiões africanas (também na Europa e no Oriente), assim como as libertações.[11]

Na prática, contudo, os libertos já vinham, há tempos, forçando o sistema escravista a adaptações e adequações em relação aos ritos cotidianos da vida no Brasil. E isto, mesmo que de maneira pouco perceptível na época, representou modificações notáveis nas relações sociais ali vivenciadas. A grande quantidade de alforrias pagas, em boa medida, é uma das adaptações forçadas de baixo para cima. Ao final do século XVIII ainda mais escravos pagavam por suas alforrias e, assim, a população forra tornou-se quase tão grande quanto a escrava. Mais alguns anos e a inversão concretizar-se-ia: em pleno domínio escravagista, no auge das importações de africanos, o grupo de alforriados tornava-se maior do que o dos cativos nas Minas Gerais e, provavelmente, isso se repetiu em outras áreas coloniais igualmente urbanizadas. Através de acordos estabelecidos diretamente com os proprietários foi possível a esses indivíduos alcançar a libertação e aqui está outra característica dessas relações escravistas marcadamente urbanas. A maioria dos libertos e libertas não havia ganhado a manumissão, como diziam seus moribundos senhores, mas havia conquistado essa nova condição. No processo de tais conquistas foi necessário que ambas as partes praticassem alguma tolerância e que desenvolvessem certa cumplicidade. Afinal, havia vantagens de diferentes tipos a serem auferidas por senhores e por escravos.

Em regiões como as Minas Gerais, que, além das características já ressaltadas, conheceram economia diversificada e intensa atividade comercial, provocando, inclusive, a dinamização cultural entre a população de distinta origem, esses homens e mulheres libertos experimentaram condições de vida especiais, em pleno contexto escravista. Eles formaram, senão a maior, uma das mais importantes concentrações de ex-escravos e de descendentes diretos já conformada no mundo, até aquela data. Além disso, ainda constituíram o que se poderia chamar de camada média urbana. Isso significou, entre muitas outras coisas, a formação de pujantes espaços de sociabilidade, o forjamento de mercados de consumo específicos, que não se restringiram a operações financeiras, mas que vincularam economia e cultura, assim como o fomento da mestiçagem biológica e cultural. Alguns, como se verá a seguir, chegaram mesmo a conquistar condições de vida desconhecidas por grande parte da população branca de todo o império português e pela maioria dos negros que permaneceu nas Áfricas. Nesse sentido, é imprescindível atentar para o fato de que esses agentes históricos não apenas conseguiram atuar na modelagem da sociedade na qual se inseriam, como dessa maneira, possibilitaram também a

implementação e o desenvolvimento de conexões materiais e culturais importantes entre distantes regiões do planeta, verticalizando ainda mais e, paralela-
mente, ampliando o fenômeno da mundialização.

Entre ser escravo e tornar-se liberto e a vida depois da alforria

Durante muitos anos, as imagens sobre escravos e libertos, construídas no
século XIX, sobretudo após 1850, permaneceram quase intactas na historiografia brasileira. O mesmo ocorreu no imaginário sobre a escravidão, que ainda se
faz tão presente no dia-a-dia dos brasileiros. Uma dessas verdades incontestáveis
preconiza que, após serem alforriados, os antigos escravos negavam o trabalho,
entregavam-se à vadiagem e depois, sem recursos e incapazes de gerenciar sua
liberdade, voltavam às "fazendas" dos senhores, onde suplicavam por ajuda. As
trajetórias dos libertos, na verdade, diferenciaram-se bastante desse axioma oito-
centista e de cunho abolicionista, inaplicável até mesmo naquela época.

No século XVIII, a maioria das alforrias e coartações ocorreu nas áreas
urbanas e nas propriedades localizadas nos arrabaldes das vilas e arraiais.[12]
Além disso, ao contrário da incapacidade de buscar meios de sobrevivência
sugerida por aquela enganosa imagem, os libertos aproveitaram todas as possibilidades oferecidas pela realidade social e inventaram outras. É claro que
isso não significa afirmar que todos eles, homens e mulheres, experimentaram
ascensão econômica e aproveitaram, com tranqüilidade, o resto de seus anos.
Muitos entre eles, talvez mesmo a maioria deles, não conheceu condições
de vida muito favoráveis, mas, também, não voltaram flagelados aos antigos
proprietários, suplicando ajuda.

Ora, nas duas comarcas mineiras estudadas aqui, a do Rio das Velhas e a do
Rio das Mortes, uma proporção de libertos, variando minimamente entre 30%
e 40%, pagaram suas cartas de alforria, tanto através da coartação, quanto à
vista.[13] Os dados arrolados a partir de testamentos e de inventários *post-mortem*
de moradores das duas regiões são bastante reveladores. Dos 6656 escravos e
escravas pertencentes a testadores e a inventariados, 592 (8,89%) foram alforriados e outros 340 (5,10%) foram coartados. Somados, alforriados e coartados, representaram 14,14% do total de escravos encontrados na documentação.
Mesmo considerando-se a existência de uma significativa quantidade de forros e
forras que não aparecem na documentação investigada, posto que haviam conseguido a liberdade bem antes da morte do proprietário, os resultados finais não
seriam mais baixos. A média semelhante encontrada para as duas regiões, a partir de um conjunto documental com características distintas, acaba por endossar

as taxas apresentadas. Há outro fator que serve de base para essa constatação: trata-se do reduzido número de pagamentos realizados à vista pelos escravos ou por terceiros e assim identificados nos documentos senhoriais. Assim, expressões como: "meu escravo que foi"; "a quem passei carta de liberdade há tempos"— habitualmente encontradas, podem estar encobrindo alforrias pagas de uma vez apenas. Estes casos forçariam, inclusive, o aumento das taxas médias finais encontradas e apresentadas aqui. Contudo, acabam por compensar as imprecisões que sempre acompanham as amostragens quantitativas.

O importante é ressaltar que uma população liberta de dimensões tão amplas, que conseguiu comprar tantas alforrias, não encontrou, no geral, dificuldades tão mais acentuadas para continuar sustentando-se no pós-cativeiro. Isso, sem considerar todos aqueles, e não foram poucos, que não precisaram trocar oitavas de ouro[14] pela manumissão e que ainda herdaram local de moradia, instrumentos de trabalho e outros bens materiais de seus proprietários. Não foram poucos os senhores que deixaram heranças, afora a alforria, para seus escravos, e, principalmente, para aqueles que estavam sendo libertados ou coartados em testamento. Isso é constatado no quadro apresentado a seguir:

Quadro 1. Testadores e inventariados que deixaram herança material para escravos e coartados nas Comarcas do Rio das Velhas (1720–1784) e do Rio das Mortes (1716–1789).

	COM. DO RIO DAS VELHAS	COM. DO RIO DAS MORTES	SOMA DAS COMARCAS
Homens Livres	79	30	109
Homens Forros	1	0	1
Total de Homens	80	30	110
Mulheres Livres	5	2	7
Mulheres Forras	14	6	20
Total de Mulheres	19	8	27
TOTAL GERAL	99	38	137

Fonte: Testamentos e inventários *post-mortem* do APM (Arquivo Público Mineiro, Belo Horizonte), do MO (Museu do Ouro, Sabará) e do MRSJR (Museu Regional de São João del Rei).

EDUARDO FRANÇA PAIVA

Esses 137 indivíduos que legaram bens materiais a seus cativos representam 21,5% do total de testadores e inventariados proprietários de escravos arrolados. Quase 1/4 dos senhores mineiros setecentistas deixaram, portanto, alguma herança para um ou mais de seus escravos(as). E a maioria desses legatários não se inclui entre os cativos que compraram suas cartas de liberdade e que, então, já tinham alguma experiência em captar recursos prestando serviços diversos. Isso significa que, diferentemente desses últimos, não carregaram uma dívida durante anos, não tiveram que despender eventuais economias e que começaram a viver como libertos contando com algum suporte material que também não lhes custou oitavas de ouro. Houve casos, contudo, em que uma parte dos legados foi ganha e a outra foi paga. Por exemplo, em 1751, na vila de Sabará, o celibatário pintor português Miguel Lobo de Souza escrevia em seu testamento que possuía uma morada de casas que dividiam com a capela de Santa Rita e "com a casa de Antonio Lobo de Souza, preto forro [um de seus testamenteiros], casado com Antonia Loba de Souza, minha escrava que foi, cuja casa me compraram pelo seu justo valor e que estou pago e satisfeito."[15] As tintas e equipamentos do ofício de pintor, o testador, tudo legava ao "preto Antonio Lobo de Souza," que deveria pagar somente duas partes do valor do material e com ele ganhar sua vida.[16]

Tudo leva a crer que o casal de libertos foi escravo de Miguel e não apenas a forra, como ele registra. Talvez uma falha causada pela proximidade cotidiana entre o testador e o forro, que, inclusive, tinha o mesmo sobrenome e o mesmo ofício. A casa, adquirida pelo "justo valor," pode, na verdade, ter sido vendida com algumas facilidades adicionais, como prazo de pagamento e um preço que não computava qualquer especulação imobiliária. Mestre e aprendiz, ou ajudante, moravam então lado a lado. Isso facilitava a organização do trabalho conjunto e, também, alguns tipos possíveis de pinturas. Além disso, desenvolveu-se entre eles uma confiança que acabou ficando externada junto à escolha de Antonio como um dos testamenteiros indicados por Miguel. O casal de forros, muito antes da morte de seu antigo senhor e "benfeitor," havia conquistado a confiança e o afeto do português, assim como as alforrias, o local de moradia e os meios de trabalho e de sustento. E o liberto apropriara-se, ainda, de um conhecimento bastante especializado.

Outro casal, Gaspar e Anna, beneficiaram-se, também, de alguns bens deixados pelo antigo senhor, o português e celibatário Felix Saraiva, morador no arraial das Sete Lagoas, onde fez seu testamento, em 1784. A origem de ambos não foi registrada, mas outros onze escravos pertencentes a Felix eram

africanos (oriundos de Angola, Benguela e Congo) e apenas um era cabra, o
que aumenta as chances do casal também ter cruzado o Atlântico em direção à
América portuguesa. Gaspar ficou liberto em testamento, por pagar 200$000
réis (duzentos mil réis) e Anna, escreveu o testador, foi libertada "pelo amor de
Deus e pelo muito bem que me serviu sempre."[17] E continuou:

> Declaro que todos os meus trastes de casa, como cavalo capão selado e enfreado
> deixo ao meu Gaspar [...]. Peço ao meu testamenteiro que favoreça ao dito meu
> Gaspar e a sua mulher Anna porque espero deles lho merecerão e em quanto aos
> mais [escravos] rogo pelo amor de Deus ao meu herdeiro e testamenteiro lhe dê
> todos os sábados livres nos seus serviços para se poderem aumentar de alguma
> forma e todo aquele que o merecer e poder dar um moleque por si peço ao meu
> testamenteiro lho aceite e lhe passe sua carta de liberdade pelo amor de Deus,
> pelos bons serviços que me têm feito.[18]

Fica esclarecido, nesse caso, como o escravo Gaspar havia conseguido
ajuntar 200$000 réis para comprar, com eles, sua alforria, expediente que,
de resto, foi usado por muitos outros senhores e escravos no setecentos mineiro. Este é, inclusive, um bom exemplo daquilo que se chamou de "brecha
camponesa" e que, na verdade, nunca teve caráter excepcional, além de ser
prática recorrente nas áreas urbanas.[19] O casal, certamente, havia aproveitado de maneira eficaz a oportunidade aparentemente oferecida sem qualquer
resistência pelo antigo proprietário. Para ampliar suas conquistas, eles não
hesitaram em ganhar uma maior simpatia do português. Anna, por ser a única
mulher do conjunto de cativos possuído por Felix, deve ter desempenhado
papel especial nesse jogo de mútuos interesses. O resultado é óbvio: além da
liberdade, um cavalo selado, trastes da casa e a promessa de favorecimento.
Não era pouca coisa para quem saía do cativeiro.

Legados mais ricos foram deixados pela preta forra Antonia Nunes dos
Anjos, natural da Cidade da Bahia, filha de "pais naturais da Vila da Mina,"
moradora em Sabará, em 1740, quando seu testamento foi redigido. A testadora declarava logo no início do texto: "[...] sou forra há vinte e tantos anos
e me forrei no Caminho da Bahia, vindo para estas Minas, pela quantia de
duas livras de ouro, entregues a Manoel Nunes Velho, como consta de minha
carta de Liberdade." Solteira, sem filhos e dona de um notável patrimônio
material, Antonia mantinha negócios com vários homens livres em outras
vilas e arraiais mineiros e no Rio de Janeiro. A compra e venda de escravos

fazia parte de suas transações financeiras. Ela mesma possuía cinco escravos: Luiza Mina e os filhos dela, a mulata Jozepha, a crioulinha Antonia e Jacob, além da courana Thereza, que deveria ser vendida. Os outros quatro, ao contrário, foram alforriados. Mas a testadora dedicava atenção especial à mulata Jozepha e declarava: "[...] a criei e é forra por carta de alforria que lhe passei, a qual deixo por esmola seis pares de botões de ouro, uma cruz de diamantes e toda roupa de meu uso [...]."[20] E não parava aí. Ordenava aos testamenteiros a compra, no Rio de Janeiro, de "um casal de moleques de Nação Angola ou Benguela, no valor máximo de 160$000 réis ambos," a ser entregue à mulata Jozepha, "caso se case." E casando-se, se o marido quisesse ir para a Bahia, os testamenteiros deveriam dar a Jozepha a "dita quantia, para que na Bahia adquira o que for de seu desejo." A mulata, que já havia recebido sua alforria, mas continuava a viver sob o teto de Antonia, perto da protetora e, também, da família, tinha realmente despertado o afeto da proprietária. E a família inteira desfrutou de tal prestígio. Essa era uma história que a própria Antonia poderia ter vivenciado antes de comprar sua alforria. Talvez tenha sido por meio de mecanismos e estratagemas semelhantes que ela conseguira se forrar "no caminho da Bahia, vindo para estas Minas," como fizera questão de ressaltar.

Outro bom exemplo encontra-se registrado no testamento da preta forra Maria de Freitas Barracha, natural da Costa da Mina, "de onde vim pagã," como salientava, e batizada, continuava, assistindo "na Igreja Grande de Sabará." A testadora, entretanto, era moradora da vila de São João Del Rei, em 1770, data do testamento. Não era casada, não tinha filhos, nem parentes. A considerar os escolhidos por ela para receberem seus legados, os relacionamentos mais próximos que desenvolvera envolviam mulheres escravas e forras. Somados, seus bens valiam quase 200$000 réis, incluídos três escravos, um "Angola, velho, doente," uma crioula e uma africana da Mina que encontrava-se coartada. A casa em que vivia já tinha sido vendida e não entrava no monte dos bens. Depois de saldadas suas dívidas e efetuados seus legados pios, a fortuna de Maria deveria ser repartida igualmente entre a preta Gertrudes de Freitas, forra, antiga escrava da testadora, que tinha "mais de vinte e cinco anos," a crioula Rita de Freitas, forra, antiga escrava de Maria, que também tinha "mais de vinte e cinco anos," e a parda Roza de Mello, órfã, filha de Jozefa de Mello, "de quinze anos." Envolvidas numa rede de solidariedade feminina e de grupo social,[21] elas herdariam da amiga desde lençóis de linho, toalhas, roupas, móveis e objetos de cozinha, até três sopeiras de barro, uma chocolateira de cobre, um estrado, espetos e balança de ferro e um oratório com a "Senhora da Conceição de barro."[22]

Como se vê, aquelas imagens comentadas acima, depreciativas e desquali-
ficadoras dos libertos, não achavam, no dia-a-dia, de modo geral, qualquer
sustentação no século XVIII mineiro. E apenas isso já é suficiente para denunciar seu emprego indevido para o período escravista brasileiro e para as tão
diferentes regiões da Colônia e do Império.

Libertos e libertas sorveram daquela sociedade escravista todas as oportunidades existentes de trabalho, de onde retiravam os recursos financeiros
necessários para a vida no dia-a-dia. Outras vezes, diante de interdições
impostas, inventaram e exploraram outras possibilidades de sobrevivência cotidiana. Claro é que nem todos tinham muito o que legar ou mesmo
que testar diante da iminência da morte. A maioria dos forros não chegou
a conhecer outra condição material de vida que não tenha sido a pobreza.
Contudo, souberam gerenciar suas liberdades e não pereceram suplicando a
piedade e a condolência dos ex-proprietários nas soleiras das casas senhoriais.
Houve os que, ao contrário, chegaram mesmo a deixar legados materiais para
os antigos senhores.[23]

Entre os antigos escravos que ajuntaram alguma fortuna, alguns conta-
ram, portanto, com legados feitos por terceiros, desde ex-senhores até amigos.
Mas, na maior parte dos casos, o conjunto de bens foi adquirido ao longo dos
anos e através do trabalho realizado pelos próprios forros e por seus cativos.
Às vezes, tal esforço ficou frisado nos escritos testamentais. A Mina, Maria
de Freitas Barracha, citada imediatamente acima, deixou registrado: "[...]
todos os bens que possuo foram por mim adquiridos."[24] Já Quitéria Alves da
Fonceca, preta Mina forra, solteira, compradora de sua carta de liberdade e
moradora em Santa Bárbara, em 1774 dizia não possuir herdeiros: "[...] nem
dentro nem fora do quarto grau e de serem todos os bens que possuo todos
adquiridos pelo meu trabalho, serviço e indústria e por isso, usando desta
faculdade, nomeio e instituo por meu legítimo herdeiro [...]."[25]

E o pardo forro Manoel da Fonceca Pereira faz declarações semelhantes
após esclarecer que era filho natural do Coronel Manoel de Afonceca Pereira
e de Marianna de Aragam Pereira, crioula forra, já falecida naquele tempo.
Manoel morava no arraial de São Gonçalo do Rio Abaixo de Santa Bárbara,
termo de Vila Nova da Rainha, em 1777. Ele instituiu como testamenteira a
própria esposa, fato duas vezes raro. Afinal, quase nunca essa tarefa foi assumida por uma mulher e muito menos por uma forra. O testador deixou nas
entrelinhas que nada ou quase nada ganhara de seu pai e não esconde uma
certa mágoa. Dizia ele então:

Declaro que os bens que possuo não foram herdados, mas sim adquiridos pelo meu trabalho e indústria e de minha mulher, que é Quitéria da Comceipção, preta forra, natural da Costa da Mina, com a qual contraí o sacramento do matrimônio, a qual pertence a metade de minha fazenda, depois de pagas as dívidas que devemos.[26]

Declarações como as reproduzidas acima, quando feitas por forros, demandam leituras especiais. No caso da africana Maria, talvez signifique dizer que não dependera de algum homem—marido, ex-proprietário ou algum protetor—para ascender economicamente e conquistar certo *status* social, mesmo que apenas entre um pequeno agrupamento de forras. Quitéria, que conseguiu também acumular variado conjunto material, parece ter tido objetivo semelhante ao de Maria. Entretanto, fazia absoluta questão de ostentar a capacidade de orientar sua própria vida, o que ela nomeava "faculdade." Já para o pardo forro e bastardo Manoel, palavras quase idênticas pareciam tornar público que ajuntara certo cabedal com a mulher, e independentemente da ajuda ou de doações do pai coronel. E para a preta forra vinda da Costa da Mina, Joseffa Pires, declarações parecidas explicitam, com certo brio,[27] a autonomia pessoal e a autoridade matriarcal adquiridas ao longo dos anos. Moradora no arraial de Santa Bárbara em 1771, escolheu cinco homens para integrar sua lista de testamenteiros: os maridos de duas de suas netas, dois de seus netos e, finalmente, seu único filho, que morava nas Minas do Paracatu. Antes, porém, no início do testamento, registrara porção de sua trajetória de vida. Joseffa dizia, então, que saíra da Costa da Mina em direção à "Cidade da Bahia de Todos os Santos," onde havia sido comprada e transferida para as Minas Gerais. Foi batizada "no sertão onde chamam o Rio das Contas" e continuava dizendo que "pela graça de Deus [era] cristã" e que havia pago o seu valor por sua carta de alforria.[28] Registrava finalmente:

[...] nunca fui casada, sempre me conservei no estado de solteira, tenho sim um filho [...] pardo [...] e assim mais tenho duas filhas [uma parda e outra crioula forra] [...], aquele e estas são meus filhos nas Gerais e a todos três os nomeio e instituo por meus legítimos e vivos herdeiros nas duas razões dos meus bens [...]. Declaro que os bens que possuo foram adquiridos pelo meu trabalho e indústria nestas Minas.[29]

Os bens materiais possuídos por Joseffa não chegaram a ser arrolados em seu testamento. Contudo foram listados seus 7 escravos, além de esmolas no valor de 36$000 réis legadas às irmandades de Nossa Senhora do Rosário e de Santo Antônio do arraial e à Santa Casa de Jerusalém. Isso sugere que a testadora havia conseguido, então, contabilizar alguma fortuna no final de sua vida. Em nenhum momento, ela fez qualquer referência aos pais de seus filhos. Sua vida tinha sido organizada, pois, sem a interferência direta e sem o sustento material desses homens.

Registros como os precedentes devem ter sido realmente importante para esses forros expeditos que, como tantos outros, não esperaram ganhar liberdade e condições materiais de vida, mas as conquistaram no dia-a-dia, desde o período de cativeiro. Para conquistarem esses espaços de autonomia dentro do universo escravista colonial foi preciso, evidentemente, encarar os mais diversos tipos de trabalho. Muitos libertos continuaram, após obtenção da Carta, nas ruas e praças, oferecendo mão-de-obra avulsa para quase toda tarefa. Permaneciam, então, a trabalhar como os escravos de ganho, categoria que inúmeros forros conheciam muito bem, por meio da qual haviam ajuntado o pecúlio usado na compra da liberdade.[30]

Algumas ocupações foram assumidas tanto por homens, quanto por mulheres. Era o caso dos cozinheiros(as) e vendeiros(as) ambulantes de bebidas, de frutas e de outros alimentos. Da mesma forma, repartiram entre si tarefas contratadas nas ruas, tais como entregar recados, carregar água, transportar objetos e lavar urinóis. Assim, embora fossem forros, esses homens e mulheres misturavam-se, no cotidiano, com os escravos e os coartados, que exploravam as mesmas possibilidades de auferir recursos—e com livres pobres, brancos e não brancos, que, por não terem recursos, executavam tarefas idênticas. A troca de experiências e de conhecimentos técnicos ocorria inevitavelmente, assim como as disputas e desavenças. Mas a demanda por esse tipo de trabalhador foi grande o suficiente para manter esse mercado vigoroso durante todo o século XVIII.

Houve, também, certa divisão sexual de trabalho entre os forros. As mulheres dominaram o pequeno comércio de secos e molhados, isto é, as vendas, embora existissem homens, livres e forros, que se ocupassem dessas bitacas.[31] Uma descrição dos objetos que compunham essas vendas foi feita em um inventário *post-mortem* do português Antonio da Silva Reis, em 1762, na vila de São João Del Rei. Embora não seja venda de proprietária(o) negra(o), os itens arrolados na bitaca do português são, praticamente, os mesmos encontrados esparsamente nos documentos dos forros envolvidos nessa atividade. Entre instrumentos de trabalho, objetos de uso cotidiano, bebidas e alimentos, tudo avaliado pelos inventariantes, Antonio contara então com:

quatro frascos de aguardente do Reino	*3$600* [réis][32]
meio frasco de [?]	*$700*
quatro frascos de vinagre do Reino	*2$400*
dezoito frascos de vidro vazios	*2$700*
oito cascos de barris vazios	*2$200*
três copos pequenos	*$450*
uma balança	*1$200*
uma balança de folha de Flandres	*1$200*
três jarras	*$450*
três fornos[?] *de medidas*	*1$200*
[?] [?] *de barro*	*$600*
um prato	*$600*
meia [?] *de toucinho*	[?]
um alqueire de farinha	*$300*
quatro alqueires de feijão	*$450.*[33]

Seguiam sendo listados e avaliados outros objetos, esses de uso doméstico do testador, como "uma coberta de papa—1$500; quatro lençóis de pano de linho usados—3$600; um colchão de linhagem—$900; três pratos pequenos—$750; um catre tosco—1$200; dois mochos e uma banquinha—1$200; um bufete de pau—2$400; um banco—$600." Nada mais que isso e apenas um escravo Angola "que se acha por pagar todo," além de várias outras dívidas, de alguns créditos e de 82 oitavas de ouro em pó. Como era de costume, a venda funcionava na própria casa do português. A mistura entre os objetos pertencentes a ela e o parco mobiliário e demais itens de uso pessoal, feita no seu inventário *post-mortem*, atesta essa situação comum também entre os forros e forras vendeiros. E Antonio evidenciava esse hábito em seu testamento: "Declaro que ao presente possuo uma venda nas casas onde moro com os efeitos que dela constar [...]."[34]

Entre os pertences da venda de Quitéria Gomes Ferreira, preta forra natural da Costa da Mina e moradora em Santa Luzia, em 1779, constavam:

[...] um tacho de cobre grande, cabendo aproximadamente três barris de água, outro tacho de cobre com capacidade de um barril de água, uma bacia de cobre de capacidade de dois barris de água, uma bacia de doce, [...] dois pratos grandes de estanho e vários trastes de casa, trastes e medidas sortidas de venda e assim mais algumas dívidas que da venda se me deve por rol e alguns bilhetes que constarem [...].[35]

Novamente, casa e venda funcionavam juntas, confundindo-se, uma servindo e dando suporte às atividades desenvolvidas na outra. Aos olhos atentos das autoridades coloniais essa fusão entre público e privado ameaçava a ordenação social em vigor.

As vendas das mulheres forras foram tão numerosas nas áreas urbanas mineiras e o ajuntamento de escravos e forros nesses endereços foi tão intenso que houve legislação especialmente repressória desses casos. As medidas, nem sempre muito eficazes, tentaram coibir, também, as atividades das negras de tabuleiro, isto é, vendeiras ambulantes, que por vezes possuíam vendas fixas ou estavam vinculadas aos donos das vendolas, tantos os livres, quanto os forros de ambos os sexos.[36]

Além do pequeno comércio de alimentos, as libertas ocupavam-se com as costuras, os teares, a lavação de roupa, a amamentação remunerada, os partos, a criação de enjeitados paga pelas Câmaras das vilas e, também, com a prostituição. Um exemplo extraordinário de enriquecimento e de autonomia foi deixado pela forra Gracia Dias de Oliveira, natural de Angola "e batizada na cidade dos Congos," moradora no arraial do Sutil, termo da vila de São João Del Rei, em 1762, data de seu testamento. Gracia não tinha filhos, era casada com o preto João Francisco de Mira e, para realizar o matrimônio "em face da Igreja," o havia comprado por duas livras de ouro (aproximadamente 128 oitavas de ouro ou 192$000 réis) e o alforriado. Daí a enorme autonomia demonstrada por ela com relação à disposição dos bens do casal, que, efetivamente, mais parecem ter sido dela—as roupas de uso do marido, por exemplo, não constavam da listagem. O montante inventariado, incluídos sete escravos, gado vacum, bens móveis e imóveis, alcançava 1.210$783 réis (um conto, duzentos e dez mil, setecentos e oitenta e três réis). Não se encontram computados aí os créditos que dizia possuir—"uma morada de casas das que possuo," legadas "a Nossa Senhora do Rosário desta dita vila"—nem outras duas casas, deixadas a duas mulheres solteiras que eram órfãs de pai, "para ajuda de seus dotes." Um dos detalhes importantes desse documento é a constatação de que a testadora e seu marido tinham optado, assim como vários dos mais ricos testadores livres, pela diversificação das atividades econômicas. A opção dera resultado aqui também. O casal ou, talvez seja melhor insistir, Gracia possuía mais de uma morada de casas, que alugadas possibilitariam alguma renda. Na casa que moravam contavam com plantações na chácara e criavam seis cabeças de gado vacum, além de prováveis porcos e galinhas que não entraram no inventário. Objetos tais como balanças de pesar ouro e "de folhas [de Flandres, certamente] com peso de ferro," frascos de vidro, cascos de barril, caixão de madeira "de guardar mantimentos," vários pratos de estanho, sendo dois deles "de meia cozinha" e tachos de cobre sugerem a existência de uma venda. Além disso, possuía "parte das terras e águas minerais ditas na paragem do Sutil," a propriedade individualmente mais cara, avaliada em 400$000 réis. Trata-se, portanto, de fato ainda pouco estudado pela historiografia: uma africana forra possuidora de serviços de mineração.

O afilhado e as quatro afilhadas da angolana Gracia, e ainda os filhos de amigos da testadora, todos protegidos por ela, atestam a influência e a importância alcançada por ela entre forros e os livres habitantes da mesma região. Gracia, assim como outras forras, foi notável construtora e usuária de espaços de sociabilidade em São João del Rei, exemplo certamente seguido por cativas(os) e por libertas(os).[37]

Os homens forros, por sua vez, vincularam-se a ocupações majoritariamente masculinas. A mineração e faiscação foram algumas dessas atividades praticadas por homens livres, libertos e escravos. A angolana Gracia era proprietária das lavras, mas não trabalhava nelas. Mulheres raramente eram empregadas no processo direto de extração mineral (não obstante existirem registros sobre isso, inclusive iconográficos), embora pudessem desempenhar tarefas periféricas e dar suporte complementar através de seus tabuleiros, da prestação de serviços gerais e até do contrabando. Na documentação colonial são mesmo os homens que aparecem, na maioria das vezes, vinculados a essas atividades extrativas.

O preto forro Ventura de Barros, por exemplo, morador em São João Del Rei, em 1750, quando faleceu *ab intestato*, dependia da mineração para sustentar a numerosa e modesta família. Ele trabalhava junto com dois escravos seus na Cata do Córrego Seco, pertencente ao coronel Joze de Barros, seu antigo senhor. Sua mulher, a preta forra Leonor Cardoza, ocupava-se dos seis filhos do marido, dos quais dois apenas havidos com ela.[38]

Os homens forros e escravos dominavam outra sorte de trabalho: os ofícios mecânicos.[39] Eram ferreiros, carpinteiros, pedreiros, alfaiates, pintores, entre outros tipos. Pedro de Almeida Faria, pardo, incluía-se nesse grupo. Natural e morador de Sabará, ele declarou em testamento datado de 1764 que tinha ofício e aprendiz, embora nada mais tenha especificado. Contudo, uma boa quantidade de móveis, alguns feitos em jacarandá e torneados, foi listada no testamento, além das ferramentas usadas, que eram formões, serra braçal, serrote e machado. Estes detalhes demonstram que Pedro era carpinteiro ou carapina, termos usados habitualmente. O aprendiz pode ter sido um de seus dois escravos: o crioulo Benedito ou o "moleque novo, ainda boçal," que não foi nomeado.[40]

Havia alguns forros que se dedicavam ao comércio também. O preto Mina Bernardo Correa, negociante de mercadoria miúda na vila de São João Del Rei e na região próxima, foi assassinado nos arrabaldes da vizinha São José Del Rei, talvez cobrando alguma dívida.[41] Outro Mina, o forro Manoel da Costa, viveu menos infortúnios que o seu colega. Conheceu alguma fortuna material nas minas do Paracatu, arraial onde residia em 1776. Logo de início, declara no testamento ter pago seu valor ao antigo dono, de quem recebeu a carta de alforria. Manoel não era casado, não tinha filhos e sua única herdeira era a irmã de "pai e mãe," a forra Roza Pinto da Trindade, que fica instituída herdeira do irmão. Entre os bens de Manoel achavam-se quatro moradas de casas, das quais pelo menos três eram cobertas de telha, "umas lavras no morro, [...] parte de São Domingos do qual [tinha] título delas em [seu] poder, [...] uma chácara na paragem chamada a Costa da Mina e mais uma roça em Santa Isabel, na qual [era] sócio com Antônio da Costa," onze escravos, todos homens africanos e créditos derivados de negócios "fiados," realizados na venda que possuía.[42] Não aparecem listados no testamento os bens de uso cotidiano desse africano forro, que saudoso e brioso de sua identidade, não hesitou dotar a chácara brasileira com o mesmo nome da terra de origem (melhor seria dizer, porto de origem), situada além-mar. Além disso, vemos aqui um registro raro de manutenção de laços familiares africanos em terras da América portuguesa e, sem dúvida, um testemunho ainda mais raro da reinvenção da África na América e da incorporação identitária, por parte de africanos, de uma certa África inventada pelos portugueses, no século XV—a Mina. Mas esse tema foge ao escopo do texto, não obstante sua enorme importância. Voltemos às condições de vida e às atividades produtivas às quais forros e forras das Minas Gerais setecentistas se vinculavam.

O comércio associava-se, intimamente, à mobilidade social, no que se refere à possibilidade de ascensão econômica, e também ao trânsito entre diversas regiões. José Machado Affonço demonstrou isso claramente em seu testamento, redigido em 1770. No documento, feito no Rio de Janeiro, José Machado esclarecia: "Declaro que sou natural e batizado em Angola [...] livre e liberto sem obrigação alguma e por hora assisto no Taquaraçu, junto à Capela de Nossa Senhora da Penha [termo da vila de Sabará] [...]."[43]

O forro dizia, ainda, ser "viandante, com seus negócios" e, mais à frente, complementava as informações declarando ter algumas poucas dívidas na Cidade da Bahia e ter "negócios de cavalos" entre Minas Gerais e Pernambuco. Finalmente, ordenava que "todos os bens e trastes de roupa de uso, objetos [em] prata e ouro se repartirão com os pobres ou em espécie ou em valor." Assim, evidenciava a existência de uma fazenda suficientemente alargada para que ele próprio se diferenciasse dos pobres a quem legava seus bens.[44]

Em várias oportunidades, libertos e libertas alugaram alguns de seus escravos. O recurso, também usado pelos senhores livres, servia aos que não queriam e não precisavam se ocupar com o trabalho manual, mas, também, aos que vislumbraram aí uma maneira de aumentar o rendimento doméstico. Maria Cardoza da Silva, vinda da Costa da Mina e alforriada mediante pagamento, foi usuária dessa fórmula. Ela não tinha muitos bens além do rancho de capim onde morava em São João Del Rei e de um segundo, coberto do mesmo material, situado "na paragem chamada Luanda"; outra referência a localidades no Brasil que recebiam nomes de regiões africanas. Possuía, ainda, cinco escravos: uma mãe africana com duas filhas crioulas e outros dois crioulinhos, dos quais alugava, pelo menos, uma das mulheres. No testamento aprovado em 1778 ela acusava ter um crédito com um tal João Gonçalves, no valor de "duas oitavas, três quartos e dois vinténs," procedido de "jornais de uma escrava minha."[45]

No caso do aluguel de escravos do sexo masculino, a destinação deles era, em muitos casos, a mesma: lavras e catas minerais. Esse setor absorvia nas Minas, desde meados do setecentos pelo menos, mão-de-obra escrava alugada e não faltaram proprietários livres e forros interessados no negócio.[46] A pernambucana Marianna do Rego Barros, parda forra, moradora em casas cobertas de telhas, situadas na Rua Direita da vila de São José Del Rei, em 1760, era senhora de três escravos. O único homem do grupo, Manoel Angola, trabalhava nas lavras de um certo Ângelo Martins. Manoel encontrava-se alugado e os rendimentos de Marianna eram, portanto, aumentados com os jornais, isto é, o valor das jornadas de trabalho, pagos a ela pelo contratador.[47] De forma parecida procedera o preto forro Ventura de Barros, citado acima. Ele trazia dois escravos alugados ao seu antigo senhor, na cata do Córrego Sego, onde o próprio Ventura trabalhava minerando.[48]

Os senhores, entre eles os forros e os descendentes livres desses forros, contavam com outras formas de auferir lucros com o trabalho prestado por seus escravos a terceiros. Pelo menos duas delas foram muito comuns, sobretudo nas áreas mais urbanizadas da América portuguesa e das Minas Gerais, onde a demanda de mão-de-obra era maior. Trata-se dos escravos de ganho e dos coartados, que, de fato, não tinham ainda abandonado a condição de escravos. Uns e outros transferiam seus ganhos para os senhores, parcial ou integralmente. E os indivíduos incluídos em ambas as categorias acabavam envolvendo-se em atividades muito semelhantes e experimentando mobilidade também parecida.

Dificilmente, portanto, libertos e libertas deixaram de trabalhar, mesmo quando possuíam escravos. Evidentemente houve exceções e o afastamento do trabalho manual nesses casos pode ter ocorrido tanto por conta da fortuna acumulada, quanto por impedimentos causados pela idade e pela doença. Mas a maioria dos forros teve, durante quase toda sua vida em liberdade, que buscar o sustento cotidiano ocupando-se de inúmeras atividades econômicas. Nas Minas Gerais setecentistas, sobretudo nas regiões urbanas, eles e elas engajaram-se no trabalho de maneira eficaz e criativa, como vários deles deixaram registrados em seus testamentos. E em muitos casos emerge, claramente, a importância da família, nuclear e/ou extensa, como condição basilar para que essa situação social se conformasse, aspecto que ainda precisa ser mais bem investigado. Situações como essas se repetiram em várias outras regiões escravistas do Novo Mundo, desde o século XVI, e, antes disso, cidades como Lisboa e Sevilha, entre outras, ainda que em menor dimensão, já haviam se transformado em espaços privilegiados para o desenvolvimento dessas possibilidades, algumas delas transpostas para a América. Desde aí, e no Novo Mundo de forma ainda mais alargada, não há evidências que permitam generalizar a oposição entre fortuna acumulada e relações pessoais, inclusive, baseadas em solidariedades, parentesco, afetividade e gratidão. Enriquecer-se ou ascender economicamente, mesmo para ex-escravos em sociedades escravistas, não significou, em absoluto, desumanizar as relações, o que não significa idilizá-las, nem, tampouco, exterminar dessa realidade os conflitos, as práticas de dominação e os exercícios do poder.

Conclusão

Os casos tratados nesse texto não devem ser vistos sob a fórmula da exceção. Eles, definitivamente, não o são. Na verdade, eles sumariam a dinâmica, a complexidade e a pujança da sociedade escravista na América portuguesa e, mais especificamente, nas Minas Gerais. Mais ainda, os relatos, impressões, indicações, declarações, observações, insinuações e legados deixados por esses

homens e mulheres evidenciavam elementos com os quais eles e muitos outros conviveram no cotidiano e que foram produzidos no próprio processo de
desenvolvimento da sociedade colonial.

Há mais de uma década, os estudos sobre a escravidão no Brasil vêm
empreendendo uma grande revisão de "verdades históricas" construídas,
às vezes sem base em qualquer evidência empírica, desde o século XIX, e
incorporadas pelos historiadores do século XX, sem as devidas precauções.
O "imaginário do tronco," como venho designando esse conjunto de imagens, de interpretações, de valores e de juízos, nem sempre compatíveis com a
realidade complexa e polissêmica do passado escravista, acaba por simplificar
demasiadamente processos absolutamente dinâmicos, multifacetados e pro-
vocadores de mudanças sociais profundas, que envolveram escravos, forros
e livres do Brasil escravista e pós-escravista. Os resultados apresentados pela
historiografia "revisionista," não obstante representarem um avanço imenso
no conhecimento que hoje temos sobre a sociedade escravista, e, mais ampla-
mente, sobre as sociedades coloniais, ainda não repercutem da forma como se
deseja, tanto no saber geral sobre o tema e o período, quanto, mesmo, entre os
estudiosos fora do Brasil, guardadas, claro, as exceções. Isso abarca não apenas
os resultados, mas, também, os aspectos metodológicos e conceituais que vêm
permitindo a dinâmica renovadora de uma historiografia pujante, mas escrita,
grosso modo, em língua que sofre restrições de leitura no circuito internacional.

Foi-se um tempo exageradamente marcado por preceitos, paradigmas e
outros filtros ideológicos, que acabou impondo reducionismos e simplificações
à História, via imposição de modelos pré-estabelecidos, de aplicabilidade pretensa e equivocadamente generalizada. Contra tais procedimentos, em grande
medida, se irrompeu o revisionismo historiográfico no qual esse texto se inspira
e do qual ele é parte. Forros e escravos não são tomados aqui nem como coisas
(objetos da História, instrumentos de trabalho, itens de comércio e de nego-
ciações, sem vontade própria), nem como, exclusivamente, vítimas da história.
A atuação deles foi muito mais complexa e instigante que certas duplas conceituais, ainda com emprego amplo—vítima X algoz; vencido X vencedor;
dominado X dominante; explorado X explorador—, permitem vislumbrar.

Conceitos mais flexíveis, construídos e adaptados no próprio processo de
construção historiográfica, são essenciais nessa nova história da escravidão na
América portuguesa, assim como o são para outros temas, períodos e regiões.
Alguns deles foram empregados aqui e possibilitaram, desde a pesquisa realizada junto à documentação colonial, descortinar histórias protagonizadas

por homens e mulheres que assumiram, mesmo sem assim se designar, os papéis de agentes históricos, co-construtores de seu próprio tempo, da sociedade onde viviam. Trata-se, nesse texto, do trânsito material e cultural, da mobilidade física, da conformação de espaços de sociabilidade e da autonomia de ação que africanos e seus descendentes, tanto escravos, quanto libertos e nascidos livres, experimentaram enquanto contribuíam para a organização daquele universo e para a construção daquele mundo colonial. Transformados em conceitos instigadores, esses elementos da vivência do passado ajudam o historiador de hoje a entender melhor a América portuguesa (não apenas ela, evidentemente), suas peculiaridades, sua inserção no Império português, e, ainda, a sua existência no processo de mundialização[49] desde o século XVI.

A partir de parâmetros renovados e mais flexíveis, portanto mais próximos à própria dinâmica histórico-cultural vivenciada no passado e hoje, ficou menos complicado se estabelecer um diálogo histórico e historiográfico com gente que viveu no século XVIII. Esse diálogo entre o conceito e a evidência, fórmula proposta há décadas por E. P. Thompson,[50] acabou possibilitando minha aproximação com o passado escravista americano. O contato com esses agentes históricos continuam me revelando aspectos cotidianos esclarecedores da complexidade social constituída na região. A africana Mina, Quitéria Alves da Fonceca, mulher solteira e forra, mencionada em página anterior, já registrava com certo orgulho, em 1774, que prezava sua trajetória de mobilidade, compartilhada com outras tantas ex-escravas, e que cultivava a autonomia conquistada com o passar dos anos. Pedagogicamente, pode-se dizer, demonstrou na prática e escreveu no testamento que uma escrava africana podia ascender econômica e socialmente em uma sociedade escravista e misógina, sem, necessariamente, prostituir-se e submeter-se irremediavelmente aos desejos e ao poder masculinos. Ela, como várias outras, tornou-se proprietária de escravos (possuía 6 cativos) em plena sociedade escravista. Além disso, para marcar entre seus parentes e amigos aquilo que ela chamava de "faculdade," e para legar esse perfil à posteridade, fez constar em seu testamento toda autonomia e toda mobilidade experimentadas por ela. Para tanto, afirmava que havia conquistado tudo isso por seu "trabalho, serviço e indústria."

Em que medida exemplos como o de Quitéria repercutiram junto a outras mulheres que buscavam, desde o cativeiro, possibilidades de ascensão social e econômica? Como esses casos, que se contavam em dezenas em cada vila e arraial setecentista, impactaram aquela sociedade? Em que medida esses casos são, também, porções das metamorfoses produzidas pelo próprio escravismo americano? Como escravos e forros, mas, também, livres incorporavam essa dinâmica escravista na América portuguesa? Como os africanos escravizados e os libertos se inseriam em processo tão complexo e, ao mesmo tempo, tão menos rígido que o experimentado por eles em algumas regiões africanas? Ainda há muitas indagações e muito que se estudar, principalmente, em perspectiva comparada, aproximando-se realidades escravistas do Brasil, com outras similares na África, na América espanhola, nos Estados Unidos e em outras colônias europeias na América e, também, na Europa e no Oriente. Conhecer melhor a história desses personagens não serve, apenas, para se reafirmar a condição de agentes históricos que eles assumiram no passado, mas se trata de estudar algumas das matrizes de nossas sociedades e de nossos universos culturais contemporâneos.

Um dos traços marcantes dessa história de muitas faces é, sem dúvida, a mobilidade que, de certa maneira, liga o passado e o presente, pois foi largamente cultivada nesses universos de outrora e continua marcando o dia-a-dia atual de várias dessas sociedades. Evoquemos, novamente, um de nossos protagonistas, já apresentado antes, para que com suas palavras e com seu apreço em relação à mobilidade vivenciada possamos encerrar esse texto. José Machado Affonço, em testamento registrado no Rio de Janeiro, em 1770, demonstrava em uma frase curta como transitara entre mundos e condições distintas, como se transformara em um autêntico *passeur culturel*[51] e como o fizera com alguma desenvoltura: "[...] declaro que sou natural e batizado em Angola [...] livre e liberto sem obrigação alguma e por hora assisto no Taquaraçu [arraial, na capitania de Minas Gerais] [...]."[52]

Notas

Parte deste texto integra o capítulo IV (ainda inédito) de minha Tese de Doutoramento: *Por meu trabalho, serviço e indústria: histórias de africanos, crioulos e mestiços na Colônia—Minas Gerais, 1716–1789,* apresentada ao Programa de Pós-graduação em História da Universidade de São Paulo, em 1999. Estão incluídos neste texto resultados de pesquisas que venho desenvolvendo nos últimos anos, como bolsista de produtividade do Conselho Nacional de Desenvolvimento Científico e Tecnológico-CNPq—a partir do projeto: *Do escravismo à civilização: representações do arcaísmo e da modernidade nacionais em autores da Brasiliana / Coleção Brasiliana: escritos e leituras na nação (1931–1941)*—e como bolsista da CAPES de Pós-doutoramento—2006–2007. É necessário registrar, ainda, que versão modificada deste artigo foi publicada na Revista *Terra D'Africa* (Università dell'Áquila, Itália), v. XIV, de 2005.

[1] Um panorama bem elaborado sobre a presença e sobre as atividades de negros, crioulos e mestiços na América espanhola é encontrado em Bernard, Bernard e Gruzinski, Queija e Stella.

EDUARDO FRANÇA PAIVA

Registros iconográficos relativamente fiéis a essas realidades coloniais e a esses agentes históricos podem ser vistos em Katzew, Majluf e Saíz).

[2] Ver o esclarecedor trabalho de Santos.

[3] Um recente esforço coletivo de repensar questões relacionadas ao trabalho escravo e ao trabalho livre na época moderna foi realizado em torno de um acordo estabelecido entre a University of Nottingham e a Universidade Federal de Minas Gerais, que envolveu pesquisadores de várias nacionalidades e instituições de pesquisa. Resultou daí o livro organizado por Libby e Furtado.

[4] Desde muito cedo, o termo foi empregado no Novo Mundo e segundo o Inca Garcilaso de la Vega: "[...] es nombre que inventaron los negros y así lo muestra la obra. Quiere decir entre ellos negro nascido en Indias; inventáronlo para diferenciar los que van de acá, nascidos em Guinea, de los que nacen allá, porque se tienen por más honrados y de más calidad, por haber nacido en la pátria, que no sus hijos, porque nacieron em la ajena, y los padres se ofenden si les llaman criollos. Los españoles, por la semejanza, han introducido este nombre en su lenguje para nombrar los nacidos allá. De manera que al español y al guineo, nacidos allá, les llaman criollos y criollas" (cit. em Arrom).

[5] Ver: Anastasia e Paiva, em Berrnand.

[6] Ver, sobre o tema, Paiva (*Escravidão e universo cultural*).

[7] O discurso do Conde das Galveas ficou registrado em mais de um códice e arquivo. Encontrei-o no APM/CMOP—códice 35, f. 118-118v—"Registros de editais, cartas, provisões e informações do Senado de petições e despachos—1735–1736." Sobre os discursos, em geral, e para se acessar alguns exemplos, ver, entre outros: Anastasia; Mattos; Oliveira; Paiva (*Escravos e libertos*); Souza.

[8] Ou, tomando de empréstimo algumas expressões arroladas por Mattos (121–123), mais comuns para o século XIX, mas que podem bem dimensionar o pensamento senhorial mineiro no século anterior: "vadios"; "a pobreza"; "a mais vil canalha aspirante"; "ralé de todas as cores."

[9] Sobre o tema ver, para Minas Gerais, Guimarães, Gomes e os vários textos sobre o tema em Reis e Gomes.

[10] Termos empregados na época. "Condição" designava se a pessoa era livre, liberta ou escrava; enquanto que "qualidade" as distinguia entre branca, negra, crioula, mulata, parda, mestiça, cabra, entre outras categorias que mesclavam cor de pele e características biológico-culturais.

[11] Ver sobre este tema, entre outros estudos: Davis; Lovejoy; Mauny; Medina e Henriques (90–99); Pétré-Grenouilleau; Thomas (73–86).

[12] A coartação foi um costume ao qual se recorreu com freqüência nas áreas escravistas urbanizadas. Era um acordo diretamente acertado entre proprietários e escravos, que permitia aos últimos se afastarem do domínio cotidiano dos primeiros e durante anos pagarem parcelas semestrais ou anuais de sua alforria e, não raramente, das alforrias de seus filhos também. Tratava-se de um sistema de crédito costumeiro e, em grande medida, informal. Ver sobre o assunto Gonçalves; Paiva (*Escravos e libertos; Escravidão e universo cultural*); Rodrigues (*Sentença de uma vida*); Souza. Para a América espanhola, ver Berrnand e Scott.

[13] Comarca era uma das divisões administrativas existentes no século XVIII brasileiro. Em Minas Gerais, ao final do século XVIII, existiam quatro comarcas: a do Rio das Velhas, cuja sede era Vila Real de Nossa Senhora da Conceição do Sabará; a do Rio das Mortes, cuja sede era Vila de São João Del Rei; a do Ouro Preto, cuja sede era Vila Rica de Nossa Senhora do Pilar (Ouro Preto), que era, também, a sede da Capitania das Minas Gerais, e a comarca do Serro do Frio, cuja sede era Vila do Príncipe (Serro). Em 1815 foi criada a comarca do Paracatu, cuja sede era Vila de Paracatu.

[14] Oitavas de ouro era uma medida muito usada para o ouro em pó, que circulava como moeda. Durante o século XVIII o valor da oitava de ouro variou entre 1.200 e 1.500 réis.

[15] Arquivo Público Mineiro/Câmara Municipal de Sabará—códice 20, f. 73v-75 (74v). Testamento de Miguel Lobo de Souza—Sabará, 02 jul. 1751.

[16] APM/CMS—códice 20, f. 73v-75 (74v). Testamento de Miguel Lobo de Souza—Sabará, 02 jul. 1751.

[17] A moeda em vigor nessa época era o Real, cujo plural era réis.

[18] APM/CMS—códice 73, f. 9v-14. Testamento de Felix Saraiva—Arraial das Sete Lagoas, 07 abr. 1784.

[19] Ver sobre o assunto, principalmente, Cardoso. Brecha camponesa é um conceito em desuso atualmente, pois, na verdade, as práticas que possibilitaram a elaboração dele, isso nos anos 80 do século XX, período ainda fortemente marcado por perspectiva marxista, revelaram-se, com o desenvolvimento de novas pesquisas, não serem nem brechas (exceções), nem, muito menos, camponesas, pois eram muito comuns, também, nas áreas urbanas. Afastados de paradigma e filtros marxistas, libertados do jugo da "contradição," ficamos de frente a práticas muito comuns em grande parte do período de escravidão, que, em nada, anunciavam o capitalismo, como se interpretou em décadas passadas. Essas práticas eram, acima de tudo, acordos estabelecidos entre escravos e senhores (muitos deles ex-escravos) e direitos costumeiros, respeitados pela sociedade colonial. Em alguns casos, quando o acordo foi desrespeitado pelo senhor, escravos chegaram a recorrer à Justiça e há casos em que suas demandas foram aceites, em detrimento dos interesses dos proprietários. Nas áreas rurais os escravos cultivavam terras cedidas pelos senhores, plantavam, colhiam, consumiam a produção e, eventualmente, comercializavam o excedente. Nas áreas urbanas esses acordos se transformaram em autonomia relativa dos cativos, que saíam para as ruas, distante do domínio direto do proprietário, onde prestavam todo tipo de serviço, cobrando-os dos que os contratavam. O pecúlio acumulado servia para pagar ao proprietário o valor previamente acertado, relativo às jornadas de trabalho; o excedente servia para a manutenção desse "escravo de ganho" e para o pagamento da alforria, muitas vezes via sistema de coartação, que significava, como já assinalei, o pagamento parcelado da Carta de Liberdade.

[20] Museu do Ouro/Cartório de Primeiro Ofício-Testamentos—códice 13, f. 15v-18 (16v). Testamento de Antonia Nunes dos Anjos—Sabará, 06 ago. 1740.

[21] Ver sobre este assunto: Priore, principalmente o Capítulo 1 da segunda parte. Ver, também, Paiva (*Escravos e libertos* 111–157; *Escravidão e universo cultural*); Priore.

[22] Museu Regional de São João del Rei/Inventários—caixa 26. Inventário *post-mortem* de Maria de Freitas Barracha—São João Del Rei, 07 out. 1770.

[23] Um deles foi o pardo forro Pedro da Costa, que exigia do pai e ex-senhor o reconhecimento de paternidade para que pudesse receber os legados materiais do filho bastardo—APM/CMS—códice 24, f. 122v-124v. Testamento de Pedro da Costa—Rio de Janeiro, 19 nov. 1744. Encontrei outros 19 casos semelhantes na documentação pesquisada. Por exemplo, Catharina de Payva, uma forra natural da Guiné, instituiu o antigo senhor, o Reverendo Padre Matheus de Payva, seu herdeiro universal—MO/CPO-TEST—códice 1, f. 133-136v. Testamento de Catharina de Payva—Sabará, 09 jul.1721. Já o forro Ignácio, natural da Costa da Mina, mesmo tendo comprado sua alforria e a de sua mulher, acabou deixando um moleque de Nação Benguela e mais dez oitavas de ouro para o antigo proprietário, o capitão Manoel de Araujo—MO/CPO-TEST—códice 11, f. 133v. Testamento de Ignacio de Araujo dos Santos—Santo Antônio do Rio das Velhas Acima, 28 dez. 1743. Estes legados testamentais foram raramente acompanhados de expressões habitualmente usadas nas situações contrárias, isto é, quando os senhores deixavam herança para algum escravo. Refiro-me a bordões do tipo "por esmola" e "pelo amor de Deus." Uma exceção à regra é o caso da preta forra Gracia, mais à frente reproduzido—MR/INV—caixa 291. Inventário *post-mortem* de Gracia Dias de Oliveira—São João Del Rei, 01 jan. 1762.

[24] MR/INV—caixa 26. Inventário *post-mortem* de Maria de Freitas Barracha—São João Del Rei, 07 out. 1770.

[25] MO/CPO-TEST—códice 50, f. 111-116v (111v). Testamento de Quitéria Alves da Fonceca—Santa Bárbara, 04 mai. 1774.

[26] MO/CPO-TEST—códice 50, f. 54-59 (54v). Testamento de Manoel da Fonceca Pereira—São Gonçalo do Rio Abaixo de Santa Bárbara, 25 ago. 1777. Ressalvas idênticas foram feitas também por testamenteiros livres, sobretudo pelos homens. Ver, ainda, Oliveira (47-51) e a transcrição da carta-codicilo da crioula forra Rosa Maria de Paiva Aleluia Lima incorporada a esse texto.

[27] Uma certa soberba dos africanos vindos da Costa da Mina foi imagem comum no Brasil escravista. Em meados do século XIX, o viajante norte-americano Thomas Ewbank escrevia, após observações realizadas por ele na cidade do Rio de Janeiro: "Os moçambicanos contam-se entre os melhores escravos. Tão inteligentes e mais pacíficos que os minas (da Costa do Ouro), fiéis e de confiança, alcançam um preço alto" (195). Ver também Reis sobre os escravos e forros islâmicos, vindos da região da Mina para a Bahia, que participaram da rebelião dos malês de 1835. Ver, ainda: Paiva, ("Bateias, carumbés, tabuleiros"; "Milices noires et cultures afro-brésiliennes"); Raymundo Rodrigues.

[28] O caminho que ligava o porta de Salvador à área de mineração foi muito usado pelos negociantes de escravos durante todo o séculos XVIII. Dois pontos importantes desse caminho eram a Vila de Rio de Contas e o povoado de Caetité, que continuam merecendo maior atenção da historiografia. Ver Pires.

[29] MO/CPO-TEST—códice 48, f. 64-69 (64v). Testamento de Joseffa Pires—Arraial de Santa Bárbara, 12 mar. 1771.

[30] Escravo de ganho foi categoria muito comum na história da escravidão no Brasil. A atividade "de ganho" ou "ao ganho" era desempenhada tanto por homens, quanto por mulheres, principalmente nas áreas mais urbanizadas da América portuguesa, tornando-se ainda mais freqüente a partir do século XVIII. Geralmente, esses escravos trabalhavam nas ruas, longe dos proprietários, e ao final do dia ou da semana (jornada), conforme acordo estabelecido, eles entregavam ao senhor uma quantia em dinheiro ou em ouro em pó (oitavas de ouro) previamente combinada. Se o escravo de ganho conseguisse, durante a jornada, ganhar mais que o estipulado com o respectivo proprietário ele poderia guardar consigo esse excedente, que seria empregado, quase sempre, na alimentação, roupas, cuidados com saúde e, evidentemente, na compra da alforria. Ver sobre o tema, entre outros: Algranti; Figueiredo; Mattoso; Reis, Liana Maria; Oliveira; Paiva (*Escravos e libertos*; *Escravidão e universo cultural*).

[31] Em certas regiões da África negra de onde saíram escravos para o Brasil, a Costa da Mina, por exemplo, o pequeno comércio de alimentos foi, tradicionalmente, explorado pelas mulheres, assim como o fizeram, também, no Caribe escravista. Ver Bush (48–49) e Blier (126–127). Esta última autora fez reproduzir no seu livro desenhos que retratam essas mulheres nas ruas de cidades africanas, como os do viajante inglês T. E. Bowdich, publicados originalmente em 1817 no livro *A Mission from Cape Coast Castle to Ashantee*. Ver, também, Pantoja (45–67) e Paiva (*Escravos e libertos*).

[32] A moeda era o Real; o plural, réis. Lê-se, portanto, três mil e seiscentos réis.

[33] MR/INV—caixa 299, f. 5-9 (6v). Inventário *post-mortem* de Antonio da Silva Reis—São João Del Rei, 19 fev. 1762.

[34] MR/INV—caixa 299, f. 5-9 (6v). Inventário *post-mortem* de Antonio da Silva Reis—São João Del Rei, 19 fev. 1762.

[35] MO/CPO-TEST—códice 50, f. 39v-45 (40v). Testamento de Quitéria Gomes Ferreira—Santa Luzia, 08 jan. 1779.

[36] Sobre as negras vendeiras e sobre a legislação repressora de suas atividades ver, entre outros trabalhos: Andrade (141–143); Dias; Figueiredo; Karasch; Mattoso; Oliveira (11–21); Paiva (*Escravos e libertos* 140–143; *Escravidão e universo cultural*); Ramos (226–41); Liana Maria Reis; Silva.

[37] MR/INV—caixa 291. Inventário *post-mortem* de Gracia Dias de Oliveira—São João Del Rei, 01 jan. 1762.

EDUARDO FRANÇA PAIVA

[38] MR/INV—caixa 30. Inventário *post-mortem* de Ventura de Barros—São João Del Rei, 21 abr. 1752.

[39] Sobre escravos, libertos e ofícios mecânicos no período colonial, ver Flexor (*Oficiais mecânicos*; "Os oficiais mecânicos (artesãos) de Salvador e São Paulo"); Martins; Meneses; Trindade; Vasconcellos.

[40] APM/CMS—códice 24, f. 102-104 (103). Testamento de Pedro de Almeida Faria—Sabará, 18 jan. 1764.

[41] MR/INV—caixa 65. Inventário *post-mortem* de Bernardo Correa—São João Del Rei, 30 abr. 1736.

[42] MO/CPO-TEST—códice 51, f. 159v-167 (160 e 165). Testamento de Manoel da Costa—Paracatu, 03 jun. 1776.

[43] MO/CPO-TEST—códice 52, f. 58-62v (58). Testamento de José Machado Affonço—Rio de Janeiro, 27 out. 1770.

[44] MO/CPO-TEST—códice 52, f. 58-62v (59v). Testamento de José Machado Affonço—Rio de Janeiro, 27 out. 1770.

[45] MR/INV—caixa 354, f. 6-9v (8v). Inventário *post-mortem* de Maria Cardoza da Silva—São João Del Rei, 18 nov. 1778.

[46] Sobre o tema, embora para o século XIX, ver Libby (*Trabalho escravo*; *Transformação e trabalho*).

[47] MR/INV—caixa 30. Inventário *post-mortem* de Marianna do Rego Barros—São José Del Rei, 10 set. 1760.

[48] MR/INV—caixa 30. Inventário *post-mortem* de Ventura de Barros—São João Del Rei, 21 abr. 1752.

[49] Sobre esse conceito ver: Gruzinski; Paiva ("Africans in Portuguese America").

[50] Ver Thompson (49).

[51] Sobre esse conceito ver: Gruzinski (*La pensée métisse*); Paiva ("Bateias, carumbés, tabuleiros"); Tachot e Gruzinski (*Passeurs culturels*).

[52] MO/CPO-TEST—códice 52, f. 58-62v (58v). Testamento de José Machado Affonço—Rio de Janeiro, 27 out. 1770.

Obras Citadas

Algranti, Leila Mezan. *O feitor auzente: estudos sobre a escravidão urbana no Rio de Janeiro—1808–1822*. Petrópolis: Vozes, 1988. Impresso.

Anastasia, Carla Maria Junho. *A geografia do crime—violência nas Minas setecentistas*. Belo horizonte: EdUFMG, 2005. Impresso.

Andrade, Maria José de Souza. *A mão-de-obra escrava em Salvador, 1811–1860*. São Paulo: Corrupio, 1988. Impresso.

Arrom, José Juan. "Criollo: definición y matices de un concepto." *Hispania* 34.2 (Maio 1951): 172–76. Impresso.

Bernard, Carmen. *Negros esclavos y libres em las ciudades hispanoamericanas*. Madrid: Fundación Histórica Tavera, 2001. Impresso.

Bernard, Carmen e Serge Gruzinski. *Historia del Nuevo Mundo. Los mestizajes, 1550–1640*. México: Fondo de Cultura Económica, 1999. Impresso.

Blier, Suzanne Preston. *L'art royal african*. Paris: Flammarion, 1998. Impresso.

Bowdich, T. E. *A Mission from Cape Coast Castle to Ashantee.* Londres: John Murray, 1817. Impresso.

Bush, Barbara. *Slave Women in Caribbean Society—1650–1838.* Kingston: Heinemann Publishers, 1990. Impresso.

Cardoso, Ciro Flamarion S. *Escravo ou camponês? O protocampesinato negro na América.* São Paulo: Brasiliense, 1987. Impresso.

Dias, Maria Odila L. S. *Quotidiano e poder em São Paulo no século XIX.* São Paulo: Brasiliense, 1984. Impresso.

Ewbank, Thomas. *Vida no Brasil ou diário de uma visita à terra do cacaueiro e da palmeira—com um apêndice contendo ilustrações das artes sul-americanas antigas.* Belo Horizonte/São Paulo: Itatiaia/EdUSP, 1976. Impresso.

Figueiredo, Luciano. *O avesso da memória: cotidiano e trabalho da mulher em Minas Gerais no século XVIII.* Rio de Janeiro/Brasília: José Olympio/EdUnB, 1993. Impresso.

Flexor, Maria Helena Ochi. *Oficiais mecânicos na cidade de Salvador.* Salvador: Prefeitura Municipal de Salvador, 1974. Impresso.

———. "Os oficiais mecânicos (artesãos) de Salvador e São Paulo no período colonial." *Revista Barroco* 17 (1996). 139–154. Impresso.

Gomes, Flávio dos Santos. *A hidra e os pântanos: macambos, quilombos e comunidades de fugitivos no Brasil (séculos XVII–XIX).* São Paulo: UNESP, 2005. Impresso.

Gonçalves, Jener Cristiano. *Justiça e direitos costumeiros: apelos Judiciais de escravos, forros e livres em Minas Gerais (1716–1815).* Diss. UFMG, 2006. Impresso.

Gruzinski, Serge. *La pensée métisse.* Paris: Fayard, 1999. Impresso.

———. *Les quatre parties du monde: histoire d'une mondialisation.* Paris: Éditions de la Martinière, 2004. Impresso.

Guimarães, Carlos Magno. *Uma negação da escravidão: quilombos em Minas Gerais no século XVIII.* São Paulo: Ícone, 1988. Impresso.

Karasch, Mary. *Slave Life in Rio de Janeiro 1808–1850.* Princeton: Princeton University Press, 1987. Impresso.

Katzew, Ilona. *Casta Painting, Images of Race in Eighteenth-Century Mexico.* New Haven: Yale, 2004. Impresso.

Libby, Douglas Cole. *Trabalho escravo e capital estrangeiro no Brasil: o caso de Morro Velho.* Belo Horizonte: Itatiaia, 1984. Impresso.

———. *Transformação e trabalho em uma economia escravista: Minas Gerais no século XIX.* São Paulo: Brasiliense, 1988. Impresso.

Majluf, Natalia, ed. *Los cuadros de mestizaje el Virrey Amat: la representación etnográfica em el Perú colonial.* Lima: Museo de Arte de Lima, 1999. Impresso.

Martins, Judith. "Dicionário de artistas e artífices dos séculos XVIII e XIX em Minas Gerais." *Revista do Patrimônio Histórico e Artístico Nacional* 27.2 (1974). Impresso.

Mattos, Ilmar Rohloff. *O tempo saquarema: a formação do Estado imperial.* São Paulo: Hucitec, 1990. Impresso.

Mattoso, Kátia M. de Queirós. *Bahia: a cidade de Salvador e seu mercado no século XIX.* São Paulo/Salvador: Hucitec/Secretaria Municipal de Educação e Cultura, 1978. Impresso.

———. *Testamentos de escravos libertos na Bahia no século XIX: uma fonte para o estudo de mentalidades.* Salvador: Centro de Estudos Baianos/UFBa, 1979. Impresso.

Meneses, José Newton Coelho de. *Artes fabris e serviços banais: oficiais mecânicos e as Câmaras no final do Antigo Regime. 1750–1808.* Diss. PPGH-UFF, 2003. Impresso.

Oliveira, Maria Inês Cortes de. *O liberto: seu mundo e os outros. Salvador, 1790/1890*. São Paulo: Corrupio/CNPq, 1988. Impresso.

Paiva, Eduardo França. *Escravos e libertos nas Minas Gerais do século XVIII: estratégias de resistência através dos testamentos*. São Paulo: Annablume, 1995. Impresso.

———. *Por meu trabalho, serviço e indústria: histórias de africanos, crioulos e mestiços na Colônia—Minas Gerais, 1716–1789*, Diss. USP 1999. Impresso.

———. *Escravidão e universo cultural na Colônia: Minas Gerais, 1716–1789*. Belo Horizonte: EdUFMG, 2002. Impresso.

———. "Bateias, carumbés, tabuleiros: mineração africana e mestiçagem no Novo Mundo." *O trabalho mestiço: maneiras de pensar e formas de viver, séculos XVI a XIX*. Org. E. F. Paiva e Anastasia, C. M. J. São Paulo/Belo Horizonte: Annablume/PPGH-UFMG, 2002. 187–207. Impresso.

———. "Revendications de droits coutumiers et actions en justice des esclaves dans le Minas Gerais du XVIIIe siècle." *Cahiers du Brésil Contemporain*. EHESS 53/54 (2003):11–29. Impresso.

———. "Africans in Portuguese America. Crossroads between Worlds and Practices of Anti-globalisation." *Image & Narrative* 11 (2005). Web.

———. "Milices noires et cultures afro-brésiliennes: Minas Gerais, Brésil, XVIIIe siècle." *D'Esclaves à soldats. Miliciens et soldats d'origine servile XIIIe-XXIe siècles*. Coord. Carmen Bernard e Alessandro Stella. Paris : L'Harmattan, 2006. 163–174. Impresso.

Pantoja, Selma. "A dimensão atlântica das quitandeiras." *Diálogos oceânicos: Minas Gerais e as novas abordagens para uma história do império ultramarino português*. Org. Júnia Ferreira Furtado. Belo Horizonte: UFMG, 2001. Impresso.

Pires, Maria de Fátima Novaes. *O crime na cor: escravos e forros no alto sertão da Bahia (1830–1888)*. São Paulo: Annablume, 2003. Impresso.

Priore, Mary Del. *Ao sul do corpo: condição feminina, maternidades e mentalidades no Brasil Colônia*. Rio de Janeiro/Brasília: José Olympio/Edunb, 1993. Impresso.

Queija, Berta Ares e Alessandro Stella, coord. *Negros, mulatos, zambaigos: derroteros africanos em los mundos ibéricos*. Sevilla: Escuela de Estúdios Hispano-Americanos/Consejo Superior de Investigaciones Científicas, 2000. Impresso.

Ramos, Donald. *A Social History of Ouro Preto. Stresses of Dynamic Urbanization in Colonial Brazil 1695–1726*. Diss. University of Florida, 1972. Impresso.

Reis, João José. *Rebelião escrava no Brasil: a história do levante dos malês (1835)*. São Paulo: Brasilense, 1986. Impresso.

Reis, João José e Flávio dos Santos Gomes, org. *Liberdade por um fio: história dos quilombos no Brasil*. São Paulo: Companhia das Letras, 1996. Impresso.

Reis, Liana Maria. "Mulheres de ouro: as negras de tabuleiro nas Minas Gerais do século XVIII." *Revista do Departamento de História UFMG* 8 (1989): 72–85. Impresso.

Rodrigues, Raymundo Nina. *Os africanos no Brasil*. 6ª ed. São Paulo/Brasília: Companhia Editora Nacional/EdUnB, 1982. Impresso.

Rodrigues, Tiago de Godoy. *Sentença de uma vida: escravos nos tribunais de Mariana (1830–1840)*. Diss. UFMG, 2004. Impresso.

Saíz, María Concepción García. *Las castas mexicanas: un gênero pictórico americano*. México: Olivetti, 1989. Impresso.

Santos, Raphael Freitas. *'Devo que pagarei': sociedade, mercado e práticas creditícias na comarca do Rio das Velhas, 1713–1773*. Diss. UFMG, 2005. Impresso.

Scott, Rebecca J. *Emancipação escrava em Cuba: a transição para o trabalho livre,1860–1899*. Rio de Janeiro/Campinas: Paz e Terra/Ed.Unicamp, 1991. Impresso.

Silva, Marilene Rosa Nogueira da. *Negro na rua: a nova face da escravidão*. São Paulo: Hucitec, 1988. Impresso.

Souza, Laura de Mello e. "As Câmaras, a exposição de crianças e a discriminação racial." *Normas e conflitos: aspectos da história de Minas no século XVIII*. Belo Horizonte: EdUFMG, 1999. 63–79. Impresso.

Tachot, Louise Bénat e Serge Gruzinski, dir. *Passeurs culturels: mécanismes de métissage*. Paris: Presses universitaires de Marne-la-Vallée/Éditions de la Maison des sciences de l'homme, 2001. Impresso.

Thompson, E. P. *A miséria da teoria ou um planetário de erros: uma crítica ao pensamento de Althusser*. Rio de Janeiro: Zahar Editores, 1981. Impresso.

Trindade, Cônego Raimundo. "Ourives de Minas Gerais nos séculos XVIII e XIX." *Revista do Patrimônio Histórico e Artístico Nacional* 12 (1955): 109–149. Impresso.

Vasconcellos, Salomão de. "Ofícios mecânicos em Vila Rica durante o século XVIII." *Revista do Patrimônio Histórico e Artístico Nacional* 4 (1940). Impresso.

Arquivos

APM/CMOP: Arquivo Público Mineiro/ Câmara Municipal de Ouro Preto

APM/CMS : Arquivo Público Mineiro/Câmara Municipal de Sabará

MO/CPO-TEST: Museu do Ouro/Cartório de Primeiro Ofício-Testamentos

MR/INV: Museu Regional de São João del Rei/Inventários

Eduardo França Paiva is a professor in the History Department of the Federal University of Minas Gerais (Brazil) and researcher of CNPq (National Council of Scientific and Technological Development). He is currently working on the topic of Cultural History of Slavery and Métissage. He is the author of *Escravidão e universo cultural na Colônia; Minas Gerais (1716–1789)*; "Revendications de droits coutumiers et actions en justice des esclaves dans les Minas Gerais du XVIIIe siècle" (*Cahiers du Brésil Contemporain* 53–54), and "Milices noires et cultures afro-brésiliennes: Minas Gerais, Brésil, XVIIIe siècle" in *D'esclaves à soldats. Miliciens et soldats d'origine servile aux XIIIe–XXIe siècles*.

Remittances, Welfare Solidarity, and Monetarization: The Interaction between Personal and Economic Relations in Cape Verde during the Colonial Period

João Estêvão

Abstract. This article proposes a reading of the colonial monetary phenomenon in Cape Verde through the interaction of personal relations and formal economic relations. It begins by analyzing the genesis of colonial money and its affirmation as an autonomous institutional phenomenon, as well as the impacts of emigration on the archipelago's economy, in order to consider the effects of remittances as an instrument of welfare solidarity, monetarization, and the stabilization of Cape Verdean money. The combination of these effects generated a complex whole of personal and economic relations, whose interaction supported the expansion of money and its social acknowledgment as a universal measure of value. There was, therefore, a degree of complementarity between personal relations and formal economic relations, which was synthesized through Cape Verdean money.

Introduction

The phenomenon of colonial money was created externally and corresponded to a process involving currency unification and the monetary integration of the colonies by the metropolis. In the Portuguese African colonies, monetary circulation was unified throughout the second half of the nineteenth century and the supply of money was entrusted to banking institutions, thus establishing a close relationship between the currency of the colonies and the currency of the metropolis. The colonial monetary system, developed from the start of the

Portuguese Literary & Cultural Studies 23/24 (2012): 55–73.
© Tagus Press at UMass Dartmouth.

twentieth century, functioned in a relatively stable manner, and its evolution led to the creation of particular currencies in each colony, with their own reserves, their own means of issuing money, and their own circulation space, but where each currency was merely a simple manifestation of the metropolitan currency.

Researches on currency in Portuguese colonies have always been almost exclusively based on the problem of adapting the monetary and banking system to the needs of colonization, with the debate being centered on a discussion concerning the advantages and disadvantages of the choice offered between a single currency and a particular currency for each colony. Only more recently have other aspects of the colonial monetary phenomenon begun to be analyzed.

Torres analyzed the currency in Angola as revealing "social gaps and the distribution of economic and political power both within Angola, as well as its relationship with the metropolis" (257). In "Moeda e monetarização" and *Moeda e sistema monetário*, Estêvão studied the colonial monetary system in the Portuguese colonization of Africa (1852 to 1974) and concluded that the colonial currency, although being just a "representation" of the metropolitan currency, achieved the status of a "perfectly identifiable institutional phenomenon and a socially recognized measurement instrument of value and circulation" ("Moeda e monetarização" 226).

The approach carried out by Estêvão in the two above-mentioned texts, in particular the analysis of the monetarization process in Cape Verde, brought up some important questions concerning the role of emigration and remittances as part of this process. One aspect underlying this analysis was the role that remittances played in the construction of relationships, both relationships between the emigrants and their communities of origin as well as the relationships within the communities. But given that remittance is a monetary flow, firstly in the form of foreign exchange and then converted into local currency, it involves a more complex framework of relations in which it is necessary to understand the way the personal relationships interact with the formal economic relations established both between emigrants and their community and within their own community.

To understand this interaction, this article traces a path leading from the nature of the colonial monetary system to the role that emigration and remittances had in the construction of those relationships and in the stability of the colonial money. Thus, the first section provides a synthesis of the construction process of the monetary system in the Portuguese African colonies, showing that the system not only enabled its use as an instrument of sovereignty and economic integration but also led to the emergence of colonial money as a formally autonomous institutional phenomenon and a socially recognized measurement of value. The second section briefly considers the effects that Cape Verdean emigration has had on the structure of landholding, on the reconfiguration of personal and economic relations, and on the expansion of the monetary and mercantile space within the archipelago, effects that have led to a greater development of monetary structures and a deepening of monetary relationships between individuals. The third section analyzes the interaction that has developed in Cape Verde between the dimension of economic relations and the dimension of personal relations, based on a three-level approach to analyzing remittances from emigrants: as an instrument of welfare solidarity between the emigrants and their family members; as an instrument involving the mercantilization and monetarization of society; and as an instrument to stabilize the Cape Verdean currency. The last section presents some concluding remarks concerning the complementary nature of formal economic relations and personal relations in the monetarization process of the Cape Verdean economy.

Money and the colonial monetary system[1]

Until the end of the nineteenth century, monetary circulation in the Portuguese colonies had never shown the same unitary nature nor the institutional dimension that it would come to possess during the twentieth century, due mainly to the permanent shortage of metal coins and the absence of a monetary policy specified by the colonial power.[2] But with the colonial system having been implanted from the second half of the nineteenth century onward, the situation changed completely. The currency was gradually unified and its supply entrusted to banking institutions created for this purpose, thus establishing a close relationship between the currency of the colony and the currency of the metropolis.

With the establishment of the new colonial system, it became necessary to guarantee the homogeneity and regularity of monetary circulation, as well as its immediate exchangeability into the metropolitan currency at a fixed rate. The currency thus gained an institutional dimension, with a status of its own, and became an important instrument of economic integration and commercial protection. The evolution of the colonial monetary and banking system accompanied the deepening of relations between the metropolis and the colonies, reflecting not only the expansion of the monetary relationship, but also the need for a system of credits and capital mobility within the imperial economic space. Besides this, the system was shown to possess great stability down through the years (Schuler 5).

The first attempts at harmonizing monetary circulation within the Portuguese African colonies date from the second half of the nineteenth century and involved a vast set of colonial policy measures that sought to globally ensure and protect the actual occupation of possessions and to construct a colonial commercial infrastructure—measures establishing a customs policy (commercial protection), establishing a public and financial administration, and steps towards monetary unification. An important instrument for the unification of monetary circulation was the creation of the Banco Nacional Ultramarino (BNU), in 1864, seeking to combine its condition of being a commercial bank in the metropolis with its exclusive role concerning banking activities within the colonies. It was patterned on the French model of colonial banks, with the difference that it was a private bank, with its head office and board in Lisbon, and it was given a set of privileges extending through all the colonies with the exception of Macao.[3] The BNU was introduced and argued for as being an instrument to bring together capital for the colonies, with the ability to resolve serious problems involving credit and to dynamize the development of the colonies. However, it was also seen as an important instrument for the unification of the colonial currency, above all through the exclusive right that it had been granted to issue fiduciary money.

Despite all the steps taken, the monetary situation experienced in the colonies had practically not undergone any change by the end of the century. The failure of these measures, which corresponded to a slow progression of the colonial monetary area, was a symptom of the difficulties of Portuguese commercial advances, the fragility of the Portuguese commercial system itself, and the difficulties of military penetrations and effective occupation of the territories.

From the 1890s onward, there was a significant change in currency intervention mechanisms. There was in fact an attempt to increase the circulation of paper money issued by the BNU, to increase the circulation of Portuguese silver currency, and to completely substitute the foreign metal currency that was in circulation in the colonies. The main objective was to make silver currency the basis of the monetary system of the colonies, as would come to be approved in 1901. The monetary system was thus established, based on the Law of 27 April and the contract signed between the Portuguese State and the BNU, which contained the following fundamental features: circulation of the same silver currency as legal tender in the metropolis and in the colonies; circulation of banknotes exchangeable into silver currency and as legal tender restricted to the colonies in which they were issued; exchange of banknotes at the headquarters in Lisbon, with a transaction fee based on the level of the freight and insurance costs.[4] This is similar to that of the international gold standard, adapted to the Portuguese empire, with the free circulation of the same silver coinage and with the silver convertible to the banknotes issued by each of the colonies. I named it the *silver standard colonial monetary system* ("Moeda e monetarização"; *Moeda e sistema monetário* 48–52).

The system functioned between 1901 and 1914, during which time the BNU would always guarantee the exchange of banknotes. This situation was possible because the volume of colonial commerce was relatively modest, because, furthermore, the importance of the BNU as a commercial bank in the metropolis enabled it to guarantee the convertibility of the paper money which it kept in the colonies in circulation, and because, whenever necessary, the BNU would transfer reserves from some colonies to others, in order to cover the existing deficits. With the disappearance of the silver currency in 1914, however, the system entered into a period of decadence that lasted until 1929.

In 1929, a new contract was signed between the Portuguese State and Banco Nacional Ultramarino, with some important consequences for the colonial monetary system.[5] The contract maintained the privative nature of the issuing of banknotes, the circulation limit of which was to be separately established for each colony; the exchange with Lisbon was maintained, now dependent on the financial and economic condition of each of the colonies; but a new system of monetary reserves was established, made up of banknotes from the Bank of Portugal and some others with unlimited discharging power, money assets from the BNU on order to any credit institution, and the gold-bonds of the Caixa Nacional de Crédito. However, the BNU was still obliged to establish, by August 1935, a reserve fully made up of gold-values, but preferably with gold-exchanges.

The objective was thus the construction of a gold-exchange standard system. However, the impossibility of establishing reserves as laid down led in 1943 to the first amendment of the 1929 contract, which stated that the banknotes represented *escudos* (the Portuguese currency) and were reimbursable in banknotes from the Bank of Portugal, after deducting the transaction fee. In practice, this led to an *escudo-exchange monetary system*.

A new contract between the Portuguese State and Banco Nacional Ultramarino, in 1953, introduced important changes concerning the monetary standard and the exchange regime.[6] Colonial banknotes became representative of gold, but reimbursable in bills of exchange based on the metropolitan *escudo*, after deducting the transaction fee. The BNU had to establish a single monetary reserve to cover all the colonial circulation it was responsible for, made up of banknotes from the Bank of Portugal, securities from the Portuguese State, and gold and fine silver. However, the reserve had to be chiefly made up of metropolitan *escudos*, or values representing these, in accordance with the rule of the third.[7] As regards the regime of currency exchange, the contract abandoned the principle of a feeless exchange of banknotes between the colonies of Western Africa, with these now being covered by the legislation concerning transfers; in addition to the fee, there was a commission established in accordance with the Government Commissioner for the Bank.

Another important modification was the establishment of an Exchange Fund (*Fundo Cambial*), a public fund operating freely within the BNU, which was awarded its management and the responsibility for the amounts contained therein. The Exchange Fund was an instrument to centralize foreign exchange received by each colony, which was exclusively earmarked to assure their external payments. But the BNU operated it exclusively as an exchange mechanism, exchanging foreign currency for colony banknotes and vice versa, making foreign currency available in exchange for banknotes of the colony. The Fund gave the BNU the possibility of modifying the amount of currency besides the rule of the third, increasing the money supply with an increase in foreign exchange inflow, or reducing it with an increase in the demand of foreign exchange by the economic agents of the colony.

Legislation concerning the Escudo Zone reaffirmed the nature of the colonial monetary system, defining the *escudo* as the monetary unit for all the colonies and the convertibility of colonial *escudos* into metropolitan *escudos*, a convertibility that should have been assured by the issuing banks, with suitable currency corrections and, where necessary, with the mutual support of the exchange funds.[8] There was a notable worry concerning exchange and assuring the external solvency of the national currency, which led to the reinforcement of the centralization tendency of the reserves begun with the legislation of 1953—the creation of a system established by the Central Reserve Bank (the Bank of Portugal) and by a network of all the Exchange Funds.

An important modification introduced by the set of laws of 1961–63 (Escudo Zone) was, indeed, the autonomy granted to the Exchange Fund and its institutionalization as a central reserve bank of the colony, with functions concerning the centralization of monetary reserves, guaranteeing the value of the currency, and the coordination of external payment operations. The issuing of colonial banknotes continued to be carried out through credits from the Fund, up to its own amount, after which a reserve would be established of at least a third, preferably in metropolitan *escudos*, or values representing these. What is more, the banknotes continued to be reimbursable in metropolitan *escudos*, the unit of account of the Portuguese economic space. The external assets obtained by the Fund, insofar as they were not necessary for the liquidation of operations concerning external payments, could be kept in the BNU, or handed over to the Bank of Portugal to credit the reserves account of the colony.

We can highlight three main aspects in this story: the progressive transformation of the monetary system into a system in which the metropolitan currency was established as the objective standard—*escudo standard colonial monetary system* (Estêvão, "Moeda e monetarização"; *Moeda e sistema monetário* 73–77); the existence of a process involving the centralizing of foreign exchange that did not affect the monetary standard; and, furthermore, the power of the BNU through the Exchange Fund to issue money beyond the rule of the third absolutely guaranteed by the foreign exchange acquired by the colony. Such power of issuing became an essential element of the monetary stability in Cape Verde, because the colony benefited from the entry of a significant quantity of foreign exchange mainly due to the remittances of its emigrants.

The metropolitan exchange standard system was such that it simultaneously enabled its use as an instrument of protection and sovereignty as well as an instrument of economic integration. However, the system also allowed for the emergence of colonial money as a perfectly identifiable institutional phenomenon and a socially recognized measure of value and circulation instrument, while, in essence, it was nothing more than a simple *representation* of the metropolitan currency.[9] Its social recognition and its convertibility into the metropolitan *escudo* contributed not only to support the process of economic integration with the metropolis but also to promote a relative integration with the rest of the world (Schuler 4), thus favoring the development of an intense relationship between emigrants and their families, which would result in important economic and social consequences for Cape Verdean society.

Remittances, monetary expansion, and monetarisation

Emigration has been a permanent feature in the history of Cape Verdean society. However, it was during the early nineteenth century onward that it became an important factor of social and economic change (Estêvão, "Cabo Verde" 185), not only due to its size and ongoing flux, but also due mainly to the link established between the archipelago and the "economies" of the Atlantic Ocean. The deep causes of this migratory movement were the sharpening of the economic decline of the islands as well as the increasing social conflict associated with it. Crises relating to drought and the lack of crops had worsened the economic decline and, as they became more frequent, they contributed to deepening the rupture of the ecological balance and to a fall in agricultural production, thus drastically increasing the poverty of the archipelago. The mid-century decades were particularly affected, and it was precisely in this period that emigration started to become a large-scale movement.

The first phase of modern Cape Verdean emigration extended throughout the middle of the nineteenth century until the second decade of the twentieth century, a period characterized by the large size of the migratory flux that headed toward the United States of America. The available statistical data (for just the twentieth century) show that, between 1900 and 1920, departures to the United States of America represented 61.7 percent of the total, much greater than the flux to any other region.[10] Emigration to North America was not only the most important in quantitative terms, but also that which most contributed to a permanent flow of financial transfers (emigrant remittances) to the archipelago, having a decisive effect on the evolution of the Cape Verdean economy and society.

This emigration phase affected Cape Verdean society in three different ways: In the first place, the transfers were an essential instrument for the monetarization[11] of the agricultural islands and for the expansion of internal trade; in the second place, they formed an indispensable support for external payments and an important source of currency stability for the colony; and, in the third place, the income obtained through emigration enabled many returning *americanos*[12] to be able to purchase part of the lands of the former *classe senhorial* ("landlord class"), whose decline had significantly increased in the first decades of the twentieth century.

The first of these effects was decisive in the reconfiguration of the personal relationships that Cape Verdean society experienced from the first decades of the twentieth century onward, this within a framework of the expansion of the mercantile economy. An illustrative example of this reconfiguration was the market of foreign exchanges that took place beyond the formal supervision of the Banco Nacional Ultramarino and which led to new forms of relations that took root, above all, in the agricultural islands, the main centers of emigration for the United States of America.[13] The parallel market of foreign exchange functioned on the basis of the personal relationship that was established between the local merchant and the emigrant, leading to an almost exclusive commercial relationship. The emigrant (or his family members) paid for their purchases in foreign exchange, or, indeed, opened a current account with the merchant, which enabled them to purchase their supplies and groceries and, whenever necessary, obtain money in the form of colonial currency to carry out other family or market operations. In return, they gave the merchant the legal power of attorney to receive and open their correspondence and to credit their checks in their current account. This was a commercial relationship that was able to avoid formal supervision very easily.[14] However, this type of relationship was decisive in the expansion of local commerce, and the development of a new layer of merchants who flourished with the growth of the emigrant remittances and with the widening of monetary relations (monetarization) in the various agricultural islands, and at the same time established a very particular complementary relationship between personal and mercantile relationships in the development of Cape Verdean society.

The foreign exchange received by the colony through the remittances, along with others that entered in return for the rendering of services (port services and submarine cables), were always very important to ensure the stability of the Cape Verdean currency and to assure its external payments. A typical example of this situation was the inflow of a great number of Angolan banknotes to Cape Verde at the beginning of the 1920s. The strong devaluation that had taken place with the Angolan currency saw its banknotes move to other African colonies, and in particular to Cape Verde, in search of foreign exchange and taking advantage of the fact that colonial banknotes were mutually exchangeable without the payment of a fee. Following an evaluation of the effects on the Cape Verdean *escudo*, *Portaria* No. 50 of the Government of the Colony, of 30 May 1924,[15] concluded that Cape Verdean currency could no longer continue to be harmed by the devaluation of the Angolan currency, given that it was the only legal tender in the colony and that it was well protected through the size of its existent holdings of foreign exchange. According to the *Portaria*, more than 8 million Angolan *escudos* had entered Cape Verde, at a time when the average circulation of Cape Verdean banknotes was in the order of 4.5 million *escudos*. What is more, the colonies' external balance represented a surplus of around 4 million Cape Verdean *escudos*, the result of an important volume of foreign exchange generated from the submarine cables and coal companies, tax revenue received in the Porto Grande of the city of Mindelo, and, above all, from the remittances of Cape Verdean emigrants, which made up around 41 percent of the total foreign exchange revenue.

The third effect mentioned was a consequence of the increase in revenue arising from emigration, and also from the decadence of the landlord class, which had been taking place since the second half of the nineteenth century. The successive droughts and the loss of importance of the main agricultural exports of the archipelago had led to a prolonged economic decline of the former *classe senhorial*. Furthermore, the abolition of the *morgadio*[16] in 1864 had introduced the possibility of the purchase and sale of land and opened the way to eventual changes in the legal structure of property. But it was at the turn of the century that those changes started to be visible, when the major landholders, greatly indebted, had to sell parts of their land to rich merchants and to emigrants returning from America. As Henrique Teixeira de Sousa has stated, it was a highly favorable situation for the emigrants: "With the money saved in America, they bought properties, built tiled houses, dug reservoirs, purchased livestock and a mule for traveling" ("A estrutura" 44).

The second emigration phase lasted from the 1920s until the end of the Second World War and was mainly characterized by a significant fall in the number of departures. However, the flows to South America, Europe, and Africa increased, though far from corresponding to the fall in departures to the United States of America. It was in fact the restrictions imposed by the North American authorities on the entry of new immigrants that were the main reasons for the decline in Cape Verdean emigration, to which could be added other factors such as the economic crisis of 1929 and, later, the Second World War.

After 1946, emigration once again became a major factor in Cape Verdean society, being transformed into a "great exodus" (Carreira 107) at the end of the 1960s. Around 142,100 people left the archipelago between 1946 and 1973[17]: with large annual fluctuations between 1946 and 1962 (around 3052 people a year); a visible growth trend between 1963 and 1969 and a quite high average annual departure rate (around 5438 people per year); and there was a dramatic rise from 1970. In that year 11,802 people left Cape Verde, rising to 17,029 in 1973, with an annual departure average of 15,143 people.[18] A fundamental characteristic of this third phase of Cape Verdean emigration was its strong movement towards Western Europe, in particular Portugal, Holland, France, and Italy, with the departures to the United States of America amounting to considerably fewer people.

Emigration during this phase had an even greater impact on the Cape Verdean economy. Above all, it reflected an accentuated growth in the inflow of private currency transfers: Between 1967 and 1972, for example, the transfers accounted for in the balance of payments went from 89 to 169 million Cape Verdean *escudos*—that is, they increased almost 90 percent (Estêvão, "Moeda e monetarização" App. 4). Besides this, the growth in transfers brought about a greater increase in foreign exchange and, as a result, a growth in demand for local currency and a major increase in the money supply.

Whilst there was a relatively stagnant production rate, monetary circulation started an interrupted growth cycle, which received an important increased impetus from 1963 onward. In 1929, the contract between the Portuguese State and Banco Nacional Ultramarino had fixed a maximum limit of 20 million *escudos* for the circulation of banknotes in Cape Verde, at a time when the annual average circulation was of the order of 11 million *escudos*. In 1950 alone this limit was reached, with the circulation of banknotes a little more than 20.01 million *escudos* and with the money supply being 27.5 million. From then on, growth was swift and the money supply almost tripled between 1950 and 1960. However, it was after 1963 that the major acceleration in growth occurred, to such an extent that in 1973 the money supply was around sixteen times larger than that in 1950, having quadrupled between 1963 and 1973 (Estêvão, "Moeda e monetarização" 276–277).

As has been observed above, the contract in 1953 between the State and BNU enabled the bank to issue the necessary banknotes for the payment of foreign exchange credited in the exchange fund, independently of the circulation limit in force. The 1963 contract altered the nature of this issue, establishing the Exchange Fund and specifying the amounts credited in its account as the main counterpart to the issuing of banknotes. That is, the BNU had to issue banknotes secured by the foreign exchange credits up to their amount, and was obliged to establish a monetary reserve (of a third) just for the values above this amount. Data show that it was the credit expansion of the Exchange Fund that was the main element responsible for the increase in money supply in Cape Verde in the final decades of the colonial period. In 1963, the Exchange Fund credits represented 17.5 percent of the money supply, and this became 42.8 percent in 1964 and rose up to 69.3 percent in

1971 (Estêvão, "Moeda e monetarização" 280). The emigrant transfers were a main contributor to the growth in the credit values of that fund.

Cape Verdean monetarization during the colonial period was essentially due to external sources and associated with the development of the balance of payments, with emigration being one of its most dynamic elements. Emigration created a flow of transfers to the colony, which led to an important inflow of foreign exchange and, as a result, a growth in demand for local currency. This growth in turn led to an expansion of the monetary space and created excessive purchasing capacity in relation to the domestic productive capacity, which made possible the expansion of commerce in general and import trade in particular. On the other hand, the expansion of commerce was reflected in the greater development of monetary structures within the domestic economy and, through this, a deepening of monetary relations between individuals.

Remittances, welfare solidarity, and monetary stability

Just as we have seen above, the monetary system established in Cape Verde allowed the emergence of colonial money as an institutional phenomenon and a socially recognized measure of value, which favored the development of economic and personal relationships between individuals and their communities. What is more, it was these relationships, and in particular the relations between the emigrants and their communities that were very important in deepening the monetarization of Cape Verdean society, so as to guarantee monetary stability and to increase the social recognition of the colonial money.

Considering the evolution of the monetary phenomenon in Cape Verde and the role that the remittances have played in this process, we can distinguish three levels of analysis that help us to understand the interaction between economic and personal relationships: the analysis of remittances (1) as an instrument of welfare solidarity between the emigrants and their families; (2) as an instrument of mercantilization and monetarization; and (3) as an instrument of monetary stabilization.

The literature analyzing the remittance determinants has been oriented toward the individual motivations of emigrants and it is usual to distinguish three main elements: *altruism, self-interest,* and *implicit family contractual arrangement.*[19] These motives are of course not mutually exclusive, given that the remittances may simultaneously involve the three elements, each partially explaining the value of the transfer. They all, to a greater or lesser degree, reflect the solidarity nature of emigrant remittances.

The first motive, *altruism*, occurs when emigrants send remittances to their families with the immediate objective of improving their well-being. With the additional income they receive, their family members can increase their consumption level and, in the case of rural family members, increase their integration into the mercantile economy. The expansion of domestic trade, the increase in the activity of local merchants, and the strong growth in the import of consumer goods, mainly from the beginning of the 1960s, perfectly illustrates the consumer effect of emigrant remittances in Cape Verde.

The second motive, *self-interest*, occurs when the emigrants send part of their savings to purchase durable consumer goods, real assets (houses, lands, etc.), or even financial assets. The acquired assets can be managed by the family, which acts as trustworthy agents, especially when the emigrant considers the possibility of returning. As was mentioned in the previous section, this emigrant behavior played an important role in the transformation of the structure of landholdings in Cape Verde, both following the emigration to America and, later, in the context of post-war emigration. However, it also played an important role in the urban expansion witnessed from the 1960s onward, with the construction of dwellings in the main cities of the archipelago and the consequent migration of family members to the cities. All this means that the impacts of remittances associated with this second objective occur essentially through their investment effect in the local economy.

The third reason involves different variations on a *mutually beneficial contractual arrangement* (Stark and Lucas 904) implicit in the relationship between the emigrant and his family members. Some studies have taken the family—instead of the individual—to be the main unit of analysis, leading to an approach that sees the remittances as part of an implicit and intertemporal contractual arrangement between the emigrant and his family. A variant of the theory considers an investment (Stark and Lucas) or a loan element (Poirine) in the relationship between members of the family, so as to explain the reason for the remittances. In such a case, the transfers act as a repayment of expenses made by the family to finance both the education of the emigrant and the cost of his emigration. However, the remittances may also form an important financing element to assure the education of other members of the family (children, or younger brothers and sisters, for example), prolonging family solidarity into the successor generations, such as has happened in Cape Verde in recent decades. Another variant of the theory introduces an element of co-insurance (Stark and Lucas) into the relationship between the emigrant and his family. In this case, the emigration is seen as a strategy for economic risk diversification (or sharing). Just as capital and insurance markets are incomplete, the emigration of some members of the family may constitute a strategy to find alternative sources of income in such a way as to diversify risks. The emigrant members may thus support the family in the more difficult moments and, reciprocally, this may constitute an element of insurance for those who have emigrated, if they find themselves in a difficult situation.

Besides the remittances as an important instrument of welfare solidarity between emigrants and their families, they also had significant effects on the mercantilization and monetarization of Cape Verdean society.

As was mentioned above, one of the most visible aspects of the evolution of the Cape Verdean economy at the end of the colonial period was the accentuated growth in the money supply, mainly from the beginning of the 1960s. The issuing of money based on the credits of the Exchange Fund brought about a strong expansion of local currency, accompanying the growing inflow of foreign exchange originating mainly from emigration. It was indeed this monetary expansion that sustained the growth and enlargement of commerce in the archipelago: On the one hand, the emigrant transfers increased the purchasing power of families who increasingly utilized domestic commerce, which thus grew and expanded to rural areas; on the other hand, the growth in domestic trade led to pressures on importation, which grew rapidly because the foreign exchange surplus was able to guarantee external payments. This effect of the remittances on monetary expansion and the monetarization of the Cape Verdean economy can be analyzed on two levels, that of the formal emigrant-bank-family relationship and that of the informal emigrant-merchant-family relationship.

The first type of relationship is developed at the level of the formal economy, in which the relationship between the emigrants and their local families was intermediated by the banking institution, both when a transfer was directly carried out through the formal banking system, and when the family received the remittance in an informal manner and went to the bank to exchange it for local currency. Here, the personal relationship between the emigrant and the family is directly expressed through the formal economic relationship (transfer and discounting by the bank), which is to say that the personal relationship is synthesized through money, as a universal measure of value that is based on a formal and impersonal legal system.

The second type of relationship includes, on the one hand, the relationship between the emigrant and the local merchant and, on the other, the relationship between the local family and the merchant. The latter would receive the remittances and establish a current account with the emigrant's family, thus supplying it with the groceries that they needed and, whenever necessary, local currency that would be needed to carry out other economic operations. This involves a combination of personal relationships that are intermediated and synthesized by money. The informal relation between the merchant and the family was completed by a set of formal relations established by the merchant with the bank, which provided in local currency the counterpart of the *foreign exchange*, and with the import trade, which provided him with the necessary consumer goods to be sold to the community. The personal and economic relations were thus complementary with each other.

Finally, the remittances constituted an extremely important instrument for the stabilization of the Cape Verdean currency. From a macroeconomic point of view, remittances have two kinds of effects on the domestic economy: they increase the inflow of foreign exchange, and they allow the disposable income of the households to grow. Both effects introduce modifications in the structure of domestic demand (consumption and investment) and, in this way, they have a significant influence on economic growth and the structural change of the economy.

As we have seen above, the significant volume of remittances that Cape Verde received following post-war emigration enabled it to guarantee the stability of the money, insofar as the foreign exchange assured the external payments caused by the growth in the imports of consumer goods. The money was stable because the remittances were concentrated and held by the banking system in the form of foreign exchange (North American dollar, Dutch *florin*, Portuguese *escudo*, etc.) and, through the Exchange Fund, they formed a stable counterpart to the issuing of local currency. In other words, the growing supply of *escudos* that was circulating in the Cape Verdean economy kept a stable value relationship with the other currencies and this stability was chiefly ensured by the remittances of the emigrants.

The private transfer flows directly increase the income of the households. This increase has a short-term effect concerning economic growth due to consumption, the growth of which raises domestic demand and leads to an increase in supply (domestic and imported). It furthermore has a long-term effect due to the growth in savings and investment in the economy. Given the conditions of a small island economy, the consumer effect is much more significant than the investment effect and usually leads to a rapid growth in domestic commerce and in import trade. This growth, as we saw above, corresponded in Cape Verde to a simultaneous process of market enlargement and monetarization deepening—that is to say, it reflected the growing social recognition of the Cape Verdean currency as a universal measure of value.

We can, in fact, consider two kinds of effects from the remittances on the Cape Verdean money. As the expression of the foreign exchange received and held by the banking system, the remittances constituted a source of stability for the Cape Verdean *escudo*, as a universal measure of value, or *money-of-account* for the colony.[20] Converted into local currency and as values of exchange, or medium of exchange (*money-proper*), the remittances were a basis for the development of economic and personal relationships within the community.

Concluding remarks

This article proposes a reading of the colonial monetary phenomenon in Cape Verde through the interaction of personal relations and formal economic relations and the way in which this interaction was influenced by the flows of remittances.

The starting point was that the monetary system established at the beginning of the twentieth century led to the emergence of colonial money as an autonomous institutional phenomenon and as a socially recognized universal measure of value, but that the main source of monetary stability observed throughout the century came from the ongoing flow of foreign exchanges received by the colony. Given that the remittances from emigrants constituted a main element of these flows, they did play a key role in stabilizing the colonial economic and monetary system.

The monetary transfers that Cape Verde received led to three main kinds of effect: First, they functioned as an instrument of welfare solidarity between the emigrants and their families, driving the expansion of domestic consumption and, to a lesser degree, the growth of the investment; second, they played their part in nurturing the mercantilization and monetarization of the archipelago, through the growing integration of the emigrants' families in the mercantile economy and the intensification of formal monetary relations; thirdly, the transfers were the main source of the stability of the Cape Verdean *escudo*, through the accumulation of foreign exchange, which acted as the main counterpart to the issuing of money. The combination of these effects generated a complex whole of relations, whose interaction enabled the system to be balanced.

The remittances thus constituted a base for the development of personal and economic relations, which intertwined and sustained the expansion of the colonial money, thus contributing to consolidate its recognition at a social level. There did, however, exist a degree of complementarity between (informal) personal relations and (formal) economic relations, a complementarity that was synthesized through the money. We can thus state that Cape Verdean money, as a universal measure of value, was an abstraction, whose social recognition resulted in its capacity to involve the actual relationships that it mediated and, due to this very fact, to synthesize complex relationships.

Notes

I would like to thank Jochen Oppenheimer and Joana Pereira Leite for their helpful comments and Maria João Estêvão for her support.

[1] This section summarizes some of the results of a research project carried out some years ago on the Portuguese colonial monetary system in Africa and on its implications concerning Cape Verdean monetarization at the end of the colonial period. The key elements of these results are to be found in Estêvão's "Moeda e monetarização" and *Moeda e sistema monetário.*

[2] See, for example, both Vilar and Galbraith concerning the colonies of North America, Ramos concerning Argentina, and Romano regarding Chile.

[3] The Portuguese colonies included Cape Verde, Portuguese Guinea, São Tomé and Príncipe, Angola and Mozambique in Africa, Goa, Damao, and Diu in India, and Macao and Timor in East Asia.

[4] See "Contrato entre o Governo e o Banco Nacional Ultramarino para a emissão de notas e obrigações prediais no Ultramar" (Banco Nacional Ultramarino, *Leis, estatutos e normas* 1: 102-121).

[5] See "Cláusulas e condições do contrato celebrado em 3 de Agosto de 1929 entre o Governo e o Banco Nacional Ultramarino para o exercício do privilégio e exclusivo da emissão de notas nas colónias de Cabo Verde, Guiné, S. Tomé e Príncipe, Moçambique, Índia, Macau e Timor" (Banco Nacional Ultramarino, *Leis, estatutos e normas* 1: 131–154).

[6] See "Cláusulas a que se refere o artigo único do Decreto-lei nº 39221" (Banco Nacional Ultramarino, *Leis, estatutos e normas* 3: 126–140).

[7] The volume of reserves being at least equal to one third of the banknotes in circulation.

[8] See the *Decreto-Lei* 44.016 of 8 November 1961 (*Decreto da integração*) and the set of complementary laws published between 1961 and 1963. The 1961–63 measures underwent significant changes during the 1960s, and they were later incorporated in the *Decreto-Lei* 478/71 of 8 November 1971, which reformulated some aspects of the system's functioning without altering its main mechanisms.

[9] On the nature of colonial money, see for example Estêvão (*Moeda e sistema monetário* 171–186).

[10] Percentage calculated on the basis of data from Carreira, Table XLIII (284). An English version of this book is available with the title *The People of the Cape Verde Islands: Exploitation and Emigration*, published in London by C. Hurst (1982) and in Hamden (Connecticut) by Archon Books (1983).

[11] The concept of monetarization here expresses the effect of the extension of the monetary space, both as a consequence of enlarging the mercantile sphere of the economy, as well as the consequence of the development of monetary functions (reserve value, credit). See Estêvão ("Moeda e monetarização") and Saint-Marc (*Monnaie* and "Notes").

[12] The Cape Verdean emigrants in the United States of America were usually known in Cape Verde by the name of *americanos* ("Americans").

[13] This reconfiguration may be captured through the reports of the subsidiaries of the Banco Nacional Ultramarino and through the various letters that the subsidiaries addressed to the Governor of the BNU, from the first decades of the century until the beginning of the 1960s, protesting against the informal market of foreign exchanges that was carried out by the merchants of the islands (Estêvão, "Moeda e monetarização" ch. 7).

[14] A letter from one correspondent on the island of Fogo to the subsidiary in Santiago put it thus: "As for its supervision, as has previously been communicated some time ago, this is almost impossible, because each competitor has the power of attorney of its clients to receive their correspondence, whether normal or registered mail, just as we have, and thus to open the letters containing checks, and to pass these on to any destination, without knowledge of this or the ability to fiscalize" (qtd. in Estêvão, "Moeda e monetarização" 237–238).

[15] Between 1923 and 1924, the governor of the colony published a set of decrees on the situation concerning the circulation of Angolan banknotes, which resulted in the decision to ban the circulation of these notes. These decrees have been reproduced in Paixão (*Cem anos do Banco Nacional Ultramarino* IV: 612–617).

[16] Form of inalienable and singular landholding only transferable to the first masculine heir (the *morgado*), the siblings of whom only had the right to a part of the income of the *morgadio*. This system was mainly laid down in the first inhabited islands, but entered into disuse with the economic decline of the *morgados*. Usage of the land had been gradually shared with the *mestiços* ("mestizos") and *libertos* ("free slaves"), who in this way acquired land as tenant farmers.

[17] The statistical information concerning emigration is again based on Carreira.

[18] The total population of the archipelago was around 182,000 people in 1940 and 271,000 in 1970. In 1970, those leaving amounted to around 4.4 percent of the total population, whilst in 1973 they represented 6.2 percent. The data of total population are from the Cape Verdean Institute of Statistics.

[19] References of this literature are, for example, Lucas and Stark, Stark and Lucas, Poirine, Brown, and McNabb and El-Sakka.

[20] *Money-of-Account* and *Money-Proper* are concepts defined by Keynes in *A Treatise on Money*: "[M]oney-of-account is the *description* or *title* and the money [*money-proper*] is the *thing* which answers to the description" (Keynes 1: 3–4).

Works Cited

Banco Nacional Ultramarino. *Leis, estatutos e normas regulamentares de um século de actividade (1864–1964)*. 3 vols. Lisbon: BNU, 1964. Print.

Brown, Richard P. C. "Estimating Remittance Functions for Pacific Island Migrants." *World Development* 25.4 (1997): 613–626. Print.

Carreira, António. *Migrações nas ilhas de Cabo Verde*. 2nd ed. Praia: Instituto Cabo-Verdiano do Livro, 1983. Print.

Crump, Thomas. *The Phenomenon of Money*. London: Routledge & Kegan Paul, 1981. Print.

Estêvão, João. "Cabo Verde." *Nova História da expansão portuguesa. O Império Africano 1825–1890*. Vol. X. Lisbon: Estampa, 1998. 167–210. Print.

———. "Moeda e monetarização colonial. Uma aproximação ao caso cabo-verdiano no fim do período colonial (1961–1973)." Diss. Technical University of Lisbon, 1989. Print.

———. *Moeda e sistema monetário colonial*. Lisbon: Escher, 1991. Print.

Galbraith, J. K. *Money: Whence It Came, Where It Went*. London: Andre Deutsch, 1975. Print.

Keynes, John Maynard. *A Treatise on Money. The Pure Theory of Money*. London: MacMillan, 1953. Print.

Lucas, Robert E. B., and Oded Stark. "Motivations to Remit: Evidence from Botswana." *The Journal of Political Economy* 93.5 (1985): 901–918. Print.

McNabb, Robert, and M. I. T. El-Sakka. "The Macroeconomic Determinants of Emigrant Remittances." *World Development* 27.8 (1999): 1493–1502. Print.

Paixão, Braga. *Cem anos do Banco Nacional Ultramarino na vida portuguesa, 1864–1964*. 4 Vols. Lisbon: Banco Nacional Ultramarino, 1964. Print.

Poirine, Bernard. "A Theory of Remittances as an Implicit Family Loan Arrangement." *World Development* 25.4 (1997): 589–611. Print.

Ramos, Angel M. Quintero. *Historia monetaria y bancaria de Argentina (1500–1949)*. Vol. 1. Mexico City: FMI/BID/Centro de Estudios Monetarios Latinoamericanos, 1970. Print.

Romano, Ruggiero. "Une économie coloniale: le chili au XVIIIe siècle." *Annales. Économies, Sociétés, Civilisations* 15.2 (1960): 259–285. Print.

Saint-Marc, Michelle. *Monnaie, espace, incertitude. Théorie de la monétarisation*. Paris: Dunod, 1972. Print.

———. "Notes sur la monétarisation et la mesure de ses relations avec le développement." *Revue Économique* 21.3 (1970): 467–479. Print.

Schuler, Kurt. *Monetary Institutions and Underdevelopment: History and Prescriptions for Africa*. 2003. Web. 10 Jan. 2011. < http://users.erols.com/kurrency/afhist.htm>.

Stark, Oded, and Robert E. B. Lucas. "Migration, Remittances, and the Family." *Economic Development and Cultural Change* 36.3 (1988): 465–481. Print.

Sousa, Henrique Teixeira de. "A estrutura social da ilha do fogo em 1940." *Claridade* 5 (1947): 42–44. Print.

———. "Sobrados, lojas & funcos." *Claridade* 8 (1958): 2–8. Print.

Torres, Adelino. *O império português entre o real e o imaginário*. Lisbon: Escher, 1991. Print.

Vilar, Pierre. *Or et monnaie dans l'Histoire, 1450–1920*. Paris: Flammarion, 1974. Print.

João Estêvão is PhD in economics and professor of development economics at ISEG (Institute of Economics and Management), Technical University of Lisbon. His current research includes development economics, institutional economics, economic history (particularly the economic history of Portuguese colonization) and small island economies. His last publications on Cape Verde issues are: "A economia cabo-verdiana desde a independência: uma transição lenta" ("The Cape Verdean economy since independence: a slow transition"); "A economia cabo-verdiana 30 anos após a independência: uma transição difícil" ("The Cape Verdean economy 30 years after independence: a difficult transition"); "O desenvolvimento de Cabo Verde e o modelo de integração económica internacional" ("Cape Verdean development and the model of international economic integration"); "Cabo Verde, o acordo de cooperação cambial e o Euro" (Cape Verde, the exchange cooperation agreement, and the Euro). Email: jestevao@iseg.utl.pt

State-Sponsored Indemnification, the Materiality of Money, and the Meanings of Community in Salvador, Brazil's Pelourinho Cultural Heritage Center

John F. Collins

Abstract. This paper is an ethnography of state-citizen relations around the exchange of money for working-class Brazilians' living spaces coveted by the state in its efforts to establish a UNESCO World Heritage Site. It argues that money, as a material sign of experience and suffering, has become a mnemonic and a source of insightful analyses of state power on the part of people subject to the indemnification process from 1992 to the present.

In August of 2004 I returned to the Pelourinho Historical Center in the Brazilian city of Salvador, Bahia, after an absence of two years. I did so to visit friends and to share a book manuscript based on their fierce battle to hold on to their homes in the face of the state's attempt to remove occupants and reconstruct these edifices while transforming the neighborhood into a properly historical and sanitary UNESCO World Heritage Site. As we reminisced, a woman asked about "Dois Pés," a dance teacher she used to tease due to his supposedly effeminate occupation. I responded that I saw Dois frequently in New York and that he had been unable to visit because of green card problems. I told them with a bit of malice that Dois's proof of residency had been printed incorrectly. When specifying sex, the government had inserted an "F" for female. He returned the document and could not travel. This thrilled my audience since these capoeira fighters, aluminum can collectors,

Portuguese Literary & Cultural Studies 23/24 (2012): 75–92.
© Tagus Press at UMass Dartmouth.

tourist hustlers, construction workers, reggae musicians, domestic servants, and small-time drug dealers I was visiting had long teased Dois about his lack of macho swagger.

In response to this news, a man I call Ordep announced, introducing this article's concerns with the results of the exchange of money for living quarters,

> Coitado de Dois. Eu lembro quando a gente foi pegar fila no Baneb pra pegar a indenização. Dois estava falando do serviço militar, que era fusileiro naval, e o praça, aquele que fica no canto pra eles não levar o cofre, ele olhou pra Dois e falou "Pare de rebolar, que porra é isso, rapaz? Eles não lhe ensinaram como ficar em pé na marinha?!? Você vai deixar o dinheiro cair se não dar um jeito." Coitado de Dois.

> [Poor Dois. I remember when we were standing in line together to cash our indemnification checks at the Baneb (Banco do Estado da Bahia). Dois was telling me about serving in the marines and that cop, you know the one who stands on the corner to make sure they don't rob the place, he looked at Dois and said "Stand straight, what the hell is wrong with you, man? Didn't they teach you how to stand in the marines?!? You're going to drop all your money if you don't fix that!" Poor Dois!]

Soon the group began to recall Dois's foibles as part of stories about the removal of Pelourinho residents during the neighborhood's mid-1990s reforms. They remembered how he came home wobbling after taking a depressant and had his pocket picked by a street child. And then they laughed more as they remembered how Dois had tried to avoid rent on a room he occupied after receiving a government indemnification and moving out of his condemned quarters in the Pelourinho. He had tried to plead poverty to a landlord who broke into his room and confiscated his clothing. But when Dois paid and retrieved the clothes he found that the almost R$1000 indemnification he had hidden in a pocket was gone.

Dois's friends found it hilarious that he had tried to be *esperto*, or a successful trickster, and ended up "quebrando a cara" ("breaking his face"). This led them to recall the Pelourinho's 1992–2002 indemnification process that had forced them to give up homes in exchange for payments that ranged from US$800 to $2000. They talked of the binges, parties, and commodities that this windfall allowed them. Soon a rosy feeling filled the room as we remembered with glee the pratfalls of drunk neighbors or people's pride in new outfits that appeared "xique" ("chic") at the time but that we now found "brau" ("tasteless"). Nonetheless, the effect was one of connection as people talked of events they had understood as difficult and trying when their community was being ripped apart by the combined forces of cultural heritage officials, police who enforced the culture managers' dictates, and the temptations of cash money.

Yet as nostalgia took over, these former residents who frequently fought bitterly and usually argued that they were individuals and not a group, found themselves united by a structure of feeling that pointed to the fact that they had lived together for decades. And this emanated from an experience with state-directed evaluation, pricing, and eventual takeover of their living spaces. It is worth pointing out here that a significant body of social scientific works in and of Latin America, as is true elsewhere, approaches money as a source of anomie and thus a threat to personal relations. Yet in the Pelourinho, together with our friend's perceived weaknesses, money appeared to serve as a mnemonic and a source of communion among old friends. Of course, this locus of good feeling was not quite money. Rather, the group came together around memories of money or, put slightly better, the human relations associated with or counterposed to its circulation.

At the center of this article lie issues that emanate from Marx's now paradigmatic treatment of commodity fetishism and the relations between production, exchange, and consumption. Through social scientific research and cultural heritage management I wish to examine what I term a "commodification of humanity itself" and begin to assess the sorts of insights, divergences, and group identifications that arise in light of this process closely related to the forms of alienation that Marx identified as responsible for the abstractions and misrecognitions that are so much a part of capital's exploitation of labor in the modern world. This paper is thus a consideration of a specific ethnographic problem in the Pelourinho as well as a broader process of capital accumulation around the production and marketing of multicultural identities. It engages the cultural specificity of Brazilian working-class approaches to capital as well as historically situated subject production around money without reifying something like a "Brazilian" approach to cash and commodification.

Instead, it examines a cultural heritage zone, a site of self-consciously Brazilian production of culture as a commodity, as a means of mapping shifts in the value of culture and the role of money in the forms of everyday life girded by, and productive of, such new cultural manifestations (Collins, "Culture").

In short, I argue here that fetishism is, in the Bahian historical center, a cultural discourse that may be employed for various ends and that may result in defetishizations that reveal novel perspectives on historical processes. In doing so, I offer a discussion of the theoretical bases for this approach. Next I give an outline of Pelourinho social relations and Bahian history before moving to the ethnographic investigation that forms the paper's backbone.

Neo-liberalism, Bahia, and their forms of community

The Pelourinho reveals processes of great interest in response to recent calls for "new combinations of community and market" (Gudeman 163). In this neighborhood, class status and capital accumulation depend in a variety of ways on the performance of blackness. In other words, although social scientists have long examined how the production of a nation and a people gird state formation, in Bahia today the grooming of a symbolic national people in a cultural heritage center has given rise to a type of human export commodity. This is something I have explored at length elsewhere (Collins, *Revolt*) and here I would like to examine in detail one aspect of this process, namely the bureaucratic interactions so much a part, and the results, of state-citizen negotiation of government payments to residents.

One of the most basic results of the state-sponsored indemnification of Pelourinho residents in the 1990s is related to Hacking's "looping effect," or "how the structure and implementation of knowledge-framing relate to the validation of current experience" (Guyer 21). In the Pelourinho of the 1990s, this was a process whereby sanctioned representations, even if they bore little actual resemblance to practices "on the ground," returned to provide cognitive models and patterned cultural schemas much utilized by people in making sense of their world. Thus the categories employed in ascertaining the social features and habits of the often unruly population of the Pelourinho—Salvador's red-light zone since 1945—as that state struggled to make it into a symbol of national pasts, reappear in discussions of that process. The objectifications fomented by the state gain new lives when refracted and redeployed by the people subject to them. And this co-production of social types demystifies aspects of the commodification process and provides remaining residents with a contradictory but nonetheless powerfully effective notion of community. It does so, however, through a quite iconoclastic treatment of money. Thus the exchange of money for dwellings has both destroyed a neighborhood and reconstituted a somewhat different community in its place.

This argument turns on a recognition that "representations are [indeed] social facts" (Rabinow) and that their facticity provides subaltern populations with labile resources for refashioning futures (Scott). It builds on the recognition that specific commodities have lives of their own (Appadurai; Parry and Bloch). But this is tempered by the realization that studies have focused for the most part on exchange rather than objects' circulation and that too often in social thought, "once conceptually removed from circulation, commodities and money are also removed from the space and time of their genesis" (Eiss 293; Lemon; Maurer). But what happens when subalterns interpret their state's actions as generative of human commodities and those people/commodities continue to circulate within sanctioned and unsanctioned spaces of historical representation? As these people move about the city, and, especially, the Pelourinho's carefully groomed plazas, what sorts of interpretations do they put together of the process of commodification and monetarization of their everyday habits, or vernacular "culture," that in turn generates that landscape through cultural heritage management? How does this give rise to alternative histories of Brazil and of the making of commodities around money and exchange, and how does it reproduce the official stories told by the Bahian state in the Pelourinho?

For Marx, money is a homogenizing force without a history in itself. Its history is one of the progressive appropriations of the value of human labor and its illusory crystallization as an apparently inert yet circulating object divorced from contextual specificity and human being. From this perspective, money is unable, unlike, for example, "the cow, symbolic or substantial, to embody a biography, let alone bear with it an entire grammar of social relations" (Comaroff and Comaroff 151). Yet when one examines the relations between money, culture, and the Pelourinho resident constructed by the Bahian state as a living representative of national origins, it appears that both people and money contain and stand metonymically for particular histories in Bahia's cultural heritage zone today.

The invention of tradition, the undoing of degeneracy, and the control of territory: Pelourinho, 1967–2006

Until the mid-1990s, "respectable" Brazilians avoided Salvador's downtown Maciel. This region of crumbling buildings and soiled cobblestones much photographed by outsiders exhibited extremely high rates of crime. This changed in 1992 when the state began to remove the residents so as to declare eminent domain over buildings, restore these landmarks, and lease them to the tourist industry. This was conceptualized as a "recuperation" of Salvador, the nation's birthplace and oldest major city. It represented an attempt to make tourism and culture a linchpin of the state's economy and their profits. And it was possible because since 1985 the Maciel, which is now known as the Pelourinho, has been classified as a UNESCO World Heritage Site. This is due to its several hundred Portuguese baroque buildings and to the effervescence of its residents' cultural production. And, given UNESCO's involvement, the state came to focus on the safeguarding of "traditional" Bahian culture and the provision of security to visitors. This has involved a social science–based governmentality in which the careful nurturing of gendered moralities, health, and cultural production has allowed the state to occupy a region that for most of the second half of the twentieth century was out of its direct control. For this reason, among many others, the payment of indemnifications so as to remove more than 4000 residents was a fraught process that has remained an area of concern for both the state and those who received, or failed to receive, indemnifications. Yet such payment was not the first step in remaking the Pelourinho.

The Bahian state set out in 1967 to reassert control over this neighborhood that had been abandoned by elites at the end of the nineteenth century by establishing the Bahian Institute for Artistic and Cultural Patrimony (IPAC). IPAC employed social scientific methods to map the Maciel/Pelourinho and establish it as a community that might be associated with Bahian and Brazilian identity (Collins, "X Marks"). This mapping during the 1970s and 1980s became, by the 1990s, a form of quantifying the value of the real estate occupied by working-class Bahians often involved in the drug trade, prostitution, or informal services for tourists. A concern for the family structures, health, and gendered morality of a population was mobilized to construct an image of state care of groups configured as problematic. And this resulted in the reappropriation of a section of the city that had been effectively off-limits to the bourgeoisie and out of its direct control for decades. But the careful ethnographic and sociological mapping of the Pelourinho in the 1970s and 1980s is most important to understanding what happened in the 1990s because it accustomed residents to the workings of social science.

Residents, accustomed to interacting with IPAC, interpreted data production in preparation for indemnification as but another iteration of a long line of attempts to know them. People did not treat the payment as conceptually new but as part of a long line of interactions with IPAC. Nonetheless, many were excited about the possibility of receiving monies. Others, however, were less sanguine. How this process played out in the mid-1990s, and the lessons about interactions with state bureaucracies and the value of their everyday habits to that state's political economic policies, have much to do with the role of money in the construction of community in the Pelourinho as cultural heritage center, as opposed to red light zone.

Indemnification: a source of ideal types?

The payment of indemnifications may appear at first glance to have ripped apart a threatened community of people who struggled to survive. Nonetheless, this has not been the case over the long run. Before detailing how indemnification helped define community and hence certain forms of solidarity among working-class Bahians, I examine the disruptions generated by this process in the mid-1990s. And my fieldnotes contain graphic evidence of such. On 14 May 1999, I wrote, after visiting a building in which a majority of residents had been indemnified even as a core group held out for higher indemnifications or possession of the building under Brazil's usufruct laws:

Got in touch, for first time in over a week [with the residents of number 18 Saldanha da Gama Street] since when I went by last Tuesday I found only Fabio and Roberto around. The place is now a mess, with empty wallets and diarrhea sprayed all over. Everyone in the "Rasta Resistência" has now given up hope, has decided that they're gonna run and get the money before it is lost. Mandela and Garimpeiro are desperate to get their hands on the loot and Zé Eduardo says that he doesn't want to be living in a place like this, in which there are huge fights in the courtyard at night, "altas divisões (or was it divisa he said?) de roubo, pedra, a barreira toda. E os caras, só porque voce é mais esclarecido, tem fé em Jah mesmo, acha que voce é covarde, que tem medo de agir." ["They come here to split up the loot [...] the spoils of robbery, crack cocaine, the whole gang is here. And those guys, just because you're a bit more informed, you believe in Jah, they think that you're a coward, that you're afraid of acting."]

Garimpeiro agrees, saying "John [2 second pause] tem cada treita de madrugada [1 second] não da nem pra dormir. É muita onda aqui neste lugar de noite." ["John, late at night shit happens. You can't even sleep. There's a lot of trouble in this place at night."]

Due to the rates of violence inside the building, its deteriorating physical state, and the threat that IPAC would stop paying indemnifications to those who failed to accept offers, residents felt pressured to turn over their spaces. Yet many did not want to leave their homes in the center and end up in impoverished neighborhoods where jobs and the excitement of the city center would be difficult to find. As people insisted, "o dinheiro não corre no bairro" ("There is no money in the neighborhood"). Due to resistance, IPAC social service professionals worked to tailor a moving package to each family or individual. At the center of this process was the negotiation of the amount of money to be paid, but residents also received the services of a moving truck and help in opening bank accounts and obtaining identity documents so that they could cash government checks.

Despite, or perhaps because of, the emphasis on indemnification, residents talked incessantly of the monies they would receive from the state. Many tried to collect more than one. People would sign over their homes, cash their checks, and then quickly set up house on an adjoining block only to greet IPAC teams happily as those social scientists expanded their mapping and quantification of the neighborhood. Residents also worked diligently to slip family or friends onto the lists of people indemnified and they would divide up these monies between the person named and the person who signed up that individual.

IPAC calculated indemnifications with a formula it would never release to me. They claimed it was based on time of residence, area occupied, family size, and the uses to which the space was put. Yet the most important determinants of indemnifications were residents' previous relationships to IPAC, state agents' perceptions of residents' contact or friendships with populist politicians or police, and inhabitants' ability to blackmail or negotiate with IPAC employees. The result of this lack of clarity, together with the conversion of previous IPAC research activities into more narrowly focused attempts to understand what it would take to dislodge residents, was increasing strife and distrust between community members and in regards to their state.

For example, on 10 May 1999, the head of IPAC legal services, Lucia Sepulveda, called to her office recalcitrant residents of 18 Saldanha da Gama. One, an Evangelical Christian, summed up the meeting as "Jesus Cristo fez ela ver a luz. Ela, com o espírito de Jesus Cristo, deu para entender melhor a nossa situação e disse que possivelmente ía reaver a nossa situação, ía ver se dava para conseguir uma relocação depois. E ela ofereceu uns 2 conto para cada um de nos" ("Jesus Christ made her see the light. She was able to, with help from the spirit of our Lord Jesus Christ, understand our situation a bit better and she said that perhaps she'd be able to reconsider our situation. She was going to see if she could relocate us. And she offered about R$2,000 to each of us"). This person had fought so as not to have to give up his home and it seemed to him that IPAC had relented and would grant not only R$2000, but the right to return to live following the reconstruction. However, the same man went back the next day with all the building's holdouts and found that the offer had changed. He reported: "O diabo fez ela endurecer. Não tinha mais aquela proposta que ela colocou no outro dia" ("The devil made her take a harder line. That proposal from the other day was now off the table"). The deal was off and a man I will call Caborê offered the following explanation: "Na hora da reunião cada um vem com uma fala diferente, vai cortando a conversa do outro, a gente fica brigando entre nos, e ela só sentada, oh, espiando, esperando, sentada alí pra espalhar as treitas" ("At the moment we meet everyone comes in with a different speech, cutting one another off, and we end up fighting between ourselves, and she's just there sitting there watching, waiting, and getting ready to make our petty squabbles bigger"). The problem, he continued, is that there is no unity among the members of the community or even of the residents of his one building.

An example of this lack of unity exacerbated by easy money took place the next week when the residents returned, again, to see what they might extract from Sepulveda and IPAC. Perhaps sensing their disunity, she discussed the possibility of offering R$20,000 to the group so that they could buy a house together. Not only did such houses cost much more at the time, but another resident claimed this would result in death since whoever got the check would steal the entire amount and either skip town or kill the others for their shares. For this reason all agreed that such a plan would never work. Instead, each preferred to go off and build their own place.

The residents were eventually dislodged by a police patrol. A number won indemnifications for themselves and even for family members who never lived in the building. Nonetheless, people talked about this money as if it were cursed. They argued that it was impossible to hold on to, that it caused death, destruction, and divorce, and that their neighbors wanted to rob them of it. But most agreed that one way, and perhaps the only way, to hold on to money was to buy a house. As Dona Pió told me, she was one of two residents in her building on the Ladeira do Mijo able to buy a house upon leaving the Pelourinho. She explained that the previous owner told her it was 65,000 *cruzeiros*,

"[...] mas meu dinheiro demorou uns 15 dias para sair e quando voltei para pagar o homem—que eu tinha visto a casa e eu disse ao dono que quis, que ía pagar ele quando eu recebía meu dinheiro ele disse 'agora é 80,000.' Por causa da inflação que foi na época do cruzeiro e as coisas subíam toda semana. Mas o que eu fiz era meter a mão no bolso. Peguei esse 80,000."

"A senhora recebeu mais de 80,000 do governo?" interrompe o João.

"Recebí. Sim. [nodding her head a lot, but matter-of-factly] E os outros, que colocaram o dinheiro na poupança. Hoje, não tem nada. Foram mexendo, foram pegando para comer e [...]."

[(...)"but my money took 15 days to be paid and when I went back to pay the man—you see, I'd seen the house and told the owner that I'd pay him when my indemnification came out, he was like 'Now it's 80,000.' Because it was the days of the *cruzeiro* and inflation made it go up. But what I did was stick my hand in my pocket. I got that 80,000."

"Ma'am, you received 80,000 from the government?" interrupts John.

"Yes I did. And the others, those who put their money in savings accounts. Today they have nothing. They went and touched their money, taking out some to eat, and (...)."]

As we shall see below, families able to hold on to money and purchase property in far-off neighborhoods have played a significant role in a general appreciation of the restored Pelourinho in working-class Salvador. But for the moment it is worthwhile to focus on the effects of the indemnification process.

On 13 May 1999, a resident I call Caborê responded to my question about who it was who received indemnifications and of what size, with the claim that,

John, aqui tem cinco tipos de pessoas que recebe a grana. Primeiro, tem os saci. Depois vem o pessoal que nunca nem pisou seus pés aqui e vem de Brasilia, do interior, para assinar [the indemnification agreement with IPAC]; o pessoal que vende drogas e está quebrado, querendo pegar nessa grana para levantar seu guia de novo; o pessoal que está devendo seu advogado; e por final quem não tem onde morar mas não aguenta mais morar nesta bagunça, não quer os filhos no meio das covardias que rolam aqui.

[John, there are five types of people here who receive money. First, there are crackheads. Then there are those who've never even set foot here and come from

Brasilia, from the countryside in order to sign (the indemnification agreement with IPAC). Then there are the drug traffickers whose business is bad who want to get a hold of some capital to set themselves up again. Then there are those who owe their lawyers. And finally, there are those who don't have anywhere else to live and don't want to stay in the middle of these dirty dealings any more.]

The word *saci* is slang for a crack cocaine abuser. And as should be clear from Caborê's statement, he, like his neighbors, painted a picture of a neighborhood faced with a lack of solidarity, people who engaged in illegal activities, and those who struggled to leave. Caborê made this statement about "Pelourinho types" in relation to indemnifications. For Caborê, the struggle to receive state monies, or the choice of not receiving and instead facing police violence and eviction, defines the people of the Pelourinho. But it does much more than establish a population as a group that "corre atrás" ("chases after") indemnifications. It delineates attitudes toward indemnification in a manner that provides a taxonomy for differentiating the group. This man who has lived his adult life in the city center creates an array of types around indemnification that thus becomes a diacritic for differentiating people by defining their morality in relation to cash. There are hardworking people who just want the money so as to escape the neighborhood's dangers. And there are those who owe money and treat the apparent largesse as a source of liquidity. There are the failed dealers unable to protect their capital and hence unable to finance future business opportunities. And finally, before and below all other human types, are the *sacis*.

Indemnification allows for the differentiation of these people into not-quite-ideal types. That money allows for the separation of orders of humanity is not novel. But what is new is the extent to which money, rather than functioning simply as an objectifying and homogenizing force, permits also the narration and analysis of this process. And as the following section will demonstrate, it is not just money's function, but its form that brings to the fore these analyses of Pelourinho social life and historical process.

Defetishization: remembering and analyzing indemnification
Money has come to play a critical role in the constitution of the contemporary Pelourinho community and hence in defining interpersonal relations. This has happened not only in relation to the filters provided by memories and the bitter divisions among residents who received, or failed to receive, monies. Rather, in

the struggle to put together a cultural heritage center, to expel the majority of that neighborhood's seemingly unruly population, and to do so by exchanging money for their personal spaces, the State Government of Bahia managed to create admittedly complex forms of solidarity. This is not to say that the commodification of Pelourinho residents' everyday habits during this process did not result in a variety of dislocations and feelings of estrangement among those subject to the process. Rather, it is to claim that via this process of reifying social relations as things certain new conceptions of community and identity were put together in the terrain of state-citizen exchanges.

One way to understand what happened is to look closely at the uses to which money is put. I do not mean its deployment in the purchase of goods, but rather, following Eiss, its function as a symbol circulated among people. For example, a former prostitute I call Dinda, now married to a retired policeman and living in a home in the suburb of Boa Vista do Lobato, told me,

> What they're really doing is paying us for our "pessoa" ["personhood"]. IPAC would go and check us out and then decide what we're going to get. Every time I look at my house now I am content. I know that I was smart enough to divide up my family and make everyone eighteen or older receive a separate indemnification as a "chefe de família" ["head of household"]. Then we put them together and bought this place. I paid 9000 [*cruzeiros*] to a mason to erect the "laje" ["second floor"] you see there and that's where my sons live with their families. Every time I look at this house I know that I was smart enough to understand what IPAC was doing with indemnification. They didn't want to help us. They never help the poor. But I was smart enough to help myself and I convinced them that I was the right type to receive [adequate government monies].

Dona Dinda claims to be able to perceive much by looking at her house, a symbol and a property she bought with indemnification money. This commodity, purchased with cash money, becomes a symbol in the account above of her ability to see through the historical process of indemnification. This knowledge of what happened complements what she presents retrospectively as a similar ability to understand, at the time of indemnification, the moral criteria on which IPAC paid out monies. Dona Dinda told me she argued that she was a mother, a head of household, and an upstanding member of the community who rented out rooms, took in wash, and prepared meals for neighbors. By presenting herself in a vocabulary readily understandable to

social scientists, who usually recognized in discussions with me the importance of what they called the Pelourinho's "informal" economy, Dinda combined economics and morality to argue for inclusion in payments. And her
way of tracking the material results of this history of her influencing of government policy is a glance at the home that she associates with money.

Significantly, Dona Dinda argued to me on many an occasion that she
felt at home in her new neighborhood because it was filled with former
Pelourinho neighbors as well as people who never lived downtown but who,
nonetheless, "respect me because they know me from the 'mangue' ['red-light
zone']. They know that I bought my house with money the state paid me for
my suffering there, downtown." Here she makes clear the importance of the
Pelourinho as red-light zone in mid-twentieth-century Bahian self-represen-
tations, and hence the power of the people who controlled its brothels, streets,
stores, numbers operations, and drug-dealing locations. Similarly, whenever
I visited Salvador's prison I noted that inmates from downtown earned respect
from those from peripheral areas, in part due to these people's involvement in
the circulation of products, ideas, and news throughout the city of Salvador.

Dinda, who considers herself an upstanding citizen and opposes the practices that lead many to serve time in Salvador's jails, bragged to me that her
son had opened up a Bar do Reggae in her new neighborhood. A Bar do
Reggae is significant because Salvador's first reggae bars were established in
the Pelourinho to celebrate a marginalized musical form much liked by its
residents. They were much maligned by IPAC, middle-class visitors scared of
black youth, and hence the police (Sansone, *Blackness*; "O Pelourinho"). The
spread of reggae bars is thus a diffusion of Pelourinho-based practices.

Through the diffusion of the people, and the practices, of the Pelourinho
the state contributed inadvertently to the memorialization of the pre-restora-
tion historical center. But this argument is not simply a demographic. Rather,
it is about ways of analyzing the world. The same well-known and highly
symbolic (as resistant, as black, and as *marginal* yet essential to the city's commerce in ideas and money) people who were removed from the city center on
the basis of indemnification came to analyze this process through the idiom
of indemnification and the token of money. Thus their understanding of
state power woven around the expressive culture of Afro-descendent people
as part of a UNESCO-inspired heritage development project emanated from
that state's mode of dislodging them. And even as they were removed their
neighborhood came to grow even more in popular consciousness throughout

Salvador. This took place due to former residents' dispersal throughout the city and in terms of experience as these people carried with them the knowledge of fighting for indemnification that generated in turn shrewd analyses of the operations of their state government around territory, race, and their everyday habits, or what IPAC defined as Afro-Bahian culture.

A scene in June of 1999 in the building on Saldanha da Gama Street reinforces this contention. Visiting, I was surprised to find three normally abstinent residents using powdered cocaine. They were embarrassed as they had, as a group, often condemned such behavior. One looked at me and began to justify his actions:

> Look what we're doing with IPAC's money. I mean our money. We earned it by caring for these buildings while "gente" ["people"] turned their backs on us and the historical center. And we answered all those stupid questions for years by the IPAC guys wanting to figure out how much to pay us to get out. We also deserve it for being the historical center. We are the historical center. And what we get for being patrimony is this shit. Cocaine. It's vice, it's ruin, and it's death. It's a drug. I know that. But IPAC is like this [rolled up] bill I'm using to snort. It's the road to perdition. It's the funnel that allows us to experience that which they want for us but which we know is wrong.

In an important transposition, the pink R$10 that the men employed to ingest cocaine became a symbol of the facilitation of residents' ill-conceived behavior. The bit of money itself came to define the talk of immorality and unhealthy temptation that residents used to represent IPAC's unhealthy "carrot," as they called it, dangled so as to dislodge them. Thus, even as money ripped apart the community, its materiality helped residents represent this process as immoral, or at very least it provided an excuse for their illegal activities. They were able to mark its historical unfolding through such symbols of corruption even as they found themselves, like these men guiltily abusing cocaine, embroiled in and unable to escape them. And as this process pushed people out of the Pelourinho, their analyses of IPAC, and by extension their state in general, became a widely diffused aspect of working-class discourse in Salvador.

I will not detail how Pelourinho residents' claims about state power were received and reinflected in the neighborhoods to which they moved. Rather, I emphasize simply that the interpretations forged in the Pelourinho traveled throughout the city and they did so in large part due to residents' discussion of, and experiences with, money paid by their state in exchange for their domestic spaces. The materiality of money in this process is reinforced by a final example.

One night in June of 1999, as I sat at the tables set up by the beer sellers on the Pelourinho's Ladeira da Praça, a black Mercedes roared up and a well-dressed man jumped out. He sat down at the edge of our group and engaged me in conversation. I did not speak much, wary of this drunk man driving an expensive car on a street known for drug dealing. But one of my companions looked up from conversation and said, "Alligator! How ya doing? What brings you down here to the ghetto?!?!" as the two clapped one another on the back. The interloper was the producer of one of Brazil's best-known musical groups and he and my friend told me they knew one another from the "old days" of the Maciel. The producer offered to buy us a round of beer but my companion declined, standing up and pulling a R$10 bill from his pocket. He announced, "Here it is. My last bit of cash from IPAC. You, Alligator, who know me 'da antiguidade' ['from the old days'], know what I suffered through to earn this. Let me buy you a drink and let's not forget what it is to be from the Maciel."

This claim is quite extraordinary in the extent to which it encourages communion between an impoverished resident and a producer who, before he became a success, frequented the Maciel. And the sign of the now quite different men's mutual experiences, and of the role of analysis of state-directed practices in this recognition of common ground, was a R$10 bill that would purchase a libation to be consumed communally. Yet the marking of the bill as special suggests that its power is not generalized, homogenized, and a function of the goods and services it may purchase as an ostensibly neutral arbiter of value or price. By means of this material token my friend materialized his link to people that most Brazilians would be hard pressed to imagine would have been regulars in the old Maciel and would spend their nights at the end of the 1990s cruising the stigmatized 28th of September. The knowledge practices developed in the Maciel/Pelourinho were exported to far-off neighborhoods via the state-directed indemnification of the Pelourinho residents. But it also suggests the extent to which the use of money instantiates a memory of this process and hence recognition of what the Pelourinho is, and was. Money is thus a mnemonic that carries with it traces of past lives in the Pelourinho.

Conclusion

The valorizing—some would say fetishizing—of moral attributes and living spaces established by IPAC in the 1990s, a form of "pricing the planet" with a number of problematic implications, nonetheless resulted in a critical perspective on this process on the part of those subject to it. Residents who managed to stay on after the 1992 reforms, either by resisting or accommodating their state, have come not only to constitute themselves as a community in great part through talk of money, but also to read this process as a historical unfolding. And they do so on the basis of such money. Money becomes a material sign of their struggle to understand what their state is working to produce in the Pelourinho through the banishment of most of the population to outlying areas and the careful celebration and archiving of aspects of their everyday lives. In other words, for the most part IPAC has replaced Afro-Bahians with representations of these same people's former lives in the historical center. Yet this is a conclusion that is fairly clear to those involved in the process.

By and large the hundreds of residents of the Pelourinho with whom I have lived and worked for more than a decade manage to produce a remarkably sophisticated reading of state power and, especially, the actions of IPAC. And one of the tools for doing so is money. This money allows them, paradoxically, to defetishize the role of the very medium—money—that induced a majority of them to leave their homes in the city center. Today they return to sell wares, look for work, visit friends and family, and to enjoy themselves, often at the original Bar do Reggae located in the Pelourinho. With them come thousands of similarly underemployed, Afro-descendent, and often angry youth who desire the symbols of global consumption available in the Pelourinho (Sansone). Yet money as employed by the state to bring about this conjuncture contains a biography and carries traces of its workings and symbolic re-appropriations by common people (Eiss). This money spread the residents of the Pelourinho out all over Salvador, and even the interior of Bahia. Many, like Dona Dinda, started bars do reggae in their neighborhoods. And they continue to enlist new neighbors to head back downtown with them.

Thus the reading of money in the Pelourinho is not just a matter of rich and poor, of who has money and who does not. It is rather, as in Caborê's hands when he constructs a typology of Pelourinho types around money, an argument about the ways that money responds to people's abilities, or inability, to work the system. Money is thus an arbiter of abilities. But it is something more. Although configured as essentially unjust during the removal of people in the 1990s, by the first years of the new millennium money came to be understood as a form of understanding the state's logic. And it did so through its very materiality and its ability to conjure up images through signs of its own materiality.

As the discussion of bills itself indicates, as a bearer of supposedly abstract or objectified value, money is reinterpreted by people as a sign of particular histories of struggle, popular agency, and reinflection of government programs. Perhaps this continual resignification of money will work to provide not just new interpretations of state practices, but forms of modifying those policies that might, in the future, prevent the removal of another 4000 people from spaces supposedly dedicated to the shared heritage of the Brazilian nation.

Works Cited

Appadurai, Arjun, ed. *The Social Life of Things: Commodities in Cultural Perspective*. New York: Cambridge UP, 1986. Print.

Collins, John. "Culture, Content, and the Enclosure of Human Being: UNESCO's 'Intangible' Heritage in the New Millennium." *Radical History Review* 109 (2011): 121–135.

———. *The Revolt of the Saints: Memory and Redemption in the Twilight of Brazilian "Racial Democracy."* Durham: Duke UP. Forthcoming.

———. "'X Marks the Future of Brazil': Protestant Ethics and Bedeviling Mixtures in a Brazilian Cultural Heritage Center." *Off Stage/On Display: Intimacy and Ethnography in an Age of Public Culture*. Stanford: Stanford UP, 2004. 192–221. Print.

Comaroff, John, and Jean Comaroff. *Ethnography and the Historical Imagination*. Boulder: Westview, 1992. Print.

Eiss, Paul. "Money, Meat and the Memory in Tetiz, Yucatán." *Cultural Anthropology* 17.3 (2002): 291–330. Print.

Gudeman, Stephen. *The Anthropology of Economy, Community, Market and Culture*. Malden, MA: Blackwell, 2001. Print.

Guyer, Jane. *Marginal Gains: Monetary Transactions in Atlantic Africa*. Chicago: U of Chicago P, 2004. Print.

Hacking, Ian. *The Social Construction of What?* Cambridge: Harvard UP, 2000. Print.

Lemon, Alaina. "'Your Eyes are Like Green Dollars': Counterfeit Cash, National Substance and Currency Apartheid in 1990s Russia." *Cultural Anthropology* 13.1 (1998): 22–55. Print.

Maurer, Bill. "Chrysography: Substance and Effect." *Asia Pacific Journal of Anthropology* 3.1 (2002): 49–74. Print.

Parry, Jonathan, and Maurice Bloch, eds. *Money and the Morality of Exchange*. Cambridge: Cambridge UP, 1989. Print.

Rabinow, Paul. "Representations are Social Facts: Modernity and Postmodernity in Anthropology." *Writing Culture: The Poetics and Politics of Ethnography*. Berkeley: U of California P, 1986. 234–261. Print.

Sansone, Livio. *Blackness without Ethnicity: Constructing Race in Brazil*. New York: Palgrave Macmillan, 2003. Print.

———. "O Pelourinho dos jovens negro-mestiços de classe baixa da Grande Salvador." *Pelo pelô: História, Cultura e cidade*. Salvador: EDUFBA, 1995. 59–70. Print.

Scott, David. *Refashioning Futures*. Princeton: Princeton UP, 1999. Print.

JOHN F. COLLINS

John F. Collins received his PhD from the University of Michigan in 2003 and is associate professor of anthropology at Queens College and the Graduate Center of the City University of New York. His first book, *The Revolt of the Saints: Memory and Redemption in the Twilight of Brazilian "Racial Democracy"* is forthcoming from Duke University Press. He is currently at work on new projects on the extinguishing of the slave trade in nineteenth-century Brazil and the cultural politics of deer hunting in the modern United States. Please do not hesitate to contact the author with comments or suggestions at john. collins@qc.cuny.edu

A procissão do Senhor dos Passos da Sapataria: Função económica e reorganização da ordem social

Maria Margarida Paes Lobo Mascarenhas

Abstract. The Catholic procession of Nosso Senhor dos Passos of Sapataria in Lisbon is a yearly ceremony of penitence and prayer for the local community. This article shows how money, exchange, and the capitalization of donations are integral to the organization of this ceremony, building an interrelation between religious and economic values.

O entendimento do comportamento social, enquanto forma de interacção ou cultura, conduz a uma visão dinâmica do modo como os indivíduos integrados em grupos vão resolvendo os problemas com que se deparam, numa adaptação às mudanças temporais sofridas pela conjuntura social. É neste contexto teórico que se justifica esta análise da função económica do ritual da procissão do Senhor dos Passos da Sapataria, bem como do seu sistema de prestação de dádivas. Os dados utilizados foram obtidos através de entrevistas, conversas informais, da observação directa dos preparativos e dos ritos propriamente ditos, com base em apoio teórico obtido através de bibliografia.

A freguesia da Sapataria pertence ao Concelho de Sobral de Monte Agraço, o mais pequeno do distrito de Lisboa, e integra a denominada região Oeste. Neste contexto, realiza-se anualmente no quarto Domingo da Quaresma, desde há cerca de 400 anos, a procissão do Senhor dos Passos, numa reconstituição dos Passos do Calvário (*O trabalho e as tradições...* 453).

Portuguese Literary & Cultural Studies 23/24 (2012): 93–102.
© Tagus Press at UMass Dartmouth.

No que respeita à intenção deste ritual, ficou apurado que em tempos a comunidade da Sapataria pretenderia obter a chuva indispensável a uma agricultura de subsistência, acreditando, com estes ritos, suprir as necessidades económicas dos produtores. Com o início da economia de mercado, a maior parte dos habitantes da Sapataria, alguns proprietários, outros trabalhadores agrícolas assalariados, ainda se encontravam totalmente dependentes da terra e, por consequência, do clima. Hoje, a população já não vive da agricultura (sobretudo da de subsistência), tendo-se desenvolvido outros sectores de produção (industrial, sobretudo de transformação de produtos agrícolas e pecuários), assim como o comercial, numa modificação da conjuntura económica, o que produziu, como é evidente, alterações sociais com consequências no âmbito dos rituais desenvolvidos pela comunidade.

O itinerário deste ritual cíclico tem sofrido alterações, consistindo actualmente numa volta à igreja e noutra trajectória circular, no sentido dos ponteiros do relógio, que dando a volta à freguesia regressa posteriormente à igreja.

A organização do ritual e as tarefas respeitantes à igreja têm sido desempenhadas pelo casal constituído pelo sacristão e sua esposa, função passada de geração em geração, e por uma Comissão Fabriqueira, constituída por quatro casais com tarefas distribuídas numa divisão sexual do trabalho—enquanto os homens se responsabilizam pela gestão financeira, às quatro mulheres compete a manutenção da igreja ao longo de todo o ano, no que respeita a limpeza e às flores. Esta comissão tem um mandato de cinco anos, devendo cada casal que sai encontrar outro para o substituir, de entre os parentes e vizinhos.

No terceiro domingo da Quaresma, a Comissão Fabriqueira arranja quatro homens para fazer a "pedida" (peditório) por toda a freguesia, excepto no lugar de Pêro Negro, com o qual mantêm uma grande rivalidade, estando em disputa o lugar ideal para sede da freguesia.

É na "pedida" que os homens da comunidade que pretendem integrar a procissão devem fazer um donativo, cujo valor mínimo era em 2002 de 7,5€, que lhes concede o título de mordomo, recebendo em troca, de imediato, um pacote de amêndoas de 200g; o título de meio mordomo é obtido pela oferta de metade dessa quantia, recebendo então 100g de amêndoas. Todos os mordomos recebem, ainda hoje, uma opa (capa) roxa e antigamente quem desse o maior donativo tinha a honra de levar na procissão a vara de juiz, mas hoje em dia "até já é difícil encontrar quem dê." Todas as dádivas são registadas numa lista com referência ao lugar, ao nome do ofertante e respectivo quantitativo recebido pela comissão.

Para Mauss, a recusa de se receber mais não é do que recusar a aliança entre os homens: "[...] les échanges de cadeaux entre les hommes, [...] incitent [...] les dieux à être généreux envers eux" (165).

A contra-dádiva das amêndoas, que só é excepção no caso das ofertas feitas por promessa, é realizada "há um número de anos desconhecidos," constituindo sem dúvida uma marcação cerimonial deste ciclo, intervindo na reiteração periódica das relações sociais. Leal afirma-o: "O modo como, em muitos casos, estas dádivas (refeições cerimoniais) se estendem informalmente a outras unidades domésticas de parentes, vizinhos ou amigos, deve ser olhado à luz da mesma perspectiva, [...] liga-se também, por intermédio do compasso pascal, a ideias de reafirmação de laços sociais mais amplos, como aqueles que se prendem com a pertença à comunidade" (264).

Para além da comissão, o sacristão e a mulher têm competências específicas neste ritual, tratando de todos os preparativos de 4º a 6ª feira da última semana, nos quais se incluem o arranjo dos fatos dos anjinhos, os cânticos das virgens e da Verónica, o tapar dos altares com panos roxos, o arranjo ritual das imagens, bem como o "escangalhar" da igreja.[1] Ao sacristão compete, devido ao seu cargo, dar o nó ritual na túnica do Senhor dos Passos, segundo um saber transmitido pelo antigo sacristão, pai de sua mulher.

No próprio dia da cerimónia, na estrada à saída do adro da igreja, são erguidas duas tendas toscas, uma de venda de bebidas, explorada por um particular, que no caso do negócio lhe render deverá pagar duas mordomias (15€), caso contrário só paga metade. A segunda tenda, que vende produtos alimentares (amêndoas, mel, bolos), é explorada por um padeiro da região a quem compete pagar 25€ pelo espaço que utiliza.[2]

Essa mesma manhã é aproveitada, por muitas pessoas das redondezas, para pôr flores e tratar das campas no cemitério da freguesia, localizado por detrás da igreja, lugar para onde se dirigem posteriormente, a fim de fazer o seu donativo ao Senhor dos Passos. Estas verbas são recebidas directamente por um dos elementos masculino da comissão, que regista o nome e o valor da oferta, retribuindo com um pacote de 100g de amêndoas (à excepção das ofertas feitas devido a promessa, pois estas são já a contra dádiva do favor obtido). Ainda na parte da manhã, dois mordomos acompanhados pelas mulheres da comissão, juntamente com o sacristão e a sua mulher, vão "fazer os Passos." Ramos de palmeira, quadros (com pinturas representando os Passos do Calvário) retirados das paredes da igreja, flores para enfeitar e para cada Passo, uma mesa com uma jarra de flores e uma bandeja para receber as ofertas—são estes os objectos essenciais para a construção dos sete Passos. Pelas onze horas da manhã, seis homens, já com as suas opas (capas) vestidas, transportaram o andor da Senhora das Dores para um local previamente preparado, onde permanecerá escondido até ao sermão do Encontro, enquanto o sacristão toca o sino sem parar (é um saber ritual, "só ele toca bem.") À passagem do andor, os homens descobrem a cabeça e benzem-se. Na venda dos bolos, tapam-nos com uma toalha branca.

À tarde, por volta das 16 horas, depois da missa, o padre, escolhido pelo pároco para ser o Pregador deste ritual, inicia-o com o primeiro sermão-—o Pretório,—a que se segue a procissão; no terceiro Passo o Pregador faz o segundo sermão—o Encontro (da Senhora das Dores com o seu filho)—e é um momento de enorme dramatismo. Após a reorganização do cortejo e a passagem pelos restantes Passos, a procissão regressa à igreja para o sétimo e último Passo, em que se ouvirá o terceiro sermão—o Calvário. No final os penitentes circulam à volta da imagem do Senhor dos Passos, fazendo ofertas em dinheiro.[3]

Esta apresentação de carácter etnográfico já possibilita a análise de várias questões pertinentes, de entre as quais se salienta a problemática da manutenção do ritual ao longo de centenas de anos. Para além da função essencialmente económica, este mantém-se, por um lado, pela crença e necessidade de satisfação de promessas e, por outro, devido ao interesse da comunidade em manter esta tradição antiquíssima. No que respeita à crença, que tem por base a devoção, esta é sustentada por ideias de perdão e reconciliação com a divindade, num processo de regeneração espiritual. Também o ritual afecta a relação entre o crente e a divindade, revestindo-a de afectividade, como se pode verificar pela utilização de expressões como: a "roupinha do Senhor" e o "vestidinho de sair," ao referirem as vestes para serem usadas na procissão pelas imagens do Senhor dos Passos e da Senhora das Dores.

A reformulação permanente das normas, numa actualização indispensável à continuidade do ritual ao longo dos anos, é realizada pela mulher do sacristão, apesar de lhe competir a manutenção do cumprimento tradicional dos ritos e das suas interdições.[4]

A problemática espaço-tempo é também fundamental para esta análise. Durante todo o dia, sobretudo na parte da tarde, o espaço onde vai passar a procissão sofre uma alteração, transfigura-se. Os caminhos, irreconhecíveis com a marcação dos Passos, parecem todos convergir para a Sapataria, na direcção da igreja, também esta previamente "desmanchada" e preparada para o ritual. Podem-se considerar diversas circularidades em todo aquele espaço, como: a volta à igreja; a volta à freguesia; a volta ao andor; a roda do círculo de vizinhos, para realizar as pedidas e constituir nova comissão.

Também é possível ver a circularidade do tempo, na repetição anual da procissão. O andar de todos os penitentes, vestidos de cores escuras num processo de identificação da sua dor com a da divindade, é cadenciado, lento, compassado pelo som da banda e pelo toque repetido do sino. O ritual é tempo de reencontro de parentes, amigos e vizinhos; há uma paragem do quotidiano, pois as rivalidades são ignoradas (também cá estão as gentes de Pêro Negro) e opera-se como que uma ruptura nas relações complementares entre os dois sexos, ficando reservado para as mulheres o papel de penitentes ou assistentes, numa clara inversão das relações em termos de unidade doméstica.[5] Neste tempo, as situações de silêncio e evitamento quotidiano entre parentes são anuladas e substituídas por outras opostas, caracterizadas pelo diálogo e pela aproximação, reformulando as relações sociais.

Também é possível analisar o ritual da procissão do Senhor dos Passos segundo a sua função económica, função esta que o ritual sempre teve e ainda tem hoje, efectivamente: se, por um lado, a Comissão Fabriqueira movimenta bens, quer monetários, quer de carácter religioso,[6] por outro, ela própria angaria dinheiro, tanto directamente junto dos penitentes e de toda a comunidade (durante a "pedida" de porta em porta), como recebendo-o indirectamente das vendas. Poder-se-ia pensar que não há excedentes desses bens, mas a situação é exactamente a oposta, pois o objectivo de todas as comissões é conseguir que após as despesas pagas, todos os anos, haja capital que possa ser depositado numa instituição bancária, a fim de que possa voltar, mais tarde, à comunidade, acrescido de juros, sob a forma de novos bens (arranjos e obras de manutenção da igreja). Recorde-se o significado do adjectivo fabriqueiro: "[...] diz-se da igreja que tem fábrica de sacristia ou de igreja, isto é, rendas aplicáveis às despesas de culto e de reparações" (Machado 63)—é isto mesmo que acontece na Sapataria. A comissão, numa função inequivocamente económica, obteve no ano 2000 um lucro de 2850€, depois de pagar todas as despesas, depositando o dinheiro num banco, a fim de render juros.[7]

Para compreender este circuito, é pertinente questionar se, na verdade, são só os habitantes da Sapataria que "mandam na sua igreja," como afirmam o sacristão e a mulher. A investigação mostrou que o facto de o Pároco não residir na freguesia contribui em muito para o seu afastamento da comunidade, tendo como consequência directa uma desresponsabilização da igreja sobretudo em termos financeiros, visto o templo ser gerido autonomamente pela Comissão Fabri-

MARIA MARGARIDA PAES LOBO MASCARENHAS

queira. Esta situação pôde ser confirmada pelo pároco da freguesia, aquando da entrevista que lhe foi feita, escusando-se a dar informações acerca de um ritual que dizia desconhecer por completo, visto nunca ter estado presente. Estas afirmações assumem particular importância quando se sabe que este mesmo padre intervém directamente neste ritual, pois estabelece proibições (como o afixar notas na veste do Senhor dos Passos), obriga a fazer alterações (como a mudança da ordem no desfile das alfaias religiosas) e designa o Pregador. É evidente que, desta forma, o Patriarcado aproveita todos os lucros decorrentes da realização da procissão, abstendo-se de participar com as verbas necessárias à manutenção e obras da igreja como é da sua competência: "[...] em 80 anos, só uma vez foi preciso os de Lisboa mandarem dinheiro para cá," informou o sacristão.[8]

Constata-se deste modo que este ritual não se caracteriza somente por uma economia de bens simbólicos, mas também, e sobretudo, por uma economia mercantil: a moeda funciona como meio de pagamento, medindo o valor dos bens que circulam segundo preços que constam de tabelas (estas estabelecem o custo das mordomias, das meias-mordomias e do direito de venda das comidas e bebidas), com a finalidade da obtenção de lucro, sendo tudo registado numa contabilidade organizada.

Quanto à verdadeira razão e ao real interesse em se pertencer a uma Comissão Fabriqueira, o facto é que, sendo da sua inteira competência a gestão dos fundos, consoante o capital obtido no fim de cada ano e sobretudo no final do mandato, os seus membros verão o seu valor aferido por toda a comunidade, forma esta de reconhecimento dos indivíduos sociais, a que Bourdieu denominou de capital simbólico: "A segunda propriedade correlativa (da economia pré--capitalista) é a transfiguração dos actos económicos em actos simbólicos [...]. Terceira propriedade: nesta circulação [...] produz-se e acumula-se uma forma particular de capital a que chamei capital simbólico [...]"(132).

Outro dos objectos em análise deve ser o sistema de prestação de dádivas presente neste ritual; veja-se o que nos dizem: Godelier diz que "dar é instituir simultaneamente uma dupla relação entre quem dá e quem recebe. Uma relação de solidariedade [...] e uma relação de superioridade. [...] [A]ssim a dádiva aproxima [...] e afasta (os protagonistas) socialmente"(21); Godbout acerca do valor da dádiva considera que este é de nível relacional (por oposição ao valor de uso e de troca)—"En circulant, le don enrichit le lieu et transforme les protagonistes. Le don contient [...] quelque chose de plus que la gratuité essaie de nommer. [...] La plus-value c'est [...] la transformation d'une valeur de lieu en valeur d'échange" (245). O pagamento de promessas, que assume inúmeras formas (dinheiro, objectos religiosos ou certos sacrifícios como fazer o "perambulatio" descalço) e que se destina a retribuir uma graça concedida, normalmente em circunstâncias graves da vida, insere-se num sistema de dívidas que nunca poderão deixar de ser saldadas; segundo nos informaram: tem que ser, é promessa. Mas a verdade é que, na prática, nem sempre se observa esta obrigatoriedade, pois, curiosamente, muitas promessas não são cumpridas, ficando em "dívida." Nestes casos, por vezes são os familiares quem, após a morte dos parentes ou mesmo em vida deles, se sentem obrigados a fazê-lo, como que numa extensão das relações familiares. O pároco, o mesmo que afirma desconhecer este ritual, sugere alternativas ao incumprimento das promessas como por exemplo o pagamento de missas, a compra de ex-votos à igreja (vê-se que o lucro não está muito arredado destas sugestões) ou a prática de orações.

Podemos considerar aqui duas situações diferentes: a primeira é o pagamento da promessa que fica cumprido no momento em que se vai na procissão; a segunda consiste no aluguer dos fatos para o ritual, que é feito em moeda, ao preço da tabela e que no futuro será contabilizado, devendo também concluir a troca. Mas, na verdade, se se trata de uma simples relação de troca (ainda que temporária) de moeda por bens (cargos ou fatos), donde vem a obrigatoriedade de se receber um pacote de amêndoas? Porque não basta dar e receber o que está estabelecido? As amêndoas que se recebem fazem exceder os termos da troca. Não poderão constituir como que uma mais-valia? Neste caso a relação não fica equivalente e se o dador recebe mais do que os bens que pagara, fica em "dívida." Outra das hipóteses é ser necessário receberem-se as amêndoas pois constituem a verdadeira contra-dádiva, visto que os fatos têm de ser devolvidos. Mas, os cargos e as honras que eles trazem aos indivíduos (o capital simbólico) não podem ser considerados como contra-dádivas?[9]

Quando a comissão realiza a pedida (peditório), não o faz na aldeia de Pêro Negro devido a um antigo litígio acerca da localização da sede da freguesia, situada na Sapataria. Mas, sendo o objectivo a angariação de fundos, porque não os irão aí recolher? Será porque a comunidade da Sapataria não quer aceitar o dinheiro ou não quer ser obrigada a retribuir a oferta? É interessante analisar o que acontece por ocasião das Festas de Verão de Pêro Negro, altura em que a aldeia necessita para uma procissão de pedir emprestadas à Sapataria algumas alfaias religiosas, solicitação que é aceite anualmente, talvez devido a serem objectos sagrados, contrariamente ao dinheiro recebido na colecta para a procissão do Senhor dos Passos. Pensamos que a comunidade da Sapataria cede os bens (sagrados), mas não pretende permitir qualquer retribuição

MARIA MARGARIDA PAES LOBO MASCARENHAS

aquando do peditório para o ritual. Deste modo, obriga Pêro Negro a ficar permanentemente em dívida, acentuando a ruptura entre as duas povoações, como que numa renovação da relação de rivalidade.

Considere-se, de seguida, a divisão social do trabalho, uma das bases fundamentais da ordem social, cuja "verdadeira função é criar, entre duas ou várias pessoas, um sentimento de solidariedade" (Durkheim 71). Mas, serão as relações de solidariedade criadas pelo ritual caracterizadas pela igualdade? Certamente que a resposta é negativa. Apesar de qualquer indivíduo poder integrar a procissão da Sapataria, a comunidade de Pêro Negro não o pode fazer, pois não tem possibilidade de adquirir os cargos que o permitem e que dão prestígio.[10] Ficam assim com deficit de capital social, ou seja, permanecem numa posição de inferioridade em relação aos habitantes do resto da freguesia. De facto, a igualdade não é um factor que esteja presente neste ritual, pois existe uma hierarquização estabelecida segundo os diversos graus do saber ritual e consoante os cargos desempenhados. Se, por um lado, os mordomos proporcionam a subsistência económica do ritual, situando-se na base da hierarquia, por outro, os membros da Comissão Fabriqueira gerem os fundos e velam pela manutenção da igreja (segundo uma divisão sexual das tarefas, os homens responsabilizam-se pelo dinheiro, as mulheres pela limpeza da igreja), mantendo-se a meio da pirâmide hierárquica. Por seu lado, o par constituído pelo sacristão e sua mulher, ao deterem as funções principais, ou seja, todo o saber e poder ritual, posiciona-se no topo da referida hierarquia.

Podemos então extrair algumas conclusões desta análise. Ao longo deste texto, foram realçadas propositadamente noções como dívida, ruptura e hierarquia, pois a observação concreta da vida social permitiu apercebermo-nos não só das retribuições mas também das dívidas, das solidariedades, e também das rupturas, de determinadas paridades, porém sobretudo de desigualdades e hierarquias.

Detectou-se reciprocidade? Só quando havia interesse na circulação de pessoas e bens. Mauss, nas conclusões do *Ensaio sobre a dádiva*, referiu as noções de lucro e interesse material como factores explicativos da circulação das riquezas (186), o que já Marx e Engels tinham afirmado.

O moderno poder de Estado é apenas uma comissão que administra os negócios comunitários de toda a classe burguesa. [...] A burguesia, lá onde chegou à dominação, destruiu todas as relações feudais, patriarcais, idílicas [...]. Resolveu a dignidade pessoal no valor da troca, e no lugar das inúmeras liberdades bem adquiridas e certificadas pôs a liberdade única, sem escrúpulos de comércio. (38–39)

Segundo esta perspectiva, as relações económicas de ligação ao capital estão subjacentes a toda a interacção social, mesmo para os sistemas de prestações de dádivas, em que o valor de troca se veio juntar ao valor de uso.

Segundo Mauss, "cada mercadoria só tem importância na medida em que o seu uso é a base de um valor de troca e que este se metamorfoseia em dinheiro que produz dinheiro, em capital" (87). A análise do ritual da Sapataria permite verificar as trocas económicas com ligação ao mercado presentes no sistema de prestação de dádivas. São os próprios indivíduos sociais quem introduz alterações aos seus ritos, que se deveriam manter inalteráveis, numa manipulação das relações sociais, com a finalidade de as adaptar às novas estruturas dominadas pela economia, numa reformulação conjuntural que vão prolongando ao longo do tempo.

MARIA MARGARIDA PAES LOBO MASCARENHAS

Notes

[1] Os tradicionais sete anjos desta procissão são hoje em número indeterminado, apresentando-se acompanhados por homens, pais, avós, tios ou padrinhos. Nesta região é comum o compadrio como forma de reafirmação dos vínculos de parentesco ou estabelecimento de fortes laços sociais entre parentes e vizinhos.

[2] Segundo alguns informantes, a generalidade das pessoas da freguesia só come amêndoas naquele dia, não as considerando como alimento a ser consumido na época Pascal.

[3] O cortejo integra, com lugar reservado, um grupo de pessoas que prometeram fazer o Perambulatio (percurso) descalças e que é normalmente constituído por mulheres idosas e jovens mães que o fazem transportando os filhos nos braços.

[4] Aceita raparigas para o papel de Virgens, sem indagar se elas o são, condição antes indispensável, o que não acontece hoje, devido à falta de jovens.

[5] Sobretudo no que respeita ao transporte das alfaias religiosas durante a procissão.

[6] Como alfaias religiosas (objetos em ouro, prata, etc.) que lhe são entregues como contra-dádivas de promessas, retribuindo uma graça obtida.

[7] No rol das despesas estão os pagamentos ao Pregador, à banda (acrescido de um lanche) e ao sineiro, para além das contra-dádivas em amêndoas (a todos os mordomos, meios-mordomos, anjinhos e outros). As receitas são provenientes das verbas obtidas pelo pagamento das promessas, de ex-votos, da doação de objetos diversos, do recebido nas pedidas e ainda do apurado pelo "aluguer" das vendas das bebidas e das comidas.

[8] O sacristão refere-se ao Patriarcado de Lisboa, pretendendo mostrar a independência financeira da comunidade.

[9] Afirmaram-nos que ninguém gostava de ser meio-mordomo, o que é bastante sintomático do interesse dos cargos.

[10] Devido a não se realizar a pedida em Pêro Negro.

Obras Citadas

Bourdieu, Pierre. *Razões práticas*. Oeiras: Celta, 2001. Impresso.

Durkheim, Emile. *A divisão do trabalho social*. Vol. 1. Lisboa: Editorial Presença, 1977. Impresso.

Godbout, Jacques T. *L'esprit du don*. Paris: Éditions la Découverte, 1992. Impresso.

Godelier, Maurice. *O enigma da dádiva*. Lisboa: Edições 70, 2000. Impresso.

Leal, João. *As festas do Espírito Santo nos Açores*. Lisboa: Publicações D. Quixote, 1994. Impresso.

Machado, José Pedro. *Grande dicionário da Língua Portuguesa*. Amadora: Ediclube, 1990. Impresso.

Marx, Karl, and Friedrich Engels. *O manifesto do partido Comunista*. Lisboa: Edições Avante, 1997. Impresso.

Mascarenhas, Maria Margarida Paes Lobo. *A procissão do Senhor dos Passos da Sapataria*. Lisboa: ISCTE, 2001. Impresso.

Mauss, Marcel. *Ensaio sobre a dádiva*. Lisboa: Edições 70, 2001. Impresso.

O trabalho e as tradições religiosas no distrito de Lisboa. Lisboa: Governo Civil, 1991. Impresso.

Maria Margarida Paes Lobo Mascarenhas is a teacher and received a BA in anthropology at the Instituto de Ciências do Trabalho e da Empresa (ISCTE) in Lisbon. She has published in collaboration with João Cravo: "Encontro de Culturas: uma experiência," in *Cadernos de Educação de Infância*, number 31, July 1994. She has done extensive fieldwork on the Sapataria for many years.

Coins for the Dead, Money on the Floor: Mortuary Ritual in Bahian Candomblé

Brian Brazeal

Abstract. This paper examines the exchange of money, commodities, and services among religious adepts and between humans and their ancestors in a Candomblé mortuary ritual in Cachoeira, Bahia, Brazil. In the *axexé*, profits from secret ceremonies fund communal devotions. Communal devotions tie initiatic kin together through reciprocity. Mortuary rituals sever these ties when initiatic family members die. Parties in the service of benevolent deities bring fame to houses. Fame attracts clients. Clients pay to undo the malfeasance of their enemies or to make them suffer. Their money in turn funds communal devotions. Evil underwrites good. Concealment underwrites spectacle. The dead become the livelihood of the living.

Ela já vai embora

Brasilina Queiroz de Almeida was born in Cachoeira on 22 March 1950 and died on 23 February 2005 in Feira de Santana, Bahia, Brazil. She died of a heart attack related to her diabetes. No one seemed to know her full name before then. She was simply Brasilia. Or perhaps not so simply since at different times she was also the Eré, Flor do Dia, Caboclo Oxossi, Yansan, and Yemanjá.[1] Maria, a *mãe de santo*, or Candomblé priestess, had seated these Orixás in Brasilia's head fifteen years before in the Ketu initiation ritual. Long before that Maria's father, Sr. Justo, had performed a series of *obrigações*, or rituals of allegiance to the Orixás, that wedded Brasilia to the life of the Prison Alley *terreiro*, an old temple of Candomblé in Cachoeira, Bahia.

Portuguese Literary & Cultural Studies 23/24 (2012): 103–123.
© Tagus Press at UMass Dartmouth.

The connection would prove durable. For as long as I knew her, Brasilia was Maria's most devoted and loyal *filha de santo*, or daughter, in Candomblé's ritual kinship system. And this connection would last for generations. Her daughter Rita, known for the past few years as Iyawô de Oxossi, underwent initiation at Maria's hands, as did her granddaughter Sheila, now known as Iyawô de Yansan. But the mortuary rituals that Maria would undertake were destined to sever the personal connections between Brasilia and the surviving members of her ritual family.

Brasilia died during Lent. Maria suppressed her grief and launched into logistical action, calling friends, relatives, and ritual kin to notify them of the death and assembling the money that she would need to put on the funeral. She told Valdecí, her second in command at the temple, to get the oldest razor and pair of scissors from the *roncor*, or initiation chamber. These were presumably the ones used in Brasilia's initiation to the cult of the Orixás. She also instructed her to cook up hominy and the steamed pyramids of white corn flour called *acaçá*. These would go into an *ebó*, or propitiatory sacrifice, that would be cast into the Paraguassú River that runs through Cachoeira. It was the first of a series of sacrifices that would set things right after Brasilia's death.

The next day a huge procession accompanied Brasilia's coffin from her house in the Rua da Feira (Road of the Market) to the cemetery on the Rua da Saudade (Road of Longing). It was led by a phalanx of Orixás in the bodies of her brothers and sisters *de santo*, who scattered hominy and *acaçá* at every crossroads.[2] The coffin was borne through the streets by *ogans*, the male officiants of Candomblé, as well as male friends and family. A doleful crew of mourners, mostly dressed in white, brought up the rear.

Preta, another Candomblé priestess and inheritor of the oldest Ketu temple in Cachoeira proper, led the singing.[3] At the graveside, as the coffin was lowered into the red *massapé* soil she sang:

Ela já vai, ela já vai, ela já vai
Já vai embora.
[She is now going, she's now going, she's now going
She's going away.]

This was more of a hopeful exhortation to the undeparted soul than a statement of fact. To send Brasilia away in proper style would require an *axexé*, a series of mortuary rituals that dislodges an initiate to Candomblé from this world and transforms her into a benevolent Egum, or ancestral spirit, in the temple's private pantheon.[4]

Two nights before Brasilia died, Maria, Jana (another of Maria's *filhas de santo*), and I all had dreams that were interpreted to have presaged her passing. One of Maria's many responsibilities as *mãe de santo* is to interpret the dreams of people in her community. She looks for communications from the divinities of Candomblé about their lives and those of the rest of her ritual family. Maria dreamt of dirty clothes, which are supposed to signify a corpse. Jana dreamt of Maria's deceased mother saying that someone would soon join her. I dreamt of winning a lot of money shooting dice. The money was all in coins. Coins also signify death in dreams in Candomblé because of their association with Eguns and the *axexé*.

Death and the transformation of value

The *axexé* is a mortuary ritual performed for senior members of Candomblé initiatic hierarchies. It effects a transformation in the subjectivity of the deceased from a potentially dangerous wandering spirit invested with the powers of Candomblé to an Egum cultivated in the temple compound, controlled and invoked in instrumental earthly work. It is the ultimate transformation of the personhood of an initiate to Candomblé and it completes a cycle begun many years before.

The path to Candomblé initiation usually begins with a problem, perhaps a sickness or malaise not susceptible to medical treatment. This leads the sick person to seek out a Candomblé priestess. The priestess performs a divination ceremony called the *jogo de búzios*, or shell-throwing. This divination is intended to discover the root of the problem that is afflicting a person's life. It is performed by a *mãe de santo* at the behest of a client and is usually paid for. Often the client's problem can be resolved with a sacrifice (called an *ebó*) to the slave deity Exú or to an Egum, an herbal bath, or an offering to one of the Caboclos, a pantheon of backland cowboys and Indians. But in a small number of cases an Orixá lets it be known through the shells that the client must be initiated into their cult and serve them through the rest of her life.

The Orixás are the high gods of Candomblé, a pantheon of deities related to those worshipped by Yoruba- and Gbe-speaking peoples of West Africa. Initiation to their cult entails a radical transformation in the subjectivity of the initiate. It involves a long period of confinement and training, and lengthy prohibitions on eating certain foods and engaging in sexual activity.

It also involves sacrifices of animals, other foods, and elements of the initiates' own body. She is adopted into a ritual family with strict rules of hierarchy, deference, and submission. Initiates to the role of *vodunsi* or *filha de santo* give over their bodies to the Orixás to whom they have been consecrated. These deities possess them in public and private ceremonies. Initiates owe periodic obligations to their tutelary Orixás. These take the form of private sacrifices followed by public feasts and spirit-possession parties. Initiates also have obligations of deference and submission to the senior members of their ritual families. Public and private ceremonies for the Orixás trace and reinforce the contours of ritual hierarchies.

In return for these elaborate and expensive honors rendered to the Orixás and their superiors, the initiate gains the power to enjoin the deities of Candomblé to work on her behalf on earth. The Orixás themselves do no work but they extend their divine mantle of protection over their devotees. Work is done by Exús who are problematically identified with the Christian Devil, as well as Egum ancestral spirits and Caboclo cowboys and Indians. Candomblé adepts marshal their divine powers through their own offerings or with the mediation of their *mãe de santo* or ritual mother.

Sometimes Candomblé adepts are sought out to perform spiritual work for others. When instrumental, earthly work is undertaken for clients, it can bring profit to the practitioner. Money earned through such magical manipulations should be reinvested in part in the cult of the Orixás. Values are transformed from the spiritual plane to the temporal one and back. Ritual action is work. In the communal ceremonies for the Orixás it reproduces ritual families. In the individualized services for Exús, Eguns, and Caboclos, it produces value for practitioners.

This essay explores the transformations of value entailed in expenditures for mortuary rituals and the use of coins in the *axexé*. I borrow the phrase "transformation of value" from Nancy Munn, who uses it in reference to exchanges, mortuary rituals, and witchcraft on the Melanesian island of Gawa. In Munn's formulation, prestations of cooked foods are the first term in a series of exchanges that allow Gawans to extend their reach and their influence across ever-widening domains of space and time in the regional Kula ring. In my formulation, exchanges with deities allow Candomblé devotees to expand their earthly powers. In both, value has strong positive and negative poles. Exchanges undertaken with care and savvy can potentially bring fame and fortune to those who initiate them. But those who refuse to give trading partners their due or who are overambitious leave themselves open to the depredations of supernatural forces. It is only through generosity with the products of one's own labor that one can advance, either as a Gawan Kula trader or as a practitioner of Candomblé.

Axexés are extremely expensive endeavors. But they are necessary to maintain the good will of the family dead and the working relationship that allows the living to mobilize their power in rituals of healing. Uncared-for ancestors can be dangerous, especially those who were initiated into Candomblé during their lives. They can return to the realm of the living as malevolent Eguns that sicken and even kill, or close off people's paths to financial success, love, and happiness.

But well-cared-for Eguns are powerful allies. Their influence, when mobilized through *ebós*, can counteract the malfeasance of wandering spirits of the dead on behalf of the living. They can bring in clients for priestesses and offer wise counsel to their descendants through dreams and apparitions. They provide a link to the power of the past that Candomblé practitioners can ignore only at their own peril.

Exchange and the obligations it creates harness divine powers in the service of everyday undertakings. This essay examines the multiple logics of exchange at work in the *axexé* mortuary ritual. Marketplace transactions for foods, animals, and durable goods are necessary to prepare for an *axexé*. Some of these objects and animals are rendered to the dead, through blood sacrifice and destruction. The ritual use of money commercializes relationships between living members of the temple community and their ancestors. Token payments for ritual services among the living participants in an *axexé* trace the outlines of temple hierarchies. Propitiations of Exús and Orixás guarantee the benevolence or benign neglect of these pantheons. And the *quid* of the dead repays practitioners for all of their labor and sacrifice.

Different logics of exchange characterize practitioners' relationships with the different pantheons of deities in Candomblé and different moments in an initiate's lifecycle. Candomblé adepts make promises to Catholic saints, fulfill obligations to the Orixás, feed Caboclos, demand services from Exú and pay for them, and there are even rumors of pacts with devils. Exchanges with Orixás, especially those entailed by initiation, follow the reciprocal logic of the Maussian prestation. Instrumental sacrifices to Exú look more like commercial transactions. This essay focuses on exchanges with Eguns, which are perhaps the most complex of all. Webs of ritual kinship built up through years of communal sacrifice to the Orixás must be dissolved lest they become dangerous to survivors. The relationships among family members that were once reciprocal and cemented by ritual commensality must be transformed into a commercial, working relationship with the Egum. This is accomplished through the ritual rendering of coins to Egum in the *axexé*.

The public face of Candomblé's devotions are the ceremonies in honor of the Orixás. At these lavish parties the gods possess their devotees and appropriate their bodies to dance. They are adorned in the finest cloth and fêted in the finest style that their humble children can afford. Animals slaughtered for the Orixás are cooked and distributed to members of the ritual family and their guests. But the business of Candomblé, the daily work of healing and witchcraft, is carried out with Eguns and Exús. These spirits are called upon to afflict or assuage priestesses' clients or their clients' enemies. Clients pay dearly for these services. These payments underwrite the cult of the Orixás.

Rituals for healing and witchcraft are called *ebós*. They are carried out in private and often in secrecy. Clients usually want to keep their own participation hidden from the public eye. Candomblé is a much maligned religion and private visits to priestesses are held by the laity to be solicitations for malicious magic or the undoing of its effects. The deities that priestesses call on in *ebós* are Exús and Eguns. They are not the Orixás who are worshipped in public ceremonies. Priestesses' services are compensated with cash. The deities are compensated with their favorite sacrificial offerings and token payments of coins.

Feasts for the Orixás are public, spectacular, communal, and commensal. Non-initiates attend without fear since Orixás are not implicated in works for evil. But *ebós* are private, hidden, powerful, and potentially dangerous affairs. Eguns and Exús may harm as well as help and in either case they must be carefully controlled by the priestess and her flock. The two types of ritual are interdependent. Money made in rituals for Egum underwrites the ceremonies for the Orixás. The aim of the *axexé* is to transform a late friend and ritual relative into a powerful spirit with whom one can work.

Ebós for Exú can be made to further some earthly project such as finding a job or seducing a lover. But Eguns cannot be put to work in this manner. They only afflict. Sacrifices to Egum are either propitiations intended to purge a person of Eguns' deleterious influences or else willful acts of sorcery intended to plague the life of the client's chosen victim. *Ebós* of the first type invoke the powers of Eguns of the house, those who have been brought into the priestesses' personal pantheon through the *axexé*. *Ebós* of the second type call on Eguns of the road, the unquiet and dangerous deceased.

Juana Elbein dos Santos has argued that the *axexé* effects a transformation in the relationship of the deceased person to the members of her initiatic family. A living initiate to Candomblé is enmeshed in a web of reciprocal obligations to deities and members of her temple community. These particular, earthly relationships are severed by the *axexé*, which moves the deceased from the earthly plane of particular existence to the spiritual plane of generalized existence. Their personality is dissolved. The deceased *mãe* ("mother"), *irmã* (sister), or *filha de santo* becomes simply Egum.

The *axexé* is the most important in a series of mortuary rituals designed to sever the reciprocal connections between an initiate and her temple community. These connections are built through years of communal sacrifices to the Orixás. But after an initiate's death these personal connections become dangerous. A person who was once a partner in a reciprocal relationship becomes a sacrosanct and dangerous deity with whom one enters into contractual obligations through the *ebó*. I argue that this transformation is effected through the exchanges between the living members of the temple community and the spirit of the deceased. Some exchanges symbolize the personal relationships that are being severed; others create the generalized relationship of contractual obligation that ought to exist between an Egum and the membership of a *terreiro*.

Objects in the first category, those that symbolize the individual nature of the deceased person and her particular relationships to the kin that survive her, are like Weiner's inalienable possessions. They carry in them some facet of the personhood of the deceased. In the *axexé* these include dresses, beaded necklaces, ritual implements, photographs, and other trinkets of an earthly life now ended. These are delivered to Egum in forests, rivers, and cemeteries and exposed to the depredations of time, weather, and water. Their slow destructions destroy the personhood of the deceased and her claims on the living.

Objects in the second category, those that establish a generalized relationship between the deceased and the temple community, include the standard fare of Candomblé sacrifices: food, drink, fowl, and especially money. The living give coins to Egum to keep themselves safe. David Graeber says that "money presents a frictionless surface to history" (94). It is pure potential and as such it is anonymous. Social identities need not play any part in a transaction involving money. "Rather than serving as a mark of distinctiveness, it tends to be identified with the holder's generic, hidden capacities for action" (Graeber 94). Money rendered to deceased friends and family renders them generic and hidden. Their capacities for action are mobilized through the *ebó*, which is more like a commercial transaction than a favor for a friend or relative.

The personal claims of the dead on the living are dangerous and require ritual means to sever. Countless people in Bahia find themselves sickened by the proximity of loving but overly attached dead relatives. The ritual transaction of money between the living and the dead dissolves these claims. The coins for Egum move the spirit from the kin-based realm of general reciprocal exchange and the relationships it entails to the balanced realm of exchanges mediated by money between an individual and a powerful, dangerous deity.

We can see in this unending cycle of exchanges a system for the transformation of value. Profits from secret ceremonies fund communal devotions. Communal devotions tie initiatic kin together through reciprocity. Mortuary rituals sever these ties when initiatic family members die. Parties in the service of benevolent deities bring fame to houses. Fame attracts clients. Clients pay to undo the malfeasance of their enemies or to make them suffer. Their money in turn funds communal devotions. Evil underwrites good. Concealment underwrites spectacle. Contractual transactions underwrite reciprocity. The dead become the livelihood of the living.

Shopping for Egum

The *axexé* could not begin until Lent and the violent revelry of Good Friday had passed. As the date approached, Maria was already more than seven hundred *reais* in debt.[5] The expenses of the funeral, some of the locally available supplies for the *axexé*, and everyday expenses like the phone bill (higher than usual because of all the calls she had to make after Brasilia died) had depleted her already meager savings. And so many expenditures remained. She traveled to Feira de Santana to buy the full complement of fowl that would be sacrificed in the *axexé*. White doves, guinea hens, white ducks, and white chickens are all more expensive because merchants know that white fowl are in high demand for Candomblé.

Then came the crockery: she had to buy porcelain plates and clay bowls to hold the offerings and the clay vases and platters that stand in for the drums. Several of these disposable musical instruments would be broken each night of the ceremony. Cloth, beans, grains, calabashes, palm oil, olive oil, honey, alcohol, *cachaça*, *conhaque*, wine, candles, kola nuts, and fire fans were all purchased for the dead and the Orixás and Exús who accompany them.[6]

And the living must be fed as well. She would call her scattered *filhos de santo* together and they would eat and sleep in her house for at least three days. She would bring in a crew from another *terreiro* more experienced in this kind of ritual. They would also need to be fed. The *axexé* would end with a breakfast, luxurious and delicious, and as expensive and important as any other phase of the process. She would need cases of beer and liters of liquor. There must be plenty to drink during an *axexé*. Finally, she would need to rent a van to bring it all home to Cachoeira.

Her *ogans* and *filhos de santo* bought up meters and meters of white poplin cloth in the market. They set aside any five cent coins that came their way and traded their *real* notes for coins to numbers-runners of the *jogo de bicho* gambling network. Dona Tuca, another of Maria's *filhas*, stayed up late sewing the new white clothes that her ritual kin would have to wear. She expected no recompense and received little. But this was her contribution to the *axexé* since her straitened financial circumstances precluded a monetary donation.

On the morning of the day the *axexé* was to begin, Maria was in Salvador, scouring the São Joaquim market for the imported African items she would need. One of these was raffia palm fiber. This would be braided into the *contraegum* bands that would chafe our arms and protect us from wayward souls.[7]

Her *ogans, filhas,* and friends began to trickle up the hill. Maria canvassed them for contributions. One who lives and works in Salvador was asked for twenty *reais* and gave fifty. Another who sells clothes in the market came up with ten. No one had much to spare. Everyone did what they could. Collaboration came from as far away as Mundo Novo in the *sertão* (Bahia's desert interior) and São Paulo where people who would not attend made wire-transfers into Maria's bank account. Initiation to Candomblé creates a bond of kinship not just between the *filha de santo* and her *mãe* but to an entire ritual lineage and the entire family of its descendants. People contributed not only because of their affection for Brasilia but because their house and the ritual and social life it anchored were at stake.

The hurly-burly of preparations eclipsed some of the sadness about Brasilia's death. Even her daughter, Iyawô de Oxossi, could be coaxed into smiling. Beans and grains were toasted, corn was popped. One of the dresses of Brasilia's Orixás and some of her other personal effects were placed in the center of the *barracão*, or public area of the temple. The food offerings were arrayed on porcelain plates around them. Clay bowls called *alguidares* were filled with *amací*, a broth made from macerated leaves used for ritual cleansing. Calabashes were placed inverted in clay bowls. These would take the place of the *rumpí* and *runlê*, the two smaller drums of the Candomblé percussion ensemble. A large clay vase, half filled with *amací* and played with a fire fan would take the place of the *rum*, or largest component of the drum orchestra. These instruments would be destroyed and left in the forest. Nothing used in the *axexé* could remain in the temple once it was over. When the assemblage was complete, they covered it with a new white cloth and waited for the arrival of Preta and her crew from the temple Ilê Axé Alaketu Oxum.

Padé and axexé

Preta cut an imposing figure as she lumbered out of a broken-down car. Her sharp tongue, her jovial nature, and her obscene sense of humor did nothing to diminish her position as the ranking *mãe de santo* in Cachoeira. The older women of her *terreiro* rode up the hill in a car while the men who would cut, carry, drum, and dance trudged up behind.

Preta's arrival galvanized everyone into action. We donned our white clothes and scrounged up the first night's portion of coins. Brasilia's blood relatives, for whom dancing would be too dangerous, crouched on straw mats in the corner. The *axexé* began with this song for Exú:

Ina ina mojubá e e ina mojubá
Ina ina mojubá é
Ina mojubá.[8]

The ceremony opened as many Candomblé ceremonies do, with a *padé* for Exú. The *padé* is a propitiatory offering that ensures Exú's benediction for and noninterference in the ceremony that was to follow. The Egum offerings were uncovered. The Candomblé rhythms were played slow and solemn on the calabashes and the vase that stood in for the *atabaque* drums. Highranking female initiates scattered manioc flour mixed with oils, water, and honey in front of the *terreiro* and down the street for twenty meters. Neighbors saw that the ceremony was in progress and pulled their children inside. In the *barracão*, the ritual was performed with the tense urgency of an *ebó*. Exú's acceptance or rejection of this first offering would portend well or ill for the outcome of the next three nights of ritual labor. Preta performed the first divination by cutting a kola nut into quarters and throwing it on the floor. The quarters all landed on their convex backs. This meant that the offering had been accepted. We clapped with palpable relief but the night was young.

Exú and the white owl of death were praised, propitiated, and sent on their way. We began to sing for Egum.

Axexé axexé onan.

Preta danced first and placed coins in the percussion instruments as well as in the *alguidar* ("clay bowl") that sat at the head of the offering. People danced in order of seniority, women before men. As a non-initiate in ambiguous relation to the temple hierarchies, I danced last. As each person danced, the others brought coins that they passed over their bodies in the motions of a *limpeza* and put them in the dancer's hands.[9] Each person took their turn at dancing by saluting the door and the central rafter post and then genuflecting in front of the person dancing. That person would then throw a few of her coins into the *alguidar* at the foot of the offering, give the rest to her substitute, and throw some of the fine beach sand from a little pile over the offering.

Someone said to me years ago, after another *axexé*, that "when you're doing an *axexé*, Egum is there, on his feet in front of you. No one wants to dance with Egum empty-handed." The coins protect the dancer from Egum's influence while she is dancing, but she offers them on behalf of others. The Egum with whom she dances is the particular Egum, ripe with power and danger for the person he confronts.[10] The dancer starts off empty-handed and receives coins from others as she goes. Everyone knows the dangers attending on their participation in the *axexé* and they use their coins to periodically purge themselves of Egum's influence as they go. The dancer confronts Egum, "on his feet" in front of her. She carries the coins laden with the burdens from the bodies of her brothers and sisters and remits them to Egum in his calabash.

The danger here derives from the personal relationships between the living members of the temple community and the deceased. These relationships are born of blood kinship and the ritual kinship cemented through the blood sacrifices of Candomblé initiation. They are reinforced through commensality in the rituals of obligation to the Orixás that punctuate the life-cycle of an initiate. Currency is passed over the body in an attempt to sever these ties. Offerings of coins move the relationship from the commensal to the commodified. The balanced nature of the commercial transaction takes the place of the reciprocal, kin-based nature of the communal meal in the presence of the gods.

But it was only the first night of the ceremony and Brasilia was not yet banished from the realm of the living. She was glimpsed by the dancers at the head of the offerings as they danced. The most adventurous of the ogans clowned around and made faces as they danced to amuse Egum and show their own fearlessness. Other deceased members of the temple were sighted by ogans standing watch at the door. This was no joking matter. The officiating priestess dispatched Orixás and Caboclos to patrol the street in front of the temple with *dendé* palm fronds to keep other departed souls away from the ceremony in Brasilia's honor.

The first night of the *axexé* ended with songs for Yemanjá, Brasilia's personal tutelary Orixá, and Oxalá, the high god of the Candomblé pantheon. Then participants adjourned for sweet coffee and Brazilian vodka. The presence of such distinguished liquor at Brasilia's mortuary ritual was held up as evidence of her earthly splendor.

Money on the floor

Maria showed up at my door the next day. For once she was not there to give me cryptic warnings from her dreams but just to get out of her house and get a few things off of her chest. Who could blame her? She had a house full of tired, scared, mourning, and angry people to deal with all day and all night. My house, two doors up from the temple, offered a measure of solace.

She had asked Valdecí to call and collect from two of her clients from the desert interior west of Cachoeira for whom she did a *trabalho* in October.[11] They hadn't paid her yet. Like so many other clients, the couple is more regular in their needs for her services than in their payments. I don't know what the price she set was but it must have been something in excess of 300 *reais* since Maria was willing to settle for that if they could get it to her immediately. She needed the money to pay the floor the next day when they would perform the sacrifice for Egum. Preta was not charging her but Maria cannot kill on that scale without paying the floor.

Dinheiro do chão, or "money for the floor," is the ritual payment that must accompany any blood sacrifice to Orixás, Exús, or Eguns. It is a payment to the deities that inhabit the floor of the house and a guarantee of the continued power of the spirits that dwell therein. The money is placed on the floor while the sacrifice is being performed. The bills are often speckled with blood. When the sacrifice is complete, the *mãe de santo* divides the money among the *ogans*, *ekedis*, and *filhas de santo* according to their participation in the sacrifice.[12] The *ogan* who does the actual cutting usually gets the most, while smaller shares are parceled among those who hold the animal as it is being cut, those who carry the offering, those who become possessed, and those who sing, prepare the food, and care for the Orixás who may appear.

The eventual distribution of *dinheiro do chão* among participants does not take the form of payment for services rendered. Money from the floor is an *agrado*; "gratuity" might be the closest English translation. It is a gesture of thanks and good will. The floor is sacred space in a Candomblé temple, consecrated to the tutelary Orixá of the house. A Candomblé house must have certain secret, sacred objects buried in its foundation before it can be opened. Placing money on the floor pays obeisance to the deities that inhabit the ground. This guarantees not only the continued financial success of the temple, but the harmony among its members that is as tenuous as it is necessary to the temple's functioning.

When a *mãe de santo* gives one of her flock a share of the *dinheiro do chão*, she places it on the floor in front of her. The money must not change hands directly. The *filha* asks her ritual mother's blessing and only picks up the money after receiving it. This keeps the exchange from taking on the character of a commercial transaction or the alienation of commodified labor. The begging of blessings and the ritual prostration that often accompanies it is the most common way to demonstrate submission to one's superiors in the Candomblé hierarchy. Prostration puts the receiver-of-blessing's body in contact with the floor, which is the dwelling place of the ancestors and tutelary Orixá of the temple. The way in which a person begs a blessing depends upon and also signals the relationship with the person whose blessing is being begged. It underscores differences in initiatic age and rank as well as generational differences between initiating priestesses and their ritual children. Unlike the coins for the dead, which sever kinship relations, the ritual transaction of money on the floor reaffirms them.

Maria wanted at least 277 *reais* to put on the *chão* on the last day of the *axexé* when the killing would take place. This was not a payment to Preta. When Preta travels to other towns or to the capital to perform *axexés* her fees run to the thousands. But Maria and Brasilia were cherished friends of hers and her late mother's. She had waived the fee for herself and her flock. However, Preta had no right to waive the payment to the floor in the Prison Alley temple, even though she would receive the money and distribute it as she saw fit. The floor had to be paid out of respect to the powers of Maria's own house. Maria herself had to come up with the money or else risk the wrath of the gods she serves, or worse, their negligence.

The coins for the dead work on the principle of the universal equivalence of money to transform a particular relationship into a generalized one.
As coins are deposited in her calabash, Brasilia slowly ceases to be Brasilia
and becomes simply Egum. But the money on the floor traces, highlights,
and strengthens the reciprocal relationships among the living members of the
temple community. They receive a grateful token payment for the work they
have performed. Its distribution follows the axes of Candomblé hierarchy.
The way in which it is received underlines the submission of the receiver to
the *mãe de santo* who is doling it out. She must ask her blessing, as Bahian
children do of their parents, slaves once did of their masters, and juniors do
of their seniors in Candomblé.

By the same token, accusations of improper distribution of the *dinheiro do
chão* can be the source of great rancor between *ogans* and *mães de santo*. If the
ogans feel that their services and their position in the temple are not ade-
quately recognized with ritual payments they may threaten to withdraw their
services, or even the shrines to their Orixás from the *terreiro*.

Men, candles, and beer

The third and final night of Brasilia's *axexé* began and ended with a holocaust.[13] The heap of fowl Maria had purchased had their blood spilled over
the shrines of the family Eguns and the new shrine for Brasilia. All of us present brought plenty of coins and tied fresh strands of shredded palm fronds
(called *mariô*) around our wrists to protect ourselves from Eguns. When the
cutting was done we threw our coins and improvised bracelets into the *alguidar* that would go into a new basket with the corpses of the birds.

When an animal is sacrificed in an offering to an Orixá, an Exú, or a Caboclo, its blood is let over a shrine and the internal organs that constitute its *axé*
are arrayed around the seat of the god.[14] The rest is usually eaten with great
gusto by the participants in the ceremony. The only exception is when a bird is
used in a ritual cleansing. But beasts rendered to Eguns must rot in cemeteries
or stands of bamboo or be carried away by rivers. No one wants to eat with
these fearsome entities. Hubert and Mauss identify the sharing of food in the
presence of the god as the climax of a sacrifice. *Obrigações* to the Orixás in this
house culminate with participants' heads being anointed with the blood of the
sacrificed animal and with the sharing of food in the festival that follows. But
blood sacrifice for Egum is for Egum alone. The refusal of ritual commensality
is one way in which ties formed through initiatic sacrifice are severed.

BRIAN BRAZEAL

The *padé* and divination ceremony were carried out as before, but when we began to sing for Egum, someone turned out the electric lights. Two lonely candles would illuminate the *barracão* until dawn. It was not long after we started when midnight struck. We took a break and had another drink to let this dangerous hour pass.

We reconvened and sang a cycle of seven songs for each of seven Orixás before the second holocaust began. Some sang the songs that had accompanied Brasília's coffin to her grave while others smashed the plates, calabashes, and the clay pots that had contained the offerings to Egum and served as his percussion instruments. They gathered the palm fronds that had protected the doors and the *peregún*[15] leaves that had adorned the walls. They swept the floor to catch any scraps and dirt collected during the *axexé*. They discarded the palm-frond brooms and tied them up along with the offerings and everything else in a big white sheet. No trace of the offerings rendered to Egum could remain in the *terreiro* once the *axexé* was over. Those who were not involved in breaking and gathering up the offerings cowered facing the wall, covering their heads with their arms. The Eguns were on the loose and despite all the ritual precautions they still posed a danger to the living at the climax of the ritual.

There was just a hint of gray light in the east when they tied up the bundle and sent the *ogans* to carry it down the valley. It was awkward and weighed well over fifty kilos but there were six or seven able-bodied *ogans* and a well-intentioned *gringo* to carry it. We went down the steep, muddy path to the Caquende creek at a jog, in the rain, in the dark with the bundle wrapped in white cloth and slung from a wooden pole.

Our instructions were to bring it to a stand of bamboo next to the creek, where it would not attract undue attention. Everyone was falling all over themselves on the mud and wet rocks so we did not go far. We left it at a suitable clump of bamboo in a part of the valley that does not get too much traffic. The *ogans* and I took a quick bath in the stream, counting on the flowing water to wash away traces of our offering to Egum. Then we headed back up the hill, chilly and relieved.

At the door of the *terreiro* we passed water over our heads and threw it on the ground to remove any lingering influence of Eguns and Exús. Then we sat down for another round of drinks. There was the usual animated post-*ebó* conversation among the men and anxious questioning about whether the bundle had gone to a suitably discreet location from Maria and Preta.

We drank, smoked, dozed, snacked, and sipped coffee as the day broke. The *Padre* who had promised to say a Mass for Brasilia's soul at Maria's chapel never materialized, but Maria is more than capable of performing Catholic services herself. *Mães de Santo* are often leaders of the popular Catholic devotions of their local communities. These ceremonies are integral parts of Candomblé mortuary ritual in Cachoeira. Maria does not consecrate the host but she led her flock in prayer for Brasilia's soul. When the "Mass" was over we got back together for a giant breakfast of traditional Bahian foods. Brasilia's plate went under the table next to a lighted candle. She received her food on the floor, the symbolic dwelling-place of Orixás and ancestors.

A delegation of *ogans* was dispatched to the woods to get the leaves and branches that would be used to cleanse Maria's house and the participants in the ceremony. We lunched on fish and white rice; Brasilia's plate again went under the table. Then the housecleaning began to the sound of a doleful chorus:

Sarayeyé ibokunum
Sarayeyé bojoúm.

This couplet was repeated over and over in call and response between Preta and everyone else present for more than half an hour. Eight men made their way through the several houses of Maria's compound scattering popcorn and hominy, beating the walls and the corners with branches, and swabbing a young rooster around the house. These would absorb traces of the Eguns' influence into themselves and out of the house.

Then the *ogans* took a fresh pile of branches and formed a gauntlet. We lined up in order of seniority. *Ekedis* prepared dishes of the same types of dry foods used in the *ebó* de Egum, each with a coin in it. We all underwent a *limpeza* or ritual cleansing. The *ekedis* passed the dishes over us. The *ogans* beat us with the branches with great enthusiasm and hilarity. When it was all over, the consecrated foodstuffs and the young rooster were swept up, bundled, and brought to the river by another delegation of *ogans*. Lingering influences from all Eguns were purged from the temple and the participants in the ceremony.

The *axexé* was complete. The mood was self-congratulatory. Brasilia had gotten her due. Exhaustion, camaraderie, and alcohol showed in everyone's good spirits. Meanwhile, Preta had collected all of the coins that had been tossed into the calabash as we danced over the previous three nights. The *dinheiro do chão* had already been discreetly distributed.

I had been to *axexés* before and enjoyed the moment when the coins for the dead were handed out. Each person who had cut, carried, or become possessed was entitled to a share. Each person knelt before the *mãe de santo* and asked her blessing before receiving theirs. But the coins they received still bore the stain of their association with Egum. You could not just spend them, or even mix them in your pockets with other coins. Coins for Egum had to be set aside, but spent quickly. The only thing you could buy with them was candles, to be lit for Catholic or Candomblé santos.

Candles for the Saint (*velas pro santo*) is a euphemism often used for money received in exchange for Candomblé work.[16] It implies that the money received will be rendered directly to the Orixás and illuminate their altars. But in this case the meaning was literal. Risky undertakings, from participation in *axexés* to the performance of black magic, require that participants do something to shield themselves from potential negative effects. An offering to one's tutelary Orixá may absolve or at least ameliorate the ill effects of the business. Those who deal with Eguns and Exús to the neglect of their Orixás do so at their own peril. The coins in the *axexé* thus serve a double protective purpose. They shield singers and dancers from contact with Egum while the ceremony is in progress. Then they purchase candles for Catholic and Candomblé santos who will extend their protection to their devotees after the ceremony is over.

Here we see one of the principles of the transformation of value in Candomblé writ small. Money earned in the service of Eguns and Exús must be funneled into the cult of the Orixás. Through this spiritual money laundering, the power and danger and the inherent capacity for evil in the cult of these deities is tamed and made safe for the practitioner and the community of which she is a part. Those who fail to do so are liable to accusations of shirking their obligations to the Orixás and even of charlatanism. This particular set of coins was so suffused with the influence of Egum that they could not be used for anything but this sort of spiritual prophylaxis.

Preta surveyed the crowd who had participated in Brasilia's *axexé*. She did a quick and dirty calculation of how many people were owed shares of the take in coins as she counted up the pile of currency. Each share would be quite small, not enough even to purchase a packet of candles. Furthermore, people were already disappearing back to their jobs and their beds. So she made an executive decision to ensure parity even if it implied a break with tradition. In life, Brasilia was sweet, friendly, and benign. No one had any reason to expect different from her in death. Her *axexé* was complete, beautiful, and performed with a good heart. Those who took part in it had nothing to fear. An inequitable distribution of the meager stack of coins could give rise to rancor and gossip. She decided that the candles for the saints could be forgone. With the heavy work of the *axexé* completed, the day could proceed in a festal rather than a devotional atmosphere. But the logic of the blessing that underlies religious hierarchies at the end of the *axexé* could not be forgotten.

Preta traded the coins from the *axexé* for a case of cold beer from a bar down the street. Then she let those who had worked receive their cups and her blessings one by one.

Life after death

It has now been more than two years since Brasilia died. Soon her bones will be exhumed from her rented plot in Cachoeira's ornate and segregated cemetery and destroyed. But her connection to the Prison Alley *terreiro* will last much longer than her remains. She will always be fondly remembered by the members of her ritual family, which includes her blood daughter and granddaughter. But her connection to the temple goes much further than that. Brasilia has become Egum. She is now a sacrosanct deity in the temple's private pantheon. Her powers can and will be mobilized, along with those of Maria's father and the rest of the family dead, to cure the sick and afflicted clients who arrive at Maria's door.

The *axexé* that we performed on her behalf transformed her subjectivity in a manner as radical as the transformations involved in her *feitura* or initiation to the cult of the Orixás. In initiation her head was consecrated as the vessel of Yansan and Yemanjá and the Eré and Caboclos who accompany them. The blood of sacrifice that was shed on her body and on her behalf was transmuted into the fictive blood of ritual kinship, making her a daughter and a sister to the members of the Prison Alley *terreiro*. These relationships were renewed and reaffirmed in countless communal ceremonies where the family united in the service of the Orixás. Together they cured the sick, afflicted the unjust, and came together in worship. Webs of mutual obligation united them. Brasilia's individuality and her personhood were expressed in and created through her unique position in the temple's complex hierarchies.

However, upon her demise, her personhood, her individuality, and her multiple connections to the members of her blood and ritual families could become dangerous, even deadly to her survivors. In the *axexé*, the members of Maria's temple united to sever them. Brasilia was dead but not gone. Her continued proximity was a constant danger. They ameliorated this danger with money.

The ritual rendering of coins to the dead monetizes what were once reciprocal, familial relationships. The coins of the *axexé* sever kinship ties created through blood sacrifice. Relatives are not paid; they are given gifts. Payments rendered terminate obligations and destroy interpersonal relations. Gifts, as we have long known, create obligations and sustain interpersonal relations. Money is the universal equivalent and as such it is anonymous and impersonal. The dancers in the *axexé* rub coins over their bodies and toss them into Egum's calabash. They purge themselves of their personal relationship to the deceased. They pay her off. She was once Brasilia, beloved sister, daughter, and mother. She is now Egum, a generalized, anonymous force to be called upon in *ebós*.

As one relationship is severed, others are reaffirmed. Brasilia is dead. What made her Brasilia must be destroyed. But the Prison Alley *terreiro* lives on. The relationships and the obligations that unite its living members must be maintained in the face of crisis. This is accomplished through a very different ritual transaction of money: the distribution of *dinheiro do chão*, or money on the floor. The floor itself is crucial. It is the dwelling place of the gods of the temple, the Orixás who anchor the system of ritual kinship that unites its human members. *Dinheiro do chão* is placed on the floor in homage to them. Money changes hands, but not directly. It is not a payment for services rendered among humans. It is a payment to the gods themselves in recognition for all they provide to their devotees. Only afterwards can it be gratefully collected by its humble final recipient.

The way she receives the money recognizes and reaffirms her place in the temple hierarchy. She prostrates herself and begs the blessing of the priestess who gives it to her. This ritual of submission underscores her devotion to the family of which she is a member. The money she picks up from the floor is a token, a gratuity, a gift and one that carries plenty of obligations.

The rendering of coins for the dead and money on the floor are two moments in an unending cycle of transformations of value between human and divine realms. Reciprocal ritual kinship is underwritten by commercial transactions of ritual services, between priestesses and clients, and between devotees and the gods they serve. One uses the anonymous power of money to sever family ties. The other uses money's pure potential to reproduce ritual hierarchies and families. Preta transformed the coins from Brasilia's *axexé* into a case of beer. I am sure Brasilia would have approved. The underlying logic is preserved. We took our blessings with our cups, prostrate on the floor as she sat huge and haughty on a stool. The relative positions of the members of the ritual hierarchy were reaffirmed and the ties that unite us were celebrated with beery effervescence.

Notes

I gratefully acknowledge the support of the Fulbright-Hays fellowship that enabled me to conduct Brazilian field research and the Carter G. Woodson Institute at the University of Virginia that provided write-up funding.

[1] These are the deities that would take over Brasilia's body in Candomblé Ceremonies. The Eré, Flor do Dia or Flower of the Morning is the spirit of a baby. Caboclo Oxossi is a West African Orixá reincarnated as a Caboclo or Brazilian Indian. Yansan and Yemanjá are Brasilia's tutelary Orixás.

[2] *Irmãos de Santo* are those initiated to the same Candomblé ritual family.

[3] Ketu is a nation "*nação*" or ritual variant of Candomblé that arrived in Cachoeira in the 1930s.

[4] An Egum is a spirit of a deceased person in Candomblé parlance. The plural is Eguns.

[5] The *Real* (pl. *reais*) is the unit of Brazilian currency. On 25 February 2005 it was worth .38 USD.

[6] *Cachaça* is a liquor distilled from sugarcane. *Conhaque* is another cane liquor mixed with grape brandy and other flavorings to imitate cognac.

[7] The *contraegum* (also called a *mocã*) is braided from raffia-palm fiber, dipped in a mixture of herbs and blood (called *abô*), and tied tightly around the biceps, hips, and/or ankles to provide protection from Eguns.

[8] I do not try to replicate modern Yoruba orthography in my transcriptions of songs in Candomblé's liturgical language called *Iorubá,* nor do I provide translations. The people who sang these songs are not familiar with modern Yoruba orthography and are not able to provide word-by-word translations of their songs. This song pays homage to Exú in preparation for the ceremony for Egum.

[9] A *limpeza* is a ritual cleaning to remove the influences of Exús and Eguns from the body of an afflicted person. Offerings to the spirits are passed over the arms, legs, trunk, and head of the client.

[10] I use the male personal pronoun for Egum because Egum takes the masculine article in Portuguese. Eguns in general are referred to as masculine but specific female ancestors, when referred to by name, take feminine articles and pronouns.

[11] *Trabalho* means work, in this case a ritual service calling on Exú.

[12] *Ekedis* are the female counterparts of *ogans.* They are initiated officiants in Candomblé ceremonies who do not become possessed by the gods.

[13] I use holocaust in its original sense of a sacrifice that entails the complete destruction of its victim.

[14] *Axé* means a lot of different things. Here it refers to the life force of an animal contained in its blood and internal organs used to replenish the shrines of the Orixás.

[15] *Peregún,* also called *nativos,* (*Dracaena fragrans,* English: corn plant) is nailed to the walls of Candomblé temples to ward off Eguns (cf. Voeks 125).

[16] Santo here can refer equally to the saints of the Catholic pantheon and to the Orixás.

Works Cited

Graeber, David. *Toward an Anthropological Theory of Value: The False Coin of Our Own Dreams.* New York: Palgrave, 2001. Print.

Hubert, Henri, and Marcel Mauss. *Sacrifice: Its Nature and Function.* Trans. W. D. Halls. Chicago: U of Chicago P, 1964. Print.

Matory, J. Lorand. *Black Atlantic Religion: Tradition, Transnationalism and Matriarchy in the Afro-Brazilian Candomblé.* Princeton: Princeton UP, 2005. Print.

Mauss, Marcel. *The Gift: Forms and Functions of Exchange in Archaic Societies.* Trans. Ian Cuninson. New York: Norton, 1967. Print.

Munn, Nancy. *The Fame of Gawa: A Symbolic Study of Value Transformation in a Massim (Papua New Guinea) Society.* Durham: Duke UP, 1986. Print.

Santos, Juana Elbein dos. *Os Nàgô e a morte: Pàdê, Àsèsè e o culto de Égun na Bahia.* Petrópolis: Vozes, 1986. Print.

Voeks, Robert. "Sacred Leaves of Candomblé." *The Geographical Review* 80.2 (1990): 118–131. Print.

Weiner, Annette. *Inalienable Possessions: The Paradox of Keeping While Giving.* Berkeley: U of California P, 1992. Print.

Brian Brazeal is assistant professor of anthropology at California State University, Chico. He has conducted ethnographic fieldwork with practitioners of Afro-Brazilian religions for over ten years. He has published "The Music of the Bahian Caboclos" in *Anthropological Quarterly* 73(4) Fall 2003, "A Goat's Tale: Diabolical Economies of the Bahian Interior" in *Activating the Past: Latin America in the Black Atlantic*, "Dona Preta's Trek to Cachoeira" in *Africas in the Americas: Beyond the Search for Origins*, and "The Fetish and the Stone: A Moral Economy of Charlatans and Thieves" in *Occupied Lands, Owned Bodies: The Work of Possession in Black Atlantic Religions*, forthcoming from the University of Chicago Press. He also directed the award-winning ethnographic documentary "The Cross and the Crossroads," Lala and Bala Productions 2005. His current research focuses on the international trade in emeralds. Email: bcbrazeal@csuchico.edu

Um caloteiro devoto: A contabilidade moral em *Dom Casmurro*

Bluma Waddington Vilar

Abstract. This essay studies the metaphors, comparisons, images, and situations related to the domain of money and accountancy in Machado de Assis's *Dom Casmurro*. It examines how such tropes and imagery which describe emotions and behavior express a specific view of the individual and of human actions from a moral standpoint, by incorporating the logic of economics into the moral and emotional spheres on the level of stylistics. It also reveals the association between money and sterility, wealth and annihilation of life, affluence and lack of children, of trust, of happiness, experienced by the main characters in this novel.

Este é um estudo das metáforas, comparações, imagens, reflexões e situações ligadas ao universo do dinheiro em *Dom Casmurro*. A exemplo do que já sucedia em *Memórias póstumas*, no sétimo romance de Machado de Assis, as metáforas pecuniárias também estão vinculadas ao tema do favor e ao tema mais geral das relações assimétricas, ou seja, relações em que um dos termos estabelece ou confirma uma superioridade qualquer sobre o outro. Além disso, tal repertório de metáforas contribui decisivamente para que se formule nos romances da maturidade do autor certa visão do indivíduo e das ações humanas em sua dimensão moral. A análise exposta a seguir permitiu esclarecer o efeito dessas metáforas e figuras sobre os sentimentos e a conduta que elas descrevem, evidenciando como a lógica da economia é incorporada às

Portuguese Literary & Cultural Studies 23/24 (2012): 125–172.
© Tagus Press at UMass Dartmouth.

esferas moral e afetiva no próprio plano do estilo. Ocorreria, portanto, uma contaminação dessas esferas por valores mercantis, e esse contágio decorreria menos dos atos das personagens e das situações por elas vividas que da linguagem utilizada pelo narrador-protagonista.

O agregado

Em termos sociais, a dívida, de natureza material ou moral, introduz assimetria na relação entre os indivíduos ou acentua desigualdade já existente. No caso do favor que um proprietário rico faz a alguém de condição social modesta ou menos privilegiada, ao torná-lo agregado em sua propriedade, a assimetria prévia é reforçada e particularizada. O agregado é inferior à classe dos proprietários em geral, mas sobretudo a um representante dela em particular, com quem fica em dívida. E uma vez devedor, sempre devedor, eis o padrão. Por mais que preste serviços ao proprietário que o acolheu, em troca desse favor, o agregado é um eterno inadimplente. A dívida situa o beneficiado em posição não apenas social, mas também moralmente menos elevada que a de seu benfeitor, dada a nobre generosidade deste em socorrê-lo.[1] Além de moralmente inferior, sua posição é irremediavelmente suspeita, como vemos na passagem a seguir, em que o narrador fala de José Dias—retirada de um capítulo que se intitula "O agregado," à diferença dos demais capítulos dedicados às outras pessoas da casa e batizados com o nome próprio das personagens, "Tio Cosme," "Dona Glória," "Prima Justina":

> Teve *um pequeno legado no testamento, uma apólice e quatro palavras de louvor.* Copiou as palavras, encaixilhou-as e pendurou-as no quarto, por cima da cama. '*Esta é a melhor apólice,*' dizia ele muita vez. Com o tempo, adquiriu certa autoridade na família, certa audiência, ao menos; não abusava, e sabia opinar obedecendo. Ao cabo, era amigo, não direi ótimo, mas nem tudo é ótimo neste mundo. E não lhe suponhas alma subalterna; *as cortesias que fizesse vinham antes do cálculo que da índole.* (Assis, *Dom Casmurro* 73; itálicos nossos)

As palavras indicativas de apreço são "a melhor apólice." No contexto da relação entre um agregado e seu protetor, esse tipo de metáfora, sem dúvida um lugar-comum, deixa de ser inócuo, não só recuperando expressividade, mas ganhando também especial relevância. Desse modo, o agregado José Dias equipara algo cujo valor é espiritual àquilo que representa um valor material ou, no vocabulário econômico-jurídico, um valor mobiliário, isto é, pagável ao portador, como ações, apólices da dívida pública, letras de câmbio, notas promissórias e outros papéis ou certificados do gênero. Em suma, tudo são apólices—e tanto a apólice metafórica quanto a propriamente dita têm valor de mercado. Embora já fosse eternamente devedor do pai de Bentinho, José Dias possuía, como bom agregado, "o dom de se fazer aceito e necessário" (73) e acabou ganhando benefícios extras, não previstos no contrato original, por assim dizer, mas acrescentados graças ao testamento. Esse "pequeno legado" dá a ele o gosto, igualmente diminuto, de ser proprietário de duas apólices, uma real e outra figurada, vivendo, portanto, a experiência do credor. A primeira apólice atesta a soma devida pelo Tesouro Público; a segunda garante, por determinação testamentária do falecido patriarca, a estima devida pelos Santiagos. No entanto, sabendo-se antes de mais nada devedor, o prudente José Dias não se permite esquecer sua fragilidade enquanto credor: "[...] adquiriu certa autoridade na família, certa audiência, ao menos; não abusava, e sabia opinar obedecendo."

No fim da passagem, o narrador adverte o leitor, confirmando a suspeita permanentemente lançada até mesmo sobre os atos e palavras mais louváveis do agregado, em decorrência da posição inferior que este ocupa: "E não lhe suponhas alma subalterna; as cortesias que fizesse vinham antes do cálculo que da índole." Tal ressalva constitui um enaltecimento da independência de espírito e um elogio indireto da dissimulação, da hipocrisia, ao menos como forma de resguardar a autonomia de pensamento numa situação de dependência material. Como estratégia de sobrevivência, o servilismo simulado está longe de ser corajoso, mas é defensável: além de requerer autocontrole e habilidade, favorece a manipulação ou, no léxico machadiano, o "cálculo," talvez o principal recurso das personagens do autor para inverter o efeito das posições sociais, transformando controladores em controlados e momentaneamente virando em sentido oposto a assimetria da relação.

Casamentos e sorte grande

O capítulo 7, "Dona Glória," é dedicado à mãe de Bentinho, precocemente viúva aos 31 anos, e também às lembranças vagas e falhas que o protagonista tem do pai e da vida conjugal de ambos. Nesse capítulo, destaco duas passagens. A primeira é esta:

> Ora, pois, naquele ano da graça de 1857, Dona Maria da Glória Fernandes
> Santiago contava quarenta e dous anos de idade. Era ainda bonita e moça, mas
> teimava em esconder *os saldos da juventude*, por mais que a natureza quisesse

preservá-la da *ação do tempo*. Vivia metida em um eterno vestido escuro, sem adornos, com um xale preto, dobrado em triângulo e abrochado ao peito por um camafeu. (*Dom Casmurro* 62; itálicos nossos)

Aos 42 anos, restavam a Dona Glória "saldos da juventude." Se "saldo" é, em contabilidade, a diferença entre receitas e despesas, aqui se trataria, se quiserem, do remanescente na conta da mocidade após os débitos lançados nela pelo tempo. Por isso mesmo, esse saldo é temporário, devendo desaparecer. Em *Memórias póstumas*, o tempo é figurado como "um velho diabo" que subtrai moedas do pecúlio da vida, transferindo-as para o saco da morte, enquanto registra: "—Outra de menos [...]" (Assis 185). Eis a "ação do tempo": gasta a infância, a juventude, a idade madura, a velhice, calhando demorar mais nessa tarefa, no caso de um, e menos, no caso de outro. Daí o provisório excedente de Dona Glória no aspecto físico. O fato de a viúva Santiago estar sempre "metida em um eterno vestido escuro" não deixa de ser um modo de pôr no saco da morte, o mais eterno dos vestidos, "os saldos de juventude" restantes, abreviando assim o intervalo que ainda a separava do finado marido. Outra metáfora contábil referente à idade e à ação temporal é a utilizada pelo Conselheiro no *Memorial de Aires* para não escrever nem revelar precisamente quantos anos tem: o total exato "basta que [...] vá sendo contado pelo Tempo no livro de lucros e perdas" (Assis 159). Ou seja, por que escrever o montante da perda, se o tempo já o registra com pontualidade britânica no livro de contabilização da vida.

O vestido-ataúde da viúva Santiago, essa tentativa simbólica de reduzir a distância temporal entre ela e o falecido esposo, vinha acompanhar outra medida, da mesma natureza, para diminuir a distância espacial, corpórea, segundo observamos no começo do capítulo: Bento esclarece que a mãe, depois de enviuvar, permaneceu na cidade do Rio de Janeiro, em vez de retornar à fazendola em Itaguaí, pois "preferiu ficar perto da igreja em que [s]eu pai fora sepultado" (*Dom Casmurro* 75–76). E, permanecendo na casa de Matacavalos, "onde vivera os dois últimos anos de casada" (76), também preferiu o passado recente, ou seja, mais próximo. Só faltava aproximar o futuro, daí o desejo de impedir que a juventude se prolongasse, de apressar seu fim, encerrando-se num "vestido escuro, sem adornos," cuja intenção é reiterada por um "xale preto," "abrochado ao peito por um camafeu," à guisa de cadeado.

Embora a fidelidade de Dona Glória ao marido se estenda além da morte e seu luto se eternize, ela está longe de desprezar a vida: concentra-se no amor ao filho e entrega-se à administração da casa, à economia doméstica: "Lidava assim, com os seus sapatos de cordavão rasos e surdos, a um lado e outro, vendo e guiando os serviços da casa inteira, desde manhã até à noite." E onze anos antes, ao ficar viúva, a mãe de Bentinho já havia tomado uma série de providências de natureza econômica para manter-se próxima do falecido: "Vendeu a fazendola e os escravos, comprou alguns que pôs ao ganho ou alugou, uma dúzia de prédios, certo número de apólices, e deixou-se estar na casa de Matacavalos" (76).

A segunda passagem desse mesmo capítulo 7 que gostaria de destacar é esta outra: "Tenho ali na parede o retrato dela, ao lado do marido [...]. O que se lê na cara de ambos é que, se a felicidade conjugal pode ser comparada à *sorte grande*, eles a tiraram no *bilhete comprado de sociedade*" (76; itálicos nossos).

O narrador não deduz a "felicidade conjugal" dos pais de suas rarefeitas lembranças, conforme revela no parágrafo seguinte—"Se padeceram moléstias, não sei, como não sei se tiveram desgostos: era criança e comecei por não ser nascido" (76-77). Baseia-se sobretudo nos dois retratos pintados, na "impressão" que lhe transmitem estes, afinal, segundo ele, "valem por originais," "[s]ão como fotografias instantâneas da felicidade" (77). A expressão dos pais de Bentinho nesses retratos da juventude é apresentada, desse modo, quase como prova documental da harmonia de seu casamento, comparando-se indevidamente a natureza posada da pintura à espontaneidade do flagrante fotográfico. Além disso, como pode o narrador afirmar a semelhança com um original remoto e falhado na memória, tanto do ponto de vista do relacionamento do casal quanto de sua aparência física?

A referência à sorte grande, ao bilhete de loteria premiado, quer em metáforas, quer em símiles, é um clichê utilizado com freqüência por Machado. Em *Dom Casmurro*, aparece mais três vezes (duas comparações associadas a metáforas, no capítulo 52, "O velho Pádua," e no capítulo 134, "O dia de sábado;" e uma metáfora no capítulo 63, "Metades de um sonho") e duas vezes em situações que envolvem bilhetes de loteria (uma concreta, no capítulo 16, "O administrador interino," e outra onírica, no capítulo 63, "Metades de um sonho").

Na segunda passagem do capítulo 7, citada acima, o narrador compara a "sorte grande" (o prêmio maior da loteria) à felicidade conjugal e menciona que Dona Glória e o marido "a tiraram no bilhete comprado de sociedade." Em sentido figurado, a expressão "tirar a sorte grande" significa tanto "enriquecer de modo repentino ou imprevisível" quanto "ser muito afortunado em determinadas circunstâncias" (*Aurélio*). O exemplo mais corriqueiro desse último significado diz respeito à instituição do casamento, segundo ilustram nossos dicionários: "Tirou a sorte grande, com o marido que tem!" (*Aurélio*); "com aquele casamento, ele tirou a sorte grande" (*Houaiss*). Embora constituam elogios ao marido ou à mulher eleita, não é incomum ouvir tais frases no primeiro sentido, como insinuações do caráter venal, mercenário de um dos consortes. Individualmente, os futuros pais de Bentinho já haviam "tirado a sorte grande," por terem nascido em famílias ricas. E a união de duas condições privilegiadas sem dúvida é uma fortuna ainda maior. Porém o narrador já estabelece de saída a correspondência entre "felicidade conjugal" e "sorte grande," quando bastaria o uso do plural "eles a tiraram," para entendermos que se trata de sentimentos sinceros e não inconfessáveis. Não há um sortudo, mas sim dois premiados na "sociedade" em questão, isto é, um casamento religioso, único com validade jurídica numa época anterior à separação entre Igreja e Estado no Brasil. O termo "sociedade," entretanto, é comum ao direito civil e ao direito comercial.[2] De qualquer modo, importa ressaltar que a escolha de metáfora ligada à esfera do dinheiro cria uma ambigüidade. Pode sugerir um casamento originalmente motivado por razões de ordem econômica e de prestígio social, pois unia "Pedro de Albuquerque Santiago" (*Dom Casmurro* 75) e Maria da Glória, "filha de uma senhora mineira, descendente de outra paulista, a família Fernandes" (76). Em casamentos desse tipo, o amor é uma aposta tão incerta quanto um bilhete de loteria.

Mas a metáfora utilizada pode também indicar uma união entre criaturas já enamoradas, cujo romantismo os interesses socioeconômicos só teriam fortalecido. Em *A Princesa de Clèves*, Mme. de Lafayette explicitava: num meio como a corte de Henrique II, na França do século XVI, "l'amour était toujours mêlé aux affaires et les affaires à l'amour."[3] Casamento era em primeiro lugar um negócio, quando não um assunto de Estado. Na escolha matrimonial, guardadas as diferenças entre a nobreza quinhentista francesa e a alta burguesia brasileira do Império, considerações sociais e econômicas sempre precederam motivos de qualquer outra ordem, exceto os políticos, as razões de Estado.

Já nas uniões realizadas no seio da pequena burguesia, como é o caso dos pais de Capitu, não há fortunas a somar ou dividir, mas antes infortúnios, daí a ironia do nome da mãe da personagem, Dona Fortunata, casada com um modestíssimo funcionário público, segundo nos informa o narrador no capítulo 16:

> Pádua era empregado em repartição dependente do Ministério da Guerra. Não ganhava muito, mas a mulher gastava pouco, e a vida era barata. Demais, a casa em que morava, assobradada como a nossa, posto que menor, era propriedade

dele. Comprou-a com *a sorte grande que lhe saiu num meio bilhete de loteria*, dez contos de réis. (*Dom Casmurro* 88; itálicos nossos)

Com o prêmio, Pádua quis "atir[ar]-se às despesas supérfluas," repetindo o que fizera ao substituir interinamente o administrador de sua repartição, e ganhar os honorários do novo cargo. A mulher, porém, aconselhou-o a "comprar a casa e guardar o que sobrasse para acudir às moléstias grandes." Depois de muito hesitar, Pádua enfim cedeu ao alvitre da mãe de Bentinho, a quem Dona Fortunata apelara: não "deu jóias à mulher," não "foi visto em teatros," nem "chegou aos sapatos de verniz" (89), como antes. O narrador faz questão de recordar o episódio anterior, enfatizando assim a vaidade do vizinho e a solicitude materna já naquela oportunidade. A ambição tolhida do pai de Capitu e seu desejo frustrado de ostentar ficam evidentes, em todo o seu ridículo, quando ele se lastima à Dona Glória. Declara-se pronto a cometer suicídio, por não suportar a humilhação decorrente da perda de um cargo "temporário"—não admitia a vergonha de descer na escala social, retornando com a família ao patamar dos remediados.

No capítulo 52, "O velho Pádua," o pai de Capitu, vai à casa dos Santiagos despedir-se de Bentinho, às vésperas da ida deste para o seminário. Talvez julgando haver o dedo de José Dias no cumprimento da promessa de Dona Glória, que destinara o filho à vida eclesiástica, Pádua assegura a grande estima de sua família pelo rapaz e menciona possíveis intrigas, cuja autoria acaba imputando, sem maiores sutilezas, ao agregado. Busca mostrar-se econômica e moralmente superior ao inimigo, embora menos bem-sucedido em seus propósitos: "Não, eu não sou como outros, certos parasitas, vindos de fora para desunião das famílias, aduladores baixos, não; eu sou de outra espécie; não vivo papando os jantares nem morando em casa alheia... Enfim, são os mais felizes!" (141).

Finda a esperança de que o namoro entre a filha e Bentinho prosperasse em casamento, Pádua agarra-se à possibilidade de laços postiços, extraoficiais, entre sua família e Bentinho. Não podendo ser sogro, propõe ao jovem Santiago outra associação, sem deixar de reconhecer prudentemente sua inferioridade social: "—Mas, como ia dizendo, se algum dia perder os seus parentes, pode contar com a nossa companhia. *Não é suficiente em importância,* mas a afeição é imensa, creia. *Padre que seja,* a nossa casa está às suas ordens" (141–42; itálicos nossos).

Pobres em dinheiro e prestígio, os Páduas ofereceriam a compensação da riqueza afetiva. Para quem sempre acalentou o sonho da ascensão social, o ingresso de Bentinho no seminário é um duro golpe: "Tinha os olhos úmidos deveras; levava a cara dos desenganados, como quem empregou em um só bilhete todas as suas economias de esperanças, e vê sair branco o maldito número, —um número tão bonito!" (142).

Nada tem de inocente essa comparação com o apostador que investe tudo de que dispõe num bilhete lotérico, quantia expressa pela metáfora "todas as suas economias de esperanças," em que o sentimento subjetivo de confiar na realização de um desejo ganha materialidade de moeda, graças ao uso do plural "economias." O segundo plural "esperanças" apenas reitera tal concretude. Mediante a comparação e a metáfora monetárias, o narrador desqualifica a afeição propalada pelo pai de Capitu, porque, nesse caso, a esperança de tirar a sorte grande pode ter um óbvio sentido pecuniário. Daí a "beleza" do número do bilhete, tão bonito como o sonhado casamento com Bentinho ou como o próprio noivo potencial, cuja formosura é assinalada mais de uma vez.[4] Antes, cabe lembrar, a atitude interesseira de Pádua só havia sido apontada por José Dias.[5] Aqui, o próprio narrador endossa o diagnóstico do agregado. Reduzindo o afeto à conveniência, aviltando o pai de seu eterno objeto de amor e ódio, Dom Casmurro atinge também Capitu. Se a fruta já estava dentro da casca, se a Capitu adulta já estava na Capitu menina, aqui é sugerido precisamente se não um traço hereditário, ao menos um modelo familiar de comportamento, a influência do ambiente em que fora educada. E os maus exemplos domésticos não se limitam à figura paterna. Sugestão semelhante, embora mais sutil, também é feita em relação à mãe. No capítulo 34, "Sou homem!," Dona Fortunata entra na sala onde Capitu e Bentinho tinham acabado de dar seu primeiro beijo, na famosa cena do penteado. Uma vez que passos no corredor tinham anunciado a aproximação da mãe, Capitu, já recomposta e sem o menor embaraço, mostra-se até capaz de zombar da inabilidade de Bentinho como cabeleireiro. Igualmente inábil em disfarçar sua comoção, o adolescente permanece mudo diante de ambas. Ao narrar o episódio, Dom Casmurro, bem mais versado, não deixa de realçar o contraste entre a perturbação, a imperícia de Bentinho e a desenvoltura, o talento dissimulador de Capitu, que não faria mais do que seguir o exemplo materno. Eis como o narrador descreve a reação de Dona Fortunata às explicações da jovem sobre o que ali se passara em sua ausência: "Olhava com ternura para mim e para ela. Depois, parece-me que desconfiou. Vendo-me calado, enfiado, cosido à parede, achou talvez que houvera entre nós algo mais que penteado, e sorriu *por dissimulação*..." (116; itálicos nossos).

BLUMA WADDINGTON VILAR

Tal mãe, tal filha. Seja herdada, seja copiada, a capacidade de autocontrole e dissimulação é a característica que o narrador procura sublinhar em Capitu, nem sempre de maneira negativa à primeira vista, embora, ao atribuir-lhe essa feição precoce, esteja preparando a futura acusação de adultério, que partirá dessa premissa do fingimento, entre outras. É inevitável lembrar a célebre advertência do pai de Desdêmona a Otelo, quando descobre que a filha casou sem seu consentimento: "Abre teus olhos, Mouro, e sê bem cauteloso: Se ela enganou o pai, pode enganar o esposo" (Shakespeare, *Otelo* 63). Ou seja, se Capitu dissimulava em menina, que dirá depois de adulta e experiente. Aliás, no capítulo 32, anterior ao do primeiro beijo e no qual o narrador formula a célebre metáfora dos "olhos de ressaca," Bentinho fita Capitu justamente para ver se ela possuía mesmo "olhos de cigana oblíqua e dissimulada," como afirmara José Dias.

Passemos então à "situação onírica," que inclui um bilhete de loteria, e à "metáfora da sorte grande," presentes no capítulo 63, "Metades de um sonho." Esse sonho é efeito do segundo abalo que sofreu o amor de Bentinho por Capitu, com a maldosa resposta de José Dias, futuro Iago arrependido, à indagação do jovem seminarista sobre a moça: "Aquilo enquanto não pegar um peralta da vizinhança que case com ela..." Desperta assim em Bentinho "um sentimento cruel e desconhecido, o puro ciúme" (*Dom Casmurro* 157), segundo identifica o próprio narrador. Vamos ao sonho:

Quanto ao sonho foi isto. Como estivesse a espiar os peraltas da vizinhança, vi um destes que conversava com a minha amiga ao pé da janela. Corri ao lugar, ele fugiu; avancei para Capitu, mas não estava só, tinha o pai ao pé de si, enxugando os olhos e mirando um triste bilhete de loteria. Não me parecendo isto claro, ia pedir a explicação, quando ele de si mesmo a deu; o peralta fora levar-lhe a lista dos prêmios da loteria, e *o bilhete saíra branco.* Tinha o número 4004. Disse-me que esta *simetria* de algarismos era misteriosa e bela, e provavelmente a roda andara mal; *era impossível que não devesse ter a sorte grande.* Enquanto ele falava, *Capitu dava-me com os olhos todas as sortes grandes e pequenas.* A maior destas devia ser dada com a boca. E aqui entra a segunda parte do sonho. Pádua desapareceu, como as suas 'esperanças do bilhete,' Capitu inclinou-se para fora, eu relanceei os olhos pela rua, estava deserta. Peguei-lhe nas mãos, resmunguei não sei que palavras, e acordei sozinho no dormitório. (159; itálicos nossos)

Ao contrário do casal Santiago—os "dois bem casados de outrora, os bem--amados, os bem-aventurados, que se foram desta para a outra vida, continuar um *sonho* provavelmente" (76; itálico nosso)—, ao menos na visão de Dom Casmurro, o casal Bentinho-Capitu não teve a mesma felicidade. Fadado a terminar, seu sonho amoroso é interrompido a primeira vez pela ida do rapaz para o seminário, conforme decidira sua mãe numa promessa, deliberadamente relembrada por José Dias e cujo cumprimento o agregado a princípio incentiva. No sonho, o ciúme se manifesta, mas não o impede de viver um breve idílio com Capitu. Esse colóquio amoroso, exclusivamente visual, promete outro mais próximo e palatável: "Enquanto ele falava, Capitu dava-me com os olhos todas as sortes grandes e pequenas. A maior destas devia ser dada com a boca." Mas o sonho bruscamente se interrompe, e Bentinho não obtém o prêmio maior do beijo, embora já segurasse as mãos de Capitu nas suas e estivessem sós. Essa interrupção tanto repetiria, no plano onírico, o obstáculo provisório da ida para o seminário quanto prefiguraria o fracasso definitivo da relação do casal algum tempo depois do casamento, quando o ciúme se converte em obstáculo intransponível, capaz de envenenar o amor e inviabilizar a vida conjugal. Coincidentemente, no livro, os casamentos felizes ou bem-sucedidos, ao menos do ponto de vista funcional, são aqueles em que não há assimetria socioeconômica entre os esposos, são casamentos entre pares nesse sentido particular. Nessa categoria, estariam o casal Santiago, o casal Pádua, como vimos, e, por fim, o casal Escobar. A simetria acha-se apenas no número do bilhete sonhado, 4004, não na realidade social de Bento e Capitu. Quando o sonho acaba, restam os fatos e também os equívocos reais. A simetria inexistente no plano socioeconômico na verdade poderia ser apontada no modo como se inicia e se encerra a relação amorosa dos protagonistas. Nesse caso, porém, não se trata de uma circunstância propícia à harmonia do casal, cuja relação começaria não num duo, mas sim num quarteto—Capitu-Bentinho-Dona Glória-José Dias—, e chegaria ao fim noutro quarteto, Bentinho-Capitu-Escobar-Ezequiel, talvez menos objetivo que o primeiro, exceto para Dom Casmurro.[6]

A pobreza cantada num pregão

No capítulo 18, "Um plano," quando Bentinho enfim comunica a Capitu que entrará no seminário, sucede um episódio significativo com um vendedor ambulante de cocadas. O preto que as apregoava oferece a mercadoria a Capitu, esta recusa e manda-o embora. Bentinho ainda assim compra duas, mas termina por comê-las sozinho:

Vi que em meio da crise, eu conservava um canto para as cocadas [...]; a minha amiga, apesar de equilibrada e lúcida, não quis saber de doce, e gostava muito de doce. Ao contrário, o pregão que o preto foi cantando, o pregão das velhas tardes, tão sabido do bairro e da nossa infância:

Chora, menina, chora

Chora, porque não tem

   Vintém,

a modo que lhe deixara uma impressão aborrecida. Da toada não era; ela a sabia de cor e de longe, usava repeti-la nos nossos jogos da puerícia, rindo, saltando, trocando os papéis comigo, ora vendendo, ora comprando um doce ausente. Creio que a letra, destinada a picar a vaidade das crianças, foi que a enojou agora, porque logo depois me disse:

—Se eu fosse rica, você fugia, metia-se no paquete e ia para a Europa. (*Dom Casmurro* 93–94)

Mais uma vez, enfatiza-se a assimetria social entre a família Pádua e a família Santiago, e a consciência que tem Capitu dessa inferioridade socioeconômica e suas implicações. O episódio ecoa o fim do capítulo 52, quando Pádua, ao despedir-se do futuro seminarista, aparenta uma tristeza que o narrador maliciosamente associa (pois não o faz de forma direta como José Dias, preferindo a linguagem metafórica) à desilusão de perder a única chance de conseguir um genro rico, para sempre desperdiçado no sacerdócio. Apesar do descontrole e da franqueza de sua reação inicial à notícia, quando se enfurece contra Dona Glória, a quem chama de "beata," "carola" e "papa-missas" (91), Capitu é bem mais controlada, inteligente e hábil que o pai. Não chora, mas fica contrariada em ver sua situação pessoal descrita num pregão, desde a infância tão familiar, tão conhecido no bairro. A inesperada semelhança expõe de forma crua e dolorosa sua condição social e sua impotência para mudá-la: para escapar às limitações materiais, culturais, sentimentais e morais por ela implicadas. Naquele momento, a oportunidade de mudança, isto é, a possibilidade de ascensão social pelo casamento, estava seriamente ameaçada.

É revelador o modo como Capitu se mostra inconformada com a resolução de Dona Glória de mandar Bentinho para o seminário e com sua própria situação: "—Se eu fosse rica, você fugia, metia-se no paquete e ia para a Europa." Capitu não diz "nós fugíamos," mas "você fugia." É possível entender esse uso do "você" em lugar do "nós" como um sinal de desprendimento, de amor altruísta, pois, na ausência de uma vocação religiosa, o fundamental seria livrar Bentinho da carreira eclesiástica. No entanto, também é possível interpretá-lo de modo essencialmente egoísta, já que a riqueza, além de poder financiar a fuga para a Europa, permitiria a Capitu dispensar orgulhosamente o casamento com um noivo rico. Nessa última hipótese, ela preferiria vingar--se da mãe de Bentinho, mediante o afastamento geográfico do filho, em vez de roubá-lo à rival casando-se com ele, ou seja, roubá-lo por intermédio da mesma Igreja a que recorrera Dona Glória para tirá-lo dela. Nesse caso, abrir mão do matrimônio com Bentinho significaria que superar sua frágil e precária condição de classe é mais importante que viver o amor pelo amigo de infância. Se Capitu fosse rica, isto é, se fosse um excelente partido, esse amor talvez não passasse de uma grande afeição, uma vez que ela teria outros pretendentes, tão ou mais cultos e endinheirados que o filho de Dona Glória. Enfim, o eleito seria de fato uma escolha, não a única salvação.[7]

No tocante à temática do dinheiro e das circunstâncias e interesses econômicos, cumpre mencionar o ensaio "*Dom Casmurro* e os farrapos de textos," de Wellington de Almeida Santos, no qual o autor estuda "aspectos da microestrutura narrativa," em "três áreas semânticas distintas (*status* social, erotismo e religião)."[8] Almeida Santos comenta o episódio do vendedor de cocadas e observa que a toada do pregão atravessa toda a vida de Bento Santiago——"infância, adolescência, maturidade e a própria velhice de Dom Casmurro." O autor discute as repetidas referências ao pregão nos capítulos 60, "Querido opúsculo," 110, "Rasgos da infância," e 114, "Em que se explica o explicado." Desse último capítulo serão analisadas mais adiante duas passagens cujas metáforas econômicas importa ressaltar.

Ezequiel, herdeiro de...

Por ora, examinemos o capítulo 110, dedicado a episódios da infância de Ezequiel, ou seja, da vida dos protagonistas já casados e pais de um menino de cinco anos. Nesse capítulo, o narrador já demonstra a tendência a associar comportamentos e características do filho à mãe e a seu amigo Escobar, realçando exclusivamente semelhanças entre os três. Vejamos o segundo parágrafo do capítulo:

> Aos cinco e seis anos, Ezequiel não parecia desmentir os meus sonhos da Praia da
> Glória; ao contrário, adivinhavam-se nele todas as vocações possíveis, desde vadio
> até apóstolo. *Vadio* é aqui posto no bom sentido, no sentido de *homem que pensa
> e cala; metia-se às vezes consigo, e nisto fazia lembrar a mãe, desde pequena.* Assim
> também, agitava-se todo e instava por ir persuadir às vizinhas que os doces que

eu lhe trazia eram doces deveras; não o fazia antes de farto deles, mas também os apóstolos não levam a boa doutrina senão depois de a terem toda no coração. Escobar, *bom negociante*, opinava que a causa principal *desta outra inclinação*, talvez fosse *convidar implicitamente as vizinhas a igual apostolado*, quando os pais lhe trouxessem doces; e ria-se da própria graça, e anunciava-me que o faria *seu sócio*. (*Dom Casmurro* 217; itálicos nossos)

No leque de inclinações do filho, o narrador identifica a vocação para "vadio," num extremo, e para "apóstolo," no outro. "Vadio" é termo cujas acepções são quase todas *negativas*, excetuando-se talvez aquela em que é sinônimo de "vagabundo," no sentido de indivíduo "que leva uma vida errante; que vagueia," como registra o dicionário *Aurélio* (1999). No entanto, até esse nomadismo pode ter conotações reprováveis, se pensarmos em indivíduos, grupos ou povos itinerantes, como os ciganos, e na reputação geralmente associada a eles. Na época de Machado, a palavra podia não ter caráter tão pejorativo quanto possui hoje, mas era obviamente depreciativa. Do contrário, não se justificaria a especificação: "Vadio é aqui posto no bom sentido, no sentido de homem que pensa e cala." Se bom sentido há, decerto não é este, inventado pelo narrador—aliás, muito semelhante ao que já inventara para o termo "casmurro," no primeiro capítulo, no qual explica o título do livro: "Não consultes dicionários. *Casmurro* não está aqui no sentido que eles lhe dão, mas no que lhe pôs o vulgo de homem calado e metido consigo."[9]

Mas, se reconhece ter "hábitos reclusos e calados," que desagradam aos vizinhos, responsáveis por ter dado curso à alcunha de "Dom Casmurro," por que apontar, nessa atitude de "meter-se consigo," uma semelhança apenas com a mãe? Talvez porque, além do hábito de ensimesmar-se, refletir, que o ócio do "vadio" permitiria cultivar, estão em jogo as verdadeiras acepções do termo. Se considerarmos "vadio" o indivíduo entregue à "vadiagem," estaremos falando de uma contravenção penal no vocabulário jurídico brasileiro contemporâneo. Sem esquecer correlatos indesejáveis como "cigano," no sentido figurado de "indivíduo boêmio, erradio, de vida incerta" (*Aurélio*) e nos usos pejorativos de "aquele que trapaceia; velhaco, burlador" e "aquele que faz barganha, que é apegado ao dinheiro; agiota, sovina" (*Houaiss*). Nessa passagem, então, o narrador teria encontrado uma forma oblíqua e dissimulada de repisar a definição que deu José Dias dos olhos e do caráter supostamente traiçoeiro de Capitu. E não só pela via indireta do termo "vadio." Até quando parece designar o ato da reflexão, também está aludindo à dissimulação.

Afinal, quem "pensa" a respeito de algum assunto e "cala" sua opinião, com silêncio ou palavras, não está dissimulando? Aí residiria a diferença entre a fórmula com que descreve a si mesmo—"homem calado e metido consigo"—e a fórmula utilizada para definir Ezequiel—"homem que pensa e cala," fórmula aplicável também a Escobar e Capitu, pois a reflexão, aqui desvirtuada em fingimento e logro, é característica creditada a ambos pelo narrador. Em suma, a primeira formulação seria moralmente neutra, por assim dizer, limitando-se ao ensimesmamento; já a segunda se revelaria ambígua, equívoca, astuciosa.

No extremo oposto ao do "vadio" no arco das vocações de Ezequiel, o narrador situa o apóstolo. Claro, se o "vadio" é o que "pensa e cala," o apóstolo é o que crê e fala. Fala para defender a causa em que crê, seja a difusão da palavra de Deus, da fé cristã, como no caso dos doze discípulos, seja qualquer outra causa, inclusive a sua própria, o interesse pessoal e, em princípio, intransferível—ao menos até persuadir outros de que também têm a ganhar em favorecer o apóstolo, ainda que na realidade não tenham, ou que se trate de uma troca de favores, que acabará por beneficiar tanto ao pregador quanto aos que lhe derem ouvidos. Assim, o narrador conta em tom blasfematório o empenho do filho em convencer as vizinhas a provar os doces trazidos pelo pai, uma vez que já se fartara de tanto comê-los, e, desse modo, daria a eles uma utilidade, fazendo-os render: serviriam para "convidar as vizinhas a igual apostolado" e realizar o milagre da multiplicação das guloseimas. Blasfêmias à parte, como "bom negociante," Escobar logo reconheceu o talento mercantil de Ezequiel e, com bom humor, declarou-se disposto a oferecer-lhe sociedade nos negócios. O tino comercial seria mais uma semelhança entre o filho e o melhor amigo.

Dessa maneira, o narrador-protagonista afasta habilmente as afinidades entre ele e Ezequiel que tanto o pólo do vadio quanto o do apóstolo poderiam sugerir. Recordemos o pecado capital por ele admitido no capítulo 20, vício assegurado sem maiores restrições apenas a membros da abençoada elite proprietária, como Bento Santiago: "Mas vão lá matar a preguiça de uma alma que a trazia do berço e não a sentia atenuada pela vida!" (*Dom Casmurro* 96). Salvo engano, aqui se afirma, entre outras coisas, uma vocação para vadio. Recordemos, por outro lado, o treinamento precoce para o sacerdócio católico, ainda que pouco ortodoxo, a ponto de incluir outro pecado capital e largas doses de profanação:

> Em casa, brincava de missa, —um tanto às escondidas, porque minha mãe dizia que missa não era cousa de brincadeira. Arranjávamos um altar, Capitu e eu. Ela

servia de sacristão, e alterávamos o ritual, no sentido de dividirmos a hóstia entre nós; a hóstia era sempre um doce. No tempo em que brincávamos assim, era muito comum ouvir à minha vizinha: 'Hoje há missa?' Eu já sabia o que isto queria dizer, respondia afirmativamente, e ia pedir hóstia por outro nome. Voltava com ela, arranjávamos o altar, engrolávamos o latim e precipitávamos as cerimônias. *Dominus, non sum dignus...* Isto, que eu devia dizer três vezes, penso que só dizia uma, tal era a gulodice do padre e do sacristão. Não bebíamos vinho nem água; não tínhamos o primeiro, e a segunda viria tirar-nos o gosto do sacrifício. (81)

Ainda no capítulo 110, é preciso assinalar a exortação de Bento a Capitu: quer que ela toque para Ezequiel ao piano o pregão do vendedor de cocadas de Matacavalos. Capitu havia esquecido a toada, não guardara a melodia nem as palavras. Bento tampouco. Mas, como um professor de música em São Paulo fizera-lhe o obséquio de transcrevê-la, recorreu a esse registro, e Capitu pôde mostrar a toada ao filho: "Capitu achou à toada um sabor particular, *quase delicioso*; contou ao filho a história do pregão, e assim o cantava e teclava. Ezequiel aproveitou a música para 'pedir-me que desmentisse o texto dando-lhe algum dinheiro" (218; itálicos nossos).

Se a reação de Capitu foi nessa circunstância bem diversa da narrada no capítulo 18, não é difícil deduzir o motivo. "Livre da ameaça de pobreza," como anota Almeida Santos (119), Capitu pôde não só tocá-la e cantá-la, mas também apreciá-la, achar-lhe um sabor "quase delicioso," em vez do gosto amargo da adolescência. Ao pedir ao pai que "desmentisse o texto dando--lhe algum dinheiro," Ezequiel repete a Capitu adolescente. Nessa "reedição," contudo, Bento de fato corrige, desmente o texto, atendendo ao pedido, correspondendo à expectativa, ao desejo do filho, um filho que, segundo ele mesmo diz no começo do capítulo, "não parecia *desmentir* os [s]eus sonhos da praia da Glória" (*Dom Casmurro* 217; itálico nosso). Ao menos até ali.

Ainda no tocante à condição social de Capitu, Almeida Santos chama atenção para a insistência do narrador-protagonista em registrar com minúcia, em diversas ocasiões, detalhes da indumentária, dos cuidados com o corpo e a aparência, especificando acessórios e produtos utilizados pela adolescente. Eis o que diz o ensaísta ao citar e comentar tais passagens dos capítulos 32, "Olhos de ressaca," 33, "O penteado," 39, "A vocação" e 13, "Capitu," nessa ordem:

No capítulo em que narra o encontro que culmina com o primeiro beijo, o narrador não deixa de ver 'um espelhinho de pataca (perdoai a barateza) comprado a um mascate italiano, moldura tosca, argolinha de latão' pendurado na parede da sala de Capitu. Observe-se que Dom Casmurro desculpa-se pela modéstia do 'espelhinho de pataca,' e não pela indiscrição de exibi-lo publicamente. Diante desse pobre espelhinho, Bentinho penteará Capitu, numa das cenas mais carregadas de erotismo de todo o livro, o que não impede o narrador de informar ao leitor que, para atar as duas tranças, havia em cima da mesa, 'um triste pedaço de fita enxovalhada.'

Quando Capitu vai cumprimentar o padre Cabral pelo título recebido (protonotário apostólico), o narrador não deixa de anotar que ela 'trazia um vestidinho melhor e sapatos de sair', pois se tratava de uma ocasião especial.

Encerremos esta parte com a mais ampla e minuciosa descrição do corpo e dos trajes de Capitu. Dom Casmurro demora-se extasiado na contemplação [...] daquela figura tão humilde, mas tão sensual [...]:

Não podia tirar os olhos daquela criatura de quatorze anos, alta, forte e cheia, apertada em um vestido de chita, meio desbotado. Os cabelos grossos, feitos em duas tranças, com as pontas atadas uma à outra, à moda do tempo, desciam-lhe pelas costas. Morena, olhos claros e grandes, nariz reto e comprido, tinha a boca fina e o queixo largo. As mãos , a despeito de alguns ofícios rudes, eram curadas com amor; não cheiravam a sabões finos nem águas de toucador, mas com água do poço e sabão comum trazia-as sem mácula. Calçava sapatos de duraque, rasos e velhos, a que ela mesma dera alguns pontos. (119)

Dessa descrição, Almeida Santos conclui primeiramente que, embora o narrador afirme o contrário no capítulo 59, "Convivas de boa memória," sua memória não só é boa, como é capaz de, passados mais de quarenta anos, reconstituir em detalhes precisos tanto as feições e o porte da namorada quanto aspectos ligados a sua condição social, índices de sua pobreza. "A outra conclusão," acrescenta ele, "refere-se à insistência com que Dom Casmurro introduz, mesmo recordando momentos de intensa emoção vividos por Bentinho, notações relevantes sobre a situação econômica de Capitu" (120). Apesar de consciente das diferenças sociais entre ambos, ele não teria resistido à sedução da moça, segundo o crítico. A repetição dessas referências à condição social de Capitu evidenciaria não apenas a consciência que o protagonista tinha da assimetria entre eles e a importância por ele atribuída a esse fato, mas também o objetivo do narrador em repisá-lo, sobretudo se este admite, como faz no capítulo 31, "As curiosidades de Capitu," que a reiteração é um recurso eficaz no convencimento do leitor: "Há conceitos que se devem incutir na alma do leitor, à força de repetição" (*Dom Casmurro* 111). Desse modo, o narrador vai sugerindo uma contaminação do relacionamento amoroso entre os dois pelo presumido interesse de ascensão social da parte de Capitu. Tornando uma coisa indissociável da outra, esse narrador casmurro revela ao mesmo tempo seu "parti pris," a desconfiança que desde sempre moldou sua visão.

Em *The Brazilian Othello of Machado de Assis: A Study of* Dom Casmurro (1960), Helen Caldwell vê em Bento Santiago uma fusão das personagens shakespearianas de Otelo e Iago, ou seja, um Otelo que é Iago de si mesmo,[10] e comenta, no segundo capítulo do livro, o tema do dinheiro e a forma como esse tema se apresenta, sua expressão lingüística, no romance em questão.[11] Diz a autora no início de sua breve e pioneira análise:

> Não é somente a Escobar que Santiago atribui um excessivo interesse em dinheiro, mas também a Capitu, com sua pérola de César e as dez libras esterlinas, Pádua, José Dias e talvez até a prima Justina. Mas, e quanto a Santiago?
>
> Iago acusa Cássio de 'calculista,' quando na verdade é ele, Iago, que coloca as jóias de Rodrigo na própria bolsa. As falas de Iago aludem constantemente ao assunto dinheiro. Da mesma forma, Santiago, além de suspeitar que todos têm um olho na fortuna de sua família, está sempre falando de dinheiro. Ele reduz a relação mais sagrada entre Deus e o homem ao calão dos negócios financeiros— comprar, vender, emprestar, ganhar na loteria. Ainda em tenra idade, começa a comprar favores celestes usando orações como moeda [...]. (36–37)

Santiago se importa, sim, com dinheiro, conclui Caldwell, embora só atribua tal preocupação aos outros. E a ensaísta americana lembra a passagem do capítulo 108, "Um filho," na qual o narrador procura contrapor o pragmatismo de Escobar, para dizer o mínimo, a seu suposto idealismo, sua falta de objetividade: "[...] descíamos à praia ou ao Passeio Público, fazendo ele os seus cálculos, eu os meus sonhos" (*Dom Casmurro* 215). Aliás, atribuir apenas ao outro modos de ver, sentir e agir que também lhe são próprios é característico desse narrador casmurro. Ele assim o faz não só em relação ao interesse pecuniário, mas também em relação à curiosidade, ao ensimesmamento e à tríade cálculo, dissimulação, malícia.

Um caloteiro devoto e seu déficit moral

Há em *Dom Casmurro* um expressivo conjunto de metáforas econômicas aplicadas à esfera religiosa: o narrador-protagonista descreve a relação do indivíduo com Deus como relação de dívida. Além de criador, Deus Pai é credor.

E nós, criaturas devedoras por excelência. Entre as várias formas de endivida-
mento possíveis, Dom Casmurro enfatiza de maneira cômica e profanadora a
dívida com o céu, ou seja, com o Credor maior e definitivo. Passemos então à
análise de algumas dessas metáforas pouco católicas no tratamento da matéria
religiosa, mais matéria que espírito, conforme veremos.

O capítulo 20, "Mil padre-nossos e mil ave-marias," mostra clara e exemplarmente em que termos se dá a relação de Bentinho com Deus. Por ser
composto de uma sucessão de metáforas pecuniárias articuladas entre si, vai
aqui transcrito na íntegra:

> Levantei os olhos ao céu, que começava a embruscar-se, mas não foi para vê-lo
> coberto ou descoberto. Era ao outro céu que eu erguia a minha alma; era ao meu
> refúgio, ao meu amigo. E então disse de mim para mim:
>
> —*Prometo rezar mil padre-nossos e mil ave-marias, se José Dias arranjar que eu
> não vá para o seminário.*
>
> A *soma* era enorme. A razão é que eu andava *carregado de promessas não
> cumpridas.* A última foi de duzentos padre-nossos e duzentas ave-marias, se não
> chovesse em certa tarde de passeio a Santa Teresa. Não choveu, mas eu não rezei as
> orações. Desde pequenino acostumara-me a pedir ao céu os seus *favores, mediante
> orações* que diria, se eles viessem. Disse as primeiras, as outras foram *adiadas,* e à
> medida que se amontoavam iam sendo esquecidas. Assim cheguei aos números
> vinte, trinta, cinqüenta. Entrei nas centenas e agora no milhar. Era *um modo de
> peitar a vontade divina pela quantia das orações;* além disso, cada *promessa nova* era
> feita e jurada no sentido de *pagar a dívida antiga.* Mas vão lá matar a preguiça de
> uma alma que a trazia do berço e não a sentia atenuada pela vida! O céu fazia-me
> o *favor, eu adiava a paga.* Afinal *perdi-me nas contas.*
>
> —Mil, mil, repeti comigo.
>
> Realmente, a matéria do benefício era agora imensa, não menos que a salvação
> ou o naufrágio da minha existência inteira. Mil, mil, mil. Era preciso *uma soma
> que pagasse os atrasados todos.* Deus podia muito bem, irritado com os esqueci-
> mentos, negar-se a ouvir-me *sem muito dinheiro...* Homem grave, é possível que
> estas agitações de menino te enfadem, se é que não as achas ridículas. *Sublimes
> não eram.* Cogitei muito no modo de *resgatar a dívida espiritual.* Não achava outra
> espécie em que, mediante a intenção, tudo se cumprisse, *fechando a escrituração da
> minha consciência moral sem deficit.* Mandar dizer cem missas, ou subir de joelhos a
> ladeira da Glória para ouvir uma, ir à Terra Santa, tudo o que as velhas escravas me
> contavam de promessas célebres, tudo me acudia sem se fixar de vez no espírito.

Era *muito duro* subir uma ladeira de joelhos; devia *feri-los* por força. A Terra Santa ficava muito longe. As missas eram numerosas, podiam *empenhar-me* outra vez a alma... (*Dom Casmurro* 96–97; itálicos nossos)

O capítulo principia com uma ação objetiva—o ato de olhar para o céu, que começava a ficar sombrio, coberto por nuvens escuras. Esse gesto sinaliza outro menos aparente e palpável: Bentinho não levanta somente os olhos ao céu concreto, *ergue* também a alma "ao outro céu." O verbo erguer é o primeiro de uma série de termos designativos de ações, realidades ou características concretas, que são aplicados a objetos abstratos nesse capítulo. E, ao erguer a alma ao outro céu, ao "amigo" que julga ter em Deus, não Lhe faz um simples pedido, faz uma *promessa*, isto é, pede oferecendo uma contrapartida, propõe a Ele uma *troca*. Nesse sentido, toda promessa religiosa tem uma dimensão mercantil. E, nesse comércio com Deus, o mais freqüente talvez seja solicitar benefícios concretos, em troca de atos não menos tangíveis, como "[m]andar dizer cem missas," "subir de joelhos a ladeira da Glória para ouvir uma, ir à Terra Santa." Bentinho prefere algo menos público e espetacular——"rezar mil padre-nossos e mil ave-marias," mas tal preferência não se deve à modéstia ou a qualquer outro motivo nobre. Suas razões são de natureza física—subir uma ladeira de joelhos fere o corpo—e econômica—ir à distante Terra Santa ou mandar rezar cem missas ferem o bolso, o adolescente não teria como viajar sem a autorização da mãe nem como pagar as despesas de uma viagem ou de missas encomendadas sem o custeio materno. Ainda que já fosse dono do próprio nariz e do próprio dinheiro, haveria outro obstáculo: segundo confessa o narrador-protagonista, seu pecado capital não é a avareza, mas sim a preguiça.

No conto "Entre santos," publicado na *Gazeta de Notícias* (1886) e mais tarde recolhido em *Várias histórias* (1895), é que se trata de "*conciliar a devoção com a algibeira*" (Assis, "Entre santos" 72; itálicos nossos): ali a avareza leva à opção por esse tipo de promessa que é pago em orações. Nesse conto, então, o "usurário e avaro" Sales pede a São Francisco que salve a vida de sua mulher, cuja infecção, "uma erisipela na perna esquerda" (70), só se agravava. Para assegurar a graça, não quer se limitar a pedir e primeiro lhe ocorre prometer ao santo uma perna de cera, caso ele interceda junto a Deus pela esposa doente:

—Quando pensou em vir pedir-me que intercedesse pela vida da esposa, Sales teve *uma idéia específica de usurário, a de prometer-me uma perna de cera*. Não foi o crente, que simboliza desta maneira a lembrança do benefício; foi o usurário que pensou em *forçar a graça divina pela expectação do lucro*. E não foi só a usura que falou, mas também *a avareza*; porque em verdade, dispondo-se à promessa, mostrava ele querer deveras a vida da mulher—intuição de avaro; —*despender é documentar. só se quer de coração aquilo que se paga a dinheiro*, disse-lho a consciência pela mesma boca escura. Sabeis que pensamentos tais não se formulam como outros, nascem das entranhas do caráter e ficam na penumbra da consciência. Mas eu li tudo nele logo que aqui entrou [...]. (72; itálicos nossos)

Na passagem acima, Sales atribui ao próprio São Francisco um amor ao lucro semelhante ao seu, talvez porque, para o muquirana, este seja o motor da humanidade, até mesmo de sua parcela canonizada. Semelhança existe antes entre o intuito dessa personagem de "forçar a graça divina pela expectação do lucro" e a intenção do menino Bentinho de "peitar a vontade divina pela quantia das orações." O verbo "peitar" ainda acentua o sentido degradante já presente na promessa imaginada por Sales. Não custa recordar a acepção desse verbo aqui tornada blasfematória: "dar uma coisa (bem, valia, dinheiro etc.) para que se faça outra, ilícita; subornar com peita(s); corromper com dádivas etc" (*Houaiss*). Assim, em sua tentativa de subornar Deus, Bentinho superou Sales, mero corruptor de santos. A avareza do antecessor dificulta as coisas:

Prestes a formular *o pedido e a promessa não achava palavras idôneas, nem aproximativas, nem sequer dúbias*, não achava nada, *tão longo era o descostume de dar alguma coisa. Afinal saiu o pedido*; a mulher ia morrer, ele rogava-me que a salvasse, que pedisse por ela ao Senhor. *A promessa, porém, é que não acabava de sair*. No momento em que a boca ia articular a primeira palavra, a garra da avareza mordia-lhe as entranhas e não deixava sair nada. Que a salvasse... que intercedesse por ela... ("Entre santos" 73; itálicos nossos)

Sales chega a ter uma alucinação na qual vê a perna de cera e "a moeda que ela havia de custar." Depois só enxerga a moeda de ouro, "*redonda, luzidia,*" girando e se deslocando tão rápido a ponto de parecer que, como a meia-dobra achada por Brás, "*multiplicava-se a si mesma*" (73; itálicos nossos); com uma diferença—em *Memórias póstumas*, a multiplicação simboliza lucro, um lucro moral; no conto, representa despesa, uma despesa material.

Ao fim, Sales consegue passar do pedido à promessa, uma vez que esta não implicará gastos concretos:

Aqui o demônio da avareza sugeria-lhe uma transação nova, uma troca de espécie, dizendo-lhe que *o valor da oração era superfino e muito mais excelso que o das obras terrenas.* E o Sales, curvo, contrito, com as mãos postas, o olhar submisso, desamparado, resignado, pedia-me que lhe salvasse a mulher. Que lhe salvasse a mulher, e prometia-me trezentos, —não menos, —trezentos padre-nossos e trezentas ave--marias. E repetia enfático: trezentos, trezentas, trezentos... Foi subindo, chegou a quinhentos, a mil padre-nossos e mil ave-marias. Não via essa *soma* escrita por letras do alfabeto, mas *em algarismos,* como se ficasse assim mais viva, mais exata, e a obrigação maior, e *maior também a sedução.* [...] [A] palavra saía-lhe mais rápida, impetuosa, já falada, mil, mil, mil, mil... (74; itálicos nossos)

Dessa forma, Sales entra num leilão consigo mesmo pela vida da mulher e chega a fazer um lance de duas mil orações. Mas voltemos ao romance. Por mais espiritual que se considere a tarefa proposta por Bentinho de rezar mil padre-nossos e mil ave-marias, sua duração é objetivamente longa, e sua quantificação, assim como a da promessa de encomendar missas, necessária. Ironicamente, a tarefa de Deus é impedir, por intermédio de José Dias, a ida do rapaz para o seminário e sua conseqüente ordenação, dispensando assim um futuro servidor seu, em regime de exclusividade. Na verdade, não se tornar seminarista, que dirá padre, é bem mais que uma mudança concreta de carreira, significa a possibilidade de ser feliz com a mulher amada. No início do último parágrafo do capítulo, explicita-se o valor da graça esperada aos olhos de Bentinho: "a matéria do benefício agora era imensa, não menos que *a salvação ou o naufrágio da minha existência inteira.*" Reitera-se desse modo a correspondência entre elementos concretos e circunstâncias mais abstratas e espirituais. O céu acima das cabeças com sua promessa de chuva, e o futuro a ameaçar o dilúvio. Iria ele naufragar no celibato da carreira eclesiástica ou entrar na Arca com Capitu? Como já tinha afastado a possibilidade de chuva numa tarde de passeio, mediante a última promessa, não paga, de rezar quatrocentas orações, quem sabe não conseguiria um déficit pluviométrico domiciliar, evitando que seu projeto de vida a dois fizesse água?

No terceiro parágrafo, o narrador-protagonista comenta o total de orações afiançado na promessa: "A soma era enorme." "Soma" (substantivo que designa, entre outras coisas, o resultado de uma adição, a própria operação aritmética e uma quantia de dinheiro) é aqui o primeiro termo a aliar a concretude à idéia de contabilidade. O adjetivo "carregado" enfatiza a materialidade já sugerida por "soma." Embora a carga em questão não seja material, o particípio passado de "carregar" acentua a idéia física de peso, como circunstância ou condição característica da matéria: uma árvore carregada de frutos, por exemplo. A gravidade do problema em sentido abstrato fica assim impregnada de seu significado concreto, newtoniano. Bentinho "andava carregado de promessas não cumpridas," e seu futuro andava tão carregado quanto o céu ao qual levantou os olhos no momento da promessa. Enquanto céu e futuro prometiam chuva, Bentinho prometia preces, duas mil delas. Ele conta ter adquirido desde pequeno o hábito de recorrer a promessas de orações que diria, se obtivesse do céu os favores pedidos. Reconhece também sempre ter sido mau pagador, mais devoto do calote que do Altíssimo: "Disse as primeiras, as outras foram adiadas, e à medida que se amontoavam iam sendo esquecidas. Assim cheguei aos números vinte, trinta, cinqüenta." Repare-se o uso de um verbo como "amontoar," que imprime uma concretude espacial às orações, e note-se a enumeração de cifras específicas "vinte, trinta, cinqüenta." O trecho seguinte já deixa clara a idéia de contabilidade, além de configurar a relação entre a personagem e Deus como um *rapport* entre devedor e credor: "Entrei nas centenas e agora no milhar. Era um modo de peitar a vontade divina pela quantia das orações; além disso, cada promessa nova era feita e jurada no sentido de pagar a dívida antiga. [...] O céu fazia-me o favor, eu adiava a paga. Afinal perdi-me nas contas." "Perder-se nas contas," "adiar a paga," "promessa nova," "dívida antiga," "quantia das orações," "peitar a vontade divina"—todos esses são sintagmas que mesclam à relação com Deus o mundano, o mercantil, o pecuniário e o contábil, associando abstrato e concreto. E tanto a idéia traduzida pela palavra "promessa" quanto o próprio vocábulo circulam há tempos pelo universo econômico-jurídico, segundo atestam expressões corriqueiras como "nota promissória," "promessa de compra e venda." A promissória, aliás, não é outra coisa senão um documento escrito que registra uma dívida, concedendo ao credor ou favorecido o direito de receber aquele valor, na data ali estipulada. Na definição do *Dicionário Houaiss*, nota ou letra promissória é uma "promessa de pagamento emitida pelo devedor em favor do credor, que deverá ser cumprida no vencimento convencionado." O mesmo dicionário assim define o sentido religioso de "promessa": "oferta de pagamento futuro (em orações, sacrifícios, penitências, dinheiro, ex-votos etc.) feito a Deus, à virgem Maria ou aos santos, para obter alguma graça ou benefício; voto." O vencimento, na promessa religiosa, é logo após a obtenção da graça. Com a promessa, portanto, a graça deixa de ser de graça. E os maus pagadores, como Bentinho, sempre podem alegar que só estão restabelecendo a gratuidade da graça.

Na esfera econômica, promessa sem dúvida é dívida. Aqui, obedecendo ao ditado, promessa também vira sinônimo de dívida. Desde cedo, então, o protagonista revela-se um descumpridor de promessas, ou seja, um caloteiro. Embora não o recomende ao Banco da divina Providência, tal histórico não inibe o rapaz de fazê-las. Além da necessidade de assegurar novos pedidos a Deus por meio delas, a própria existência de promessas não cumpridas leva nosso inadimplente espiritual a assumir novos compromissos que permitam saldar os anteriores: "Era preciso uma soma que pagasse os atrasados todos." A conjetura que vem em seguida não deixa dúvida quanto à utilização da prece como meio de troca, moeda: "Deus podia muito bem, irritado com os esquecimentos, negar-se a ouvir-me *sem muito dinheiro...*" Pouco depois, vem a passagem em que a concepção de *contabilidade moral* mais se explicita: "Cogitei muito no modo de resgatar a dívida espiritual. Não achava outra espécie em que, mediante a intenção, tudo se cumprisse, fechando a escrituração da minha consciência moral sem *deficit.*" A terminologia econômica e contábil—"resgatar uma dívida," "escrituração" e *deficit*—combina-se aos termos da esfera moral e espiritual, impondo a este campo os valores, o *modus faciendi,* os códigos de funcionamento daquela outra esfera. No plano religioso, exploram-se precisamente os aspectos mais afins com o universo econômico, como o recurso da promessa, cujo caráter mercantil sobressai graças a essa vizinhança terminológica e ao contexto despudoradamente comercial em que o narrador-protagonista a insere.

Segundo o *Houaiss,* escriturar é "anotar de maneira organizada, sistemática (contas comerciais); fazer a escrituração de," além de "assumir obrigações e deveres por meio de escritura pública." Simplificadamente, "escrituração" é a contabilidade, o ato de escriturar nos livros competentes, são os próprios livros e registros contábeis. A meta declarada pelo protagonista é "fecha[r] a escrituração da [sua] consciência moral sem *deficit,*" zerar as contas. A contabilidade moral presente em *Memórias póstumas* tinha objetivo semelhante, expresso pela metáfora da "equivalência das janelas." Segundo esse princípio, "o modo de *compensar* uma janela fechada é abrir outra, a fim de que a moral possa arejar continuamente a consciência," impedindo-a de "ficar sufocada" ou, nos termos de Bento e Brás combinados, evitando seu *deficit* respiratório. A diferença reside no fato de, em *Dom Casmurro,* as questões morais envolverem diretamente a dimensão religiosa e os valores católicos. A complicação inicial da trama, vale lembrar, baseia-se na promessa da mãe devota, a fim de assegurar o nascimento do filho, de quem faria um padre se fosse varão e vingasse. "Um cochilo da fé," segundo nosso advogado, teria resolvido tudo favoravelmente a ele, "mas a fé velava com o seus grandes olhos ingênuos" (*Dom Casmurro* 179). Como bem observa Therezinha Mucci Xavier, a própria geração do protagonista e narrador do livro (ou, se quisermos ser mais precisos, sua própria existência, uma vez que a intervenção divina seria posterior à concepção) deve-se a um favor de Deus (ao menos para Dona Glória).[12] Eis um fato (ou uma hipótese) que não deixa de ter conseqüências contábeis: além de revelar-se perdulário no uso do verbo prometer, Bentinho já teria nascido endividado. Com o tempo, o vício das promessas, verdadeira compulsão, rendeu-lhe elevada "dívida espiritual." O único meio de resgatá-la, cumprindo todas as promessas pendentes, era fazer nova promessa em que "a quantia das orações igualasse ou superasse "os atrasados todos." Desse modo, "mediante a intenção," fórmula ideal para os que falham sempre na realização, o preguiçoso protagonista conseguiria fazer sua consciência moral sair do vermelho e ainda contar com o favor do céu num momento crítico.

Antes de mencionar outros capítulos ilustrativos da contabilidade moral que atravessa o romance, vejamos duas passagens relativas ao *valor monetário da intenção*, por assim dizer, e algumas outras localizadas nos mesmos capítulos. A primeira encontra-se no capítulo 67, "Um pecado," no qual Bentinho confessa ter desejado, por uma fração de segundo, a morte da mãe que adoecera gravemente: "Foi uma sugestão da luxúria e do egoísmo. A piedade filial desmaiou um instante, com a perspectiva da liberdade certa, pelo *desaparecimento da dívida e do devedor*" (*Dom Casmurro* 165). Mas a passagem referente à intenção como moeda é esta outra, no fim do capítulo:

> Então levado do remorso, usei ainda uma vez do meu velho meio das promessas espirituais, e pedi a Deus que me perdoasse e salvasse a vida de minha mãe, e eu lhe rezaria dous mil padre-nossos. Padre que me lês, perdoa este recurso; foi a última vez que o empreguei. A crise em que me achava, não menos que o costume e a fé, explica tudo. Eram mais dous mil; onde iam os antigos? Não paguei uns nem outros, mas saindo de almas cândidas e verdadeiras tais promessas são como a *moeda fiduciária*, —ainda que o devedor as não pague, valem a soma que dizem. (166)

Nessa passagem, o protagonista se mostra um irrecuperável quebrador de promessas, nem quando as faz por causas decisivas, por uma razão literalmente de vida ou morte como nesse caso, chega a cumpri-las. Daí o subterfúgio de valorizar a intenção de pagá-las, a pretensa sinceridade com que foram feitas.

BLUMA WADDINGTON VILAR

Para isso, o narrador compara as promessas descumpridas ao engenhoso instrumento econômico da moeda fiduciária, ou seja, qualquer meio de troca, qualquer meio de pagamento, moeda, em suma, "cujo valor não decorre do valor intrínseco de um lastro (p.ex., papel-moeda, moeda metálica cunhada em liga de valor inferior ao valor de face), mas do valor que lhe é atribuído pelo órgão emissor, e que é aceite como bom pelos usuários" (*Houaiss*). Não havendo um "correspondente lastro de metal precioso em poder do emitente" como garantia, a aceitação da moeda fiduciária "se baseia na confiança" (*Aurélio*), segundo o próprio adjetivo indica.

As "almas cândidas e verdadeiras" seriam emitentes confiáveis, mais que dignas de fé, e as promessas por elas "emitidas" dispensariam o cumprimento, assim como a moeda fiduciária dispensa a garantia do lastro: "[...] ainda que o devedor não as pague, valem a soma que dizem." O fato de nosso cândido devedor nunca as ter pagado não deve abalar a confiança na verdade de sua intenção de pagar, no valor dessa intenção, sempre sincera, segundo ele. Em vez de "intenção de pagar," talvez fosse mais correto dizer "intenção pagadora," pois, aos olhos de nosso sutil economista, a própria intenção já vale como pagamento. Dessa forma, o narrador inaugura a cômoda categoria das promessas religiosas que deixam a função executiva toda a cargo da outra parte, a todo-poderosa. No mundo profano, no reino das promessas civis, a incumbência assumida pode ser unilateral, não há dúvida. Mas essa unilateralidade, ao que se saiba, sempre se referiu ao lado de quem promete, não ao outro. Abolindo a reciprocidade das prestações, nosso especialista em economia espiritual eliminou a diferença entre promessa e simples pedido, ou melhor, travestiu o pedido de promessa.

Teoria dos pecados e das virtudes: a contabilidade moral
No capítulo 68, "Adiemos a virtude," o narrador explica a conduta moral dos indivíduos por uma teoria sua:

> Não só as belas ações são belas em qualquer ocasião, *como são também possíveis e prováveis*, pela *teoria que tenho dos pecados e das virtudes*, não menos simples que clara. Reduz-se a isto que cada pessoa *nasce* com *certo número* deles e delas, aliados por matrimônio *para se compensarem na vida*. Quando um de tais cônjuges é mais forte que o outro, ele só guia o indivíduo, sem que este, por não haver praticado tal virtude ou cometido tal pecado, se possa dizer isento de um ou de outro; mas

a *regra* é dar-se *a prática simultânea dos dous*, com vantagem do portador de ambos, e alguma vez com resplendor maior da terra e do céu. (*Dom Casmurro* 166; itálicos nossos)

A teoria dos pecados e das virtudes do narrador-protagonista não deixa de ser uma teoria da probabilidade. Na concepção de Dom Casmurro, a dualidade moral é inerente ao homem; somos potencialmente virtuosos e pecadores, e a imensa maioria realizará ambas as possibilidades, pois, via de regra, o que se constata é "a prática simultânea dos dois." Tal freqüência de virtudes praticadas e pecados cometidos só evidencia nossa natureza ambivalente ou, na metáfora conjugal desse capítulo, que também é *quantitativa* e *contábil,* "cada pessoa *nasce* com *certo número* deles de delas, aliados por matrimônio *para se compensarem na vida.*" Seja em nossas atitudes e ações tomadas em conjunto, seja em cada um delas isoladamente, há é um predomínio do bem ou do mal: "Quando um de tais cônjuges é mais forte que o outro, ele só guia o indivíduo." Nem por isso, alguém se pode dizer "isento" de "tal virtude" ou "tal pecado."

Recordemos o famoso capítulo 9, "A ópera," no qual o narrador resume as palavras com que um velho tenor italiano lhe apresentou sua narrativa da criação do mundo como obra tanto de Deus quanto do Diabo. Nessa versão híbrida, a criação se converte na *mise-en-scène* de uma ópera que tem Deus como libretista, o Diabo como compositor e o planeta como palco. Satanás, jovem maestro de grande talento, é expulso do conservatório do céu, por tramar uma rebelião. Vai para o inferno levando "um libreto de ópera" escrito por Deus, mas posto de lado, uma vez que "tal gênero de recreio" pareceu ao autor "impróprio da sua eternidade." Lá compõe a partitura que decide levar ao Altíssimo, movido pela vaidade de "mostrar que valia mais que os outros" e também pelo propósito de "reconciliar-se com o céu" (78). Pede ao Senhor que a emende e a faça executar. Caso Este a julgue "digna das alturas," suplica-lhe que o readmita com ela em Seu reino. Deus inicialmente se recusa a ouvir a música, mas, levado tanto pela misericórdia quanto pelo cansaço, acaba permitindo que ópera seja executada fora do céu. Para isso, cria "um teatro especial, este planeta" e "uma companhia inteira," porém se nega a ouvir qualquer ensaio. Seja reproduzindo um comentário do tenor Marcolini, seja expressando uma opinião própria, o narrador então observa: "Foi talvez um mal esta recusa; dela resultaram alguns *desconcertos* que a audiência prévia e a *colaboração amiga* teriam evitado" (79; itálicos nossos).

Embora inevitável, a colaboração, entretanto, não pode ser "amiga." Ou não existiriam os desacordos, os "lugares em que o verso vai para a direita e a música para a esquerda," os inúmeros trechos em que, segundo os amigos do poeta, "a partitura corromp[e] o sentido da letra e [...] é absolutamente diversa e até contrária ao drama" (79). Em suma, nas próprias palavras de Deus ao rival, no fim do conto "A Igreja do diabo": "[...] é *a eterna contradição humana*" (Assis 42; itálicos nossos). Aos olhos dos "imparciais," precisamente aí reside a "beleza da composição" (*Dom Casmurro* 79). Naquele conto de "Histórias sem data" (1884), vale lembrar, evidencia-se a necessária impureza das ações humanas: nenhum ato é totalmente virtuoso ou totalmente mau, assim como nenhum homem o é. A humanidade, portanto, seria inteiramente composta de mestiços morais cuja bondade ou cuja maldade teriam sempre caráter provisório: alguém só poderia considerar-se bom se, numa atitude ou numa ação particular, os motivos nobres preponderassem sobre os mesquinhos e egoístas, ou se sua contabilidade moral, seu balanço de pecados e virtudes registrasse saldo positivo. Do contrário, seria mau, ao menos até segunda ordem, porque só se poderia ser uma coisa ou outra interinamente.

Essa teoria da dualidade, da ambigüidade moral constitutiva do homem, proposta por Dom Casmurro no capítulo 68, não deixa de encontrar correspondência na própria estrutura narrativa do romance, uma vez que este também mostra uma ambigüidade constitutiva, organizando-se de modo que não se possa resolver a questão do adultério de Capitu. Há assim uma reduplicação no plano literário dessa concepção dinâmica da estrutura moral como estrutura ancorada numa natureza dual, ambígua, plástica. Daí a necessidade de escrituração, de registros contábeis que permitam avaliar o caráter dos indivíduos, ainda que qualquer juízo dessa espécie seja provisório.

Jeová, um Rothschild mais humano

"Um dos gestos que melhor exprimem a minha essência foi a devoção com que corri no domingo próximo a ouvir a missa em Santo Antônio dos Pobres"— assim começa o capítulo 69, "A missa." Nele se confirmam que a consciência moral e a religiosidade do protagonista são movidas sobretudo pela culpa e pelo interesse. Bentinho vai à missa a fim de "reconciliar-[se] com Deus, depois do que se passou no capítulo LXVII" (*Dom Casmurro* 167), quando quis a morte da mãe. A passagem seguinte não só explicita a devoção interessada do rapaz, mas também torna a mesclar religião e economia em metáfora divertidamente profanadora:

Nem era só pedir-lhe perdão do pecado, era também agradecer o restabelecimento de minha mãe, e, visto que diga tudo, fazê-lo renunciar ao *pagamento* da minha promessa. *Jeová, posto que divino, ou por isso mesmo, é um Rothschild muito mais humano, e não faz moratórias, perdoa as dívidas integralmente, uma vez que o devedor queira deveras emendar a vida e cortar nas despesas.* (167; itálicos nossos)

Deus aqui é identificado a um homem, mais precisamente, a um banqueiro alemão de origem judaica, fundador do império bancário dos Rothschilds, com uma diferença em relação a essa figura histórica, sinônimo de capitalista internacional: a de ser "muito mais humano." A escolha do adjetivo só torna a metáfora mais irreverente, uma vez que, além de compreensivo, piedoso, "humano," significa o que é próprio do homem, ou designa o que não é divino. Aliás, se os banqueiros tivessem um Deus, não é improvável que fosse Rothschild. Jeová não seria um bom candidato ao título, justamente por essa "humanidade" mais pronunciada. Ou seja, Deus é um credor mais transigente e tolerante, não se limitando a dilatar o prazo de quitação das dívidas mediante moratórias, mas chegando a perdoá-las. A misericórdia divina é assim reduzida a perdão de dívidas pecuniárias, e o pecador arrependido a devedor que resolveu "cortar nas despesas." A transposição da lógica contábil para o campo da moralidade assim se revela nesse conjunto de metáforas—Jeová como um Rothschild pouco ortodoxo em sua bondade, anticapitalista mesmo, por preferir perdoar dívidas a fazer moratórias; o pecador como devedor que precisa reduzir gastos, isto é, cometer menos faltas, e, além disso, praticar atos virtuosos em quantidade suficiente para aumentar a receita e garantir um saldo moral positivo ou ao menos equilibrar as contas.

No capítulo 80, "Venhamos ao capítulo," a palavra "promessa" ganha outros sinônimos além de "dívida," alternando-se com "contrato" e "letra," ambos termos econômicos cuja proximidade de significado com "promessa," sobretudo no sentido religioso, é nítida. Contrato é todo "pacto entre duas ou mais pessoas, que se obrigam a cumprir o que foi entre elas combinado sob determinadas condições" (*Houaiss*), a definição propriamente jurídica do termo, nesse dicionário como no *Aurélio,* supondo assim "um acordo de vontades entre as partes" envolvidas. A palavra "contrato" figura no primeiro e no antepenúltimo parágrafo do capítulo (*Dom casmurro* 178, 180). Como Dona Glória fizera a promessa sem dizer nada a ninguém, especialmente ao marido, a quem só revelaria o acerto com Deus, quando Bentinho fosse para escola (80–81), terminou enviuvando antes disso e ficando "diante do *contrato*, como única *devedora*" (179). Só após a morte do esposo, não querendo separar-se do filho, mas tampouco desejando quebrar a promessa, julgou necessário "apertar o vínculo moral da obrigação, confi[ando] os seus projetos e motivos a parentes e familiares" (178). Note-se o emprego do verbo "apertar" em mais outra metáfora cujo efeito de concretização do abstrato é uma das constantes estilísticas do autor, como apontou Dirce Côrtes Riedel.[13] Embora procurasse adiar a entrada de Bentinho no seminário, Dona Glória fazia-o, ao contrário dele, por acreditar que "promessas se cumprem" (179): seriam, no vocabulário econômico-jurídico, *contratos bilaterais*, ou seja, aqueles em que "ambas as partes têm obrigações" (*Houaiss*). Já o filho da viúva Santiago advogava promessas segundo o modelo do *contrato leonino*— "aquele em que uma das partes leva todas as vantagens, ou a maioria delas, em detrimento da(s) outra(s) partes" (*Aurélio*).

A palavra "letra" aparece no segundo parágrafo, duas vezes, quando o narrador discorre sobre esse adiamento de sua ida para o seminário:

> É o que se chama, *comercialmente falando, reformar uma letra*. O *credor* era *arquimilionário*, não dependia daquela quantia para comer, e consentiu nas *transferências de pagamento*, sem sequer *agravar a taxa do juro*. Um dia, porém, um dos familiares que serviam de *endossantes da letra*, falou da necessidade de entregar *o preço ajustado* [...]. Minha mãe concordou e recolhi-me a São José. (*Dom Casmurro* 179; itálicos nossos)

Em sua visão mercantilizada da esfera religiosa e da vida como um todo, o narrador descreve tanto sua relação pessoal com Deus quanto a de sua mãe em termos comerciais, apesar da flagrante diferença de atitude entre ambos em matéria de religiosidade. Repete-se, com variações, a mesma linguagem que se apropria do vocabulário econômico em metáforas de tom comicamente sacrílego. Deus é Pai, nem por isso deixa de ser credor de seus filhos, mas um credor benévolo, porque "arquimilionário": "[...] consentiu nas transferências de pagamento" (ao se "reformar uma letra," um título de dívida é substituí-lo por outro, de igual valor ou não, por ocasião do vencimento, como forma de estender o prazo para pagar) e fez isso sem aumentar os juros! Em suma, Deus é capitalista, *ma non troppo*. O movimento de concretização do plano espiritual é divertidamente envilecedor e atinge seu ponto máximo com a justificativa de que Deus podia ser pródigo, porque "não dependia daquela quantia para comer." Essa referência ao ato concreto, fisiológico e trivial de satisfazer à fome, ingerindo o necessário para manter-se vivo, tem óbvio efeito dessacralizante: humaniza Deus, mas também o avilta. Assim são caracterizadas, e, ao mesmo tempo, diminuídas, achincalhadas, a generosidade e a bondade divinas. Embora soe como tal, a expressão "endossantes da letra," diga-se de passagem, não é mais uma das metáforas econômicas do trecho analisado, uma vez que "endossantes" aqui não tem qualquer relação com o sentido técnico do termo (ao menos atualmente), significando "testemunhas da obrigação" (*Dom Casmurro* 81), que estimulassem ou até mesmo forçassem Dona Glória a cumpri-la. Nessa qualidade, portanto, seriam comparáveis às figuras do avalista e do fiador.

Passemos então ao trecho desse mesmo capítulo 80 que trata do *valor de troca* da intenção. O narrador continua a especular sobre o que teria sentido e pensado sua mãe, imaginando que ela teria apostado na possibilidade de o amor entre Bentinho e Capitu tornar o filho "incompatível" com a carreira eclesiástica, levando-o a abandonar o seminário:

> Neste caso, eu *romperia o contrato* sem que ela tivesse culpa. Ela ficava comigo sem ato propriamente seu. Era como se, tendo confiado a alguém a *importância* de uma *dívida* para levá-la ao *credor*, o portador guardasse o dinheiro consigo e não levasse nada. *Na vida comum*, o ato de terceiro não desobriga o *contratante*; mas a *vantagem de contratar com o céu é que intenção vale dinheiro*. (180; itálicos nossos)

Aqui, novamente, o que institui a dívida—modalidade preferencial de relacionamento com Deus para o narrador-protagonista—é um "contrato." Ocorre-lhe a hipótese da quebra de contrato, especialidade sua já conhecida do leitor, uma quebra, porém, que eximisse a mãe de "culpa." Como o cumprimento do contrato, o pagamento da dívida, depende tanto dela quanto dele, nosso advogado compraz-se em argumentar, aparentemente, a favor de Dona Glória, a quem atribui tal raciocínio ou, em suas palavras, a "esperança íntima e secreta" (180) de que isso viesse a acontecer. Compara o rompimento aventado à atitude do portador desonesto de ficar com o dinheiro que deveria entregar ao credor, saldando a dívida, em nome do devedor. A promessa feita para ser cumprida por terceiro também poderia ser quebrada pelo terceiro em questão, claro, sem que o proponente permanecesse em dívida. O argumento, entretanto, não se aplica à "vida comum," na qual "o ato de terceiro não desobriga o contratante," esclarece o narrador. Nos assuntos do espírito, segundo ele, a lógica seria outra, muito embora trate a vida espiritual da maneira mais prosaica, mais destituída de elevação, pautando-a por critérios comerciais e sonegando-lhe honestidade, conforme ilustra a afirmativa: "[...] a vantagem de contratar com o céu é que intenção vale dinheiro." Resta saber se ele de fato a teve alguma vez. Mas examinemos melhor essa conclusão de Dom Casmurro. Na hipótese de Bentinho romper o contrato deixando o seminário por iniciativa própria, Dona Glória não teria se limitado à *intenção* de pagar a promessa, cumprir o contratado, ela teria passado à ação, realizado o prometido, na parte que lhe cabia. Como vimos, agir sempre foi uma dificuldade do protagonista, não de sua mãe. Sendo assim, a distinção estabelecida pelo narrador entre a lógica terrena e a celestial não derivaria do raciocínio que a antecede. O exemplo do portador desonesto mascara parcialmente essa impropriedade: nesse caso, o combinado não se realiza, a dívida não se paga, porque o mediador, a terceira parte envolvida, não chega a cumprir seu papel executivo. Ao contrário do portador imaginado, Bentinho teria cumprido o seu, ao menos temporariamente, caracterizando o *ato* de pagamento da dívida pela mãe. Na verdade, nem o devedor ludibriado teria ficado só na intenção. Além disso, no exemplo proposto, a participação de terceiro não é indispensável, sendo necessariamente maior a responsabilidade do devedor.

Escobar, Capitu, idéias aritméticas e libras esterlinas

No capítulo 93, "Um amigo por um defunto," Bentinho recebe a visita de Escobar e apresenta o rapaz à família. Ao relatar a opinião do agregado e dos familiares sobre seu novo amigo, o narrador reproduz também a conversa que manteve com eles depois que Escobar passou a freqüentar a casa:

> Todos ficaram gostando dele. Eu estava tão contente como se Escobar fosse invenção minha. José Dias desfechou-lhe dous superlativos, tio Cosme dous capotes, e prima Justina não achou tacha que lhe pôr; depois, sim, no segundo ou terceiro domingo, veio ela confessar-nos que o meu amigo Escobar *era um tanto mediço e tinha uns olhos policiais a que não escapava nada.*
>
> —São os olhos dele, expliquei.
>
> —Nem eu digo que sejam de outro.
>
> —*São olhos refletidos*, opinou tio Cosme.
>
> —Seguramente, acudiu José Dias; entretanto, pode ser que a senhora Dona Justina tenha alguma razão. A verdade é que *uma cousa não impede outra*, e *a reflexão casa-se muito bem à curiosidade natural. Parece curioso, isso parece*, mas...

—A mim parece-me um mocinho muito sério, disse minha mãe.

—Justamente! confirmou José Dias para não discordar dela. (*Dom Casmurro* 193; itálicos nossos)

As características salientadas aqui—curiosidade e reflexão—são precisamente aquelas que o narrador procura realçar ao longo do livro em Capitu e, no caso da tendência reflexiva, também em Ezequiel. Vale recordar uma passagem do capítulo 31, "As curiosidades de Capitu":

> Capitu era Capitu, isto é, uma criatura mui particular, *mais mulher do que eu era homem*. Se ainda o não disse, aí fica. Se disse, fica também. *Há conceitos que se devem incutir na alma do leitor, à força de repetição.*
>
> Era também mais curiosa. As curiosidades de Capitu dão para um Capítulo. Eram de vária espécie, explicáveis e inexplicáveis, assim úteis como inúteis, umas graves, outras frívolas; gostava de saber tudo. (111; itálicos nossos)

Além da curiosidade e do destemor de Capitu, o narrador-protagonista sublinha aqui sua própria estratégia narrativa: incutir no leitor conceitos "a força de repetição," conforme assinalado em seção anterior deste capítulo. À característica meditativa acresce, como vimos, a argúcia de Capitu, Escobar e Ezequiel no trato com o dinheiro. Quanto ao filho de Bento e Capitu, já se comentou aqui o capítulo 110, "Rasgos da infância." O capítulo 106, "Dez libras esterlinas," ilustra bem esse aspecto, no que se refere a Capitu, e a associa secretamente a Escobar numa transação financeira, conferindo "força de repetição" ao capítulo 113, "Embargos de terceiro," no qual Bento encontra o melhor amigo em sua casa, ao voltar de uma ópera no fim do primeiro ato, pois estaria preocupado com a mulher que, adoecida, não o acompanhara. O narrador-protagonista inicia o capítulo 106 dizendo que Capitu era "poupada [...] não só de dinheiro mas também de coisas usadas, dessas que se guardam por tradição, por lembrança ou por saudade," e cita o exemplo de uns sapatos dela quando criança, "os últimos que usou antes de calçar botinas." Em seguida, anuncia: "Quanto às puras economias de dinheiro, direi um caso e basta" (211). O caso consiste nas dez libras esterlinas que Capitu juntara em segredo, "sobras do dinheiro" que recebia do marido "mensalmente para as despesas" (212). A reação de Bento contrasta com a austeridade monetária de Capitu, como se só ela desse importância ao dinheiro e ele valorizasse mais a iniciativa de ajudar no orçamento doméstico que a quantia assim gerada:

—Não é muito, dez libras só; é o que a avarenta de sua mulher pôde arranjar, em alguns meses, concluiu fazendo tinir o ouro na mão.

    —Quem foi o corretor?

    —O seu amigo Escobar.

    —Como é que ele não me disse nada?

    —Foi hoje mesmo.

    —Ele esteve cá?

    — Pouco antes de você chegar; eu não disse para que você não desconfiasse.

Tive vontade de gastar o dobro do ouro em algum presente comemorativo, mas Capitu deteve-me. Ao contrário, consultou-me sobre o que havíamos de fazer daquelas libras. (212)

E Bento acaba por tornar ocioso o esforço de Capitu, pois primeiro dispensa as economias afirmando que são dela e, diante da réplica da mulher de que eram do casal, confia-lhe a guarda das libras, em vez de utilizá-las.

Ainda no capítulo 93, é preciso destacar alguns pontos: os elogios enfáticos de Escobar à mãe de Betinho, seu manifesto interesse no patrimônio imobiliário e nos escravos da viúva Santiago, além da tendência a ostentar, até mesmo certo prazer nisso, da parte de Bentinho, que não só vai apontando e identificando um por um os negros de propriedade da família, mas também sai enumerando os imóveis de Dona Glória, como quem faz um inventário de todos esses bens:

> Contei-lhe o que sabia da vida dela e de meu pai. Escobar escutava atento, perguntando mais, pedindo explicação das passagens omissas ou só escuras. Quando eu lhe disse que não me lembrava nada da roça, tão pequenino viera, contou-me duas ou três reminiscências dos seus três anos de idade, ainda agora frescas. E não contávamos voltar à roça?
>
>   —Não, agora não voltamos mais. Olhe, aquele preto que ali vai passando, é de lá. Tomás!
>
>   —Nhonhô!
>
> Estávamos na horta da minha casa, e o preto andava em serviço; chegou-se a nós e esperou.
>
>   —É casado, disse eu para Escobar. Maria onde está?
>
>   —Está socando milho, sim, senhor.
>
>   —Você ainda se lembra da roça, Tomás?
>
>   —Alembra, sim, senhor.

—Bem, vá-se embora.

Mostrei outro, mais outro, e ainda outro, este Pedro, aquele José, aquele outro Damião…

—Todas as letras do alfabeto, interrompeu Escobar.

Com efeito, eram diferentes letras, e só então reparei nisto; apontei ainda outros escravos [...].

—E estão todos aqui em casa? perguntou ele.

—Não, alguns andam ganhando na rua, outros estão alugados Não era possível ter todos em casa. Nem são todos os da roça: a maior parte ficou lá.

—O que me admira é que D. Glória se acostumasse logo a viver, em casa da cidade, onde tudo é apertado; a de lá é naturalmente grande.

—Não sei, mas parece. Mamãe tem outras casas maiores que esta; diz porém que há de morrer aqui. As outras estão alugadas. Algumas são bem grandes, como a da Rua da Quitanda...

—Conheço essa, é bonita.

—Tem também no Rio Comprido, na Cidade-Nova, uma no Catete...

—Não lhe hão de faltar tetos, concluiu ele sorrindo com simpatia. (194–95)

Tanto essa conversa se assemelha a um inventário informal, que, no capítulo seguinte, Escobar calcula de cabeça não o valor das casas, mas de seu aluguel, a pretexto de provar a superioridade das "idéias aritméticas" e sua destreza em manejá-las: "—Por exemplo... dê-me um caso, dê-me uma porção de números que eu não saiba nem possa saber antes... olhe, dê-me o número das casas de sua mãe e os aluguéis de cada uma, e se eu não disser a soma total em dois, em um minuto, enforque-me!" (196).

Escobar alia a inclinação comercial à habilidade para a matemática, fato que os capítulos 94, "Idéias aritméticas," e o 96, "O substituto," evidenciam. No capítulo 94, citado acima, assinalem-se ainda estas outras passagens:

Não digo o mais, que foi muito. *Nem ele sabia só elogiar e pensar, sabia também calcular depressa e bem* [...]. Não se imagina a facilidade com que ele somava ou multiplicava de cor [...]. A vocação era tal que o fazia amar os próprios sinais das somas, e tinha esta opinião que os algarismos, sendo poucos, eram muito mais conceituosos que as vinte e cinco letras do alfabeto.

—[...] Mas onde *a perfeição é maior é no emprego do zero. O valor do zero é, em si mesmo, nada; mas o ofício deste sinal negativo é justamente aumentar.* Um 5 sozinho é um 5; ponha-lhe dous 00, é 500. Assim, *o que não vale nada faz valer muito*, cousa que não fazem as letras dobradas, pois eu tanto aprovo com um p como com dous pp. (195–96; itálicos nossos)

Assim como um agregado, que depende da família à qual se vincula, e, ao vincular-se, comprova o *status* ou o valor social desta, o algarismo zero adquire valor quando posto à direita de outro algarismo ao mesmo tempo que confere valor a esse algarismo. Além disso, quanto mais hábil e perspicaz, mais esse agregado "faz valer" sua associação a proprietários ricos. Noutras palavras, aquele que socialmente nada vale se beneficia da vizinhança, da proximidade com aquele que tem valor socioeconômico. Escobar é como um zero que valoriza a si próprio ao se aproximar de proprietários ricos como Bento Santiago e sua mãe. Tanto há uma equivalência entre o procedimento de Escobar, a "amizade" que cultiva com Bentinho, e o comportamento de alguém que se associa, como agregado, a uma família rica, que essa analogia é sugerida no início do capítulo 95, "O papa": "A amizade de Escobar fez-se grande e fecunda; a de José Dias não lhe quis ficar atrás" (197). Nesse capítulo, aliás, José Dias diz a Bentinho ter encontrado um meio de fazê-lo sair de vez do seminário—iriam os dois a Roma "pedir a absolvição do papa" (198). Ao detalhar seu plano, José Dias mescla considerações pecuniárias a outras religiosas e formais:

—Quem tem boca vai a Roma, *e boca no nosso caso é a moeda*. Ora, *você pode muito bem gastar consigo... Comigo, não; um par de calças, três camisas e o pão diário, não preciso mais*. Serei como São Paulo, que vivia do ofício enquanto ia pregando a palavra divina. Pois eu vou, não pregá-la, mas buscá-la. Levaremos cartas do internúncio e do bispo, cartas para o nosso ministro, cartas de capuchinhos... Bem sei a objeção que se pode opor a esta idéia; dirão que é dado pedir a dispensa cá de longe; mas, além do mais não digo, basta refletir que é muito solene e bonito ver entrar no Vaticano e prostrar-se aos pés do papa o próprio objeto do favor, o levita prometido, que vai pedir para sua mãe terníssima e dulcíssima a dispensa de Deus. (198; itálicos nossos)

Referindo-se ao poder de conquista de quem sabe se comunicar, o conhecido provérbio aqui troca o poder da comunicação pelo poder do dinheiro, que fala mais alto —a boca, no caso deles, é a moeda que não os levaria apenas a uma Roma metafórica, mas à Roma propriamente dita, ao Vaticano, facilitando, pela posição socioeconômica dos Santiagos, a obtenção de "cartas do internúncio e do bispo" e financiando a viagem que daria pompa e apelo dramático ao pedido de dispensa, e, ao mesmo tempo, realizaria o sonho de José Dias de ir à Europa.

Graças à reflexão e ao talento para os negócios de Escobar, encontra-se a efetiva solução para tirar Bentinho do seminário e cancelar seu futuro eclesiástico, sem descumprir o prometido por sua mãe. Na verdade, Escobar altera parcialmente o teor da promessa, despersonalizando não o alvo da graça, mas o objeto destinado ao sacerdócio. Recordemos o conteúdo original da promessa: "Tendo-lhe nascido morto o primeiro filho, minha mãe pegou-se com Deus para que o segundo vingasse, prometendo, se fosse varão, metê-lo na igreja" (80). Vejamos a solução proposta por Escobar no capítulo 96, "Um substituto":

> —Não, Bentinho, não é preciso isso. Há melhor, —não digo melhor, porque o Santo Padre *vale sempre mais que tudo*, —mas há coisa que produz o mesmo efeito.
> —Que é?
> —Sua mãe fez promessa a Deus de lhe dar um sacerdote não é?
> Pois bem, dê-lhe um sacerdote, que não seja você. Ela pode muito bem tomar a si algum mocinho órfão, fazê-lo ordenar à sua custa, está dado um padre ao altar, sem que você...
> —Entendo, entendo, é isso mesmo.
> —Não acha? continuou ele. Consulte sobre isto o protonotário: ele lhe dirá se não é a mesma coisa, ou eu mesmo consulto, se quer e se ele hesitar, fala-se ao Sr. bispo.
> Eu, refletindo:
> —Sim, parece que é isso; realmente, a promessa cumpre-se, não se perdendo o padre. (200)

Escobar faz referência à proposta de José Dias como quem fala de dinheiro: do mesmo modo que a nota de valor mais alto na escala monetária, o papa, "vale sempre mais que tudo," mas não é preciso tanto para conseguir o que se deseja, com bem menos já se obtém a dispensa almejada. Analogamente, Bentinho vale mais na hierarquia social que um "mocinho órfão," e é mais valioso para sua mãe que qualquer outro adolescente; mas para ser padre, basta ser homem. Assim, depois de reformulada por Escobar, a promessa passa a ter um custo menor. Do ponto de vista propriamente econômico, o amigo seminarista ainda argumenta que o custo seria equivalente: "Escobar observou que, *pelo lado econômico*, a questão era fácil; minha mãe *gastaria o mesmo* que comigo, e um órfão não precisaria grandes comodidades. Citou a soma dos aluguéis das casas, 1.070$000, além dos escravos..." (200; itálicos nossos).

Obviamente, essa solução implica um gasto adicional, que é o de sustentar alguém de fora da família. De qualquer modo, toda a argumentação de Escobar, assim como sua idéia de saída, já estão impregnadas da lógica econômica. A passagem acima, e o anúncio que a ela se segue de que Escobar deixaria o seminário junto com Bentinho, porque sua intenção era tornar-se comerciante, apenas confirmam tal orientação: "—Vou melhorar o meu latim e saio; nem dou teologia. O próprio latim não é preciso; para que no comércio?" (200).

O purgatório como casa de penhores

No capítulo 114, "Em que se explica o explicado," o narrador-protagonista recorda mais uma vez o artifício por ele usado, já como estudante de direito em São Paulo, "para não faltar ao juramento" (*Dom Casmurro* 223) feito a Capitu, quando ainda estava no seminário e juraram um ao outro não esquecer o pregão cantado por um vendedor ambulante: recorreu a um professor de música, que lhe escreveu a toada num pedaço de papel.

O *Dicionário Houaiss*, cujo verbete "juramento" decalca parcialmente o de "serment" do "Petit Robert," assim define o termo: "[...] afirmação ou promessa solene que se faz invocando como penhor de sua boa-fé um valor moral reconhecido." Segundo o Caldas Aulete, dicionário que Machado consultava, juramento é "a fórmula com que se jura, promete ou afirma tomando a Deus por testemunha ou invocando o nome de coisa que se reputa sagrada." O narrador considera-o uma categoria imoral de promessa, uma vez que "ninguém sabe se há ou não de manter um juramento." "Cousas futuras!" (*Dom Casmurro* 223), exclama ele, enfatizando, com essa expressão bíblica, a impossibilidade de controlar o que está por vir, assim como os limites da própria memória. O juramento, quer se atribua a ele caráter religioso, quer não, só garantiria a sinceridade de quem o faz, sua intenção de honrá-lo. Por tomar Deus como testemunha, ou invocar um valor moral reconhecido como garantia, em princípio, oferece mais segurança quanto a seu cumprimento que a promessa e, por isso mesmo, seria moralmente mais condenável. Na verdade, só a simples afirmação seria de fato honesta nessa perspectiva: "Portanto, a nossa constituição política, transferindo o juramento à afirmação simples, é profundamente moral. Acabou com um pecado horrível" (223).

No início da digressão, o narrador tacha de "pecado horrível" assegurar a realização de alguma coisa sobre a qual não se tem tal controle e que pode perfeitamente levar quem jura a descumprir sua palavra. No juramento, não há mentira no sentido do logro, do embuste, mas tanto esse tipo de promessa

BLUMA WADDINGTON VILAR

quanto qualquer outro, que não dependa exclusivamente da vontade e da determinação de quem as faz, seriam mentirosos, ao menos potencialmente. Ao jurarem não esquecer a toada, Capitu e Bentinho teriam mentido. Até pelo fato de ter pedido que lhe transcrevessem a toada enquanto ainda a recordava, o protagonista acabou por esquecê-la. Ao fingir não ter esquecido o pregão, teria mentido uma segunda vez e acusa-se por isso: "Mas hás de crer que, quando corri aos papéis velhos, naquela noite na Glória, também me não lembrava já da toada nem do texto? *Fiz-me de pontual ao juramento, e este é que foi o meu pecado*; esquecer, qualquer esquece" (223; itálicos nossos).

O narrador prossegue na orientação religiosa que dá à discussão, associando mais uma vez a moral à economia e à contabilidade:

> *Faltar ao compromisso é sempre infidelidade,* mas a alguém que tenha mais temor a Deus que aos homens *não lhe importará mentir,* uma vez ou outra, *desde que não mete a alma no purgatório.* Não confundam purgatório com inferno, que é o eterno naufrágio. *Purgatório é uma casa de penhores, que empresta sobre todas as virtudes,* a juro alto e prazo curto. Mas os prazos renovam-se, até que um dia uma ou duas virtudes medianas *pagam todos os pecados* grandes e pequenos. (223–24; itálicos nossos)

Dom Casmurro admite então que até mesmo um indivíduo temente a Deus não se incomodaria em mentir "desde que não mete a alma no purgatório." Como já se assinalou antes, esse é mais um exemplo de metáfora concretizadora, procedimento caro ao autor e que já prepara a metáfora pecuniária do purgatório como casa de penhores, metáfora essa que se desdobra até encerrar o capítulo. Embora tal ressalva que consente na mentira venha logo após uma referência à infidelidade de faltar a um juramento, parece antes referir-se à mentira de tê-lo cumprido, à simulada pontualidade do protagonista. A metáfora pecuniária desse capítulo envolve um novo tipo de contrato—o empréstimo obtido em casa de penhor, isto é, "um estabelecimento que empresta dinheiro a juros, recebendo, como garantia, objetos de valor" (*Houaiss*). Nessa concepção do purgatório, as virtudes são os itens de valor, deixados em garantia do empréstimo que se destina a pagar as dívidas dos pecados. Se, na linguagem comum, a expressão "pagar os pecados" significa sofrer as conseqüências de algum ato praticado, expiar alguma falta ou simplesmente padecer, aqui sugere uma compensação contábil: o crédito proveniente das virtudes salda o débito constituído pelos pecados, numa equivalência que pouco tem a ver com a realidade econômica do mercado, como se os juros se acumulassem em proveito do devedor e não contra ele.

Conclusão

No livro *Metáfora, espelho de Machado de Assis* (1974), Dierce Côrtes Riedel dedica um breve e agudo capítulo, intitulado "Lucros e perdas," a comentar em *Dom Casmurro* e *Memorial de Aires* o mesmo campo temático aqui discutido:

> Na curva da freqüência dos motivos machadianos, um lugar de realce é ocupado pela idéia de 'contrato' e de 'promessa,' a qual rege o comércio dos homens. Obrigações para com Deus, para com a sociedade, para com a consciência; promessas feitas com fervor, ou meramente convencionais; letras reformadas com ou sem juros, contratos rompidos ou mantidos...
>
> A solução temporária do que parece ser, à primeira vista, a complicação do enredo, vem por intermédio de um sacerdote, o protonotário Cabral, que acha um meio: se, no fim de dois anos, Bentinho não revelasse vocação eclesiástica, seguiria outra carreira. A concessão clerical sugere a barganha, com a relevação da dívida, e o narrador opera metaforicamente, com jogos de palavras da área semântica 'débito/crédito'—'Era uma concessão do padre. Dava à minha mãe um perdão antecipado, fazendo vir do credor a relevação da dívida.'
>
> É à base de tais transações que se vai desenrolando a história de D. Casmurro, o qual, como narrador, compõe a estória do romance: negocia-se o pagamento das dívidas, inventando-se caminhos vários, para que as consciências se mantenham tranqüilas e íntegras. (73, 75–76)

As observações da autora nesses parágrafos já foram suficientemente comprovadas aqui. Convém enfatizar, no entanto, a finalidade das transações que pontuam o romance, segundo Riedel: visam a manter as consciências "tranqüilas e íntegras." Desse modo, *as idéias afins de promessa, contrato, favor, dívida, todas as transações, enfim, que dominam a interação das personagens em Dom Casmurro estariam subordinadas à idéia de contabilidade moral, eis uma das hipóteses de leitura que gostaria de sugerir.* Entre os capítulos que mais explicitam essa contabilidade, destaco o 20, o 68, o 69 e o 114, todos comentados aqui.

Previsível em autobiografias ou ficções de autobiografia, a idéia de balanço, de contabilidade é mais abrangente em *Dom Casmurro,* estendendo-se ao plano metalingüístico, metanarrativo, tão caro ao autor nos romances da segunda fase.

Na seção intitulada "contabilidade narrativa," do capítulo dedicado a *Dom Casmurro*, em seu livro *Os leitores de Machado de Assis: o romance machadiano e o público de literatura no século XIX* (2004), Hélio Guimarães observa que "a materialidade do processo literário está representada de maneira bastante explícita" nessa obra, com a peculiaridade de um narrador empenhado em *quantificar* e *atribuir valor pecuniário* a tal processo, vinculando, desse modo particular, a escrita a considerações editoriais e recepcionais:

> O procedimento metadiscursivo consiste em participar o leitor das escolhas realizadas para a arquitetura do relato em função das implicações disso sobre o tamanho, a apresentação e até mesmo o preço que as palavras e os episódios narrados terão ao chegar a sua forma final [...]. Essas ponderações não se fazem em torno de questões estéticas ou morais, mas à luz do número de páginas ou capítulos que a narração de um determinado fato viria a ocupar. A quantificação [...] evidencia a necessidade de pesar bem o interesse da história em função do tempo que ela tomará do leitor. (225)

Daí o escrúpulo comercial do narrador-autor na seguinte passagem: "[...] se alguém tiver de ler o meu livro com alguma atenção mais da que lhe exigir o *preço* do exemplar, não deixe de concluir que o diabo não é tão feio como se pinta" (*Dom Casmurro* 192; itálico nosso). A materialidade do livro aparece aqui mais explicitamente ligada ao dinheiro e ao comércio, trata-se do livro como produto suscetível de ser vendido a um comprador, ao qual em princípio deve agradar e não repugnar. O capítulo 92, que já traz no título o provérbio citado, encerra uma série em torno da morte penosa e da existência não menos sofrida de Manduca, vizinho pobre e leproso do protagonista na adolescência. É como se Dom Casmurro não quisesse quebrar o "contrato" com esse leitor-comprador que espera uma narrativa cujo interesse ou cuja capacidade de sedução seja no mínimo proporcional ao preço pago pelo livro. Na infância e na adolescência, ele descumpria todos os contratos firmados com Deus em suas promessas. Depois de adulto e casado, aparentemente, honra seus compromissos, ao contrário da esposa, segundo acredita e quer fazer crer. Assim, a tendência de concretização do abstrato, assinalada por Riedel no plano do estilo, também se verifica em diversos planos temáticos, incluindo o da metalinguagem, em sentido amplo. No nível do conteúdo, qualquer que seja o plano temático, a tendência à concretização, a ênfase na materialidade estão associadas ao dinheiro, ao valor pecuniário, ao aspecto mercantil. Se esse é o aspecto decisivo, o empenho em "concretizar" o mundo espiritual, moral e afetivo, assimilando-o ao material, corresponderia ao desejo de tornar seus elementos, suas realidades, mais fácil ou claramente *avaliáveis.*

Tudo o que se expôs até aqui ilustra bem a afirmação de Paul Dixon, em seu fundamental *Retired Dreams: Dom Casmurro, Myth and Modernity* (1989): "In Machado's novel, money comes into play both literally and figuratively. In either case, its symbolism is supercharged: it becomes a matter of life and death."[14] Uma das ocasiões em que isso acontece é precisamente quando se encontra um meio de honrar a promessa de Dona Glória sem sacrificar Bentinho. Como salientou Dixon, ao custear o seminário e a ordenação de um órfão no lugar do filho, a mãe do protagonista: "[...] pays off her figurative debt in literal currency."[15] Sem esquecer outros exemplos nos quais se trata literalmente de vida ou morte, e não apenas de algum aspecto decisivo. Um primeiro exemplo, já analisado aqui, é o do capítulo 67, no qual Dona Glória, muito doente, de fato corre risco de vida, e Bentinho pede a Deus que a salve, graça a ser paga por ele em dinheiro espiritual, dois mil padre-nossos. Como a promessa não é paga, o devedor cinicamente a considera moeda fiduciária—aquela que, mesmo sem lastro, pode ser aceite. Um segundo exemplo está no capítulo 133, "O dia de sábado." Lembremos a passagem desse capítulo na qual Bento Santiago narra o que sentiu quando trazia consigo o veneno recém-comprado, morte portátil como um relógio de bolso. Nessa passagem, a eternidade e a incorruptibilidade da morte são expressas em mais outra metáfora pecuniária:

> Sei que escrevi algumas cartas, comprei uma substância, que não digo, para não espertar o desejo de prová-la. A farmácia faliu, é verdade; o dono fez-se banqueiro, e o banco prospera. Quando me achei com a morte no bolso senti tamanha alegria como se acabasse de tirar a sorte grande, ou ainda maior, porque o prêmio da loteria gasta-se, e *a morte não se gasta.* (*Dom Casmurro* 244)

Até a morte—"prêmio" que não se gasta—pode ser *comprada* numa trivial farmácia. Nesse papel, de fornecer um meio não para salvar a vida, mas para extingui-la, a farmácia também teria falido, falhado em seu propósito último. Coincidentemente, quando há uma ameaça à vida, uma "falência" da farmácia, as finanças florescem: o boticário virou banqueiro próspero; Bentinho se tornou adulto e assim capaz de dispor de seu próprio dinheiro como bem entendesse, até mesmo para se matar. A morte pode ser comprada, está ao alcance do bolso, e, do mesmo modo que o dinheiro, é posta na algibeira pelo protagonista. Dessa forma, o dinheiro real compra a possível solução definitiva para a infelicidade de Bento Santiago. No capítulo 137, "Segundo impulso," o desejo suicida do protagonista cede lugar a um ímpeto assassino. Depois de misturar veneno ao café trazido pelo copeiro, Santiago resolve aguardar que a mulher e o filho saiam para a missa, mas Ezequiel entra no gabinete do pai e corre até ele. A vista do menino lhe dá "outro impulso," o de matar a criança a quem oferece a xícara de café envenenado. Como se arrepende do gesto a tempo, ainda não é nessa ocasião que se vê livre do filho de uma vez por todas. Mais adiante, no capítulo 145, "O regresso," Ezequiel, já adulto, retorna da Europa, onde tinha vivido até a morte de Capitu. Após seis meses na casa do pai, o rapaz lhe fala de uma "viagem científica" que tencionava fazer com dois amigos à Grécia, ao Egito e à Palestina. Santiago decide financiar o périplo arqueológico do filho, com a esperança secreta de que ele contraia lepra, doença que não só tinha desfigurado o rosto de Manduca, como tinha matado o rapaz. Assim desejando ou apagar da cara de Ezequiel as feições semelhantes às de Escobar ou dar cabo da suposta prova viva do adultério de Capitu com o melhor amigo, Santiago reconhece intimamente o próprio rancor:

> Prometi-lhe recursos, e *dei-lhe logo os primeiros dinheiros precisos.* Comigo disse que uma das conseqüências dos amores furtivos do pai era pagar eu as arqueologias do filho; *antes lhe pagasse a lepra... Quando esta idéia me atravessou o cérebro, senti--me tão cruel e perverso que peguei no rapaz, e quis apertá-lo ao coração, mas recuei; encarei-o depois, como se faz a um filho de verdade;* os olhos que ele me deitou foram ternos e agradecidos. (257)

No capítulo seguinte, "Não houve lepra," quando o desejo de ver Ezequiel morto se realiza por meio de outra moléstia, Dom Casmurro mostra a tenacidade de seu ressentimento (admitir que o ciúme talvez tivesse sido infundado significaria, se não odiar a si mesmo, ao menos recriminar-se severamente e arrepender-se):

> Não houve lepra, mas há febres por todas essas terras humanas, sejam velhas ou novas. Onze meses depois, Ezequiel morreu de uma febre tifóide, e foi enterrado nas imediações de Jerusalém, onde os dois amigos da universidade lhe levantaram um túmulo com esta inscrição, tirada do profeta Ezequiel, em grego: 'Tu eras perfeito nos teus caminhos.' Mandaram-me ambos os textos, grego e latino, o

desenho da sepultura, *a conta das despesas e o resto do dinheiro que ele levava; pagaria o triplo para não tornar a vê-lo.* (257–58)

Convém recordar que Santiago já tinha recorrido ao dinheiro para perder Capitu e Ezequiel de vista, excluí-los de seu convívio, bancando os estudos do menino e a permanência de ambos na Europa por tempo indefinido, numa espécie de morte simbólica.

Outro ponto importante com relação ao simbolismo do dinheiro não apenas em *Dom Casmurro*, mas também em outros romances e contos da maturidade do autor, é a freqüente associação entre riqueza material e esterilidade, entre prosperidade e aniquilação da vida, entre dinheiro e ausência de filhos, de confiança, de felicidade, no que diz respeito aos protagonistas desses textos. No capítulo 95 de *Memórias póstumas*, Brás morre sem deixar filhos, como ele mesmo faz questão de frisar na célebre negativa que encerra o livro. A única possibilidade de vir a ser pai—se é que o amante Brás, e não o marido de Virgília, era mesmo responsável por sua gravidez—, logo se desfez, pois a mãe perdeu o bebê "após algumas semanas de gestação" (Assis 238). Ironicamente, se esse filho nascesse não teria o sobrenome Cubas nem herdaria sua fortuna. Em *Quincas Borba* (1891), capítulo 14, Rubião herda todo o patrimônio do criador do humanitismo que, não tendo filhos e não podendo deixar esses bens para seu cão homônimo, lega-os a seu dedicado enfermeiro, desde que cuidasse do animal como se fosse o próprio dono já falecido. Além da herança material, Rubião de certa forma herda também o destino de Quincas Borba, morrendo louco e sem filhos. Em *Esaú e Jacó*, Pedro e Paulo, filhos gêmeos de um rico capitalista e diretor de banco,[16] apaixonam-se pela mesma moça, Flora, que adoece com uma febre e morre. Sem esquecer outro novo-rico, Nóbrega, que chega a pedi-la em casamento pouco antes da doença fatal. No penúltimo capítulo do romance, os gêmeos, que passaram a vida brigando um com o outro, perdem a mãe, vitimada pelo tifo. No *Memorial de Aires*, o abastado gerente de banco Aguiar[17] e a esposa não conseguem ter descendentes, e essa "orfandade às avessas," como diz o conselheiro, só encontra "um paliativo" em dois filhos não "de verdade, mas só de afeição," Tristão e Fidélia. O pai da moça, um barão do café, rompe com a filha quando esta desposa o filho de seu inimigo e continua recusando-se a vê-la até mesmo depois de saber que ficou viúva. A reconciliação entre Fidélia e o velho barão de Santa-Pia só se faz quando ele sofre uma "congestão cerebral" que termina por levá-lo à morte. No conto de *Histórias sem data* (1884), "Anedota pecuniária," o avarento milionário Falcão não só não se casa e não tem filhos, mas ainda "vende" as duas sobrinhas que sucessivamente toma como filhas adotivas. No conto de *Várias histórias*, "Entre santos," já discutido aqui, o rico muquirana Sales é casado, sua família, porém, resume-se à esposa agonizante.

Em *Dom Casmurro*, a associação mencionada já se verifica no caso dos pais do protagonista. Como assinalou Paul Dixon, enquanto a fortuna dos futuros pais de Bentinho aumentava, sua felicidade era abalada pela falta de filhos (117). Para que o segundo bebê não nascesse morto como o primeiro, Dona Glória prometeu tornar esse filho padre se ele fosse homem, o que equivale a uma castração. Embora tivesse permitido cancelar o futuro eclesial de Bentinho, pagando as despesas de um órfão pobre que entraria no seminário e se ordenaria padre no lugar dele, o dinheiro não garantiria a perpetuação do nome da família. Por acreditar que tinha encontrado substituto tanto na carreira eclesiástica quanto na conjugal, Bento Santiago desejou matar, ora literal, ora simbolicamente, aquele filho que, biológico ou não, tinha sido criado por ele até então e tinha recebido seu sobrenome. E assim, Dom Casmurro, herdeiro rico e advogado de sucesso, renunciou a uma paternidade antes tão ansiada e que demorou a vir. Recordemos estes dois trechos do início e do fim do capítulo 104, "As pirâmides":

> Ao fim de dois anos de casado, salvo *o desgosto grande de não ter um filho*, tudo corria bem [...].
> Como eu um dia dissesse a Escobar que lastimava não ter um filho, replicou-me:
> —Homem, deixa lá. Deus os dará quando quiser, e se não der nenhum é que os quer para si, e melhor será que fiquem no céu.
> —Uma criança, *um filho é o complemento natural da vida*.
> —Virá, se for necessário.
> Não vinha. Capitu pedia-o em suas orações, eu mais de uma vez dava por mim a rezar e a pedi-lo. *Já não era como em criança; agora pagava antecipadamente, como os aluguéis da casa.* (*Dom Casmurro* 208–9; itálicos nossos)

A respeito dessa passagem final do capítulo, cito a valiosa observação de Paul Dixon, segundo a qual: "[...] antes de Bentinho sair do seminário e se casar com Capitu, os protagonistas são retratados como devedores que tentam pagar uma imensa dívida,"[18] contraída por Dona Glória antes mesmo de o filho nascer. "Depois do casamento," prossegue Dixon, "essa dívida parece ter sido paga, e os protagonistas passam à posição oposta de poupadores que pagam adiantado em suas transações espirituais."[19] E o mesmo crítico acrescenta: "Antes do casamento, ele está, figurativamente falando, endividado. No entanto, o dinheiro simboliza sua esperança de felicidade. Depois do casamento, suas dívidas estão pagas, mas o dinheiro de que ele agora dispõe começa a ficar associado à amargura e à angústia."[20] Essa mescla recorrente de assuntos espirituais a conceitos ou fatos do universo econômico, mescla que antes permitiu a Bentinho converter orações em moeda, agora permite ao protagonista já casado ver o ato de rezar pedindo um filho como pagamento antecipado. A comparação com o pagamento dos "aluguéis da casa" não deixa de ser sugestiva, se pensarmos que esse pagamento, ainda que antecipado, não torna a casa propriedade do inquilino, assim como as repetidas orações feitas por Bento antes de Capitu engravidar não tornam Ezequiel filho dele, ao menos a seus olhos.

Notas

[1] Veja-se a "teoria do benefício" proposta por Quincas Borba no capítulo 149 de *Memórias póstumas de Brás Cubas.*

[2] Juridicamente, "sociedade" designa o "contrato consensual pelo qual duas ou mais pessoas se obrigam a reunir esforços ou recursos para a consecução dum fim comum" (*Aurélio*). "Sociedade civil" é toda "associação não estabelecida por leis comerciais, logo sem visar lucro, regida pelo Código Civil" (*Houaiss*), ou toda "associação que não tem por objeto atos de comércio" (*Aurélio*). "Sociedade comercial" é um "contrato em que duas ou mais pessoas estipulam pôr em comum os seus bens, total ou parcialmente, ou, ainda, a sua indústria, para praticar habitualmente atos de comércio e dividir os lucros e perdas que houver" (*Aurélio*).

[3] Em *La Princesse de Clèves*, de Mne de Lafayette lê-se: "[...] o amor estava sempre misturado aos negócios; e os negócios, ao amor" (56; tradução minha). Coincidentemente, o termo "comércio" é empregado nesse romance da autora, inúmeras vezes, no sentido figurado de relações interpessoais ou relacionamento, sem caráter pejorativo.

[4] No capítulo 12, "Na varanda," lemos: "Capitu chamava-me às vezes bonito, mocetão, uma flor" (*Dom Casmurro* 82). No capítulo 35, "O protonotário apostólico," afirma Dona Glória acerca de Bentinho: "—Há de ser padre, e padre bonito" (120). No capítulo 97, "A saída," diz o narrador, cheio de si: "[...] sentia já, debaixo do recolhimento casto, uns assomos de petulância e de atrevimento; eram do sangue, mas eram também das moças que na rua ou da janela não me deixavam viver sossegado. Achavam-me lindo, e diziam-no; algumas queriam mirar de mais perto a minha beleza, e a vaidade é um princípio de corrupção" (201).

[5] Eis o comentário de José Dias a respeito do desafeto: "—[...] em segredinhos, sempre juntos. Bentinho quase que não sai de lá. A pequena é uma desmiolada; o pai faz que não vê; tomara ele que as cousas corressem de maneira, que... [...] [A] senhora não crê em tais cálculos, parece-lhe que todos têm a alma cândida..." (*Dom Casmurro* 70).

[6] Segundo o narrador-protagonista, a vida só teria de fato principiado para ele com a denúncia de José Dias, com essa "revelação da consciência a si própria" (*Dom Casmurro* 83), revelação na qual o adolescente se descobre apaixonado. E José Dias só pôde *denunciar* Bentinho à família e a si mesmo porque a mãe do rapazinho de 15 anos prometera fazê-lo padre caso vingasse, ao

contrário do primeiro filho, nascido morto. Portanto, a "ópera" *Dom Casmurro*—ver "A ópera" (78) e "Aceito a teoria" (80)—não começa pelo duo Bentinho-Capitu, nem pelo trio Dona Glória-Bentinho-Capitu, em que o contralto e o soprano lutam pelo tenor, mas já se inicia pelo quarteto José Dias-Dona Glória-Bentinho-Capitu, em que o agregado se associa à mãe de Bentinho, cuja dívida com Deus e cuja autoridade manipula em benefício próprio e também contra seu rival Pádua, ou seja, contra a aliança entre a "filha do *Tartaruga*" (70) e o filho da viúva Santiago. Acerca da disputa entre Capitu e a mãe de Bentinho, ver: (91–92, 94); (97–98); (28); (33). Cito apenas um parágrafo desse último capítulo: "—Se você tivesse que escolher entre mim e sua mãe, a quem você escolhia?" (133). Sobre a rivalidade entre José Dias e Pádua, ver: (70); (87); (90); (41).

[7] Remeto aqui ao indispensável ensaio de Roberto Schwarz, "A poesia envenenada de *Dom Casmurro*," no qual destaco, em particular, sua análise comparativa dos comportamentos de José Dias e Capitu, sua descrição da conduta de Bento Santiago, pouco propenso à relação entre iguais, bem como a discussão minuciosa de passagens deste (24–27) e de outros capítulos.

[8] Várias das passagens aqui discutidas são também analisadas por esse autor. Julgo desnecessário assinalar os pontos de contato e as diferenças ou complementaridades entre nossos estudos, atendo-me às observações desse autor que me pareça conveniente sublinhar. O mesmo vale para a análise realizada por Therezinha Mucci Xavier, no livro *Verso e reverso do favor no romance de Machado de Assis*, cujo capítulo "Favores espirituais: suporte de *Dom Casmurro*" cito mais adiante.

[9] Sobre a invenção desse significado, que o narrador indevidamente atribui ao vulgo, escreveram Helen Caldwell e Marta de Senna. A autora americana pergunta: "Mas o que acontece se consultarmos dicionários? A definição que ele não deseja que vejamos é esta: 'aquele que é teimoso, implicante, *cabeçudo*.' Talvez porque pudéssemos achar que a definição padrão antiga se aplica melhor do que aquela que *ele* fornece." Em nota, Caldwell acrescenta: "Em anos mais recentes, os dicionários de português ampliaram a definição de 'casmurro' de modo a incluir o significado especial dado por Santiago" (*O Otelo brasileiro de Machado de Assis: um estudo de* Dom Casmurro 20, 21). "Na primeira edição do dicionário Caldas Aulete, de 1884, possivelmente o que Machado teria em casa (apesar de não constar do inventário de Jean-Michel Massa)," só há a primeira acepção, observa Marta de Senna, para em seguida comentar numa nota: "É curioso como Machado e Sterne se comprazem nessa espécie de brincadeira lexicográfica." ("*Dom Casmurro*: a loucura oblíqua e dissimulada" 95). No décimo capítulo de seu livro, Caldwell lembra que Machado consultava o Caldas Aulete, segundo atesta, por exemplo, sua crônica de "A Semana," publicada na *Gazeta de Notícias*, em 25 de Novembro de 1894, na qual cita esse dicionário.

[10] No primeiro capítulo do livro, já se enuncia tal hipótese interpretativa: "O título desse capítulo é 'Uma ponta de Iago'; desse ponto em diante, o Otelo-Santiago toma para si também o papel de Iago, manipulando seus próprios lenços para atiçar o furor de seu próprio ciúme." Vale recordar ainda o fim de um parágrafo crucial do segundo capítulo, intitulado justamente "O lenço de Desdêmona," por desdobrar a hipótese mencionada: "Na peça de Shakespeare, o amor de Otelo é atacado de fora pela inveja, o ódio e o dolo de Iago. Em *Dom Casmurro*, a disputa tem lugar dentro do mesmo homem" (Caldwell, *O Otelo* 25, 41).

[11] Veja-se *O Otelo brasileiro de Machado de Assis: um estudo de* Dom Casmurro, de Helen Caldwell (36–38). A assimilação do narrador-protagonista a Iago tem conseqüências para sua caracterização no aspecto pecuniário, como veremos na leitura de Caldwell.

[12] Veja-se "Favores espirituais: suporte de *Dom Casmurro*," de Therezinha Mucci Xavier (72). No capítulo 80 do romance, o narrador recorda ao leitor: "[...] a minha carreira eclesiástica era objeto de promessa feita quando fui concebido." Além disso, atribui retrospectivamente a Dona Glória um hipotético questionamento a respeito do favor divino (sempre em conformidade com seu interesse, claro), questionamento que termina narrando não como suposição dele

sobre o que iria pela cabeça da mãe na época, mas como fato: "Por que é que Deus a puniria negando-lhe um segundo filho? A vontade divina podia ser a minha vida, sem necessidade de lha dedicar *ab ovo*. *Era* um raciocínio tardio; *devia ter sido feito* no dia em que fui gerado" (178–79).

[13] A autora anota exemplos romanescos desse traço estilístico recorrente em Machado—as "metáforas concretizadoras que apalpam a experiência do cotidiano," como estes dois de *Dom Casmurro*, entre outros: "desde que não mete a alma no purgatório" (223); "José Dias desfechou--3lhe dous superlativos" (193). Veja-se *Metáfora, o espelho de Machado de Assis*, de Dirce Riedel Côrtes (74–75).

[14] "No romance de Machado, o dinheiro entra em jogo tanto literal quanto figurativamente. Em ambos os casos, seu simbolismo está carregado de emoção: ele se torna questão de vida ou morte" (Dixon 116; tradução minha).

[15] "Paga sua dívida espiritual com dinheiro vivo" (Dixon 118; tradução minha).

[16] Sobre a situação financeira privilegiada dos filhos de Natividade e Agostinho Santos, ver *Esaú e Jacó*: "Que eles eram já doutores, posto não houvessem ainda encetado a carreira de advogado nem de médico. Viviam do amor da mãe e da bolsa do pai, inesgotáveis ambos" (211).

[17] Sobre o cabedal de Aguiar ver *Memorial de Aires*: "Não falei das ações do Banco do Sul, nem das apólices, nem das casas que o Aguiar possui, além dos honorários de gerente; terá uns duzentos e poucos contos" (85).

[18] Tradução minha. No original, lê-se: "Before departure from the seminary and before Bentinho's and Capitu's marriage, the protagonists are portrayed as debtors, trying to pay off a formidable obligation" (Dixon 120).

[19] Tradução minha. No original, lê-se: "After the marriage, the debt appears to have been satisfied in full and the protagonists are in the contrary position of being savers and paying cash in advance for their spiritual transactions" (Dixon 120).

[20] Tradução minha. No original lê-se: "Before his marriage he is, figuratively speaking, in hock. Yet Money symbolizes his hopes for happiness. After marriage, his debts are paid but the money He now possesses begins to acquire the associations of bitterness and anxiety" (Dixon 120).

Obras Citadas

Assis, Joaquim Maria Machado de. "A igreja do diabo." *Histórias sem data*. Rio de Janeiro: Civilização Brasileira, 1975. 57–65. Impresso.

———. "Anedota pecuniária." *Histórias sem data*. Rio de Janeiro: Civilização Brasileira, 1975. 146–55. Impresso.

———. *Dom Casmurro*. 2ª ed. Rio de Janeiro: Civilização Brasileira,1977. Impresso.

———. "Entre Santos." *Várias histórias*. Rio de Janeiro: Civilização Brasileira, 1975. 67–74. Impresso.

———. *Memorial de Aires*. Rio de Janeiro: Civilização brasileira, 1975. Impresso.

———. *Memórias póstumas de Brás Cubas*. 2ª ed. Rio de Janeiro: Civilização Brasileira, 1977. Impresso.

———. *Quincas Borba*. 2ª ed. Rio de Janeiro: Civilização Brasileira, 1975.Impresso.

———. *Obra completa*. Vol. 1. Rio de Janeiro: Aguilar, 1959. Impresso.

Caldwell, Helen. *O Otelo brasileiro de Machado de Assis: um estudo de* Dom Casmurro. Trad. Fábio Fonseca de Melo. São Paulo: Ateliê Editorial, 2002. Impresso.

———. *The Brazilian Othello of Machado de Assis: A Study of* Dom Casmurro. Berkeley and Los Angeles: University of California Press, 1960. Impresso.

"Contrato." Def. *Dicionário Aurélio eletrônico, século XXI.* Versão 3.0. 1999. Web.

———. Def. *Dicionário eletrônico Houaiss da língua portuguesa.* Versão 1.0. 2001. Web.

Dixon, Paul. *Retired Dreams:* Dom Casmurro*, Myth and Modernity.* West Lafayette, Indiana: Purdue University Press, 1989. Impresso.

"Escriturar." Def. *Dicionário eletrônico Houaiss da língua portuguesa.* Versão 1.0. 2001. Web.

Guimarães, Hélio de Seixas. "*Dom Casmurro* e o leitor lacunar." *Os leitores de Machado de Assis: o romance machadiano e o público de literatura no século XIX.* São Paulo: Nankin Editorial, 2004. 215–38. Impresso.

Lafayette, Mme de. *La Princesse de Clèves.* Paris: Larousse, 1995. Impresso.

"Moeda fiduciária." Def. *Dicionário Aurélio eletrônico, século XXI.* Versão 3.0. 1999. Web.

———. Def. *Dicionário eletrônico Houaiss da língua portuguesa.* Versão 1.0. 2001. Web.

"Peitar. " Def. *Dicionário eletrônico Houaiss da língua portuguesa.* Versão 1.0. 2001. Web.

"Promessa." Def. *Dicionário eletrônico Houaiss da língua portuguesa.* Versão 1.0. 2001. Web.

Riedel, Dirce Côrtes. "Lucros e perdas." *Metáfora, o espelho de Machado de Assis.* 2ª ed. São Paulo: Francisco Alves, 1979. 73–79. Impresso.

Santos, Wellington de Almeida. "*Dom Casmurro* e os farrapos de textos." *Machado de Assis, uma revisão.* Rio de Janeiro: In-Fólio, 1998. s.d. Impresso.

Schwarz, Roberto. "A poesia envenenada de *Dom Casmurro.*" *Duas Meninas.* São Paulo: Companhia das Letras, 1997. 7–41. Impresso.

Senna, Marta de. "*Dom Casmurro*: a loucura oblíqua e dissimulada." *O olhar oblíquo do bruxo: ensaios em torno de Machado de Assis.* Rio de Janeiro: Nova Fronteira, 1998. s.d. Impresso.

Shakespeare, William. *Otelo.* Trad. Onestaldo de Pennafort. 3ª ed. Rio de Janeiro: Civilização Brasileira, 1968. Impresso.

"Sociedade." Def. *Dicionário Aurélio eletrônico, século XXI.* Versão 3.0. 1999. Web.

———. Def. *Dicionário eletrônico Houaiss da língua portuguesa.* Versão 1.0. 2001. Web.

"Sorte." Def. *Dicionário Aurélio eletrônico, século XXI.* Versão 3.0. 1999. Web.

———. Def. *Dicionário eletrônico Houaiss da língua portuguesa.* Versão 1.0. 2001. Web.

"Vadio." Def. *Dicionário Aurélio eletrônico, século XXI.* Versão 3.0. 1999. Web.

———. Def. *Dicionário eletrônico Houaiss da língua portuguesa.* Versão 1.0. 2001. Web.

Xavier, Therezinha Mucci. "Favores espirituais: suporte de *Dom Casmurro.*" *Verso e reverso do favor no romance de Machado de Assis.* Viçosa: Imprensa Universitária da Universidade Federal de Viçosa, 1994. 71–79. Impresso.

Bluma Waddington Vilar is a translator and a writer. As a postdoctoral fellow at Fundação Casa de Rui Barbosa / CNPq, she has worked on a research project about money, ethics, and figurative language in the last five novels of Machado de Assis. She has articles on the work of Machado published in journals such as *Portuguese Literary & Cultural Studies* and *Machado de Assis em linha: revista eletrônica de estudos machadianos.* She is also the author of a book for children, *Idéias de um menino cismado* (2004). Email: bwv@terra.com.br

Religion and the Everyday Life of Money in Brazil

Roger Sansi

Abstract. A long tradition of social scientists has defended that in Brazil, money and social relations are in contradiction, partially as a result of Catholicism. This article shows how, on the contrary, money has always been present in Brazilian popular religion. This argument leads to a second point: Brazilian Neo-Pentecostal churches have been openly criticized for their ritual use of money. Social scientists have interpreted these practices as a foreign "money fetishism," and these churches are often described as agents of Neo-Liberalism. I argue that Neo-Pentecostals in Brazil appropriate money not just for economic ends but also with the political project of Christianizing the country. In more general terms, the article introduces a different perspective both from the classical discourse on money as an agent of globalization and modernity on the one hand, and a more recent literature on the personalization of money and alternative currencies, on the other. In both of the discourses on modernity and personalization, nation-states are increasingly marginal. But the nation is still very much at the center of the Brazilian Neo-Pentecostal project.

One day I was on the bus in Bahia, paying my ticket to the *cobrador*, the ticket collector. I gave him the exact change, to hurry up. He gave me back a piece of paper that looked like a check. The "check" belonged to the "Salvation Bank." The amount was "your life," "A personal and non-transferable

Portuguese Literary & Cultural Studies 23/24 (2012): 173–197.
© Tagus Press at UMass Dartmouth.

salvation," assigned to the "sinner who would ask forgiveness." I could cash it in the "evangelical church closer to home."

Fig. 1. Cheque Ouro, Banco da Salvação.

This was not the first time somebody in the street gave me one of these checks. But in the hands of the bus collector, what before was just a simple act of propaganda had become a sophisticated conceptual game. The everyday ritual of looking for change in the bus had become a reflection on the value of money and its relation to the sacred.

But I do not want to suggest that this conceptual game implies a particularly exotic or strange form of giving value to money, that there are radically different traditions or ways of giving value to money in Brazil and Europe or the US, different money "cultures." In fact, this has been held by many social scientists, including Oliven, for whom, as opposed to Americans, Brazilians have a "strong resistance to face money as a central value" (27). Brazil would have a "personalist" culture, where personal relations and status are more important than money.[1] One of the central components of this "personalism" would be the religious hegemony of Catholicism, as opposed to the "Protestant Ethics" of capitalism (Oliven 25–26).

One of the objectives of this article is to show that, on the contrary, money has always had a "central value" in everyday religion in Brazil. Arguing that Brazilians despise money because of their Catholicism and "personalism" can result in a certain bias in the interpretation of everyday religious practices.

This is especially evident in relation to the emergence of Neo-Pentecostal Christianity in Brazil in the last decades. The ritual use of money and the "Gospel of Prosperity" in these churches has been the object of enormous scholarly concern, partially because it questions these models of Brazilian "personalism" and its Catholic backbone (Prandi and Pierucci). The emergence of these churches, especially the Church of the Kingdom of God (Igreja Universal do Reino de Deus, IURD), is commonly described as the result of global capitalism and neo-liberalism (see Campos; Guareschi; Jardilino; Mariano; Oro; Kramer; Comaroff and Comaroff). The IURD in particular has not only been incredibly successful in Brazil but has had an enormous success in Africa, Portugal, and among African lusophone migrants in Europe. This expansive "globalized" pattern gives more reasons to argue for its "anti-brazilianness."

Not only Brazilian scholars have been interested in these churches; they have also become a central case study for "global" anthropologists like the Comaroffs, who describe the IURD as a prime example of "millennial capitalism," where "Neo-Pentecostalism meets neoliberal enterprise" (314). They describe this unlikely mixture as a sign of the times, a precarious "local" re-appropriation of a "global" force, an inevitably doomed "cargo" cult. In the context of a global economy led by "arcane" and "frightening" forces, ordinary people express their "panic" in "religious movements that pursue instant material returns" (Comaroff and Comaroff 316), mimicking the magic of capitalism.

This identification with "cargo cults" underestimates the rationalization and strategic planning of these churches. These are not just opportunist, ready-made prophets that take advantage of the despair of the wretched of the earth. They have become massive organizations with a faithful membership, overcoming the "millennium" quite successfully. Their ends are not just "instant material returns"; they have long-term plans. And these plans are not just economic, but also political. Especially in Brazil, the IURD has clear and well-designed political goals. In spite of its "globalization" or "cosmopolitanism," the IURD is very concerned with the nation. In fact, in many ways it looks like it wants to take over the nation and remake it in its own image.

The centrality of money in the religious practice of the IURD has a clear political and national meaning. This is an important point and it may need a more general consideration. Since Marx, Weber, and Simmel, money has been described as the main agent of modernity as a process of growing abstraction, rationalization of social relations, and individualization. It is "a god among commodities," "the ultimate objectifier" (Zelizer 7) in commodity fetishism. Money is the weapon through which transnational capitalism overcomes local cultures.

The Comaroffs' description of "millennial capitalism" is very much in line with this classical and venerable tradition of modernity theory, adding the observation that this modernity can be multiple: Western commodity fetishism spreads locally in different ways, resulting in a myriad of "millenarian" movements that make explicit the ideologies that capitalism disavows.[2] Thus, the "money fetishism" of the IURD would only be an explicit version of the disavowed "commodity fetishism" of capitalism. But in the last decades many authors have shown that the opposite can also be true: money is not just an agent of transnational modernization, even if this modernization is "multiple"; it is also used in everyday life to make and renew social and personal relations (see Hart, "Heads" and *Memory*; Bloch and Parry; Zelizer) that can be more enduring than chiliastic "cargo" cults. In other terms, money is not *only* a tool of alienation, but it can be re-appropriated to build persons and communities: it can also be a tool of self-creation.

The question of the re-appropriation of money has become especially relevant in the last years as a consequence of technological changes that have produced new money forms that can potentially become more personalized and autonomous, like electronic money (Hart, *Memory*) or the emergence of alternative currencies and exchange networks that have emerged in reaction to globalization (Maurer). But my point in this article is slightly different. I am not arguing that the IURD re-appropriates money *just* to build its own community. Their objective is more ambitious. They want to redefine the original source of money value. As Hart argued in "Heads or Tails?," money is not just a commodity, but also a token of political authority, a token of the state. Putting money at the center of their ritual practice, evangelical Christians are also making a political statement: They are investing in a currency, and they are giving it a superior form of value, a sacred value. In so doing, their objective is not just to sanctify their money, but to sanctify the country: appropriating money is a necessary step in the direction of transforming Brazil into a Christian nation.

To summarize, it is not enough to describe this phenomenon as a "local" response to a "global" process. The IURD is deeply engaged in its country of birth, Brazil, and it has to be understood within the cultural, economic, and political history of Brazil. In this article I would like to contextualize the question of the relation between money and religion in Brazil by considering the larger social and historical context.

First, it is necessary to say that money has always had a place in the everyday religious life of Brazil. The uses of money in contemporary evangelical ritual are not inconsistent with the religious traditions of the country. These religious traditions were shaped in the context of world trade, colonialism, and slavery; Brazilian society is a "cosmopolitan" society in many ways since its very foundation, a result of a process of "globalization" that we can trace back to its discovery.

Nevertheless, it is true that Brazil has been through extraordinary transformations in the last twenty years. These transformations have been particularly visible at least in two fields: money and religion. On the one hand, Brazil has been through an enormous economic crisis: it has survived hyperinflation, and has changed currencies several times. It could be argued that this is a result of contemporary processes of "globalization," although to be more specific we should talk about the imperialist policies imposed by the IMF. On the other hand, Catholicism is losing its hegemony in Brazil, and Neo-Pentecostalism is emerging as a powerful force in the public sphere. It would be too easy to draw a direct, causal link between the two series of events. But it is evident that Brazilians have lived both processes in their everyday lives and that in some ways one must have informed the other, and vice versa.

Yet this mutual influence cannot be understood solely in religious or economical terms; it also has to be described politically. The second central point of this article is that the centrality of money in evangelical churches in Brazil has a political meaning. The political projects of these churches in Brazil, as elsewhere, take the national state very seriously. They are not renouncing their national identity to embrace globalization; on the contrary. Their objective, in the middle or long term, is to shape the nation to their own image, to their project of a Christian nation.

In the next pages, I will address these questions starting with a description of the pervasive presence of money magic in Brazil since colonial times. After that, I will introduce the monetarist policies of the Brazilian state in the last twenty years, and the consequences this has had on everyday life. This will lead up to my final discussion of the political relevance of money in Neo-Pentecostal ritual nowadays.

Money magic in Brazil

For the historian Laura de Mello e Souza, "the divinization of the economic world" and its objects in colonial Brazil is anything but surprising (146).

After all, the Brazilian colony was based on the exploitation of slavery, the economic objectification of people, and the maximization of profits in trade. Before being a nation, Brazil was a market, and a factory. Since the very beginnings of the colonization of Brazil, we have accounts of enchantments and disenchantments in which money played a central part. The Inquisition records describe rituals where coins were used to "clean" bodies of spiritual influences.[3] Still today, in the house of the Afro-Brazilian religion Candomblé in which I did fieldwork in Bahia, coins are used in body *limpezas* ("cleansings") and then are *carregados* ("charged") with the spirits or influences that were harming the body. After that, the coins have to be *despachado* ("dispatched"), sent away, to lose their exchange value. In the *axexé*, a funeral ritual of the Afro-Brazilian religion Candomblé, people pass coins around their heads and then throw them in a pot (*cuia*) in the center of a closed room where the funeral ritual is celebrated. According to Elbein, with this gesture, people give themselves to the dead person.[4]

Coins can be conductors or embodiments of spiritual entities, they can embody "the distributed person" (Gell 96–154). Coins can absorb, conduct, and provide the spiritual agency called *Axé* in Candomblé, just like animals in sacrifice. When money acquires sacrificial value, when it is "sent away," it can no longer be used as money. Taking it from an offering would bring a curse, like taking the sacrificial remains of an animal once it's been offered to a "saint": it would be like stealing the "saint." Furthermore, if it is the result of a ritual "cleansing," when an evil spirit has been removed from someone, one would risk absorbing the influence of this evil spirit.

The ritual use of coins, however, is not restricted to Candomblé but is also present throughout many forms of popular religion. Coins are commonly found in magical amulets, not only in Candomblé, but also in popular Catholic belief, such as the *patuás* or amulets one can find in the church of the miraculous Nosso Senhor de Bonfim (Fig. 2). The use of these *patuás* obeys the same logic: In the same way that a coin can embody a dead spirit, it can also protect you from it—it can help you *fechar o corpo* ("close your body").

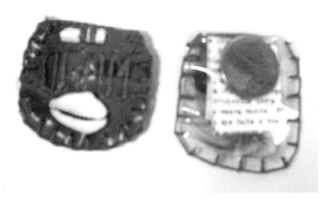

Fig. 2. *Patuás* (amulets) *of Nosso Senhor do Bonfim.* The one to the left makes refer-ence to the Orixá Ogum; the cowry shell was once a currency in Africa, but the histori-cal memory of this fact has been lost in Brazil. The one to the right contains a Catholic prayer to Bonfim, and one cent.

If money is used in sacrifice or put in an amulet it loses one of its essential qualities: it is no longer a means of exchange. It could be argued, on the other hand, that the magic of capitalism is specifically oriented to make money with money, to renew its circulation, as opposed to the "sacrifice" of money.

Fig. 3. "The Money Fire" incense box.

But money is not used ritually just for sacrifice: People commonly ask for luck in their financial life from saints[5] or the Orixás of Candomblé. In the shops of religious objects, we can find incense that attracts money (Fig. 3). The "magic of capitalism" is also present in many forms in everyday religious practices, and it was probably so well before "capitalism" was theorized. Orixás, saints, and spirits help people find money. Helena, the Candomblé priestess I worked with, often said that she dreamt of numbers to play in the lottery, inspired by her guiding spirit, a Caboclo (Indian)—and she would win. There are countless magical practices oriented to prosperity; for example, writing prayers on bills that then are distributed and reproduced, using the very profane technique of the "chain message." Some contain prayers to Saints Cosmos and Damian with messages like this: "When you get this bill you will have a lot of money from Saint Cosmos and Saint Damian. Write on 6 bills like this and give them out" (Fig. 4).[6]

Fig. 4. Bill with a prayer to Saints Cosmos and Damian.

Saints Cosmos and Damian are two twin children. They are syncretized in Candomblé with the *crianças* or *erês*: childish spirits, very talkative and playful (the root of the word *erê* comes from the Yoruba term for "play"). They love parties and are very generous, although sometimes uncontrollable and wild—like children.

The practice of writing messages on bills is based precisely on the principle opposite to sacrifice: They do not transform money into an image of the sacred (sacrifice) but transform an image of the sacred into money (production). Not only are popular saints like Cosmos and Damian associated with prosperity and the circulation of money, some Orixás are as well, for example, Xangô, who was once a rich and generous king. Once I was in a Candomblé house and a coin fell down from my pocket. Somebody said, laughing, that it was "for Xangô" because Xangô wants money to circulate, "to fall like water." On another occasion, I convinced Helena to come with me to the market. After she bought a load of things, she said: "I didn't want to come because I have no money, but obviously Xangô wanted me to come." Money goes because Xangô wants it to, and people don't seem to have much control over it.

Another spirit that is centrally associated to money is Exu, the trickster, the master of theft and magic. Exu is also an ambiguous character; he "works" and makes spells for money, but he is not very reliable: he can always turn against his employer and work for somebody else who pays him more. Curiously enough, Exu is sometimes called the "slave" because he "works for money," according to Helena, which means that he is not loyal but interested only in material gains.[7]

It could be argued that this money magic doesn't have much to do with the supposedly "Protestant ethics" of capitalism. Money magic is based on luck, the notion that the alliance with divine entities can lead objective chance in one's favor. These entities, however, are voluble, ambiguous, fluid, and fungible, like money itself. This is not the same as the idea of predestination, that enrichment by means of constant work is a proof of God's will. No sign of the sanctification of work exists in lottery dreams.

In fact, one of the essential dogmas of Protestant churches in Brazil is the banning of their members from playing lotteries. This may give us a clue to understand what is implied in the message I found on one of these written bills: "Essa é de Deus" ("This one belongs to God"). This was written very probably by a Neo-Pentecostal Christian. "This one belongs to God" means that there are no tricks, no deals, and no chains; it makes a statement with regards to others who write to lesser entities, like saints, Orixás, and other idols. This is not about having good luck. This belongs to God exclusively, like the believer gives himself to God. And God is the measure of all value for him. It sets God as its sole standard of value, an unbeatable one.

Maybe that is what makes the difference from traditional forms of money magic in popular religious practice and the new Protestant churches of Brazil: Money is not just an unruly entity in the hands of fortune, but it can be a sign of God. However, before going into that, we should consider in more general terms the complicated history of money in Brazil in the last decades, and the transformations in everyday life that this may have produced. It is important to understand this economic conjuncture in order to avoid falling into superficial references to "globalization," "neoliberalism," and the "casino economy."

Disciplinary monetarism in Brazil: Fighting the dragon of inflation

In Brazil, the nation is a project, something in the making; Brazil is the "country of the future," as Stefan Zweig said in 1942. But in the 1980s, the "lost decade," this belief often turned to deception, and many people started saying that "este país não vai dar certo" ("this country is not going to turn out right"). Brazil's dramatic economic history for the last twenty years seems to give good arguments for its citizens to distrust the reliability of their state. The central conundrum of the state in the last twenty years has been monetary policy, building a strong, reliable currency, in face of the recession and the "dragon of inflation" that destroyed the country in the eighties, reaching 1320 percent in 1989.

Inflation has been common in Brazil since the Empire, but never before had it reached this level. The first oil crisis of the early seventies hardly affected the Brazilian economy.[8] But the abandonment of the gold standard and the US policy of fixed interest rates had a strong impact: The second crisis of 1979 was accompanied by the rise in interest rates on the Dollar, in order to finance its own deficit. From a situation of excess liquidity in international financial markets, the world economy went into a situation of extreme scarcity. The credits to peripheral countries like Brazil were denied, and the debts accumulated were claimed; it was the beginning of the "crisis of the foreign debt," and the Brazilian currency, the Cruzeiro, suffered a devaluation of 30 percent. It was at that time that the IMF started acquiring the shape and power it has nowadays, by managing the "debt." Countries like Brazil were forced to follow the economic policies of the IMF, which from that time followed the set of ideological assumptions that many afterwards called "neoliberal." The IMF argued that the crisis of the peripheral countries was due to an excess of demand. Peripheral states should limit their expenses; they had to shrink their economies, to deepen the crisis. The Brazilian state "contained" its expenses and as a result the country went into a bigger crisis ... but inflation kept on rising to unprecedented levels (Filgueiras 75). Inflation not only had its own dynamics, not only was it "alive," but it was a monster, a "dragon," as the media called it (Gurgel and Vereza).

ECONOMIES OF RELATION   183

Inflation stretched social inequalities in the country, dividing the population between those who had a bank account and those who didn't. Savings accounts were rewarded with high interest rates and all accounts had monthly corrections indexed with inflation. People without bank accounts were stuck with the value of the cash they had in hand, the "living money" as it is called in Brazil, *dinheiro vivo*. People with bank accounts used checks more than cash, foreseeing that prices would rise before their checks were cashed. Shops and businesses would make installments to their accounts once or twice daily to avoid having any cash in hand. Social differences were not only growing between the people who had money and those who didn't, but between those who only had cash and those who had bank accounts.

In this situation, Brazil elected a new government in 1990: Fernando Collor came to power with a populist discourse in which he presented himself as a young, handsome outsider to the traditional elites (although he was a powerful landowner and political chief). After several unsuccessful plans and several changes of currency, the Collor administration started to apply thoroughly the draconian measures proposed by the Washington Consensus to stop inflation. The state started dismantling and selling public companies to pay the debt. But most important, the administration confiscated all financial activities in the country, including all savings accounts, in a measure that anticipated the *corralito* in Argentina some years later. The idea behind it was to reduce drastically the liquidity of money—by reducing materially the volume of money in circulation.

The imposition of a "neoliberal" policy in Brazil came through this extremely authoritarian measure. Still nowadays, people remember the Collor plan with horror. In fact, the Collor government didn't last long. Accusations of corruption against the government generated a massive popular movement for the impeachment of Collor, who was obliged to resign.

At the end of the Collor administration, distrust in politics and the state was at its peak in Brazil, although the impeachment saved in a way the belief that democracy in Brazil was still possible. But ultimately, the brutality of the Collor plan helped the next government to open a path to "neoliberal" reforms. And, at least for the time the bank accounts were confiscated, inflation was reduced radically; but then the poverty it generated was also radical. Whatever the next government did, it could never be worse than Collor's initial shock.

The next and last plan was the Real Plan, designed by Fernando Henrique Cardoso, once an internationally famous sociologist, leading scholar of dependency theory, and now a finance minister ready to apply the Washington Consensus. The Real was "anchored" to the Dollar—which guaranteed its "real" value.[9] The new currency was accompanied by other monetarist measures—imposing a 5 percent "provisional" tax over financial movement (IPMF) that still exists today, continuing and extending the privatization program of Collor to pay the debt, and acquiring a massive reserve of dollars for the Central Bank (almost $40 billon), declared "autonomous" from the government.

But what changed radically in the early nineties from the previous decade was international finance. Partially due to technological change, but also to the new resources that financial institutions had found through promoting "pension funds" and "popular capitalism" amongst the middle classes of wealthy Western countries, as well as their access to the privatization of public corporations, the nineties were destined to be the decade of financial "globalization." As opposed to the lack of liquidity of the previous decade, international financial capital was in a situation of excess liquidity, in which "emergent" markets like Brazil became an interesting objective ... so long as the government guaranteed high interest rates. In this situation, international finance decided to "bet" on the Real. In July 1994, the "Real" currency was finally issued, just before the elections, which Cardoso eventually won.

The Real was quite successful in keeping inflation under control for several years, but in exchange for maintaining the high interest rates that attracted international financial capital, paying its debts to the IMF, and privatizing its industries. The high price of obtaining credit arguably limited the productive growth of the national economy and its ability to generate employment. The popular classes benefited initially from the stability of the Real—as I mentioned, the worst victims of hyperinflation were the people without bank accounts. But after the Russian crisis of August 1998, the policy of high interest rates was not enough. International currency speculation turned against the Real, which lost its parity with the Dollar—in a month, it lost half its value. In the next years, the rate would go to 3 and 4 Reais for 1 US Dollar.

The crisis came about right after the second election of Cardoso. Despite the fact that inflation didn't rise dramatically as in the previous decade, the high levels of unemployment, the decapitalization of the state, and the constant high interest rates made the Cardoso administration immensely unpopular, opening the path for the final victory of Ignacio Lula da Silva, of the PT Labour Party, running on a nationalist-leftist discourse opposing "neoliberalism" and international financial capital. But nothing seriously changed in the

Lula administration: Interest rates are still extremely high in Brazil nowadays, and the government is paying back the debt to the IMF.

The central conundrum of the Brazilian state in the last twenty years has been monetary policy, building a strong, reliable currency. This policy has been labeled "neoliberal," and it is unquestionable that at least since the early nineties neoliberal ideology has been hegemonic in the administration; but it has to be clear that this neoliberalism is basically a state affair. It is not just the "casino economy," as some authors such as the Comaroffs seem to imply, but involves the active intervention of the state in the economy through authoritarian monetary policies backing transnational capital. International financial capital may take the shape of a casino, but its stakes are guaranteed by states and international organizations like the IMF. This alliance of state and finance has assured the stability of imperial currencies like the Dollar as universal standards of value, and has condemned peripheral countries like Brazil to endemic dependency on international financial capital, and to failing to provide an autonomous, stable currency. Although the "dragon of inflation" seems dormant, other more powerful dragons have appeared in the economic landscape: with their speculative attacks, the dragons of global finance keep Brazil captive and unable to have agency over its own economy—its own life.

"Living money" in everyday life

Monetarist policies have been concentrated in controlling the flux of money, the "living money," limiting its offer to control its outrageous overflows—"the dragon of inflation." But these policies seem condemned to lose any sense in a situation where the new electronic means of multiplying the demand of money rule over the offer of money that monetarism tries to control. In this context of the dematerialization of money, personal credit and not just material accumulation seem to be the measure of social power in our society. In many ways, personal credit is nothing else than status (see Irrougine, and Hart, *Memory*); it is not just about what you have, but who you are, what determines your position. The question is not just having or not having. It is also being or not being. In other words, money can be seen as the objectified form of our agency, our "distributed person" (Gell); through money, people can extend their agency through space and time, which can extend it beyond their immediate presence.

This has always been true, in a way,[10] but it is becoming clearer today as money is increasingly personalized and dematerialized, and associated with credit. But what happens then, when one has no money? In "popular neigh-borhoods" in Brazil, the expectations to find any kind of work are precarious. Unemployment in the city of Bahia is almost 24 percent, and informal labor at 43 percent, half of them earning under the line of social exclusion (Carvalho, Azevedo, and Almeida). The jobs that the underclass can expect to achieve in the city center are almost inevitably informal services: house cleaning for women, house repairs or street selling for men (*biscate*). The pay for these services is ridiculously low, irregular, and almost inevitably paid on hand in cash. The work is often intermittent so that many families don't have any regular source of income. In these situations, sometimes getting complementary money is extremely difficult, involving asking for an advance from the "masters," offer-ing extra services, begging for money, playing the legal and illegal lotteries, not to mention petty theft. Not having a regular income, most people can't have a bank account, not to mention a savings account. Poor people in Bahia are condemned to informality, irregularity, and marginality. They have no savings or credit, and can hardly make any plans for the immediate or distant future.[11] They don't exist in the world of money. If people can't save, and don't have credit, they may feel like they don't have much of an agency over their own lives.

All these things are quite obvious, but they are important, because these are the things that common people say when they talk about money: that it's hard to get, yes, but also that it is easy to lose: *dinheiro vivo*, cash in hand, "living money," is unruly, fungible; it can't be contained, it flies away. Essentially, it is difficult to print one's own agency, one's own value on it, take money for one's own ends. This is the essential problem that the recent literature on the "appro-priation" of money as a tool of social construction (Zelizer; Hart, *Memory*; Maurer) should face. Zelizer, for example, makes very clear how the practices of "earmarking" in family economies "re-embed" the fungible and impersonal value of money into personal, social values. But the communities that authors like Zelizer are discussing are affluent communities, where money is increas-ingly available, and therefore easy to use. But how to "earmark" money when one does not have any? The desperate messages on the bills reflect this concern. How to transform money into *my* money—how to transform the transient, fungible value of money into some enduring value I can control?

A common discourse on the capitalization of value in Bahia would be built around the house. Houses, in popular neighborhoods, are almost inevitably self-built. People build them little by little, adding up bricks, cement, and paint when they have some money. Many of my informants, when explaining how they built their houses, talked about little savings they make in their everyday life: "If I eat a sandwich instead of a full lunch, with the money I save I could buy some pounds of cement." Every little sacrifice adds up; the house is worth it. According to Marcelin, the house in the popular neighborhoods of Brazil is more than a good to be sold, a thing, or an ideology; it is a practice and a symbolic matrix from which the family is born (36). In many ways it is a model of and a model for, to follow the Geertzian expression. It is around the house that the family is constituted and reconstituted, more than the other way around. It is to the house that husbands, sons, and daughters come and go. When a son or daughter gets married, new rooms are built on the house for the newlyweds: The house is a place and a process at the same time.

Putting money in the house is one of the only ways that the poor in Brazil have of exercising their agency to control the fluidity and indeterminacy of money. This model, I think, is quite important to understand the religious use of money in Neo-Pentecostal churches, as I will explain in the next section.

Money and the House of God.
The rise of the Igreja Universal do Reino de Deus and other Neo-Pentecostal churches is one of the more astonishing and relevant phenomena in the recent history of Brazil, both a sign of the enormous contradictions and the cultural transformations of this country. The IURD has occupied very public spaces, like old theatres, to perform their spectacular ritual sessions. It has bought radio stations and TV channels. This public presence has assured a wide success, particularly amongst the lower classes, offering a shelter for the victims of violence, alcoholism, drug-dependency, and poverty in general. In exchange, the IURD asks for two things: first, the economic help of its followers in the form of 10 percent of their earnings, the tithes (Fig. 5); second, an extreme combativeness against other religions, Catholicism and Candomblé, accused of "idolatry" and Devil worship (see Macedo).

Money is central to the ritual practice of the church. In this regard, the literature is divided between those who defend the church as a community of believers who use money as a sacrificial gift in order to build up solidarity in the community (Apgaua), and those who accuse the IURD of being a commodity fetishism that sanctifies capitalism (Campos; Guareschi; Jardilino; Mariano; Comaroff and Comaroff), a religion of money led by entrepreneurial priests who take advantage of the believers, managing these churches as businesses (Oro, *Avanço*).

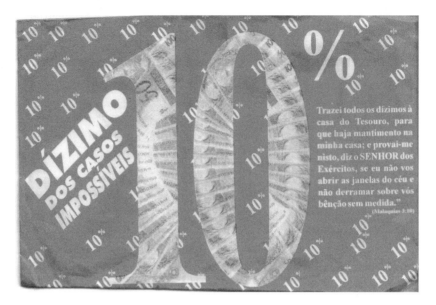

Fig. 5. Envelope for the tithes. Note the Bible quote of Malachi 3.10.

Among those who see the Gospel of Prosperity as a sacralization of capitalism, Prandi states that, in the Brazilian tradition, Catholics were not responsible for the funding of its church (Prandi and Pierucci 266). For Prandi, the act of paying the church is seen as an investment, with the certainty that it will come back, increased. It is possible to make God a partner in business and to achieve prosperity without limits (Prandi and Pierucci 270). For the Comaroffs, this ritual of prosperity seems to mimic "millennial capitalism," the "casino economy" of globalization, in which money does not come as a result of hardworking Protestant ethics but from an immediate lucky strike.

Both perspectives are right, in a way, but they are both limited. It is true that the official discourse of the IURD emphasizes the "sacrificial" value of money and the construction of a communion with God through it. On the other hand, money and prosperity are central to the IURD. One perspective is based on the commodity (give something in exchange for something), the other on the gift (give something to create social bonds). Now, both things are not necessarily incommensurable, as "commodity" and "gift" exchange. It is just a matter of temporality.

The tithes are not simply conceived of as a "gift." In the words of Pastor Ramos, "Nobody gives tithes to the Lord. The tithes belong to the Lord, and it is our duty to give it back. We cannot give what does not belong to us. We do not give money to the government: we pay taxes" (9). On the other hand, the tithes are not a passport to prosperity: "God does not promise to transform poor believers into rich people, just because they pay the tithes. What he promises is: 'Never will I leave you: never will I forsake you'" (31).[12] The members of the IURD don't necessarily explain stories from rags to riches. One of the cases on the IURD TV show "Portrait of Faith" can help us understand this point: "Paulo" had a good job, but he didn't manage his money well. The money went away in drink, playing, women, which was taking him far away from his family. Through the Church, he learned to "administer," to manage his money. The church has given him a frame, a project, and a perspective. In other terms, it has taught him how to deal with money and control its fungibility. Other cases often quoted by pastors in reference to these matters try to make the same point: Pastor Ramos talks about Miguel, a humble worker who has not become rich, but has no debts, and has managed to send his sons to college (Ramos 17). The management of the household, together with the renunciation of adultery, drugs, and gambling, is commonly cited by Neo-Pentecostals as the major benefit of their conversion (Fernandes et al.). Conversion gives the believer an "economic" perspective, in the more traditional, Aristotelian sense of the term, a socially "embedded" management of the household (Polanyi) acquiring agency over their resources.

The constant act of giving money to the church through the tithes is not contradictory with this "embedded" economy; on the contrary. The tithes do not necessarily imply an immediate return. It is not like betting on the lottery. Some people do expect immediate return; but if this would be the expectation of all the believers, the church would not last long. And the church is seen precisely as something that has to last, because it's the common house, the house of the Lord. The fragment of the Bible that is always quoted (see Figure 5) explicitly makes this point:

> Bring ye all the tithes into the storehouse, that there may be meat in mine house, and prove me now herewith, saith the LORD of hosts, if I will not open you the windows of heaven, and pour you out a blessing, that there shall not be room enough to receive it. (Malachi 3.10)

There has to be a certain delay in the return of the money. In a way, what the believers are buying is time and space in the house of the Lord;

the possibility of building a long-term strategy for their lives; a perspective, a project, a structure, getting out of the vicious fluidity and ephemerality of fungible, "living money." The believers' gift of money is neither a bet on the stock market or pure sacrifice. It is a long-term investment in a stable, secure value; it is more like investing in real estate, a pension fund, or paying taxes, as Pastor Ramos says. They are buying security. They are not worshiping money, but trying to control its living force. The tithes, actually, are the radical opposite of money: "Money is one thing, tithes is another. Money is Mammon, the god of the century; tithes are the retribution of love" (Ramos 62).

In general terms, to say that the IURD is a radically new "globalized" religion of money capitalism is limited, I think, in at least two senses. First, it is not true that money played no part in traditional Catholic religion in Brazil, as we have seen previously. Second, both the notion that authors like Prandi and the Comaroffs have of money as "payment" and "investment" and the notion that believers seek God as a "partner in business" are a bit limited. Money is not just a means of payment, but also a standard of value—money can be seen as an expression of trust in a shared value—giving credit to this value, as Mauss and Simmel argued (Hart, *Memory*). By giving money to the church the believers may not be just seeking a business investment and a partnership, they may be building upon a common value, giving credit to this common project. In other terms, this is not a religion of money, a "money fetishism," a religion that says that money is God; on the contrary, it says that God can also be found in money—that money ultimately belongs to God, and not the other way around.

The believer writes "this one belongs to God" on the bill, as he belongs to God. And that gives the money a secure, stable value beyond the phantasmagorical values of the world. The believer is "anchoring" money to a standard of value that is much more stable than the Dollar: "For the true believer, the tithes mean that God is the Lord of everything, despite the fact that people believe in the economic power of the Dollar" (Ramos 2). She is not simply worshiping the market, but states that the hidden hand of the economy is not just an impersonal law of nature. On the contrary, it is the personal hand of God.

Is this an instance of the Weberian "Protestant Ethic"? Are we witnessing the birth of a "bourgeois subject"? Not necessarily. The Pentecostal churches do not seem to be too concerned with the "disenchantment" of the world. On the contrary, in their ritual practices they invoke the "enchanted" spirits of Afro-Brazilian religions; they practice exorcisms, and stage spiritual battles to get rid of these personalized entities, these spirits of everyday life that constrain the full development of the person, limiting the autonomy of individuals, sucking the energy from their bodies. This is a Holy War, and these churches act as armies of God. Still, in this confrontation, the existence of these enchanted spirits in the world is recognized. This is what distances Pentecostal churches like IURD from traditional Protestantism, and what brings them closer to the system of ritual exchange on which Candomblé and popular Catholicism are based: the former patrons, saints, and Orixás have been substituted by a higher patron, God. Thus, the IURD is not so much giving individual freedom to the convert as substituting one form of dependence by another, replacing slavery to the Orixá with the militant Church of God.[13]

On the other hand, this is not just a spiritual world, but also a political world. The religion of the Pentecostals is not a private ascetics; it fights for recognition in the public sphere. The believer is not only using his money to build her own house, and the House of the Lord. They are not just trying to build their own private or "alternative" economy. Ultimately, the project of the IURD is much more ambitious: to transform the value of money at its source, the state.

The long-term investment of the Neo-Pentecostal churches is not only an economic investment, but also a political one. Their ultimate project is nothing less than bringing God to the center of politics (Oro, "Política"; Machado). In the last years, the IURD has actively sent several of its pastors to the political arena (Oro, "Política"). Its current leader, Bispo Crivella, is an MP in the Federal Congress. The IURD does not have its own party; its members are present in several parties. This is quite effective on a general scale because politics in Brazil, in a landscape of countless political parties linked to national, regional, and local pressure groups, is not just about partisan confrontation, but also about mediation and alliances. The IURD radically opposed Lula and the PT in the early nineties, when they called for the vote for Collor. But in the last years, Bispo Crivella, head of the IURD, belongs to a party (PL) that has been allied with the PT government of Lula. At first sight, this may look like an outrageous change but in reality it is quite understandable in the context of Brazilian parliamentary politics. Since the early nineties, both the IURD and the PT have become "moderate"; they have abandoned ideological arguments for more pragmatic positions. Lula invokes God in his discourses and the IURD politicians talk about the need to fight poverty.

What brings together all Neo-Pentecostal politicians? Their self-assigned moral righteousness in frontal opposition to corruption, seen as an image of the Devil.[14] They claim that they can control money—that they won't let themselves be taken by the devilish agencies of "living money." Their promise is not only to regenerate politics but also to regenerate the country.[15] The IURD, and Bispo Crivella personally, are leading a project of economic development in one of the poorest regions of the country, the Projeto Nordeste. The church is building new settlements, like the Fazenda Nova Canaã (New Canaan Farm). These new settlements are built on the model of Israeli Kibbutz. According to Crivella, in the Kibbutz, "the land belongs to the state, that is to say, to all citizens; the benefits must be reinvested in the Kibbutz. There are no rich or poor, they are all comrades."[16] In these projects, the church seems to take the shape of the state itself, as a corporate entity that provides for and plans all the needs of its citizens. It is a model of the state that also has to be managed like a household. This is indeed very different from a neoliberal state, but is it is not very different from the former, traditional corporatist model of the Brazilian state. According to Machado, once in office, Pentecostal politicians use the same populist discourses on social welfare as traditional politicians in Brazil, as well as the same patronage systems, enhanced perhaps by the networks of the church. What is different though is that for Crivella faith is more important than economic development; faith is what will change Brazil.[17] In the middle term, it is not unthinkable that Crivella present his candidacy for the presidential election.

Conclusion: Money, religion, and politics in Brazil

In this article, I have exposed some common misconceptions on the relationship of money and religion in Brazil. First of all, I have shown how the supposedly radical contradiction between traditional religious practices and money in that country is a false premise. Money and the market have been present in everyday religion in Brazil from its very origins. This is an important precedent to the second, main argument I have presented, concerning the value of money in the Neo-Pentecostal churches. Many authors have argued that the centrality of money in these churches is the result of "globalization," "neoliberalism," and "commodity fetishism." Going back to the economic history of money in Brazil, and the discourse of these churches, I have shown how the story is a bit more complicated than that. More than money fetishism, the Universal Church re-appropriates money, transforming it into an instrument of divine agency.

But further than that, I have also argued that the use of money at the Universal Church does not stop at the re-appropriation of money for religious purposes. Its final objective is to transform the very source of production of money, Brazil, into a Christian country.

This case has interesting implications for the literature on the re-appropriation and the personalization of money. This literature is interested in indicating how everyday forms of using money (Zelizer), new technologies that dematerialize money (Hart, *Memory*), and alternative currencies (Maurer) show the limits of the state as the sole standard of value. The state, it is argued, is not the sole provider of the "universal equivalent," the "ultimate objectifier." What we have seen in the case of the Neo-Pentecostals is slightly different. For the IURD, the state is still central. They are not simply giving an "alternative" value to money, but they are hoping that the sacred value they give to money finally prevails in the whole country.

Will they effectively succeed in this objective? With time, it becomes obvious that some of the righteous politicians of the IURD are as perfectly corrupt as others. And believers realize that the spiritual bank where they put their money is not so reliable, and the priests are not sharing their riches with the people. Or, more simply, they can't afford it; they are not able to control their money; they are not able to control their life. In these situations, faith weakens and many return to the old beliefs, the old practices. My main informant in Bahia, in fact, was a Candomblé priestess who for many years had been a member of the IURD. The forces of living money and the saints were stronger than the church for her.

I know people who are not active members of the IURD but who go to the church now and then, and don't give the tithes regularly. They performed a particular ritual: they gave the Bible to be blessed to the pastor with some bills in it. The idea is that the money in the blessed Bible would multiply. I am not aware that this practice is sanctioned by the dogmas of the church. But the fact is that it is perfectly coherent with forms of money magic in Candomblé or popular Catholicism, as we have described them. The political project of the IURD is re-appropriated by everyday magic; maybe it is not inevitable that the Kingdom of God comes. Brazil might remain a nation of money-worshippers, as it has always been, like many other, presumably "modern" nations, who have also been formed on the grounds of slavery, the objectification of people, and the fetishism of commodities.

Notes

[1] "Of course we want to have money, but we can compensate for its absence with the full presence of our friends, health, 'education,' and above all, 'happiness.' Such inability to see money—and especially the possession of money—as a positive activity, as the objective of all things, creates zones of tolerance and social compensation that seem important in the Brazilian case" (DaMatta 172). For DaMatta, Brazil would not be exactly an egalitarian society but is partially a "hierarchical" one, following Luis Dumont's model (Oliven 26). But the idea that Brazil is a traditional, hierarchical, and personalist society has a long and illustrious tradition in Brazilian social thought, since Gilberto Freyre, Oliveira Vianna, and Sergio Buarque de Hollanda.

[2] The Comaroffs are obviously not the only authors to discuss the relationship between modernity and religion in Africa; for an excellent review of the literature on the subject, see Meyer.

[3] For example, in the records of the Inquisition: "[V]eio 3 vezes uma preta chamada Teresa Sabrina, que ouviu dizer morava em Santo Antônio do Carmo, no mês de Setembro de 1758, entrou no Convento a curar a uma religiosa chamada Maria Teresa Josefa com abusos de sua terra, pondo-lhe o pé em cima de uma caveira de carneiro, lavando o pé e cantando a sua língua e mandando esfregar o corpo da religiosa com um tostão de cobre" (qtd. in Mott).

[4] In the *axexé*, everybody leaves money in the central *cuia*. Afterwards, the priests will take the *cuia* outside, where it will sit besides the other *assentos* of the deceased. "Cada uma saúda o exterior, a cuia, os presentes e dança em volta da cuia colocando moedas que passam previamente por sua cabeça, delegando sua própria pessoa ao morto [...]. Todos os presentes estão obrigados a despedir-se do morto e delegar-se nele por meio das moedas que colocam na cuia-emissário" (Elbein 231–232).

[5] For example, in the Church of São Lázaro and São Roque in Bahia, a woman was asking for the return of her man, and something else: winning the lottery.

[6] "A pegar nesta nota você vai ter muito dinheiro de São Cosme e São Damião. Escreva 6 notas iguais a esta e distribua."

[7] The figure of Exu certainly reminds one of Taussig's *The Devil and Commodity Fetishism in Latin America*. However, the association of Exu with money and theft is not the result of modern industrial capitalism. It can be traced back to Africa (see Verger). Maybe we could recognize that nineteenth-century Yoruba were also modern "commodity fetishists." But then one of Taussig's assumptions—that "Latin Americans" and maybe "Africans" lived in pre-capitalist societies until not so long ago—wouldn't make much sense in that case.

[8] Inflation, and deficits, are not a particularly recent problem in Brazil. Since the Empire had its first budget, it was evident that the state had a deficit. The economy being based on agricultural exports, most manufactured goods had to be imported from European countries: Brazil was a dependent country. But after the 1930s, Brazil sought to overcome the circuit of dependency by planning a policy of import-substitution-industrialization, giving support to industries and initiating welfare policies geared towards the rising working class. These development policies culminated in the late fifties with the construction of Brasília, the new capital, literally in the middle of nowhere. Deficits and inflation continued rising throughout this period, but they were not necessarily seen as a problem for the economy—but as indexes of growth. If more money was needed, more money was made. The dictatorship that ruled Brazil from the mid-sixties to the mid-eighties didn't substantially change the policy of import-substitution-industrialization. They would cut the social budget, but they went on getting indebted to organize monumental industrial and technological projects, like the space station in Alcantara.

[9] The Real Plan in many ways combined different ideas from previous plans, the first, that inflation was partially inertial, and that this could be solved by replacing it with a new currency. But this time the new currency wouldn't replace the old one at once. First, before the Real was

actually distributed to replace the Cruzeiro Real (a currency that lasted one year! 1993–1994), before it was actually "real," if I am allowed the cheap joke, financial transactions would be presented in the two currencies—Cruzeiro Real and the new currency, then still called URV (Unidade de Referência de Valor), Unit of Value Reference. The URV was counted in relation to the US Dollar—it was "anchored" to the Dollar, but the Brazilian government didn't go so far as to guarantee the total convertibility to the Dollar—the "currency board" strategy favored by the IMF (Filgueiras 190). The URV was a sort of incomplete money: not yet a means of payment and reserve of value, but already an accounting unit (like the Euro in Europe some years later). More specifically, the objective was that the URV would gradually replace the Cruzeiro, in a way, to "erase" the memory of the previous currency.

[10] The personal character of money was already evident for Simmel. As he said once, money is the purest form of the tool: "Just as my thoughts must take the form of a universally understood language so that I can attain my practical ends in this roundabout way, so must my activities and possessions take the form of money value in order to serve my more remote purposes. Money is the purest form of the tool [...,] it is an institution through which the individual concentrates his activity and possessions in order to attain goals that he could not attain directly" (Simmel 210).

[11] In the last years, a so-called "credicard" is being offered in low-income shopping malls and by phone. This "credit card" gives some credit (sometimes 200 or 300 reais per month) at the expense of an excruciatingly high interest rate (30 percent according to my informants; people from the Credicard company refused to give me any specific information or copies of the contract forms). Despite this, people use it in emergency situations, when they don't have any cash in hand—which is quite often.

[12] The full quote of Hebrews 13.5 is: "Keep your lives free from the love of money and be content with what you have, because God has said, 'Never will I leave you; never will I forsake you.'"

[13] The fact is that this fight against the Devil is difficult to carry on, and very often is unsuccessful, not only because the convert doesn't meet the economic requirements of the Church but also because the exorcisms are often ritually ineffective, and the Orixás resist abandoning the body of their former initiates (Birman, "Cultes"). It is common in Candomblé circles to boast of how many evangelicals come secretly to the *terreiros* to ask for magical cures for their spiritual and material problems. And a number of people have returned to their "Obligations" in Candomblé, because their Orixás refuse to let them go. On a more practical level, one cannot so easily avoid talking to one's own neighbors and family; even if people remain in the church, they become more relaxed and diplomatic after their initial process of conversion. Saying that, I don't want to suggest that Candomblé is striking back and that Pentecostals are losing their Holy War. There are signs that, at least in the media, it is getting tougher. I only want to suggest that, besides the war in the media, there are a lot of people that have changed sides more than once.

[14] "Os espíritos que atuam na política, disse recentemente o Bispo Rodrigues, são os espíritos dominadores, os príncipes das trevas" (*Jornal do Brasil* 29 Oct. 2001). "O diabo está alojado dentro do Congresso Nacional, criando leis injustas e erradas" (*Folha Universal* 302 18 Jan. 1998) (see Oro, "Política").

[15] "[E]m meio a tantas falcatruas e espertezas [que vigora na política do país] os homens e mulheres que levam o nome de Deus [subentende-se a bancada parlamentar da IURD] não se deixaram contaminar pela prática comum da corrupção. Os nossos candidatos mostraram, na prática, o que é verdadeiramente a ética na política" (Rodrigues 7–8).

[16] "Em Israel, o princípio do kibutz é: a terra pertence ao governo, ou seja, a todos os cidadãos. O lucro que se tem é reinvestido no kibutz. Não há ricos nem pobres e todos são companheiros—diz o bispo Crivella" (www.igrejauniversal.com.br).

[17] "Bispo Crivella lança sua biografia." *Arca Universal* 28 Apr. 2005 (www.igrejauniversal.com.br).

Works Cited

Apgaua, Renata. "A dadiva Universal—reflexões em um debate ficcional." Diss. UFMG, 1999. Print.

Birman, Patricia. "Cultes de Possession et Pentecôtisme au Brésil: passages." *Cahiers du Brésil Contemporain* 35.36 (1998): 185–208. Print.

———. "Imagens religiosas e projetos para o futuro." *Religião e espaço público.* Ed. Patricia Birman. São Paulo: Attar, 2004. 234–254. Print.

Bloch, Maurice, and Jonathan Parry, eds. *Money and the Morality of Exchange.* Cambridge: Cambridge UP, 1989. Print.

Campos, Leonildo Silveira. *Teatro, templo e mercado: organização e marketing de um empreendimento neo-pentecostal.* Petrópolis: Vozes, 1997. Print.

Carvalho, I. M. M., P. H. Azevedo, and J. S. G. Almeida. "Dinâmica metropolitana e estrutura social em Salvador." *Tempo Social* [Rev. Sociol. USP, São Paulo] 13.2 (2001): 89–114. Print.

Comaroff, Jean, and John Comaroff. "Millennial Capitalism: First Thoughts on a Second Coming." *Public Culture* 12.2 (2000): 291–343. Print.

DaMatta, Roberto. *Conta de mentiroso. Sete ensaios de antropologia brasileira.* Rio de Janeiro: Rocco, 1993. Print.

Elbein dos Santos, Juana. *Os Nàgô e a morte: Pàde, Àsèsè e o culto Ègun na Bahia.* Petrópolis: Vozes, 1976. Print.

Fernandes, R., P. Velho Sanchis, O. G. Piquet, C. L. Mariz, and C. Mafra. *Novo nascimento: os evangélicos em casa, na política e na igreja.* Rio de Janeiro: Mauad, 1998. Print.

Filgueiras, L. A. M. *História do plano real: fundamentos, impactos e contradições.* São Paulo: Boitempo, 2000. Print.

Gell, Alfred. *Art and Agency.* London: Clarendon, 1998. Print.

Guareschi, P. A. "Sem dinheiro não ha salvação: ancorando o bem e o mal entre os neopentecostais." *Textos em representacoes sociais.* Petrópolis:Vozes, 1995. 191–223. Print.

Gurgel, M. C. L., and S. C. Vereza. "O dragão da inflação contra santo guerreiro: um estudo de metáfora conceitual." *Intercâmbio* 5 (1996): 165–178. Print.

Hart, Keith. "Heads or Tails? Two Sides of the Coin." *Man* 21.4 (1986): 637–656. Print.

———. *The Memory Bank: Money in an Unequal World.* London: Profile, 1999. Print.

Irrougine, Bouzid. "Teoria e política monetárias e as novas formas de moeda e pagamento." Unpublished manuscript, 2005. Print.

Jardilino, Paulo. "Neo-pentecostalismo: religião na fronteira da modernidade." *Reves do Avesso* (Nov.–Dec. 1994): 42–50. Print.

Kramer, Eric. "Possessing Faith: Commodification, Religious Subjectivity, and Community in a Brazilian Neo-Pentecostal Church." Diss. U of Chicago, 1999. Print.

Macedo, E. *Orixás, caboclos e guias: deuses ou demônios.* Rio de Janeiro: Universal Produções, 1987. Print.

Machado, M. D. C. "Existe um estilo neo-pentecostal de fazer política?" *Religião e espaço público.* São Paulo: Attar, 2003. 283–308. Print.

Marcelin, Louis Herns. "A linguagem da casa entre os negros do recôncavo bahiano." *MANA* 5.2 (1999): 31–60. Print.

Mariano, Ricardo. "Os neopentecostais e a teologia da prosperidade." *Novos Estudos* 44 (Mar. 1996): 24–44. Print.

Maurer, Bill. *Mutual Life, Limited: Islamic Banking, Alternative Currencies, Lateral Reason.* Princeton: Princeton UP, 2005. Print.

Meyer, Birgit. "Christianity in Africa: From African Independent to Pentecostal-Charismatic Churches." *Annual Review of Anthropology* (2004): 447–74. Print.

Mott, L. "Cotidiano e vivência religiosa: entre capela e o calundu." *História da vida privada no Brasil: cotidiano e vida privada na América portuguesa.* São Paulo: Editora Schwarcz, 1997. Print.

Oliven, Ruben Jorge. "De olho no dinheiro nos Estado Unidos." *Estudos Historicos* 27 (2001): 1–29. Print.

Oro, Ari Pedro. *Avanço neo-pentecostal e reação católica.* Petrópolis: Vozes, 1996. Print.

———. "A política da Igreja Universal e seus reflexos nos campos religioso e político brasileiros." *RBCS* 18.53 (2003): 53–69. Print.

Polanyi, Karl, ed. *Trade and Commerce in Early Empires.* Glencoe, IL: Free Press, 1957. Print.

Prandi, R., and Antônio Flávio Pierucci. *A realidade social das religiões no Brasil.* São Paulo: Hucitec, 1996. Print.

Ramos, Osvaldo. *Dízimos e bênçãos.* São Paulo: Vida, 1994. Print.

Rodrigues, Bispo Carlos. *A igreja e a política.* Rio de Janeiro: Universal, 1998. Print.

Simmel, Georg. *The Philosophy of Money.* London: Routledge, 1990. Print.

Souza, Laura de Mello e. *O diabo e a Terra de Santa Cruz.* São Paulo: Companhia das Letras, 1986. Print.

Taussig, Michael. *The Devil and Commodity Fetishism in Latin America.* Chapel Hill: U of North Carolina P, 1980. Print.

Verger, Pierre. *Orixás.* Salvador de Bahia: Corrupio, 1981. Print.

Zelizer, Viviane. *The Social Meaning of Money.* Princeton: Princeton UP, 1997. Print.

Zweig, Stefan. *Brazil, país do futuro.* Rio de Janeiro: Civilização brasileira, 1942. Print.

Websites

www.biblegateway.com

www.igrejauniversal.com.br

Roger Sansi (PhD, University of Chicago 2003) is senior lecturer in the Department of Anthropology, Goldsmiths University of London. His recent publications include *Fetishes and Monuments: Afro-Brazilian Art and Culture in Bahia* (Berghahn, 2007) and *Sorcery in the Black Atlantic* (co-edited with L. Nicolau: U of Chicago P, 2010). Email: ans01rsr@gold.ac.uk

The Personal Significance of Impersonal Money

Abstract. Money, as a token of society, must be impersonal in order to connect each individual to the universe of relations to which they belong. The economists capture this aspect of money in their abstract models of universal exchange. But people make everything personal, especially their relations with the conditions of their collective existence. Anthropologists and sociologists are sensitive to the meaning of money in the context of people's lives. We need ways of extending everyday knowledge to reach the parts we don't know. A synthesis of the sort pioneered by Mauss is therefore urgent.

Money, society, religion

Money is often portrayed as a lifeless object separated from persons, whereas in fact it is a creation of human beings, imbued with the collective spirit of the living and the dead.

Money, as a token of society, must be impersonal in order to connect each individual to the universe of relations to which they belong. It is this aspect of money that the economists capture in their abstract models of universal exchange. But people make everything personal, especially their relations with the conditions of their collective existence. Anthropologists and sociologists are sensitive to the meaning of money in the context of people's everyday lives. The unity of this two-sided relationship is universal (Hart, "Heads"

Portuguese Literary & Cultural Studies 23/24 (2012): 199–219.
© Tagus Press at UMass Dartmouth.

and *Hit Man's*), but its incidence is highly variable, providing a thread for the study of human history as a whole and in all its diversity.

The ways we combine the personal and impersonal aspects of money have much in common with religion. Religion, following the word's Latin etymology, *binds* each of us to an external force, lending stability to our meaningful interaction with the world and providing an anchor for our volatility. What we know intimately is our own everyday life, the mundane features of our personal routines; but this life is subject to larger forces whose origins we do not know—natural disasters, social revolutions, and death. We recognise these unknown causes of our fate to be at once individual and collective; religion is the organised attempt to bridge the gap between the known and the unknown, between the world of ordinary experience and an extraordinary world that lies beyond it. Durkheim held that what is ultimately unknown to us is our collective being in society (*Elementary Forms*). The chaos of everyday life thus attains a measure of order to the extent that it is informed by ideas representing the social facts of a shared existence. The object of religion is "the holy" and holiness is whole (Rappaport, *Ritual and Religion*). Humanity's task today is to assume responsibility for life as a whole on this planet and religion is indispensable to that end.

Given the obscene inequality and destructiveness of a world society whose driving force is capitalism, it is not surprising that many consider the system of money today to be the opposite of religious or at least to constitute a false religion whose priests are the economists. Indeed, religion itself has a fairly murderous reputation. But I argue here that markets and money are essential, indeed, universal means of connecting the everyday life of each individual to the widest horizons of our collective existence. They form a field of social experience where the personal and the impersonal, the inside and the outside, the known and the unknown inevitably are joined, requiring us to devise effective ways of bringing them together as a meaningful whole. This may—probably should—entail making a break with the organisation of money as we know it. But it will do us no good to repudiate money or markets as such, since they are central to human civilisation, past, present, and future. I attribute this position to Marcel Mauss, whose work has often been interpreted rather differently (Hart, "Marcel Mauss"). It is well known that Mauss considered *The Gift* (1925) to embody personal, social, and spiritual ties in economic life, but he also aimed to show how impersonal money and markets already contain these qualities and might, with appropriate social engineering, develop them more fully.

Mauss on money and markets

Malinowski says, of Trobriand *kula* valuables, "*Currency* as a rule means a medium of exchange and standard of value, and none of the Massim valuables fulfill these functions" (13). But Mauss replies:

> On this reasoning [...] there has only been money when precious things [...] have been really made into currency—namely have been inscribed and impersonalized, and detached from any relationship with any legal entity, whether collective or individual, other than the state that mints them [...]. One only defines in this way a second type of money—our own. (*Gift* 100–102)

He argues rather that primitive valuables like those used in *kula* are like money in that they "have purchasing power, and this power has a figure set on it" (101). He also takes Malinowski to task for reproducing in his typology of transactions the ideological opposition between commercial self-interest and the free gift, which has subsequently been attributed by Anglophone anthropologists to Mauss himself (Hart, "Mauss"; Sigaud).

Émile Durkheim, in seeking to refute the utilitarian individualism of English economics in *The Division of Labour in Society*, claimed that this approach obscured the social glue of "the non-contractual element in the contract" that made the economy possible—a combination of law, state, customs, morality, and shared history that it was the sociologist's task to make more visible. Thirty years later, his nephew and collaborator, Marcel Mauss, had to take a position on the Bolshevik revolution and its aftermath; he did so while drawing explicitly on sociological method (Mauss, *Écrits*). He was highly critical of the Bolsheviks' coercive resort to violence, especially against the most active classes, and of their destruction of the market economy along with confidence and good faith. He advocated an "economic movement from below" in the form of syndicalism, co-operation, and mutual insurance. His greatest hopes were for a consumer democracy driven by the co-operative movement. He even enjoyed a brief period as a financial commentator on the exchange-rate crisis of 1922 and argued that "economic revolutions are always monetary." This economic movement from below was for him a secular version of what can be found in the religions of archaic societies, as well as in the central phenomena of exchange described in *The Gift*. They are all "total social facts" in the sense that they bring into play the whole of society and all its institutions—legal, economic, religious, and aesthetic.

Against the contemporary move to replace markets with authoritarian states, Mauss insisted that the complex interplay between individual freedom and social obligation is synonymous with the human condition and that markets and money are universal, if not in their current impersonal form, because they give vent to this interplay. He concluded that the attempt to create a free market for private contracts is utopian and just as unrealizable as its antithesis, a collective based solely on altruism. Human institutions everywhere are founded on the unity of individual and society, freedom and obligation, self-interest and concern for others. Modern capitalism rests on an unsustainable attachment to one of these poles and it will take a social revolution to restore a humane balance.

Perhaps the chief message of *The Gift* concerns method. Mauss claims that he has studied societies in their dynamic integrity, not as congealed states to be decomposed into analytical instances of rules pertaining to law, myth, or value and price.

> By considering the whole together, we have been able to perceive the essential, the movement of everything, the live dimension, the fleeting moment when society or rather men become aware of the common feelings they have for themselves and others. This concrete observation of social life gives us the means of discovering new facts that we are just beginning to glimpse. Nothing, in our opinion, is more urgent and fruitful than this study of social facts. ("Essai" 275–276; my translation)

We must follow the example of the historians and observe what is given, rather than split up social phenomena into separate abstractions. The reality is always a concrete person acting in society—"the middle-class Frenchman, the Melanesian of this or that island" (274). Then sociologists and anthropologists will furnish psychologists with material they can use, while maintaining their distinctive pursuit of the social whole and of group behaviour as a whole. This is Marcel Mauss's manifesto for how he will carry forward his uncle's academic legacy.

The impact of money on traditional societies

Every anthropology student today knows that money undermines the integrity of cultures that were hitherto resistant to commerce. Although Paul Bohannan's articles on the Tiv have come in for substantial criticism by regional specialists (see Guyer), they remain the main reference for anthropological discussion of money-driven markets and their presumed antithesis. Before being colonised by the British around 1900, the Tiv maintained a mixed farming economy on the fringe of trade routes linking the Islamic civilisation of the North with the rapidly westernising society of the coast. Bohannan argues that the pre-colonial Tiv economy was organised through three "spheres of exchange," arranged in a hierarchy; like could normally only be exchanged with like within each sphere. At the bottom were subsistence items like foodstuffs and household goods traded in small amounts at local markets. Then came a limited range of prestige goods linked to long-distance trade and largely controlled by Tiv elders. These included cloth, cattle, slaves, and copper bars, the last sometimes serving as a unit of account and means of exchange within its sphere ("special-purpose money"). The highest category was rights in persons, above all women, ideally sisters, exchanged in marriage between male-dominated kin groups.

The norm of exchanging only within each sphere was sometimes breached. Conversion upward was emulated and its opposite was disgraceful. The absence of general-purpose money made both difficult. Subsistence goods are high in bulk and low in value; they do not transport easily and their storage is problematic (food rots). Prestige goods are the opposite on all counts. How many peas would it take to buy a slave? Moreover, the content of the spheres had changed: sister exchange had been largely replaced with bridewealth; slavery was abolished and the supply of metal rods had dried up. Yet Bohannan still insists that Tiv culture was traditionally maintained through this separation of compartments of value.

The introduction of modern money ("general-purpose money") was a disaster, according to him. Anyone could sell anything in small amounts, accumulate the money, buy prestige goods, and enter the marriage circuit on their own terms, regardless of the elders. This amounted to the destruction of traditional culture. It is as if the technical properties of modern money alone were sufficient to undermine a way of life. The contributors to Parry and Bloch's volume subscribe to a different view, holding that indigenous societies around the world take modern money in their stride, turning it to their own social purposes rather than being subject to its impersonal logic. The underlying theory is familiar from Durkheim. There are two circuits of social life: one, the everyday, is short-term, individuated, and materialistic; the other, the social, is long-term, collective, and idealised, even spiritual. Market transactions fall into the first category and all societies seek to subordinate them to the conditions of their own reproduction, which is the realm of the second category. For some reason, which they do not investigate, money has acquired in western economies a social force all of its own, whereas the rest of the world retains the ability to keep it in its place.

So here too we have a hierarchy of value where modern money comes second to the institutions that secure society's continuity. The picture becomes clearer if we apply the spheres of exchange concept to western societies. As Alfred Marshall wrote in his foundational textbook, *Principles of Economics* (1890), it is not uncommon for modern consumers to rank commodities according to a scale of cultural value. Other things being equal, we would prefer not to have to sell expensive consumer durables in order to pay the grocery bills. And we would like to acquire the symbols of elite status, such as a first-rate education. If you asked a British person how many toilet rolls a BMW is worth or how many oranges buys an education at Eton, they would think you were crazy. Yet all these things have been bought with money for longer than we can remember. So the universal exchangeability introduced by modern money is compatible with cultural values denying that all goods are commensurate. Nor is this just a matter of ideas; there are real social barriers involved. It does not matter how many oranges a street trader sells, he will not get his son accepted at Eton. And the gatekeepers of the ancient universities insist that access to what they portray as an aristocracy of intelligence cannot be bought.

This gives us a clue to the logic of spheres of exchange. The aristocracy everywhere claims that you cannot buy class. Money and secular power are supposed to be subordinate to inherited position and spiritual leadership. In practice, we know that money and power have long gained entry into ruling elites. De Tocqueville praised the flexibility of the English aristocracy, unlike the French, for readily admitting successful merchants and soldiers to their ranks. One class above all others still resists this knowledge, the academic intellectuals. And so we line up with Tiv elders in bemoaning the corrosive power of modern money and vainly insist that traditional culture should prevail.

Markets in time

Markets are constituted by reciprocal acts of sale and purchase that economists collapse into a single moment when the two sides achieve equivalence. If we look more closely, however, the moment is always embedded in social processes both preceding and succeeding it. Thus the commodity being sold had to be produced and brought to the point of sale; once it is bought, it is taken away to be consumed by the buyer. The chain linking production to consumption may be called into question for any number of reasons, as when the buyer has a complaint against the seller or original producer if the goods prove to be faulty. Moreover, market relations involve money. In Marx's classic formulation of simple commodity exchange, a seller exchanges commodities for money and later uses that money to buy commodities. But the money involved is also subject to complex social procedures. The seller may offer credit, allowing the buyer to delay payment. Or, if cash is handed over, there is a time when the seller is holding money that can be put to alternative uses, ranging from personal consumption to investment in other forms of enterprise. It therefore does considerable violence to social reality to assume that the moment of sale can be frozen in time as an isolated event. Put simply, in the real world, markets and money entail considerations of time and social complexity. In the process they are made personal.

As Mauss pointed out, many of the contracts central to modern economy have a time element built into them expressing the variable social relations between buyers and sellers. Have you ever considered why, if you work for wages, you only get paid after you have done the work; or why, if you rent accommodation, you normally have to pay before you use it? This inequality reflects the social superiority of employers and landlords, their ability to decide who bears the risk of non-payment. But time and social inequality enter modern economies most strongly in the form of finance, the market for money itself. The essence of credit is that a buyer initially gets something for nothing and pays later, usually with interest. This may take the form of a loan of money or an advance of goods. In either case, time is built into the transaction and the ensuing social relations of credit and debt are fraught with difficulty. We have all experienced the social embarrassment of a loan that was not repaid. Credit inevitably invokes the personal side of market transactions, in a way that impersonal purchases with cash need not.

Modern markets are often stereotypically contrasted with "primitive exchange," "peasant markets," or "the oriental bazaar" in terms of the latter's reliance on personalised transactions (typified by bargaining) that have largely been displaced from the capitalist economy. Thus, in many non-industrial societies it is normal for individuals to form longstanding partnerships based on the loyalty of customers to particular traders. Yet even casual inspection reveals that such a personal approach to market relations is not foreign to industrial societies. Think of all those who, feeling vulnerable as a result of their dependence on an essential machine, such as a car or computer, try to build a sense of interdependence with particular companies and persons. It is nevertheless the case that the personal dimension of economic life is more obvious in many non-western societies.

When I carried out field research in the slums of Ghana's capital, Accra, during the 1960s, I was slow to recognise how general recourse to credit altered the working of market relations (Hart, "Kinship"). For example, a small number of women brewers catered at weekends for the drinking needs of young male migrants to the city. Their profit levels at first seemed to be staggering. I worked it out that the value of sales of millet beer was eight times the costs of production. Like everyone else, I assumed that these women must be rich; but they were not. The vast bulk of sales were on credit and the rate of payment was so poor that the women often found it difficult to raise the cash to buy the ingredients for another brew. Instead, they had a large retinue of regular customers in their debt, young men whom they could call upon for various services. Some of these women were politically influential; they had substantial investments in social ties, but they had little more cash to spend than the majority of their customers.

In truth, most people in our world do not have enough cash in hand for markets to function effectively without widespread extension of credit facilities. Levels of commercial activity are depressed in many poorer regions, and buying now in order to pay later is indispensable to maintaining even those levels. In Ghana a fruit or vegetables trader would typically sit in a part of the market surrounded by women selling the same commodity. She would take her supply for the day and put one-third in a basket under the table. The rest would be divided into small bundles for a few pence each, adding in total to a sum that left her some margin of profit over her costs. Every customer paid the same amount, but she would use the stuff in the basket to give extras to regulars or as a way of attracting new customers. Contrary to western stereotypes, haggling was rare under these circumstances and a high proportion of sales were on credit, with each customer's record locked away safely in her capacious memory.

Everyday comestibles like food were bought and sold in this way. The obvious interest of the client was in gaining access to regular supplies even when he had no money (which was normal) or when supplies were scarce (which was often). The trader's interest lay in attracting a stable clientele from competitors and in having a regular outlet even when the market was oversupplied and prices would otherwise tumble. One reason for traders sticking together in the same place is that they can pool information about credit risks and are less likely to be played off against each other by cheating customers. You do not usually haggle when relations are circumscribed in this way. Bargaining tended to occur when people made occasional purchases of consumer durables, such as a chair. Here a long-term association between buyer and seller is unnecessary and the business of getting the best possible deal can take up a lot of time.

In sum, models of supply and demand require prices to adjust up and down for markets to clear. There is no need for this process to involve direct haggling between individual buyers and sellers, yet such bargaining would be a natural expression of the conflicting interests of the two sides. In economic orthodoxy, however, emphasis is placed on competition between sellers and the idea of conflict between buyer and seller is associated with less developed markets. This assertion is clearly ideological, since it abstracts from social relations over time that inevitably arise in modern markets. Credit, wherever it occurs (and it is indispensable to the functioning of markets everywhere), introduces a bias towards greater co-operation between buyer and seller and reduced competition between sellers. These patterns of association, taken to be anomalous in economic theory, are intrinsic to the way markets work.

Why then are markets supposed to be subversive of traditional social arrangements? In essence it is because commerce knows no bounds and most local societies are predicated on maintaining a measure of control over their members. All markets are in a sense world markets in that they link specific places to a proliferating network of universal scope. In the face of this unknowable extension of human sociability, the ruling elements of local societies seek to keep markets and those who specialise in them at arm's length (Weber; Polanyi, *Transformation*). Often the concrete symbol of the threat posed by markets lies in merchants' greater command of money, which in turn is just a measure of their access to a wider world. Markets likewise offer a potential means of escape to the dominated classes: women, young people, serfs and slaves, ethnic minorities. In this sense, the money to be gained from buying and selling offers relative freedom from local social obligations, while at the same time making much wider social connections possible. In history, the power of long-distance merchants has frequently modified the autonomy of local rulers, and markets have not always been peripheral, as the latter may have wished. Rather, the dialectic of local and global economy defined the struggle between these interdependent interests long before it emerged as a prominent feature of how we perceive the modern world.

The decades around 1900 saw the first department stores, concentrating under one roof a wide range of goods that would previously have been sold in separate shops. This is where fixed prices came from. The general shift at this time towards more impersonal forms of economic organisation had important consequences for marketing. Bureaucracies limit the personal discretion of employees, hedging their activities around with rules that can only be broken at risk of dismissal. In the new stores, customers dealt face-to-face with assistants who had no power to negotiate. That power rested with owners and managers who were now removed from the point of sale, unlike the small shopkeeper. The main imperative of management was to control subordinates, and this ethos stretched back to the production lines as well as outwards to an anonymous market of consumers whose tastes were manipulated by public advertising. The transition came suddenly. The novelist Arnold Bennett describes for the English potteries the appearance of the phenomenon of fixed posted prices. People were used to engaging with shopkeepers personally; and each purchase took place under particular circumstances, involving variable price, quality, and credit terms, all of them based on the specific relationship between trader and customer. Bennett recalls the shock of encountering for the first time goods identified by little white cards with non-negotiable prices on them. That was little more than a century ago, yet most western consumers today find sliding prices to be almost as threatening as beggars in the street.

Remarkably, the economists chose the moment of this bureaucratic revolution to reinvent their discipline as the study of individuals making decisions in competitive markets. In this way they took the oriental bazaar as a model for understanding economies dominated by states and corporate monopolies (Geertz, "*Peddlers*" and "The *suq*"). It is a short step from there to an ideology that represents the modern world as a competitive market driven by the independent decisions of a mass of individuals.

Impersonal money and its institutionalist critics

So where did impersonal money and markets come from and how impersonal are they? Money was traditionally impersonal so that it could retain its value when it moved between people who might not even know each other. If you drop a coin or banknote on the floor, whoever picks it up can spend it just as easily as you can. Money in this form is an instrument detached from the person who uses it. The expansion of trade often depended on this objectivity of the medium of exchange and economists have long debated whether money's value derives from its being a scarce commodity or from the guarantees made by states who issued it (Hart, "Heads"). Bank credit on the other hand has always been more directly personal, being linked to the trustworthiness of individuals and, in the case of paper instruments such as cheques, issued by them. The idea that transactions involving money are essentially amoral comes from its impersonal form, but until recently, in most societies, the bulk of economic life was carried out by people who knew each other and were able to discriminate between individuals on the basis of experience.

J. M. Keynes held that modern money was as old as the invention of cities and, with them, the State (which he always capitalised) as old as agrarian civilisation:

> The State, therefore, comes in first of all as the authority of law which enforces the payment of the thing which corresponds to the name or description in the contract [...]. [I]n addition, it claims the right to determine and declare *what thing* corresponds to the name, and to vary its declaration from time to time—when, that is to say, it claims the right to re-edit the dictionary. This right is claimed by all modern States and has been so claimed for some four thousand years at least. (4)

Bank money is almost as ancient, but it took on renewed significance for western economic history in the Renaissance (De Roover). Modern national currencies are the result of a merger of state and banking systems, leading authors such as Aglietta and Orléan to stress the importance of sovereignty in the making of impersonal money.

This strand of thinking is very much in a minority today, when the market model of an eighteenth-century revolution in political economy (Smith) holds undisputed sway, especially in the English-speaking world. We have already touched on this above in the section on "markets in time." In liberal ideology, money is a commodity just like any other; its payment in exchange releases buyer and seller from the need for any ongoing relationship, allowing both the money and what it buys to be separated from their owners as private property. The parties to the exchange are conceived of as individuals devoid of social or cultural ties. The origin of such markets is said to lie in the "natural economy" of primitive barter, where the only thing missing is the money, which appears later to make good the inefficiencies of the older system. The impersonality of money and of the transactions it facilitates is here derived not from a universal sovereign, but from the anonymity of homogeneous individuals meeting in the marketplace, with price resolving their superficial differences. The value of commodities is traced to a common origin in human labour. This is less a description or analysis of money and markets than an ideological programme for displacing states from their central position in the economy, a programme that was later reversed in the alliance between states and corporations that spawned the bureaucratic revolution of national capitalism (Hart, *Memory*).

Mainstream economics has always had its critics, led by Karl Polanyi who, in *The Great Transformation*, developed a line of attack on liberal capitalism and the economists that proved to be remarkably durable (Hann and Hart). For him, impersonal markets and money have only recently displaced more humane institutional arrangements from the social organisation of economy. These were society's way of ensuring material provisioning for its members and they subjected exchange to moral, i.e., personal considerations. The self-regulating market dehumanised exchange. This would be bad enough if it were limited to what people make, like hats and shoes; but the market principle was extended to the conditions of our collective existence and these are not consciously made by human beings—Nature, Society (in the form of Money), and Humanity, reduced to the "fictitious commodities" of land, capital, and labour. Impersonal markets thus threatened human survival itself and inevitably provoked a social reaction in the form of people's numerous attempts to restore a measure of personal and collective control over their lives.

Polanyi later, in "The Economy as Instituted Process," modified his critique to a plea for a division of academic labour in the study of economies across time and space, reserving for economics the "formal" study of capitalist markets and the rest, where "substantive" economy of the non-capitalist sort still prevailed, for history, anthropology, and sociology. He drew on the examples of ancient Greece and pre-colonial West Africa to show the historical limits of *homo economicus*. In both cases, marketplaces were peripheral and relations within them were social and personal. Money, as in Bohannan's example of the Tiv above, was largely restricted to "special-purpose" forms, with "general-purpose money" being associated with the European capitalist powers. Although he did not use the term often, his approach has subsequently come to be identified with the claim that the economy in non-industrial societies is "embedded" in social institutions and that "the great transformation" of the nineteenth century consisted in the self-regulating market becoming "disembedded" from society. The idea of "embeddedness" has become the calling sign of all those, especially economic sociologists, who reject the impersonal model of money and markets offered by mainstream economics (Beckert).

Chief of these is Viviana Zelizer, whose *The Social Meaning of Money* takes the fight to the core of contemporary capitalism, the United States, at a time when the dollar's national monopoly was being forged, the decades following the civil war. The dollar's chequered history is a remarkable story in itself (Weatherford 111–77), but Zelizer shows that the achievement of centralised control over money had to overcome a plethora of institutional alternatives and sustained political resistance. Moreover, even when the idea of a single currency had been more or less accepted, American commerce still spawned parallel currencies in the form of trading tokens and the like, as a way of dividing the market through particularistic ties. Her main finding, however, is that people in general refused to treat the impersonal money in their possession as an undifferentiated thing, choosing rather to "earmark" it for their own purposes, keeping some separate for paying the food bills, some as savings for a holiday, and so on. Her focus is mainly on areas that remain invisible to economists' commercial gaze: domestic transactions, gifts, charities. Later Zelizer extended this perspective to other social currents of money that largely escape statistical monitoring, such as migrant remittances to regions like Latin America and the Caribbean ("Missing Monies"). There is an intellectual industry in France concerned with the "boundaries" placed around money by people and institutions (Blanc).

There can be little dispute that people everywhere personalise money, bending it to their own purposes and devising numerous social instruments to do so. To the extent that the functioning of money and markets is understood exclusively in terms of impersonal models, the neglect of this dimension is surely significant. But institutionalist critique sometimes comes with a claim that the economists' impersonal approach is irrelevant or even harmful to human interests. The economy exists at a number of levels and not just those of the person, the family, or local groups. The more inclusive levels are made possible to a substantial degree by the relative impersonality of money and markets. It will not do to replace one pole of a dialectical pair with the other. We are today more than ever aware of our economic interdependence in a world of markets and money that has been increasingly unified by a digital revolution in communications. We need to understand this emerging universe of virtual abstraction in order to make meaningful connection with it from the perspective of our everyday lives.

Money in the digital revolution

The world economy is being transformed once more by radical reductions in the cost of producing a basic commodity, in this case the transfer of information. There was a time when commodities traded internationally were things extracted from the ground and services were performed locally in person. Now the person answering your business call could be located anywhere in the world and a growing number of service jobs are exposed to global competition. Vast profits are to be made in entertainment, education, the media, finance, software, and all the other information services. But the digital revolution poses specific problems for accumulation. The saying goes that "information wants to be free," and certainly there is continuous downward pressure on prices in this sector arising from the ease of copying proprietary products. And there is another aspect of this revolution that bears directly on the relationship between the personal and impersonal dimensions of social life (Hart, *Memory* and *Hit Man's*).

The cheapening of the cost of information transfers has considerable consequence for the character of long-distance market relations. The era of mass production and consumption may be ending as a result. It is now possible to attach to transactions at distance a lot of information about individuals. For example, amazon.com keeps a record of every book bought from them and they make recommendations for new purchases on this basis. This is similar to the small bookseller who reserves a book for a favourite customer, but now it all takes place anonymously at distance. Some firms are already moving towards a system known as Customer Relations Maintenance (CRM) based on data banks that know no limit in scope. This enables them to target buyers who generate above average revenues, to remind them of the need to buy something for their wife's birthday and so on. Nowhere has this process gone further than in the market for personal credit. A generation ago only one's bank manager could extend personal purchasing power through making an overdraft available. Now the number and variety of financial instruments on offer is growing exponentially and these are often customised to individual needs. It is not quite the same as ordering a suit from Savile Row in the nineteenth century, but the trend is definitely to restore personal identity to what were until not long ago largely impersonal contracts. Of course, powerful organisations have access to huge processors with which to manipulate an often unknowing public, and rich individuals have always experienced markets and money as personalities in their own right (Hart, "Persuasive Power"). But at the very least, for many people, these developments have introduced new conditions of engagement with the impersonal economy. What matters is to recognise that the line between personal and impersonal society is shifting, with significant implications for individual and collective agency.

Twentieth-century society was based on impersonal economic institutions that made most people feel largely powerless. The idea is now slowly taking root that society is less an oppressive structure out there and more a subjective capacity that allows each of us to learn how to manage our relations with others. Money is a good symbol of this shift. It first took the form of objects outside ourselves (coins) of which we usually had a greater need than the available supply, but of late it has increasingly been manifested as personal credit, in the form of digitalised transfers mediated by plastic cards and telephone wires, thereby altering the notions of economic agency that we bring to participation in markets. If modern society has always been supposed to be individualistic, only now perhaps is the individual emerging as a social force to be reckoned with. This claim rests on a single overwhelming fact, that large amounts of information concerning the individuals involved in economic transactions can now be processed cheaply at any distance, thereby making possible the repersonalisation of complex economic life. In the process, the assumptions that supported mass society for a century are being undermined.

To speak of "repersonalisation" is probably misleading, since society and the individual, the impersonal and the personal, are equally necessary to human existence, and working out specific ways of combining them is durably problematic. We have to take society as it comes, but we can also try to make it. If repersonalisation means the declining effectiveness of the bureaucratic powers with which we are familiar, it also opens the way perhaps to a new feudalism (Hart, *Hit Man's*). That is why we should not think of the present as a shift from the impersonal to the personal but rather as a change affecting the construction of the relationship between the two. If economy in the twentieth century became more impersonal, responding in part to the increased scale and complexity of exchange, this does not mean, as we have seen, that the personal basis of economic relations has been displaced, nor indeed that the dialectic of individual and collective agency was ever absent from societies in which modern money and markets were traditionally marginal. Economic history is dialectical. Most people are quite anxious about being economically dependent on impersonal and anonymous institutions. This is an immense force for reversing the historical pattern of alienation on which the modern economy has been built. Consequently, any renewed emphasis on human personality and concrete social relations in economic life must go hand in hand with the search for forms of impersonal society appropriate to such a goal.

Conclusion: What is money?

What then is money? All the textbooks give the same definitions: it is a means of payment; a unit of account; a standard of value; a store of wealth (Bannock et al.; Foley). These conventions do not capture the most important feature of money, its evolution as a means of human interaction in society. Money is *made* by us, but for most people it has long been something scarce that we *take* passively whenever possible, without any sense of its being our collective creation. From having been an object produced by remote authorities, it is becoming more obviously a subjective expression of our own will; this development is mirrored in the shift from "real" to "virtual" money. In the last 300 years or so, the money form has evolved from metallic coins and ledger entries through paper notes to electronic digits. In the process, money is becoming dematerialised, losing any shred of a claim that it is founded on the natural scarcity of precious metals. Even the authority of states, which stamped coinage and issued the notes with which we are still most familiar as money, cannot long survive the electronic blizzard that is money in the age of the internet.

Money is a universal measure of value, but its specific form is not yet as universal as the method humanity has devised to measure time all round the world. It is purchasing power, a means of buying and selling in markets. It counts wealth and status. It is a store of memory linking individuals to their various communities, a kind of memory bank (Hart, *Memory*), and thus a source of identity. As a symbolic medium, it conveys information through a system of signs that relies more on numbers than words. A lot more circulates with money than the goods and services it buys. Money's significance lies in the synthesis it promotes of impersonal abstraction and personal meaning, objectification and subjectivity, analytical reason and synthetic narrative. Its social power comes from the fluency of its mediation between infinite potential and finite determination (Hart, "Persuasive Power").

In *The Memory Bank*, I sketched a possible scenario of financial history that leads from state-made money to greater reliance on personal credit. This does entail, to a degree, a repersonalisation of economic life, as exchange absorbs more and more information about persons. Plastic credit cards are just the first step in this process. But if this could be represented as a step towards greater humanism in economy, we need to recognise also that it entails increased dependence on the impersonal organisation of governments and corporations, on impersonal abstraction of the sort associated with the computing operations and on the need for impersonal standards and social guarantees for contractual exchange of wide scope. If persons are to make a comeback in the post-modern economy, it will not be on a face-to-face basis, but as bits on a screen that sometimes materialise as living people in the present. In the process we may become less weighed down by the concept of money as an objective force, more open to the idea that it is simply a way of keeping track of complex social networks that we each generate as active individual subjects. This should give reason for optimism that money could once again take a wide variety of forms compatible with both personal agency and human interdependence at every level from the local to the global. But we should not imagine that such a process is likely to be achieved soon or easily.

Marcel Mauss was far-sighted when he sought to trace the foundations of the modern economy to its origin in the archaic gift, rather than in primitive barter as the liberal myth holds. The idea of money as personal credit, linked less to the history of state coinage than to the acknowledgement of private debts, is consistent both with Mauss's emphasis and with my argument here. If the meaning of money lies in the myriad acts of remembering that link individuals to their communities (Hart, *Memory*), the need to keep track of proliferating connections with others is enabled by money in its many forms as the principal instrument of collective memory. To an increasing extent, it will be possible for people to enter circuits of exchange based on voluntary association and defined by special currencies of the sort pioneered in LETS schemes (Blanc). At the other extreme, we will participate as individuals in global markets of infinite scope, using international moneys-of-account, such as the dollar and euro, electronic payment systems of various sorts, or even direct barter via the internet. In many ways, it will be a world whose plurality of association, even fragmentation, will resemble feudalism more than the Roman empire. This is an unsettling prospect, for who would want to be prey to personal rule by gangsters unrestrained by impersonal law? That is why we urgently need to harness the potential of current economic trends to develop more effective impersonal institutions ("the state") at the level of world society as well as below (Frankman; Robotham). In money's potential to sustain universal connection lies one indispensable means to that end, but this will not be realised if it retains its modern form.

We live in a rapidly urbanizing world of great complexity and increasing connection whose affairs cannot be managed by means of handouts, either on a bureaucratic or on a customary basis. Apart from the obvious issue of hierarchy entailed in this method, people will expect to use any economic freedom they win for themselves to calculate the costs and benefits of the many contracts they enter into in the course of normal daily life. We cannot afford to oppose collective and individual solutions to our common human dilemmas. If I turn to markets and money as a focus for social reform, it is because, by emphasizing the means of extending social credit to responsible persons, we may be able to address more effectively the causes and remedies of what makes contemporary society so unequal. The sociologists, anthropologists, and alternative economists will not get far by harping on about how people already impose personal and social controls over money and exchange. That is the everyday world as most of us know it. We need ways of reaching the parts we don't know and of averting the ruin they could bring down on us all.

It is relatively easy to debunk religion, but to understand its social force one has to enter the minds of believers. Searching for the significance of money or for its wider social meaning is like asking why anyone would believe in God. Of course we made Him up, just as we made and make Money up. We believe because we have to—and faith is the glue sticking past and future together in the present. Since our ephemeral economic transactions depend on using money, it seems to be more stable than the relations it expresses, even though at heart we know it isn't. Whether we like it or not, money is the ocean we swim in these days. Despite or because of this, its role in human affairs continues to be demonised and the attempt to return it to the marginal role it was confined to in agrarian civilisations (Polanyi, *Great Transformation*) always finds a ready audience. Money surely generates value and significance in human interactions as much as it erodes them. It is a symbol of each person's relationship to society. This relationship may be conceived of as a durable ground on which to stand, anchoring identity in a collective memory whose concrete symbol is money; or it may be viewed as the outcome of a more creative process in which we each generate the personal credit linking us to society (Simmel). The second view requires us to abandon the notion that society rests on abstract grounds more solid than the transient exchanges we participate in. Few people at present are prepared to take that step. When the meaning of money is seen to be what each of us makes of it, we may be less inclined to think of Money as the somewhat archaic God of capitalism that it has become.

Works Cited

Aglietta, M., and A. Orléan. *La monnaie souveraine.* Paris: Odile Jacob, 1998. Print.

Bannock, G., R. Baxter, and E. Davies. *The Penguin Dictionary of Economics.* 3rd ed. Harmonsworth: Penguin, 1984. Print.

Beckert, J. "The Great Transformation of Embeddedness: Karl Polanyi and the New Economic Sociology." *Market and Society: The Great Transformation Today.* Cambridge: Cambridge UP, 2009. 38–55. Print.

Blanc, J., ed. *Exclusion et liens financiers—monnaies sociales: rapport 2005–2006.* Paris: Economica, 2006. Print.

Bohannan, P. "The Impact of Money on an African Subsistence Economy." *Journal of Economic History* 19 (1959): 491–503. Print.

———. "Some Principles of Exchange and Investment among the Tiv of Central Nigeria." *American Anthropologist* 57 (1955): 60–70. Print.

De Roover, R. *Money, Banking and Credit in Medieval Bruges: Italian Merchant-Bankers, Lombards and Money-Changers: A Study in the Origins of Banking.* London: Routledge, 1999. Print.

De Tocqueville, A. *The Old Regime and the French Revolution.* New York: Doubleday, 1955. Print.

Durkheim, E. *The Division of Labor in Society.* Glencoe, IL: Free Press, 1960. Print.

———. *The Elementary Forms of the Religious Life.* Glencoe, IL: Free Press, 1965. Print.

Foley, D. "Money in Economic Activity." *New Palgrave Dictionary of Economic Theory and Doctrine.* Vol. 3. London: Macmillan, 1987. 519–525. Print.

Frankman, M. *World Democratic Federalism: Peace and Justice Indivisible.* London: Palgrave, 2004. Print.

Geertz, C. *Peddlers and Princes.* Chicago: U of Chicago P, 1963. Print.

Geertz, C., H. Geertz, and L. Rosen. "The *Suq.*" *Meaning and Order in Moroccan Society.* Cambridge: Cambridge UP, 1979. Print.

Guyer, J. *Marginal Gains: Monetary Transactions in Atlantic Africa.* Chicago: U of Chicago P, 2004. Print.

Hann, C., and K. Hart, eds. *Market and Society: The Great Transformation Today.* Cambridge: Cambridge UP, 2009. Print.

Hart, K. "Heads or Tails? Two Sides of the Coin." *Man* 21 (Dec. 1986): 637–56. Print.

———. *The Hit Man's Dilemma: Or Business, Personal and Impersonal.* Chicago: Prickly Paradigm, 2005. Print.

———. "Kinship, Contract and Trust: The Economic Organization of Migrants in an African city Slum." *Trust: Making and Breaking Co-operative Relations.* Oxford: Blackwell, 1988. 176–193. Print.

———. "Marcel Mauss: In Pursuit of the Whole." *Comparative Studies in Society and History* 49.2 (Apr. 2007): 1–13. Print.

———. *The Memory Bank.* London: Profile, 2000. Print. (Republished as *Money in an Unequal World,* New York and London: Texere, 2001. Print.)

———. "The Persuasive Power of Money." *Economic Persuasions.* New York: Berghahn, 2009. 136–158. Print.

Keynes, J. M. *A Treatise on Money.* 2 vols. London: Macmillan, 1930. Print.

Malinowski, B. "Primitive Currency." *Economic Journal* 31 (1921): 1–16. Print.

Marshall, A. *Principles of Economics.* London: Macmillan, 1979. Print.

Marx, K. *Capital: The Critique of Political Economy.* Vol. 1. London: Lawrence and Wishart, 1970. Print.

Mauss, M. *Écrits politiques.* Paris: Fayard, 1997. Print.

———. "Essai sur le don: forme et raison de l'échange dans les sociétés archaïques." *Sociologie et anthropologie.* Paris: Presses Universitaires de France, 1950. 143–279. Print.

———. *The Gift: Form and Reason for Exchange in Archaic Societies.* London: Routledge, 1990. Print.

Parry, J., and M. Bloch, eds. *Money and the Morality of Exchange.* Cambridge: Cambridge UP, 1989. Print.

Polanyi, K. "The Economy as Instituted Process." *Trade and Market in the Early Empires.* Glencoe, IL: Free Press, 1957. Print.

———. *The Great Transformation: The Political and Economic Origins of Our Times.* Boston: Beacon, 1944. Print.

Rappaport, R. *Ritual and Religion in the Making of Humanity.* Cambridge: Cambridge UP, 1999. Print.

Robotham, D. *Culture, Society and Economy: Bringing Production Back In.* London: Sage, 2005. Print.

Sigaud, L. "The Vicissitudes of *The Gift.*" *Social Anthropology* 10.3 (2002): 335–358. Print.

Simmel, G. *The Philosophy of Money.* London: Routledge, 1978. Print.

Smith, A. *An Inquiry into the Nature and Causes of the Wealth of Nations.* London: Methuen, 1961. Print.

Weatherford, J. *The History of Money.* New York: Three Rivers, 1997. Print.

Weber, M. *General Economic History.* New Brunswick, NJ: Transaction Books, 1981. Print.

Zelizer, V. "Missing Monies: Comment on Nigel Dodd's 'Reinventing Monies in Europe.'" *Economy and Society* 34.4 (2005): 584–588. Print.

———. *The Social Meaning of Money.* New York: Basic, 1994. Print.

Keith Hart is professor of anthropology emeritus at Goldsmiths University of London and honorary professor of development studies at the University of Kwazulu-Natal, Durban and of Social Anthropology at the University of Pretoria. He is the author of *The Memory Bank: Money in an Unequal World* (2000), *The Hit Man's Dilemma: Or Business, Personal and Impersonal* (2005), and (with Chris Hann) of *Economic Anthropology: History, Ethnography, Critique* (2011). He founded the Open Anthropology Cooperative and his blog is at www.thememorybank.co.uk. He is co-editor of *Market and Society: The Great Transformation Today* (2009) and *The Human Economy: A Citizen's Guide* (2010). Email: keith@thememorybank.co.uk

Short Essays, Short Stories, and Poems

From the Stones of David to the Tanks of Goliath

José Saramago
Translated and introduced by
George Monteiro

[Among other worthy purposes, receiving the Nobel Prize for Literature in 1998 served to increase multifold the novelist José Saramago's audience for his straightforward, bully-pulpit commentary on world affairs and problems. It was in recognition of his serious concerns for the inhumane treatment of peoples that he was invited to visit Palestine. In March 2002, he published an essay in *El País*, "De las piedras de David a los tanques de Goliat," in which he excoriated the Israeli nation—its army was then blockading the Palestinian city—for forgetting or dismissing what their people had suffered in the concentration camps. Saramago's essay, which immediately raised an international furor, has had, and continues to have, a polemical life. The English translation, published for the first time in these pages, was done shortly after Saramago's essay was published in *El País*.—G. M.]

Some authorities in biblical matters affirm that the First Book of Samuel was written either in the time of Solomon or in the period immediately following it, in any case, before the Babylonian captivity. Other scholars, no less competent, argue that not only the First but the Second Book of Samuel as well were reworked after the Babylonian exile, their composition being in obedience to that which is called for by the historical-political-religious structure

Portuguese Literary & Cultural Studies 23/24 (2012): 223–226.
© Tagus Press at UMass Dartmouth.

of the deuteronomist scheme, which is, successively, God's alliance with his people, the people's infidelity, God's punishment, the people's supplication, and God's forgiveness. If this venerable work of scripture dates from the time of Solomon, we can say that to date there has passed over it, in round numbers, some three thousand years. If the work of its redactors was done after the Jews returned from exile, then some five hundred years, give or take a month, can be subtracted from that number.

My preoccupation with temporal rigor has as its only purpose the putting before my reader's comprehension the idea that this famous biblical legend of the combat (which, by the way, never took place) between the small shepherd David and the Philistine giant Goliath, told to children for at least twenty-five or thirty centuries, has been told badly. Over that length of time, parties with different interests in the matter have created—with the uncritical assent of more than a hundred generations of believers, including Christians no less than Hebrews—a deceptive mystification of inequality in force separating the fair and delicate David's fragile physical complexion from the bestial Goliath's four meters of stature. Such inequality, enormous in all its appearances, was compensated for, and soon overturned in favor of the Israelite, because David was an astute little boy and Goliath but a stupid mound of flesh. So astute was David that before going out to confront the Philistine he scooped up five smooth stones from alongside a nearby brook, which he put into his bag, and so stupid was the other one that he didn't notice that David had armed himself with a pistol. But it was not a pistol, lovers of sovereign mythical truths will protest indignantly, it was simply a sling, a poor shepherd's sling, like the one that had been used since time immemorial by the slaves of Abraham who led and looked after cattle. Yes, in fact it did not look like a pistol; it had no barrel, stock or butt, no trigger, no cartridges. What it did have was two slender resilient cords tied at their ends to a small piece of flexible leather, into the pocket of which the expert hand of David placed the stone that, from a distance, was hurled, rapid and powerful as a bullet, at Goliath's head, dropping him, and putting him at the mercy of the point of his own sword, already in the fist of the dexterous slinger. It was not because he was the more astute that the Israelite succeeded in killing the Philistine, giving victory to the army of Samuel and the living God; it was simply because he carried with him a long-range weapon that he knew how to use. Historical truth, modest and not at all imaginative, contents itself with teaching us that Goliath didn't even have a chance to put his hands on David. Mythic truth, an eminent fabricator of fantasies, has soothed us for thirty centuries with the marvelous tale of the small shepherd's triumph over the bestial giant of a warrior, to whom, finally, his heavy bronze helmet, cuirass, leggings, and shield are of no use. Such is it that we are authorized to conclude from this edifying episode as it unfolds that David, in the many battles that made him King of Judah and Jerusalem and that extended his power to the right bank of the Euphrates, never again resorted to sling or rocks.

Nor does he use them now. Over the last fifty years David has grown to such a point in strength and size that between him and the haughty Goliath it is no longer possible to see any difference; it might even be said, without insulting the obfuscating clarity of the facts, that he has turned into a new Goliath. For David, today, is Goliath, but a Goliath who has left off bearing heavy and finally ineffective weapons made of bronze. The fair David of yore crosses over occupied Palestine territory in helicopters that discharge missiles against defenseless targets; the delicate David of yore mans the world's most powerful tanks, smashing and shattering everything in their way; the lyrical David who sang songs of praise to Bath Sheba, embodied now in the gargantuan figure of that war criminal called Ariel Sharon, issues the "poetic" message that it is necessary first to smash the Palestinians before negotiating with what then will be left of them. In a word, this, since 1948, with slight variations that are merely tactical, has been Israel's political strategy. Mentally intoxicated with the messianic ideal of a Great Israel that will at last realize the expansionist dreams of the most radical Zionists; contaminated by the monstrous, rooted "certainty" that in this catastrophic and absurd world there exists one people chosen by God, to whom, therefore, it is automatically justified and authorized, in the name as well of past horrors and present fears, to take any and all actions stemming from an obsessive racism that is psychologically and pathologically exclusivist; trained and schooled in the idea that no matter what suffering they have inflicted, do inflict, or will inflict on others, particularly the Palestinians, it will still fall short of their suffering in the Holocaust, they scratch interminably at their own wounds so as to keep them forever bleeding, making it impossible for them to heal, and show them forth to the world like flags. Israel has made its own the terrible words of Deuteronomy: "To me belongeth vengeance and recompense." Israel wants us to feel blame—all of us, directly or indirectly—for the horrors of the Holocaust; Israel wants us to renounce our most elementary critical intelligence and transform ourselves docilely into an echo of its will; Israel wants us to recognize de jure what for its people already exists de facto: absolute impunity. From the point of view of its people, Israel can never be brought to judgment, its people having once been tortured, gassed, and incinerated in Auschwitz. I ask myself if those Jews who died in the Nazi concentration camps, those Jews who were persecuted throughout History, those Jews who were murdered in pogroms, those Jews who rotted away in the ghettos—I ask myself if that immense multitude of unfortunates would not feel shame at the infamous acts committed by their descendants. I ask myself if their having suffered so much might not be the best reason for their ceasing to cause so much suffering to others.

David's stones have changed hands; now it's the Palestinians who throw them. Goliath is on the other side, armed and equipped as no other soldier has ever been in the history of warfare, save, of course, for his North American friend. Ah, yes, there is the horrendous killing of civilians brought about by the so-called terrorist-suicides…. Horrendous, yes, without a doubt; condemnable, yes, without a doubt; but Israel still has much to learn if it finds itself incapable of understanding the reasons that can bring human beings to transform themselves into bombs.

José **Saramago** (1922–2010) was the celebrated author of, among other novels, *Baltasar and Blimunda* and *Blindness*. He was the recipient of the Nobel Prize in Literature (1998). *Portuguese Literary & Cultural Studies 6, On Saramago*, guest edited by Anna Klobucka, was devoted to his work.

George **Monteiro** is professor emeritus of English and of Portuguese and Brazilian studies at Brown University. Among his books and editions are *Robert Frost & the New England Renaissance, The Correspondence of Henry James and Henry Adams, The Presence of Camões, Stephen Crane's Blue Badge of Courage, The Presence of Pessoa, Fernando Pessoa and Nineteenth-Century Anglo-American Literature, Conversations with Elizabeth Bishop*, and *Stephen Crane: The Contemporary Reviews*. In press are *Love and Fame in Fernando Pessoa: Five Chapters* and *Elizabeth Bishop: Brazil & Elsewhere*.

Do imemorial ou a dança do tempo

Eduardo Lourenço

Durante três séculos, sem desfalecimento, o homem ocidental tomou de assalto o barco em que até então tinha seguido pilotado pela Providência. Fê-lo em nome da Humanidade, como o D. João de Molière. De uma Humanidade capaz de se dirigir sozinha, não para o paraíso de onde se supusera expulsa, mas para um futuro cada vez mais liberto dos medos, das opressões, dos males que desde a chamada noite dos tempos se infligiu a si mesma.

Nunca houve outro ator do seu destino que ela própria, mas as máscaras que inventou para endossar a Outrem a sua responsabilidade, não só fazem parte desse destino, como são a única leitura dela que o ilumina. O que fomos com essas máscaras, deuses, demónios, anjos, Deus, quando esse destino tinha um sentido que se confundia com o próprio existir, está tão vivo hoje, que as perdemos ou rejeitamos, como sempre esteve.

O tempo da "Humanidade" que não foi tão humano como o sonháramos, já estava esgotado quando o século XX acabou. Tempo da razão, tempo do progresso, tempo da história a si mesma transparente, tempo da utopia com fim plausível, não recebia só de si mesmo a sua faustica energia, mas daquele

Nota do editor. Este ensaio foi publicado em inglês como "The Dance of Time" em Eduardo Lourenço, *Chaos and Splendor & Other Essays*. Ed. Carlos Veloso. Dartmouth, MA: University of Massachusetts Dartmouth [Center for Portuguese Studies and Culture], 2002. 173–178. Impresso.

tempo que com tanta determinação recusava. Quando o dispensou e parecia que íamos entrar, de olhos bem abertos, naquele espaço que desde Platão designamos como o da plena claridade, por oposição às aparências, descobrimos que o novo tempo, este nosso, é precisamente o da caverna. De uma caverna perpetuamente iluminada, mais fascinante que todos os céus supostos, o dos deuses ou o da razão. O antigo tempo do ser transcendente, natural ou simbólico, converteu-se em tempo da aparência e nela está encerrado. Neste novo tempo sem raiz alguma no memorial onde todos os antigos tempos repousavam, podemos reciclar, como meros tempos virtuais, todos os passados que sem memória não são tempo de ninguém.

E nós, de quem somos o tempo, neste começo de um terceiro milénio ainda de evocação cristã, pelo menos no Ocidente? Anjos definitivamente caídos e quase contentes de nos ter libertado da tutela de um deus que nunca prometeu vir, nem mesmo existir, para nos tirar dos ombros o peso de uma liberdade imaginária e do coração um sonho de felicidade não menos imaginária? Ou meros animais, como os evocados num texto célebre de Ernst Jünger, que desde há milhares de anos estão inventando Deus por ser mais fácil que suportar a ideia de que nunca serão mais do que simples homens que se creem deuses?

De uma maneira, até hoje inédita, pelo seu excesso, não sabemos quem somos, nem onde estamos. Ao menos nós, ocidentais que tínhamos a pretensão de o saber e para isso inventámos todos os romances sobre as origens e outros mais brumosos sobre um impensável fim. Sem dúvida que sabemos mais que todas as gerações passadas sobre essa origem e que o futuro é tão inimaginável como o foi sempre. Talvez por isso estejamos parados no meio de um cosmos de que desvendámos quase todos os mistérios, salvo os nossos de passageiros em trânsito para lado algum realmente pensável, salvo como apocalipse domesticado, como em "Independence Day." Mesmo a Morte perdeu a sua função de espelho onde de uma vez para sempre tínhamos aprendido que éramos mortais sem nos resignar a sê-lo. Nada é mais novo neste começo de milénio que este sentimento de já não termos uma morte credível—colectiva ou individual—depois de a ter tido tanto e em função dela termos inventado os deuses. E, depois da sua glosada fuga, a Arte com que douramos a sua ausência. A sua definitiva ausência. Não é por acaso que nos ecrãs onde vivemos a nossa vida simbolicamente imortal há tanta morte. Ou antes, tanto morto sem morte. Um morto com morte, à maneira antiga, uma morte onde se morria ou no silêncio oco do coração ou na praça pública, como se um deus acabasse de desaparecer, é um luxo reservado a poucos. Digamos, aos Kennedys, ou Marylins, figuras recorrentes do poder e da graça.

Somos anonimamente imortais, mas sem aquela inocência que parece ter sido a nossa quando éramos historicamente e naturalmente pagãos, como os gregos e os romanos de outrora. Foi neste tempo sem morte própria que nós entrámos sem sequer nos darmos conta disso. É esta uma das leituras do tão falado "fim da história," em todo o caso da que foi a nossa, até que os relógios onde líamos um destino com rosto ainda humano pararam ao mesmo tempo, numa aldeia da Polónia e numa cidade do Japão. Este acontecimento não foi como a batalha de Waterloo ou a invenção da máquina a vapor, um momento de história e da História, mas uma outra espécie de tempo, uma eternidade vazia, modelo de todo o tempo futuro vivido de olhos inutilmente abertos. O horror puro é invisível.

Por fora, vivemos e consumimos um tempo realmente planetário, como se fôssemos todos, e não apenas os ocidentais que estenderam a leitura do seu tempo próprio ao mundo inteiro, o primeiro ator da história digna desse nome. Por dentro, vivemos simultaneamente uma temporalidade virtual e real sem relação alguma com o que foi, nos tempos arcaicos, tempo circular, e nos tempos cristãos, uma temporalidade ressentida como desejo ou nostalgia ativa do tempo de Deus. Podemos organizar todas as festas para nos lembrar que tivemos um nascimento e uma vida memoráveis, pudemos mesmo, não acreditando um segundo em tão exaltante invenção, que um Jubileu nos devolva ainda viva a memória de um destino análogo ao nosso quando pensávamos ser "filhos de Deus." Nenhuma magia virtual nos restituirá esse mundo que já nem como história somos capazes, ou temos interesse, em revisitar. Estamos numa outra história onde a urgência do presente a si mesma se basta. Tempo indiscernível da sua própria interpretação, sufocados e prisioneiros dela, como a abelha no seu mel ou Creso no seu ouro.

Para quem não é ocidental, herdeiro de um passado sem cessar aspirado pelo futuro, da ordem transcendente ou apenas utópica, esta imobilidade na plenitude, não só não lhe causará estranheza como talvez um justificado contentamento. Com riqueza a mais, nós chegámos, penosamente, onde eles nos esperaram sempre, a um mundo, filho do Céu e da terra, sem metáfora alguma, cheio das tragédias banais da humanidade, mas sem trágico interior por não haver razão alguma para o ser. O que tanto custou a imaginar e a viver a Nietzsche é, no Oriente, um dado natural. E é de supor que também será daqui em diante para nós, tão grande é a sedução da quietude budista no mundo ocidental. Aceitamos agora não ter vindo de nenhum paraíso de onde tivéssemos sido expulsos, nem ir para nenhum "além mundo" que magicamente no-lo devolva. Devemos viver a legenda como a verdade e a verdade como um sonho para sempre adiado. Só assim entraremos no tempo onde já estamos, um tempo onde o ídolo História, que durante dois séculos tomámos por Deus ou o seu anjo ambíguo, deixou de emitir sinais.

A inocente fórmula anarquista, "nem deus nem senhor," não escandaliza nem surpreende ninguém, é uma carta de visita que recebemos no berço antes de abrir os olhos na caverna celeste da televisão onde noite e dia reciclamos êxtases e terrores virtuais que nos tocam menos que os da antiga vida inscrita no circulo da "morte," "inferno" e "paraíso." Estamos obrigados a inventar uma imagem de nós mesmos como se nunca a tivéssemos tido, ou a tivéssemos para saber, sem ilusão alguma, que não é aquela que já somos sem ter nome para ela. Nem bárbaros, nem gregos, nem pagãos, nem cristãos, nem filhos da razão, nem íntimos das trevas, nem vencedores nem vencidos de combates de séculos, subitamente tornámo-nos personagens de jogos de vídeo, nem mais nem menos reais que os das aventuras intergalácticas. Aquilo que somos e o navio sem piloto onde singramos deixou o cais de um tempo que imaginávamos conhecer, como conhecemos o espaço, e aborda agora, como se fôssemos todos colombos de nós mesmos, o único continente onde sempre estivemos pensando navegar no oceano de Deus; o do Imemorial.

Nos romances de cavalaria o herói à procura de si mesmo deparava no seu caminho com moradas simbólicas sobre a invocação de virtudes que o confortavam no seu sentimento de não estar de todo perdido. No nosso ex-destino de peregrinos de uma História concebida como uma sucessão de carruagens cada vez mais perfeitas—tempos bárbaros, tempos imperiais, idades médias, renascenças, barroquismos, luzes, progressos sem fim, democracia perpétua, paraíso igualitário—cada etapa nos aproximava daquele tempo dos tempos, o nosso, filho de todos os outros e revelação do seu sonho de esperança sem cessar diferidos. Desde o século XVIII vivemos na convicção de sermos, finalmente, os hóspedes de um mundo que sabia o que queria e para onde ia, pois ninguém nos impunha fins que não fossem da nossa invenção e responsabilidade. Mas chegámos a este tempo onde os tempos esperavam por nós para saberem quem foram, e nada nos mostra que tenhamos nele uma imagem, uma identidade, uma existência mais humana para nós mesmos que o dessa série de tempos dedicados cada um a um altar diferente e a uma só adoração, a nossa de simulacros de Deus.

Sem mais Deus que a sua ausência vivida como uma festa, nem por isso deixamos de ser simulacros, agora de nós mesmos. Simulacros virtualmente eternos, clones do deus que não somos, multiplicando sem fim o nosso esplendor de imortais por que tanto almejámos. Sem a ironia bíblica, temos de nos habituar a ser como "deuses," não por receber existência e sentido de um Outro, nosso semelhante inacessível, mas por poder reproduzir, como Andys Warhols sarcásticos, a nossa vida reduzida à imagem de si mesma. De certo, não resolvemos ainda males tão universais e tragédias como as que todos os dias nos dão o sentimento de ser como outrora "bichos da terra vis e tão pequenos," mas vivemo-los como se nos interessassem menos que todos os jogos e concursos inventados para nos distraírem deles e nos confirmar na nossa nova existência de deuses virtuais. As próprias vítimas sonham com este Las Vegas planetário que as deixa menos sós nos seus infernos, sem outros Dante. Que os fotógrafos que no-los metem pelos olhos dentro sem que nos comovam.

Com o fim de um tempo como História, e memória dentro, é o sujeito cultural dele que desaparece. Quer dizer, a Europa. Neste fim do milénio e começo de outro, o "espírito do mundo" chama-se América que só tem três séculos de vivida memória ritualizada. Para ela tudo o mais lhe é fábula, como o foram para nós a Grécia ou Roma, antes de as assumirmos como nossas por voluntária viagem nos seus livros ressuscitados. Nada indica que a América possa fazer connosco o que fizemos com a Grécia e depois com todos os Egitos e Babilónias perdidos. Não o precisa, mas também não tem interesse em recuperar e universalizar um passado onde mal existiu. É no seu tempo e em função dele, como nós fazíamos para reforçar a nossa imagem de gregos e cristãos, que a América vive e é ele que tentará impor, sem pena, como paradigma universal.

Tudo receberá leitura do lugar e tempo onde o "sentido" da aventura humana se produz e concentra: o dessa mesma América. É o que há de verdade no diagnóstico de Fukuyama: o seu "fim da história" é o fim do paradigma europeu e o início de um outro "indiferente à história" como intencionalmente universal e concretamente europeia.

Isto não nos deve escandalizar mais do que a antiga convicção de que a Europa e o Mundo eram sinónimos. Devemos aprender a viver neste novo tempo onde a vontade de poderio europeu, em todas as ordens, não regula todos os relógios do mundo, se alguma vez os regulou. Mas não devemos esquecer que, enquanto tal, o "tempo americano" é um tempo de tipo novo que desconhece o travo de inquietude que Santo Agostinho comunicou à temporalidade cristã, e a esse título um "antitempo" europeu. Desde que nasceu, a América é um mundo salvo das águas europeias. Não há nenhum mito que lhe seja mais congenital que o de Moisés. O nosso foi e é ainda o de Ulisses, mas na realidade é vestido de americano que Ulisses continua viajando nos espaços que se nos tornaram inacessíveis. Como se a América viajasse neles para se encontrar, temendo não ser ninguém como herói de Homero, enquanto nós, como o mesmo Ulisses, num tempo gloriosamente parado, não temos mais vida que a da nostalgia de uma História que tinha o nosso rosto e já não o tem.

Eduardo Lourenço is the most distinguished cultural critic in Portugal. Among his many books, which include the influential *Pessoa revisitado* (1973), are two collections of essays in English translation, *Chaos and Splendor and Other Essays* (2002) and *This Little Lusitanian House: Essays on Portuguese Culture* (2003).

The Cell Phone

João Melo
Translated by Luisa Venturini
Revised by Russell Hamilton

Chiquinha Setenta left her home earlier than usual. She had to take care of some money concerns. A mixed-race female crook from Uíge owed her five hundred dollars for some garments she had brought from Rio de Janeiro, a month ago, and she hadn't been able to receive the money. Every time she sent word to the woman the latter would reply that she would settle the matter by next week. But so far she hadn't! Whenever Chiquinha went to where the woman lived she was never there, or she would send word saying that she wasn't. So on this occasion she decided to get out really early to catch that bitch (obviously, Chiquinha Setenta's wording was ruder…) while she was still in bed. That mixed-race woman should give her the five hundred dollars on that very day, for better or for worse, because Chiquinha had just bought a cell phone from a neighbor, and she had to pay for it. As a businesswoman she obviously needed to own a cell phone and, what's more, she could not afford to have a reputation as someone who didn't pay her bills on time or had bad credit.

When Chiquinha thought about the cell phone she discreetly patted her purse to confirm that the new possession was where it should be. The reason for her concern was quite basic: she was sitting in a cab. For those who have never ridden in a cab in Luanda, let's say that taxis in that city may be less comfortable than those in New York, but are, perhaps, more exciting. Chiquinha was squeezed in between a peddler, carrying a basin filled with okra and *jimboa*, a student with a swollen head and straightened hair, whose

Portuguese Literary & Cultural Studies 23/24 (2012): 233–237.
© Tagus Press at UMass Dartmouth.

armpits emitted a fierce odor, and an albino with strange scales on his face. And right behind her a policeman moved his hands nervously and leaned against her neck every time the car went over a bump in the road. Chiquinha Setenta, most likely to get rid of such a discomfort, decided to start mentally constructing the summary statement of her life, beginning with the nature of her own name:

I haven't been a virgin since 1970! That's why everybody calls me Chiquinha Setenta [Seventy]. I was born in Benguela, in Baía Farta, but have been in Luanda since I was a child. In my earliest years I lived with uncles, but then I decided to take to life. I met many men, had several abortions, and never got married. I have two sons and not even I know who their father is. But what does that matter? After Angola gained its independence I became a revolutionary (I was completely nuts!...) and I joined FAPLA [the People's Armed Forces for the Liberation of Angola]. Fortunately I managed to drop out of the party. Now, I am a businesswoman! I travel to Brazil, South Africa, and Namibia and purchase clothes and other goods in order to sell them in Luanda and elsewhere.

Chiquinha Setenta patted her purse again, just to make sure that the cell phone bought from one of her neighbors (to facilitate her business contacts, some being international ones) was still there. Just by way of example, the next day she would be calling her kinswoman Aparecida in Rio de Janeiro, to inquire about the purchase, ordered last month, of women's panties (a daring type with an erotic heart-shaped opening in the front, which, according to her own experience, would meet with a lot of success among her customers). By one of those unsolvable mysteries of the human brain, remembering that task reminded her of the Uíge mulatto woman. However, the thought could not be more scabrous: *For sure that damn retarded woman does not even wear panties!*

The cab was just arriving at the spot where Chiquinha would get out. She couldn't help being startled when she understood that the albino was about to exit at the same stop. A risky driver's maneuver—passing two rows of cars and then bluntly pulling to the right, then speeding up resolutely while inside the car the student with straightened hair and foul odor was yowling hysterically—caused Chiquinha's startlement to dissipate, but not for long, as we shall see. In fact, when it came to her mind that she had left home while her children were still sleeping, she decided to call them to make sure everything was ok. The albino came back into her thoughts when she understood what was going on:

Oh no! My cell phone! Who stole my cell phone?! Someone took my cell phone!... Hey you, driver! Stop! Goddamn it!

Another theft in Luanda. The local members of the petty bourgeoisie believe, and I do not know why, that this beloved (no matter how jaunty and how irresponsible) city of ours, more than four hundred years old, can at times be seen as being similar to Rio de Janeiro and Salvador. So one more robbery or another does not add to nor diminish Luanda's image. Furthermore, on that same day, and despite the fact that it was not yet seven in the morning, the sun seemed even brighter, the sky even bluer, and even the landscape vividly colored (sorry about the poetry). Nevertheless, Chiquinha Setenta could see darkness before her, and, while screaming, she could not help watching the albino:

Hey, you, you damned albino! Where is my cell phone?

As soon as the taxi stopped, its worn-out brakes painfully screeching, Chiquinha Setenta's intention was to assail the albino, who looked at her with terrified eyes, perhaps thinking about all the tribulations people of his "racial" group have endured (and, believe me, will continue to endure). A most assertive voice from behind held her back. It was a voice used to giving orders:

Wait! Lady! Wait! Do not do that! Here, I am the authority!

This was the policeman. Making his way among the other taxi passengers he attempted to reach the door, while ordering that no one leave. As the security and public order officer he would be in charge for that purpose. How convenient was his presence, one should say. Without his presence things would be even worse. However, his efforts to reach the door could not be more useless. The situation really had become chaotic. The albino was held back by the woman street peddler. I swear, however, that I don't know if that would be evidence that gender solidarity is not a mere fiction of modern politics. The female student with straightened hair had been literally flattened against the inner wall of the cab. Chiquinha Setenta had put her purse completely upside down to let all of its contents out. These items do not need any identification because the contents of every female's purse, whether in Angola or Cochin-China, are among humankind's greatest mysteries. Because she was crying so loudly and in such despair it would seem as if Chiquinha were losing her hymen for the second time.

It was in here! Really, it was really in here!

She was referring of course to the cell phone. Even so, the policeman, who could not progress in his legal and well-intended attempt to reach the door to get in charge of the situation, dared to ask:

What was in there, madam? You really had a cell phone? Or you are just willing to disturb everybody? And why would you decide to pick on an albino? That is discrimination! According to the Constitution…

For many years now Chiquinha Setenta had lost her patience for any number of reasons.

You son of a bitch!—she said. *Would you dare to think that I cannot afford a cell phone? Look, I am a businesswoman, I can even buy you and all your family!... Come and arrest that damned albino! He was the one who stole my cell phone!...*

Until then, the only person in the cab to remain completely silent and not make even the tiniest sound (if we add to the words exchanged and the comments of most passengers the yowling of the student with the straightened hair and smelly armpits), was the driver. He abstained from anything other than driving the car, dangerously overtaking other vehicles while greeting other drivers most effusively, and provocatively honking against all those unwary drivers who had dared to face the chaotic and violent city traffic that day. When the chaos caused by the missing cell reached its maximum the driver immediately stopped the car and discreetly nodded, out of all others' view, at the fare collector who, unseen by all, locked the exit door for passengers. A few minutes later, as the argument went on and on, around and around, getting hotter and hotter, he took his own cell phone out of his pocket and directed a question to Chiquinha Setenta (after all, one should bring to an end that heated discussion in the *kimbundu* language because the day was just beginning and he would have long working hours; and more or less for the same reasons the narrator needs to end this report somehow...):

Madam, your cell phone number, please?

The story of the security and public order officer who stole Chiquinha Setenta's cell phone is still well known in the city. However, nobody knows why it is still mentioned as "the-case-of-the-boot-that-answered-phone-calls."

João Melo (b. 1955, Luanda, where he lives) adds to his activities as an author those of a journalist, publicist, professor, and member of the Angolan Parliament. He is a founder of the Angolan Writers Association. His works include poetry, short stories, chronicles, and essays, and have been published in Angola, Portugal, Brazil, and Italy. He was awarded the 2009 Angola Arts and Culture National Prize in literature by the Ministry of Culture of Angola. In 2008, he was awarded the most important journalistic tribute in Angola, the Journalism Maboque Prize. Works in poetry: *Definição* (1985); *Fabulema* (1986); *Poemas angolanos* (1986); *Tanto amor* (1988); *Canção do nosso tempo* (1991); *O caçador de nuvens* (1993); *Limites e redundâncias* (1997); *A luz mínima* (2001); *Todas as palavras* (2004); *Auto-retrato* (2007); *Novos poemas de amor* (2009). Short stories: *Imitação de Sartre e Simone de Beauvoir* (1999); *Filhos da pátria* (2001); *The Serial Killer e outros contos risíveis ou talvez não* (2004); *O dia em que o Pato Donald comeu pela primeira vez a Margarida* (2006); *O homem que não tira o palito da boca* (2009). Essay: *Jornalismo e política* (1991). "The cell phone" was published in *The Serial Killer e outros contos risíveis ou talvez não* (2004).

Luisa Venturini has thirty years of experience translating into Portuguese, Spanish, and English. Nabokov, Gabriel García Márquez, Manuel Carmo, Daniel Mendelsohn, Joseph Stiglitz, Robert Schiller, and Alberto Manguel are among the authors whose works she has translated, in addition to regular translation services to museums, foundations, and other entities. Email: luisa.venturini@gmail.com

JOÃO MELO

Herberto Helder, from *Flash*

Translated by Alexis Levitin

IV

Mouth.
Brûlure, blessure. Where
the many channels disembogue, as the word has it.
Pure consumption, or in a murmur,
amidst venous blood, or
a trace of flame. Gangrene,
music,
a bubble.
The awful art of passion.
A monstrous pore that breathes the world.
In it the dark, the breath,
burnt air are crowned.
Gold, gold.
Sonorous tube through which the body filters.
All of it, flowing away.

Portuguese Literary & Cultural Studies 23/24 (2012): 239–244.
© Tagus Press at UMass Dartmouth.

IX

I wouldn't want you broken by the four elements.
Or caught by touch alone;
or smell,
or flesh heard beneath the working of the moons
in the water's deepest mesh.
Or to watch the operation of a star between your arms.
Or that falconry alone darken me like a blow,
the quivering nourishment among linens piled
high
upon the beds.
       Magnificence.
            It raised you up
in music, a naked wound
—terrified by richness—
that black jubilation. It raised you up in me, a crown.
It made the world tremble.
             And you burned my mouth, pure
spoon of gold, swallowed
alive. Our tongue glittered.
I glittered.
Or else that, nailed together into a single, on-going nexus,
a marble stalk of cane
be born from a unity of flesh.
And someone passing cut the breath
of braided death. Anonymous lips, in the gasping
of arduous male and female
intertwining, creating a new organ within order.
That they might modulate.
With flickering tips of flames, faces throbbed, bursting into plumage.
Animals drank, filling themselves with the rushing of water.
The planets closed themselves in that
forest of sound and unanimous
stone. And it was us, this violent splendor, transformer
of the earth.

Name of the world, diadem.

Untitled

I swallowed
water. Deeply-water dammed within the air.
A maternal star.
And I am here devoured by a sobbing,
weightless from my face.
The glass made of star. The water so powerful
in the glass. My nails are black.
I grab hold of that glass, drink from that star.
I am innocent, uncertain, quivering, potent,
tumescent.
The illumination that the stationary water draws from me
from my hands to my mouth.
I enter spacious places.
—The power of an unknown food to shine
in me; my face,
when a dark hand grazes it, above
the shirt sodden with blood,
below hair dried by moonlight. I swallowed
water. The mother and the demonic child
were seated on the red rock.
I swallowed deep
deep water.

Untitled

I cannot listen to such icy singing. They are singing
about my life.
They have brought forth the taciturn purity of the world's
vast nights.
From the ancient element of silence that devastating
song arose. Oh, ferocious world of purity,
oh, incomparable life. They are singing and singing.
I open my eyes beneath silent waters,
and I see that my memory is the furthest thing
of all. They are singing icily.
I cannot listen to their song.

And if they were to say: your life is a rosebush. See
how it drinks in the anonymity of the season.
Blood drips from you when it's the time for roses.
Listen: aren't you lost in wonder
at the subtlety of the thorns and the tiny leaves?
—If they were to say something, I would be graced
with a boundless name.
Do not sing, do not blossom.
I cannot feel life filling up this way
like an icy song and a rosebush
so spread out in me.

It could be this season of the year remained untouched,
and my existence suddenly was flooded
by all that fervor.
I see my ardent sharpness drain until it merges with maturity
in a confluent
summer's minute.—Would I now be
complete for death?
No, do not sing that memory of everything.
Neither the rosebush on blood-streaked fragile
flesh, nor summer with its
symbols of ferocious plenitude.

I would like to think my fingers, one by one,
a zither dropped into my work.
All of sadness like an admirable life
filling up eternity.
Songs like ice leave me a desert, and the rosebush
sows discord among recoiling
roses. Listen: in the sadness of enormous summer
the oneness of my blood collapses.
I myself cold sing a masculine name,
my entire life
so strong and sullied, so filled with the heated silence
of what we do not know.

It isn't sung, it doesn't blossom. No one
ripens in the middle of their life.
Slowly one touches a suspended part of one's body
and a high sadness purifies one's fingers.
For a man is not a song of ice or
a rosebush. He is not
a fruit as if among inspiring leaves.
A man lives a deep eternity that closes
over him, but there his body
burns beyond all symbols, without a soul and pure
as an ancient sacrifice.

Upon icy songs and terrifying rosebushes,
my connected flesh nourishes the miraculous silence
of a vast life.

It could be that all is well in the pluralness
of an intense world. But
love is a different power, flesh
lives from its absorbed permanence. The life
of which I speak
does not drain away or feed our daily
superlatives. Unique,
eternal, it hovers above the hidden fluidity
of all motion.

—A rosebush, even though
incomparable, covers everything with its crimson distraction.
Behind the night of drooping
roses, the flesh is sad and perfect
like a book.

Herberto Helder (b. 1930), Portuguese of Jewish descent, is one of the most influential poets after the modernist Fernando Pessoa. The first edition of his collected poetry, *Poesia toda*, appeared in 1981; several new editions have been published since then. In recent years he published *A faca não corta o fogo. Súmula e inédita* (2008), and *Ofício cantante* (2009). His short-story collection masterpiece, *Os passos em volta*, was published in 1963.

Alexis Levitin teaches English at SUNY-Plattsburgh, has published over twenty volumes of translations, including *Forbidden Words: Selected Poetry of Eugenio de Andrade* (New Directions, 2003), and is working on a *Selected Poems* for Sophia de Mello Breyner Andresen and Herberto Helder. Email: levitia@plattsburgh.edu

Four Poems

Margarida Vale de Gato

Portuguese Literary & Cultural Studies 23/24 (2012): 245–260.
© Tagus Press at UMass Dartmouth.

Intercidades

galopamos pelas costas dos montes no interior
da terra a comer eucaliptos a comer os entulhos de feno
a cuspir o vento a cuspir o tempo a cuspir
o tempo
o tempo que os comboios do sentido contrário engolem
do sentido contrário roubam-nos o tempo meu amor

preciso de ti que vens voando
até mim
mas voas à vela sobre o mar
e tens espaço asas por isso vogas à deriva enquanto eu
vou rastejando ao teu encontro sobre os carris faiscando
ocasionalmente e escrevo para ti meu amor
a enganar a tua ausência a claustrofobia de cortinas
cor de mostarda tu caminhas sobre a água e agora
eu sei
as palavras valem menos do que os barcos

preciso de ti meu amor nesta solidão neste desamparo
de cortinas espessas que impedem o sol que me impedem
de voar e ainda assim do outro lado
o céu exibe nuvens pequeninas carneirinhos a trotar
a trotar sobre searas de aveia e trigais aqui não há
comemos eucaliptos eucaliptos e igrejas caiadas
debruçadas sobre os apeadeiros igrejas caiadas
meu amor
eu fumo um cigarro entre duas paragens leio
o Lobo Antunes e penso as pessoas são tristes as
as pessoas são tão tristes as pessoas são patéticas meu
amor ainda bem que tu me escondes do mundo me escondes
dos sorrisos condescendentes do mundo da comiseração
do mundo
à noite no teu corpo meu amor eu
também sou um barco sentada sobre o teu ventre
sou um mastro

Intercity

(Trans. Ana Hudson)

we ride down the backs of hills inside
the earth eating eucalyptus eating haystacks
spitting out the wind spitting out time spitting out
time
time the trains gulp the opposite way going
the opposite way stealing our time my love

I need you who are flying
to me
but you fly unfurling sails over the sea
you have wing-space you hover you drift while I
keep crawling towards you along the rails
with occasional sparks I write to you my love
cheating your absence the claustrophobia of the mustard
coloured curtains you walk on water and now
I know
words are less worthy than boats

I need you my love in this loneliness this forsakenness
of thick curtains preventing the sun preventing my
flight and nevertheless on the opposite side
the sky boasts little lamb clouds hopping
hopping on oats and wheat fields there are none here
we eat eucalyptus eucalyptus and whitewashed churches
leaning over level-crossing whitewashed churches
my love
I smoke a cigarette in between two stops I read
Lobo Antunes I think people are sad people
are so sad people are pathetic my
love just as well you hide me from the world you hide
me from the world's patronising smiles the world's
self-righteous consent
by night on your loins my love I
am also a boat sitting on top of your body
I am a mast

preciso de ti meu amor estou cansada dói-me
em volta dos olhos tenho vontade de chorar mesmo assim
desejo-te mas antes antes de me tocares de dizeres quero-te
meu amor hás-de deixar-me dormir cem anos
depois de cem anos voltaremos a ser barcos
eu estou só
Portugal nunca mais acaba comemos eucaliptos
eucaliptos intermináveis longos e verdes
comemos eucaliptos entremeados de arbustos
comemos eucaliptos a dor da tua ausência meu amor
comemos este calor e os caminhos de ferro e a angústia
a deflagrar combustão no livro do Lobo Antunes
comemos eucaliptos e Portugal nunca mais acaba Portugal
é enorme eu preciso de ti e em sentido contrário roubam-nos
o tempo roubam-nos o tempo meu amor tempo
o tempo para sermos barcos e atravessar paredes dentro dos quartos
meu amor para sermos barcos à noite
à noite a soprar docemente sobre as velas acesas

barcos.

I need you my love I am tired I ache
close to where my eyes are set I feel like crying still I
desire you but before before you touch me before you say
I want you my love you shall let me sleep a hundred years
a hundred years from today we'll be boats again
I am lonely
Portugal is everlasting we eat eucalyptus
everlasting eucalyptus lean and green
we eat eucalyptus interspersed with shrubs
we eat eucalyptus the ache of your absence my love
we eat this heat and the railtracks and anguish
set ablaze inside Lobo Antunes's novel
we eat eucalyptus and Portugal is everlasting Portugal
is huge and I need you and in the opposite way they are stealing
time it's our time they are stealing my love it's time
time for us to be boats and sail through walls inside rooms
my love to be boats at night
at night to blow oh sweetly blow into full sail

boats.

Mulher ao mar

MAYDAY lanço, porque a guerra dura
e está vazio o vaso em que parti
e cede ao fundo onde a vaga fura,
suga a fissura, uma falta – não
um tarro de cortiça que vogasse;
especifico: é terracota e fractura,
e eu sou esparsa, e a liquidez maciça.
Tarde sei, será, se vier socorro:
se transluz pouco ao escuro este sinal,
e a água não prevê qualquer escritura
se jazo aqui: rasura apenas, branda
a costura, fará a onda em ponto
lento um manto sobre o afogamento.

Woman Overboard

(Trans. Ana Hudson and Margarida Vale de Gato)

MAYDAY I break out: the hard war endures;
empty is the vessel from which I part—
it slacks in the deep, bored by the sway,
a leaking slit, a lack—not in the least
a cork pail with pores made to drift.
I specify: it's terracotta, it cracks
and I am sparse in dense fluidity.
Too late, I know, help will come, if ever
so feebly I flash in obscurity
and the writing does not stay on water;
here I lie: hardly an erasure, less
than a seam the wave will slowly stitch
a slumbering quilt over where I sink.

MARGARIDA VALE DE GATO

Cat People

Curiosa a tribo que formamos, sós
que somos sempre e à noite pardos,
fuzis os olhos, garras como dardos,
mostrando o nosso assanho mais feroz:

quando me ataca o cio eu toda ardo,
e pelos becos faço eco, a voz
esforço, estico e, como outras de nós,
de susto dobro e fico um leopardo

ou ando nas piscinas a rondar –
e perco o pé com ganas sufocantes
de regressar ao sítio que deixei

julgando ser mais fundo do que antes.
A isto assiste a morte, sem contar
as vidas que levei ou já gastei.

Cat People
(Trans. Margarida Vale de Gato)

So odd the tribe we make, lonesome that
we always are, and swarthy in the night,
muskets our eyes, spears our claws, we
show how fierce we are to get excited.

When I am in heat I wholly burn,
my echo down the alleys, the struggle
and strain of my voice, as, like my sisters,
I bend in fright and into a leopard turn

or else I sneak around the swimming pool
and I lose my foot with a gasping urge
that I might return to the places I left

imagining now they'd reach further depth
and death watches all the while, albeit
the lives I've led, or already have spent.

Amtrak

Somando tudo já dei um par de vezes a volta
ao mundo agora outra vez enamorada outra vez
desengomada e tão de veludo e tensa e tenra
e outra vez um muito semelhante cansaço de urgência
impossível não comparar este relato de me deslocar
até ti com um poema de amor de há dezasseis anos
escrito em turbilhão e certeza onde maldizia
de avaro e com que ironia hoje o tempo

e pensar isto é pensar que muito se medita mas já se prevê
que não é desta que termina a correria
é Outono
outra estação outro país outra idade tu
falas outra língua tens a pele anilada
que herdaste de pais que vieram da Índia
e esta carruagem que me leva já vem do Canadá há
o Hudson que bordeja em serpentina sem eucaliptos nem igrejas
desta vez como num sonho crepitante há
folhas de ácer lembrando nos três dedos
patas de asas curtidas em peles secas e ocres e rugiriam
se pisadas
embora condiga a paisagem com mais doces imagens
de resto que perfeito isto até o frio
cá dentro não se sente e coa-se o ocaso
e eu deslizo para ti e um outro continente há
tantas horas viajo que quase tudo esqueci
menos o quanto abençoadamente
menos esta ternura coberta de fadiga
mesmo se suspeite
que sub-reptícia mova a vertigem e o impossível não dure

e de repente tenho vinte e um anos outra vez há
pouco tempo sou outra vez maior
visto que chego esta noite e tudo indica que faremos amor

Amtrak

(Trans. Margarida Vale de Gato)

All in all a couple of times I've been around
the world now once again I am elated once
again disheveled velvety terse and tender
once again the all too familiar weariness
of eagerness and I cannot but
compare this account of moving toward you
with a love poem of sixteen years penned
down with restless conviction crossing
oh what irony the meanness of time

And to think this is to think for all meditation you
figure the running is yet to stop. It's fall
a different season a different country a different age yours
a different tongue your blue dyed skin from East Asian folk
and this wagon carrying me came from Canada where
the Hudson runs is winding without eucalyptus or churches
this time like a glistening dream the
maple leaves recalling with their three fingers
the claws of scalped wings in seared yellow skins
that might growl under one's step
though mellower images become the landscape
quite divine in fact even the cold
not felt inside as the sun settles
and I glide toward you on a different continent where
I've been crossing for so long I almost forgot
but for all bliss
but for this tenderness clothed with fatigue
yet I suspect
the edge is an undercurrent where ultimacy won't last

And suddenly I am twenty-one again I am
just of age
because I will come tonight we are sure to make
love I flew over the water to you I withstood this friction

voei sobre a água até ti suporto este atrito até ti
devoro as copas do ácer no Outono para me deitar junto de ti
contanto desta vez adivinhe – ou já percebi –
que são lindas promessas mas dificilmente nos perseguimos
até ao fim sequer a nós próprios porque a viagem
tem esta coisa de nos provar que já não somos o que fomos

e porque haveríamos de ser separados de vidas anteriores
e colocados em lados contrários do globo
– amor que tudo move como iludes na verdade –
quero perscrutar pelo grande vidro deste vagão
a noite e descubro o meu reflexo sedentário
mas já não sou quem podia não ter usado o bilhete
na bifurcação além deixei-o para trás
e se compreendo o que antigamente era é
agora à luz da América e de ti
amor com desenlace iminente
e de todos os registos e testemunhos e gritos
de vidas por esse exigente caminho fora
sem tréguas mas com contemplações
se compreendo isto é porque compreendo dizia talvez
o tempo aqui por esta faísca em frente no espaço:
é preciso contar ao pormenor e repetidamente
o que vivemos e por que ansiámos e onde chegámos
pois é na medida em que nos movemos que mudamos
e basta deslocarmo-nos para divergirmos tu
soubeste antes de mim – evidência que me surge com algum choque –
quando voltaste para aí depois da proposta que foste fazer-me
onde eu estava tiraste-me de lá amor
e respiraste-me ao ouvido Vai
fazendo com isso logo com que um pouco eu te perdesse
e será assim para sempre repetir constantemente por onde passámos
quem foram os nossos pais e quem julga neste momento
Vossa Majestade que eu sou quem não seremos jamais eu
envelheço falta-me a mão
para escrever e para errar quanto mais viver
importa portanto esta noite ir-te amar

toward you I ate the maple treetops to lie by you
even if by now guessing or realizing
that these are sweet pledges but we hardly follow
ourselves to the end and the journey is
thus the evidence that we no longer are we

And why should we have been separated at birth
and willfully disposed of onto opposite sides of the globe
—thou love that all hath moved, how true art thy delusions—
I want to peer through the big glass of this wagon window
into the night and I find my unflinching reflection
but no longer am the one who might've not used the ticket
and if I understand what once I was it is
now in the light of America and of you
my love of imminent resolution
in the light of all statements and journals and logs
of lives along this demanding way
without truce but some contemplations now and
then if I understand this as I said it may be
because I understand time through this chip of light before space:
one must tell all over and in detail our life
story what we yearned for where we got
because how we change depends on where we move
and it takes just a slight shift to drift—you knew
before me—as I am somewhat shocked to realize—
when you went back there after that which took you so long
to propose back where you took me away love and breathed Go
and for that I lost you a little even then
and it will be the same forever: to say all over where we went
who were our parents and who does Your Highness
imagine I am right now I will be no more I
grow old—I miss the gift
of writing and failing let alone living
And so it matters that tonight I'm coming to love you

vá o pensamento com o movimento e o cansaço
e algum frio que se levantou desde há bocado
não haja aspereza de palavras ou pedidos se
o que escrevo a cada quadrado de janela não fica se
modifica e passa se
expira a intensidade e o vazio a agarra – tanto
mais acerbo quanto ela for real – insisto
por ti por amor que me movi
em quatro sentidos seja total
a graça à noite

e nós no final
um pouco após a luz ainda unidos

Let go the thought along the way and the weariness
and the cold that has crept in since Let no
harsh talk or demands surface if what I write
will not remain on every square inch of the changing pane
If I breathe depth in and emptiness out—the deeper
the hallower I insist
for you for love that I have moved
in four directions let bliss
be full tonight

and may we together steal a while
away from the end of light.

Margarida Vale de Gato (b. 1973) received her PhD in North American Literature from the University of Lisbon. She is a poet and literary translator (mainly from English and French into Portuguese). Among her many well-received translations are Mark Twains's *The Innocents Abroad* and Poe's complete poetry. Her poetry collection *Mulher ao mar* (2010) has been received as one of the most innovative in recent years. Email: mvgato@gmail.com

Ana Hudson is a poetry translator. She is the editor of the website Poems from the Portuguese <http://poemsfromtheportuguese.org/> where translations into English of poetry written since 2000 by living Portuguese poets are published.

Other Articles

Brazilian Masculine Identity in Mario Prata's Album-Novel
Buscando o seu mindinho: Um almanaque auricular

George Arthur Carlsen

Abstract. This article explores Mario Prata's use of an album-novel writing strategy in *Buscando o seu mindinho: Um almanaque auricular* (2002) to subvert stereotypes of exaggerated Brazilian masculinity. This album-novel subverts notions of Brazilian masculinity through the phallic metaphor of the little finger or, in the case of the narrator, its lack. By mimicking the fragmented and hypertextual appearance of Internet writing in a paper novel, Prata challenges readers' expectations about the role of the author by suggesting that his narrator, Mindinho, is as much an assembler as he is a writer.

Mario Prata's novel *Buscando o seu mindinho: Um almanaque auricular* (2002) appropriates and interacts with Internet-writing practices and demonstrates an album-novel narrative strategy. This technique is manifested in the life story of an editor/narrator who compiles stories, anecdotes, screenplays, histories, scientific facts, and more, some invented by the author and some skimmed from blogs and Web pages. These fragments find outlet through an editorial presence that pastiches various texts together, some from the Internet and some of his own creation. In this study I propose that Prata's album-novel breaks down traditional categorizations of high and low art and questions stereotypes of Brazilian masculinity by making the little finger a metaphor to parody and subvert phallogocentrism. The mimicry of online content in this

Portuguese Literary & Cultural Studies 23/24 (2012): 263–277.
© Tagus Press at UMass Dartmouth.

album-novel indicates technical changes that broaden the genre of the Brazilian novel in the twenty-first century and point toward the enduring allure of print publication even as readership is moving online.

Mario Alberto Campos de Morais Prata of São Paulo began writing short stories and also for television and film in the 1970s, including his most successful work, the script for the award-winning film *Besame mucho*.[1] Since then he has published fifteen novels and hundreds of *crônicas* in various literary supplements. While he has published a great deal, Prata's works have been viewed as more commercial than critical and have drawn little academic attention. Prata is widely known for being the creator of the *telenovela Bang-bang* that was canceled by Rede Globo after only a few months. In *Buscando o seu mindinho*, published before Prata began production with Globo, a fragment also entitled "Bangue-bangue" appears as a predecessor to the unsuccessful *telenovela*.[2] Criticism on *Buscando o seu mindinho* is limited to a small number of reviews in cultural supplements in newspapers such as *Veja São Paulo*, though scholars of communications such as Alex Primo and Maria Carmem Jacob de Souza have analyzed Prata's *telenovela*s.

Buscando o seu mindinho revolves around a protagonist called Mindinho and his ailing wife Gloria. The text has several diegetic levels; the author Prata begins with a fictional version of himself receiving the pieces of the album as edited by Mindinho, who is himself an autobiographical character in a number of the fragments. Each fragment of text, whether copied from the Internet or invented by Mindinho, is preceded by an introduction that relates some of Mindinho's experience of losing his wife to cancer. The first segment, "Introduzindo o Mindinho: Leitura indispensável," is a foreword to the album, written by a fictionalization of the author who states that his old friend from school, Mindinho, had recently passed away from cancer. At the funeral, all of Mindinho's old friends attend to bid farewell to their friend nicknamed after his lack of a *mindinho* ("little finger"). At the service, Mindinho's son Fabrício hands Prata a shoebox left by Mindinho to him containing a jumble of texts all related to the little finger. In the first fragment from the shoebox, Mindinho explains that as Gloria became increasingly feeble, he began to distract himself by researching all things related to the little finger and to his own personal genealogy as they interrelate. Having over the years accumulated a series of short stories, screenplays for *telenovela*s and movies, as well as plays, poetry, essays, emails, and other odds and ends that were summarily rejected by the publishing and broadcasting establishment in Brazil, he decides to include all of the fragments of his failed writings in the shoebox given to Prata.

Mindinho is characterized by professional, physical, and hereditary failure. In the first fragment he claims that, in spite of his greatest efforts, he failed to publish any of his works: "Mandava para Deus e o mundo. Nunca obtive uma resposta deles, os chamados produtores de ficção" (17). Mindinho blames all of his failures on his missing finger. The spelling of Mindinho's legal name Fabrico shows an absence similar to the physical form of his right hand.[3] The lack of the second letter "i" in his name changes Fabrício to Fabrico: the *eu* conjugation of *fabricar*. Immediately after explaining the missing letter, Prata describes in detail his missing appendage, making it seem no coincidence: "O problema dele era na mão direita. Ele não tinha o dedo mindinho. E, o mais estranho, é que ele não havia também o lugar onde deveria ter o dedo mínimo" (12). The lack of the finger and the lack of the letter in his name frustrate normalcy as a child for Mindinho and he begins to prefer his nickname, capitalizing on the absences rather than suffering from them. Mindinho claims in his letter to Prata that the act of writing and fabricating stories allowed him a measure of peace from his disfigurement:

[É] claro que eu tinha que ter problemas psicológicos com essa mão direita tão esquisita. Isso me inibiu na vida. Eu disfarçava, você sabe. Mas acho que nunca dei muito certo por causa disto. Mas, desde que comecei a me dedicar ao assunto, a procurar tudo que havia sobre o dedinho, ganhei uma nova vida. (18)

The themes of failure and denial lie heavy on the text, and they frequently interact with notions of inflated patriotism and chauvinism as a coping mechanism. By creating an encyclopedic album of all Internet content related to the little finger, Mindinho searches to find meaning for his, and metaphorically Brazil's, failures. The fragments ultimately decline in relevance to his pursuit, but he discovers that the very act of searching, writing, and compiling provides his life with meaning and a sense of value to posterity.

Between his failed literary works, Mindinho includes loosely related fragments taken from the Internet using *mindinho* as a search term. Every result includes the topic word at least once, but may or may not be of any use whatsoever to his encyclopedic project. In the novel Prata creates a version of himself as an extra-diegetic compiler of the text and attributes to himself only the foreword. The extremely un-technological shoebox that Fabrício hands him at the funeral is the unassembled text and parodies the high-tech electronic fragments contained therein. While the album style of the novel and the website attributions mimic the experience of online reading, at the bottom lies a linear story. The reader of *Buscando o seu mindinho* is presented with the finished product of semi-organized narrative fragments, the shoebox, that are relevant to the life story of Mindinho, Gloria, his son Fabrício, his ancestors, and his perceived inheritance of failure with his disability and his Brazilian identity.

An example of the Internet search employed in the novel appears in "Cartas ao jornal Expresso, de Portugal." Mindinho explains in his preface: "Isto também é da Internet. São cartas de leitores para o jornal Expresso, de Lisboa. Até la, fui achar um mindinho" (185). This fragment is nothing more than a pair of online comments posted by Internet readers of the Portuguese newspaper. The first online contributor to the newspaper uploads a nostalgic eulogy for the disappearing art of Fado music in Portuguese culture and suggests renaming Lisbon's Ota airport after the singer Amália. The letter does not have anything to do with the little finger or Mindinho's search for meaning and its tangential inclusion can only be explained by its single use of the word *mindinho*. Email correspondence represents a large portion of the album-novel. In the spirit of Internet chatter, the emails are tangential to Mindinho's search for knowledge about the little finger. He explains that he had emailed a number of authors about the uses of the little finger and provides a response from João Ubaldo Ribeiro (53). Ubaldo informs him that many people use their little fingers to clean their ears, belly buttons, and anuses. In a footnote, Prata states that he did not believe the email exchange to be real, so he himself contacted Ubaldo Ribeiro to verify whether the letters were true. Ubaldo misinterprets Prata's question and replies that he himself does not employ his little finger for any of those uses. The exchange demonstrates the frequent errors of attribution and anonymity found in Internet content.

The next fragment is an anonymous email written to "Querido senhor Mindinho" (57). The writing is a microcosm of the novel; a number of seemingly random statements in free association result in a connection to the little finger and a description of Brazil's troubled past. First, the correspondent relates breaking his or her finger and the high cost of medical care in Brazil, then mentions the film *Bonnie and Clyde* in order to evoke how Clyde cut off his little finger to avoid military service. The author then returns to his/her own injury and mentions how breaking a digit made him/her fear for the nineteen others. (S)he subsequently relates how Bill Clinton, when meeting Gabriel García Márquez, wore tennis shoes because leather shoes had led to his many foot problems. The seemingly errant email proceeds with an anecdote about how Pierre Trudeau, when visiting the leaders of the dictatorship in Brazil also wore tennis shoes and that Fidel Castro sported a pair to protect his toes. Finally, the email relates the story of an ex-torture victim at the hands of the dictatorship who tracks down the famous military interrogator Otavinho and shoots him with a shotgun, selecting that weapon over a pistol due to the fact that Otavinho had cut off his index and little finger, thus making the use of a small firearm difficult.

This kind of writing, bouncing from one topic to another, each time loosely related to the overall point of the text, is demonstrative of Web writing in general. Prata includes this as a microcosm of his greater project. Though it seems unconnected, the various paragraphs are all related to a political world of capitalism, power, North American hegemony, and iconic figures where the most salient example of the victim of global capital is the old man seeking vengeance with an improvised weapon. The damaged hand seeking revenge suggests the social activists of the 1960s and 1970s, who were brutally suppressed by the government and have been marginalized ever since. As a metaphor, it could also be read as the damaged margins of the body politic.

Many of the sections are attributed to people that Mindinho claims to have corresponded with in online chat rooms. One fragment is the result of a Google search provided by ChrisAngel, an anonymous Web handle. Mindinho claims: "A ChrisAngel eu também conheci num chat" (64). In her search, ChrisAngel notes the many children's nursery rhymes that feature the little finger. The Internet search sifts through a myriad of information or chatter to locate a few useful bits of information, in this case, the little finger as a topic of nursery rhyme. While the previous email exchange dealt with politics and social problems, this one takes the same theme, the little finger, and finds a harmless children's use for the word.

The second half of the album-novel, titled "Pesquisas de seu mindinho," is compiled from the results of Mindinho's Web searches. For example, one fragment is a list of nicknames beginning with the letter M. Its only connection is that two of the many names are Mindinho. Yet another fragment is a list of translations of Mindinho into languages "[d]o Esperanto ao Japonês" (200). He acts as an intelligencer, linking together the disparate pieces in his prefaces in his search for personal meaning. This section of fragments mimics the appearance of hypertext. "Hypertext" is defined by George Landow and Paul Delaney as the computerized manifestation of a text, with new capabilities and characteristics: "We can define Hypertext as the use of the computer

to transcend the linear, bounded and fixed qualities of the traditional written text" (*Hypermedia* 3). Landow and Delaney describe a process that has
become prevalent in Internet culture. New media differentiates itself from
conventional writing in that it has active links to other texts that allow the
user to make choices about how they will read the narrative. Landow and
Delaney explain:

> Unlike the static form of the book, a hypertext can be composed, and read, non-
> sequentially; it is a variable structure, composed of blocks of text (or what Roland
> Barthes terms lexia) and the electronic links that join them. Although conven-
> tional reading habits apply within each block, once one starts to follow links from
> one block to another new rules and new experience apply. (3)

A hypertext, following this argument, is not restricted to traditional practices of reading and writing. *Buscando o seu mindinho* prints its hypertext
links and the reader has no ability to adjust the reading path; nevertheless, the
description of the hypertext is relevant to a discussion of Prata's novel because
his novel mimics the appearance of hypertext.

An example of this mimicry is a fragment of *Buscando o seu mindinho* supposedly taken from a blog with the source websites listed in case the reader
should like to continue reading. While these citations do mimic the action of
hypertext, as a paper document, the citation demonstrates the limitations of
paper. In one preface Mindinho informs the reader: "Este site www.bpiropo.
com tem coisas geniais escritas pelo Piropo. Vai aqui uma mostra. A Glorinha
vive entrando nele. No site, não no Piropo!" (201). The link is only mimed in
the paper album-novel, and even in the literary device of the shoebox the notion
of including hyperlinks is absurd. Furthermore, this mimicry presupposes that
the reader will have a computer with Internet access at hand. While this mimicry is problematic, it also comes packaged with the readers' expectation that
the novel's content will reflect the wide mixture of media, genre, and narrative
sources such as disparate high and low art forms common to online content.

The mixture of high and low art found in various fragments of the novel is
a technique common in recent years, though it is roots can be traced through
myriad previous Latin American authors. Speaking about the use of high
and low art in the McOndo writers and La Onda in Spanish America, Ana
María Amar Sánchez affirms that "'counterculture' manifested by characters and responsive to the mediating imaginary of the day is distanced by a

technical-formal display reminiscent of some works of the Boom" ("Deserted Cities" 210). In many of the experimental novels of the 1990s and 2000s, the novel is written in the language of media where popular culture is not a referent of high prose, but rather coexists or even overshadows it. This album-novel is an example of a mixture of media that refuses an easy hierarchy of high art exploiting popular culture. Mindinho is not self-conscious about his compilation of disparate chatter into an album-novel. As an intelligencer, he takes that which is useful to him in the moment. As is noted by Amar Sánchez, contemporary Latin American authors increasingly approach popular art and mass culture as defining referents in their texts. Prata does not exhibit low art, popular art, or mass media from the perspective of high art, but rather blurs genres and refuses to privilege the traditional hierarchy of art over mass media or popular culture.

An example of the loose positioning of high art with low art is the placement as the last two fragments of the novel of a poem by Federico García Lorca after a treatment of "As aguas vão rolar" (79), a *telenovela* that Mindinho claims is designed for Rede Globo. The plotline of the proposed *telenovela* revolves around two rival cities: Das Pedras, a modern and industrial city on the other side of a river from Rio Bonito, a refined city proud of its traditions. The rivalry between the cities is exacerbated by the visitation of an alien who impregnates Stella Maris, the most beautiful girl in Das Pedras. The resulting child's only tell-tale sign that she is part alien is a blue little finger. The story then abounds with seductions and backstabbing among a plethora of stock characters. The storyline is full of options; Mindinho provides detailed lists of possible outcomes for the many characters explicitly naming plot devices from *Citizen Kane, Romeo and Juliet*, and *Lysistrata*. The plot mimics the way the *telenovela* genre appropriates popular narratives into large webs anchored by a few central characters and a peripheral constellation of secondary, two-dimensional characters. On the heels of the screenplay for the *telenovela*, and in contrast to its popular origins, is a fragment of the poem "Menino mudo" by García Lorca. The word *mindinho* is the only connection to the other fragments and the poem appears to have been translated by the narrator to serve as a capstone to the entire work: "Não a quero para falar; / farei com ela um anelzinho / que o meu silencio levará / no dedo, no seu dedo *mindinho*" (241–2). The lack of self-consciousness on the part of the editorial voice to note the contrasts in style is demonstrative of a process of blurring the boundaries of high and low art; the *telenovela* is made equal to canonical poetry, and this contrast demonstrates the trend in Latin American novels since the 1990s to freely mix high and low art, languages, genres, and media.

Across the many disparate fragments, some common themes emerge, such as the questioning and ridiculing of a conflation of Brazilian national identity as composed solely of European roots and extreme heteronormativity. Brazilian national character is explored in many of the fragments of text either under the guise of a sexual fantasy or as a historical fiction. Mindinho collects fragments that, in their sum, describe a people hypocritically exporting hyperbolic myths of sexual potency and control while constantly subverting their own sexual rules and prohibitions. Brazilian history is seen in this light as potential carnival boiling under the surface of façades of Brazilian male sexual dominance.

A distinct Brazilian nature, characterized by Portuguese traditions and rabid sexual desire muffled by half-hearted morality is depicted in the final two fragments of part one. The erotic story "O Carneirinho" (133), attributed to a fictitious Cabo Verdian Germano Almeida, describes the sexual confusion of a visiting Brazilian. Carneirinho is a Brazilian visiting the narrator of the story in Cabo Verde, a place "conhecido em todo o mundo pela sua morabeza, sua ternura e mulheres boas e onde tu mesmo reconheces que a bunda abunda" (134). Their conversation drifts towards broad categorizations of Brazilian high sexual self-esteem versus Cabo Verdian high sexual self-esteem. Germano affirms that Carneirinho "estava apaixondado por mim, ascrescendo de seguida que ficasse, porém, descansado porque ele não era bicha" (134). Germano challenges Carneirinho's sexual boasting and invites his friend Marta to be the judge of a sexual duel. Marta gladly accepts but is disillusioned by Carneirinho's refusal to compete:

> [L]amentou o reacionarismo sexual do Carneirinho. Os brasileiros têm tantas manias de que são bons, disse ela, passam o tempo a afirmar que são uns machões de primeira, e este aqui tem a oportunidade de o provar e recusa participar uma ménage a trios em competição directa com um caboverdeano. (135)

Disappointed, Marta begins to taunt Carneirinho: "[A]final o Brasil é só futebol e *telenovela*" (135). When Carneirinho accepts, his sexual performance with Marta is a disaster. With Marta's assistance, the narrator begins a step-by-step tutorial for the Brazilian's benefit, which culminates in Carneirinho demanding to be penetrated by the impressive Cabo Verdian. The political metaphor occasions the pornographic content.

While in most cases, the metaphoric, situational vehicle of an erotic story is of negligible importance to the libidinal intent, this story, in its context, is the reverse. The tropes of pornography are parodied by these characters. The flimsy set-up to the graphic sexual encounter is, in fact, the point of the story. Carneirinho is a metaphor for the export of Brazilian national identity. As a representative Brazilian, he describes himself as being virile, unwaveringly heterosexual, and more than just "futebol e *telenovela.*" The reality, as discovered by the narrator, is that Carneirinho demonstrates an inhibited façade of stereotypes in spite of being thoroughly bisexual. The story serves as a parody of Brazilian national identity by demonstrating that the trope of the virile Brazilian male is a fantasy.

In a great number of the fragments of the text, female sexuality is dealt with in an objectified and exaggerated manner. The notion of sexuality in general is an urgent topic for Mindinho and he specifically describes his sexual prowess in a fragment he refers to in his preface as "minha história policial," entitled "Mindinho—bom de cama" (118). This detective-fiction parody describes his interrogation as the accused in the murder of Dona Ana Blanche, an adulterous housewife. Doutor Capella, the hardnosed prosecutor, begins Mindinho's interrogation with an accusation of guilt in the sexual assault and stabbing of Dona Ana that mimics the ubiquitous scene of police questioning that is an essential component of the genre of detective fiction. Doutor Capella growls:

> Meu amigo, a dona Ana Blanche foi esfaqueada brutalmente. No quarto dela foram encontradas mostras de esperma (muitas!) por todo lado. Porra sua, porra! No cabelo, no nariz, nos seios, no umbigo, nas costas. Impressão digital até no congelador. Você está fodido, cara! (120)

In his own defense, Mindinho describes why his DNA could be found all over the victim and the room: "Para me safar daquilo eu deveria contar algo muito íntimo, o meu segredo de alcova, o meu segredo de bom de cama. O meu segredo de levar as mulheres a orgasmos hipermúltiplos" (121). Mindinho then describes how he had been having an ongoing affair with Dona Ana. The story is a fantasy of sexual prowess that, in its extremity, implies a deep sexual insecurity. He admits to the detective that he is not well endowed but that his special hand and handiwork have made him a success among women; though he is left to satisfy himself post-act. The fragment clearly parodies the genre of pornography and points toward the underlying metaphor of an impotent finger in the place of a phallus. The character's sexual insufficiency is made up for by the fantasy prosthesis and, by extension, the myth of the insatiable and potent Brazilian male lover is ridiculed.

Shortly thereafter, Mindinho provides an essay in homage to a pioneer of the feminist movement in Portugal titled "Quem tem medo de Florbela Espanca?" (125). The essay catalogues Florbela's accomplishments as a poet and artist during the 1920s. While in previous fragments, male sexual prowess is hyperbolized and ridiculed, this fragment chronicles the writings, marriages, and sex scandals of a pioneering female artist. As an epitaph for Florbela, Mindinho quotes her final words:

> Sou pagã e anarquista, como não poderia deixar de ser uma pantera que se preza. Nem saúde, nem dinheiro, nem libertade. A Pantera está enjaulada e bem enjaulada, até que a morte lhe venha cerrar os olhos.... (131)

Mindinho's essay is profoundly sympathetic to Florbela; indeed, he empathizes with Florbela's inability to succeed with her artistic endeavors during her lifetime. Florbela became an important writer only after her death, and her poems were reappraised as masterpieces. As time passes, her fame increases, and Mindinho chronicles her enshrinement into the literary establishment: "Em 1964, finalmente, o arcebispo de Évora reconhece Florbela como uma grande escritora" (131). Her entrance into the canon after her death is depicted in glowing terms, even gaining the approval of the Catholic Church, which had previously condemned her for her scandalous love life. Mindinho sees Florbela as a role-model. The disastrous events of her life, poor health, and many romantic upheavals all aid her in the construction of her texts, which are richer for her misery. Mindinho lauds Florbela and reveals a similar desire for celebrity and success. The act of compiling the failed artistic works of a lifetime into a shoebox and begging for them to be published as a last request before death denotes a desperation and a hope to follow Florbela into achieving social relevance, albeit post-mortem.

Mindinho's body is a site for the expression of parody of national identity. His genealogical research leads him through an account of escape from slavery in his search for the first instance of the inherited trait of the missing finger. Mindinho provides a family history about his ancestors, who arrived in Brazil near the end of the importation of slaves. In his preface, Mindinho claims that his great grandfather, Vô Brico (short for Grandfather Fabrício), born in 1850 and deceased in 1920, was a slave on a plantation near Rio de Janeiro. His job on the *fazenda* was to impregnate slave women whose children were then sold. The story itself, "As margens do Rio" (21), is attributed to the great grandfather, though Mindinho claims to have updated the prose in some places.

After a child is born without a little finger, the slave owner beats Brico and places him in domestic service where he came into contact with his daughter Sinhazinha. Brico and Sinhazinha illicitly have a little-fingerless child together and flee to Rio de Janeiro, where Sinhazinha leaves him with the child. Vô Brico reflects on his mulato children and grandchildren, who range from black to white, but all missing the little finger on their right hand. Metaphorically speaking, Prata is describing a Brazilian society that has not yet finished processing its history of injustice as represented by the hereditary missing little finger. The endlessly missing little finger is a psychological scapegoat that blinds the characters from appreciating their own agency in their future.

Mindinho simultaneously posits that the missing little finger is descended from Portugal in the section, "A procissão dos nus." In this story, set in fifteenth-century Portugal, a young doctor goes on a religious pilgrimage where all of the pilgrims walk nude to visit the tomb of a saint. The young doctor, lacking a little finger, is interested in joining the procession to see naked women. He states: "[C]omeçaram a rolar tanta indecencia, galhofa e riso e todo tipo de sacanagem" (143). A religious event subverted into a libidinous sexual holiday corresponds to Bakhtin's notion of the carnival and is poignant when speaking of a Brazilian culture where carnival is the most important event of the year. Bakhtin avers: "[A]ll were considered equal during carnival. Here, in the town square, a special form of free and familiar contact reigned among people who were usually divided by the barriers of caste, property, profession, and age" (10). The prurient story tells how the young doctor tricks an attractive woman by rubbing goat feces on her aching belly and suggesting that he provide a sexual remedy to her pains. They marry and raise a family: "Ao nosso primeiro filho, o concebido na época de esterco de cabra, demos o nome de Cabral. Cabral Pedro Alvares que, desde pequeninho, gostava de brincar com barquinhos de papel e madeira" (148). The Portuguese conquistador and founder of the political, economic, and religious colony of Brazil, Pedro Alvares Cabral, according to this story, is the product of carnival. The European side to Brazil's history is implied to be based in carnival and sexual mischief. The inference to be drawn is that from the slaves to the conquistadors, all of Brazil lacks the little finger.

The nature of the little finger–failure metaphor is explored in another fragment in which Mindinho relates a story told to him by the ex-governor of Pernambuco about the origin of the habit of letting one's little fingernail grow out. In 1888, according to the story, a self-proclaimed professional heir, Zêca Junqueiro, lets his fingernail grow long to demonstrate that he has never worked with his hands. To his friends Zêca brags:

> Senhores, isso aqui—e hirtava o mindinho, orgulhoso, soberbo—é a prova definitiva que eu continuo a não trabalhar. É um simbolo. É a marca registrada da ociosidade de nós, os ricos, os que podemos. Aconselho-os a fazer o mesmo. Assim, ao nos verem, pensarão: ali está um brasileiro bem-sucedido: nunca trabalhou! Status, amigos. (49)

While in the story the rich hyperbolically grow out their little fingernails to demonstrate their laziness, the transcriber of the anecdote, Mindinho, does not even have a little finger. The narrative parodies the elite with their useless fingernails, but it also parodies Mindinho's despondency. While the rich proudly flaunt the symbol of their idleness, Mindinho believes that he cannot succeed at any job because of the curse of his missing finger. This notion of a psychological block based on a physical trait (the finger and slavery) that prevents any progress is confronted by Gloria and by Mindinho himself as they near death. Mindinho recalls Gloria's last words before succumbing to cancer: "A Glorinha, na vespara de morrer, depois de días em coma, abriu os olhos e—olhando no fundo de mim—disse: 'Não deixe o Fabrício ter complexos. Isso vai acabar com a esposa dele" (46). Her concern for Fabrício is a reflection of metaphoric concern for the continuity of a psychological problem passed down from the father. If Mindinho is the failed present, Gloria fears Fabrício will follow in his father's ways. The fact that Mindinho has asked for the profits of the publication of his neurosis to be used by Fabrício in his education implies that, while the trait is indeed passed on, the psychological trauma associated with the lack of the little finger need not be extended to his son.

The notion of a Brazilian identity superior to that of other Latin American nations is parodied in a screenplay for an American western cowboy-style *telenovela* entitled "Bangue-bangue" attributed to Prata's pseudonym Campos de Moraes.[4] The annotated screenplay includes camera instructions and scene changes. The only relationship to the little finger is that there are characters named Mindyn and Moreno who own a saloon named "Mindyn&O." The story is full of the usual old west character tropes and parodies Western plotlines and situations. In parody of the Lone Ranger, the new sheriff Ben Silver approaches Albuquerque with his sidekick, Pablo. Pablo is a Mexican servant and parodies the character Tonto from the Lone Ranger television show. The character speaks Spanish and is described as dirty, lazy, and cowardly. After a long ride, he tells his boss: "A mi, me gustaria mucho drumir tod el dia, señor Silver" [sic], to which Ben Silver authoritatively responds in Portuguese: "Estamos ainda muito longe de nosso destino, Pablo. Andiamos!" (161). By sleight of hand, the superior figure of the Western stereotype becomes a manly Brazilian and the Hispanic sidekick's inferiority becomes a joke on the traditional xenophobia and bigotry of the racist Western genre. The reader is in on the joke that, by making Ben Silver both an extremely masculine Brazilian and a racist American cowboy, the easy parody of the cowboy extends to cover the notion of Brazilian heteronormativity.

The casting of the character of Big Mother, the strong-willed black mammy of Ben Silver's love interest also subverts the Western genre in addition to the stereotype of Brazilian machismo. Mindinho suggests in an author's note: "Big Mother—uma preta velha… que poderia ser interpretada pelo Grande Otelo…. Uma dupla muito engraçada" (163). Grande Otelo (who died in 1993) is one of the most famous Brazilian actors of the twentieth century and played the title role in the 1969 movie adaptation of Mario de Andrade's 1928 national epic *Macunaíma*, which is itself a novel that parodies many tropes of Brazilian nationality. Notions of heterosexual masculine dominance conflated with national identity are ready targets for Prata's parody.

In conclusion, as an album-novel, *Buscando o seu mindinho* employs the technique of bricolage to mimic the hypertext format of Internet writing. In this critique, I have proposed that Prata's fragmented texts of multimedia content threaded together can be recognized as an album-novel. In a more linear narrative it would be difficult to relate a historical anecdote about the origins of the long fingernail, a chronicle of slavery, a pornographic short story, and a Portuguese carnival. All of the fragments relate the little finger to notions of Brazilian historical and contemporary culture, achieving a critique of Brazilian national identity, its colonial roots and enduring myths of male sexuality. Mimicry of the hypertext allows Prata to subvert a multitude of traditional tropes and genres and to merge high and low art. The unifying thread between so many disparate pieces, the little finger, signals lack and failure; nevertheless, it also represents difference and celebrates postmodern sexual contradictions and genre breakdowns.

There are some unresolved questions regarding Prata's choice to write in this manner. For example, why does Prata only mimic the randomness of the hypertext? Why does he finally publish on paper what he has already made available online? One of Landow and Delaney's conclusions regarding paper and pixel is that paper publication provides the author with control and remuneration. The fact that Prata extracted a section of the album and sold the *telenovela* treatment "Bangue-bangue" to Rede Globo reinforces the commercial underpinnings of the narrative. *Buscando o seu mindinho* demonstrates the changing role of the author as a compositor, an editorial presence who assembles as well as creates fiction.

Notes

[1] *Besame mucho* won awards for best script in the Gramado, Cartagena, and Figueira da Foz Film Festivals in 1991.

[2] The myriad fan groups who clamored for a change of direction in the plot of the television show represent the largest body of critics of Mario Prata's work, numbering into the thousands on website fan communities such as Orkut. Maria Carmem Jacob de Souza, in a study of *telenovela* fan groups known as *fãs*, describes the notoriety of Prata's firing from *Bang-bang*. Jacob de Souza affirms: "Um outro episódio, também fresco na memória, é a demanda por um 'escritor'—autor de sucesso do horário das sete da TV Globo para enfrentar problemas de audiência na telenovela 'Bang-bang,' para muitos agravados com a saída do autor-escritor logo nas primeiras semanas [...]. [P]roblemas na equipe de escritores relacionam-se ao 'abandono' de Mario Prata que não resguardou a equipe dos erros."

[3] On page 12 Prata explains the misspelling of Fabrício, which would have been Mindinho's legal name, had the local authorities not written down Fabrico by mistake.

[4] "Bangue-bangue" was produced in 2006 as *Bang-Bang* by TV Globo and has been noted as one of the most disastrous productions in Brazilian *telenovela* history by María Carmem Jacob de Souza.

Works Cited

Amar Sánchez, Ana María. "Deserted Cities: Pop and Disenchantment in Turn-of-the-Century Latin American Narrative." *Latin American Literature and Mass Media*. Ed. Edmundo Paz Soldan and Debra A. Castillo. New York: Garland, 2001. Print.

Bakhtin, Mikhail. *Rabelais and His World*. Austin: U Texas P, 1982. Print.

Jacob de Souza, Maria Carmem. "Fãs de autores de *telenovelas* brasileiras." Associação Nacional dos Programas de Pós-Graduação em Comunicação, UNESP, Bauru, São Paulo. 9 July 2006. Published conference paper, PDF file. Web.

Landow, George, and Paul Delaney. *Hypermedia and Literary Studies*. Cambridge: MIT Press, 1991. Print.

Prata, Mario. *Buscando o seu mindinho.* Rio de Janeiro: Editora Objetiva, 2002. Print.

Primo, Alex. "Quão interativo é o hipertexto?: da interface potencial à escrita coletiva." *Fronteiras: Estudos Mediáticos* 5.2 (2003): 125–142. Print.

George Arthur Carlsen is an assistant professor of Hispanic studies at Pepperdine University in Malibu, California. He teaches Latin American literature, culture, and language. He has previously published on Bruna Surfistinha's use of technology in the creation of celebrity and legitimacy of authorship. Carlsen's current research interests include border studies and the narrative of Roberto Bolaño as well as continuing work on album-style narratives in both Hispanic America and Brazil. Email: George.carlsen@ pepperdine.edu

"Tradições evanescentes": A ficcionalização do discurso científico racialista no regionalismo literário brasileiro

Luciana Murari

Abstract. This article examines the assimilation of racial discourse in Brazilian regionalist literature in the first decades of the twentieth century, focusing on the convergence between the discourses of sociology and literary fiction. By virtue of its incorporation into literary plots concerned with describing the practices, attitudes, and ways of life of the poor in the Brazilian backlands, the discourse of the social sciences, transformed into a popularized and diffuse worldview, participated actively in the construction of the image of the people by the country's intellectual elite. This image, with its stress on the mestizo condition, questioned the racially mixed poor's ability to adapt to modernity.

Tradições evanescentes

A chamada "geração de 1870" brasileira adotou como programa a superação do pensamento metafísico e da formação filosófica eclética até então predominantes nas instituições de ensino superior do país, em prol da difusão do moderno conhecimento científico. A partir do uso de um instrumental teórico baseado em escolas como o positivismo, o spencerismo, o darwinismo social e a antropologia criminal, esta elite letrada assumiu o grande projeto de reinterpretar o Brasil, não mais a partir da tradição imperial e da continuidade com as origens lusitanas, mas por meio de formulações pretensamente objetivas, fundamentadas na manipulação de teorias explicativas naturalistas,

Portuguese Literary & Cultural Studies 23/24 (2012): 279–294.
© Tagus Press at UMass Dartmouth.

baseadas no princípio da unicidade entre sociedade e natureza. A definição da identidade nacional passou a ser condicionada pelo olhar científico, que buscava descrever, explicar e, desta forma, transformar o Brasil, de modo a integrá-lo à dita "civilização."

Apropriado pelos intelectuais como fonte de conceitos e modelos a serem adaptados ao caso brasileiro, o cientificismo europeu acabou por tornar-se uma visão do mundo ampla e imprecisa. A partir do final do século XIX, chegou a atingir inclusive um público de instrução mais limitada, sobretudo nas cidades, condensando-se em torno de alguns conceitos genéricos apreendidos principalmente através de obras de divulgação e da imprensa. Na década de 1880, quando o Realismo-Naturalismo tornou-se o paradigma da produção literária, a ficção passou a convergir decisivamente com o pensamento científico, como campo para a expressão de ideias, representação e significação da realidade. Neste texto, trataremos da ficcionalização de um dos temas maiores do debate da época: a dinâmica racial do povo brasileiro, que, no caso específico da literatura regionalista, tem como cenário as comunidades rurais.

Num momento de grandes inflexões políticas e sociais, notadamente a abolição da escravatura, em 1888, e o advento da república, no ano seguinte, a ciência converteu-se em uma linguagem capaz de conferir à realidade brasileira uma nova inteligibilidade. A perspectiva da *formação*, doravante de longa permanência na vida intelectual do país, implantou-se a partir do exame de seus condicionamentos ambientais e raciais. Embora o chamado determinismo geográfico tenha tido uma repercussão não desprezível como modelo para a interpretação da realidade brasileira, o aspecto racial foi de fato privilegiado, em função da extinção do regime servil e do estímulo à imigração europeia, que impunham a urgência de refletir sobre a presença do negro e sobre a mudança no perfil étnico da população do país. Além disto, a presença dos descendentes indígenas, e de seus mestiços, tornava ainda mais complexo o panorama racial brasileiro.

A obra *Os sertões*, de Euclides da Cunha, publicada em 1902, é um marco da fixação do discurso raciológico entre a intelectualidade brasileira. O autor constrói sua interpretação da guerra de Canudos, ocorrida entre 1896 e 1897, a partir de princípios cientificistas que explicavam a determinação exercida pelas condições geográficas e raciais sobre a dinâmica das sociedades. Sua interpretação do conflito entre a população do Arraial de Canudos e o exército republicano foi, ainda, fortemente influenciada pela psicologia das multidões e pelas teorias criminológicas, subgênero do darwinismo social então bastante em voga entre a elite letrada brasileira. Euclides da Cunha não se limitou a narrar a guerra, pois buscou elaborar uma leitura científica própria acerca do problema nacional brasileiro, centrada na dualidade entre o "sertão"—termo amplo que designava as regiões insuladas do interior brasileiro—e o "litoral"—definidor das regiões de economia mais dinâmica e dos núcleos urbanos da costa. Esta oposição, fundamentada nas análises geográfica e étnica, traduz, decerto, uma contraposição entre a tradição e a modernidade.

A ruptura da visão unitária da realidade brasileira causou profunda impressão entre os contemporâneos de Euclides da Cunha. Os intelectuais brasileiros assumiram, a partir de então, a tarefa de incorporar estes sertões à cultura nacional, na perspectiva do processo de modernização. Mas o fazem de modo bastante dúbio. Ao mesmo tempo em que recrimina a violência do exército republicano contra a população de Canudos, a obra de Euclides da Cunha implanta a ideia de que sua destruição era inevitável, dado seu atraso cultural, sua instabilidade étnica, e sua decorrente incapacidade de sobreviver ao processo modernizador:

> O jagunço destemeroso, o tabaréu ingênuo e o caipira simplório serão em breve tipos relegados às tradições evanescentes, ou extintas.
>
> Primeiros efeitos de variados cruzamentos, destinavam-se talvez à formação dos princípios imediatos de uma grande raça. Faltou-lhes, porém, uma situação de parada, o equilíbrio, que lhes não permite mais a velocidade adquirida pela marcha dos povos neste século. Retardatários hoje, amanhã se extinguirão de todo. (*Os sertões* 85)

Esta "sentença de morte," verdadeira expressão de um inamovível credo civilizador, resumia o sentimento da elite letrada brasileira acerca das populações rurais do país. O livro de Euclides da Cunha seria lembrado tanto por sua valorização da bravura sertaneja—tributária de uma interpretação racialista em torno da estabilização da mestiçagem—quanto por este sentimento de urgência associado à modernização, que teria como contrapartida a necessidade de registro dos modos de vida tradicionais, puramente brasileiros em sua essência, e pretensamente fadados ao desaparecimento. Por um lado, o interior brasileiro denotava atraso, obscurantismo e resistência ao progresso. Por outro, este mesmo interior era visto como a fonte da originalidade nacional, um "Brasil profundo," livre da influência corruptora, alienante e dissolvente da cultura moderna. Este dilema nada tinha de especificamente brasileiro, refletindo a percepção do advento da modernidade e a busca da incorporação dos referentes tradicionais à cultura nacionalista, como patrimônio coletivo enraizado na noção de ancestralidade. A literatura rural escreveu a longa despedida das tradições rurais do país, mantendo o sentimento de dubiedade de *Os sertões*.

A reflexão sobre as populações brasileiras assumiu estas referências básicas estabelecidas por Euclides da Cunha, e teve como meio privilegiado de expressão a literatura ficcional. Para a análise da incorporação do temário racialista à ficção brasileira, abordaremos textos devotados aos tipos humanos característicos de distintas regiões brasileiras: o centro-sul de Monteiro Lobato, o Nordeste de Rodolfo Teófilo, a Amazônia de Alberto Rangel e o pampa gaúcho de Alcides Maya. Saliente-se que o tipo mais característico desta literatura é o mestiço indígena, tido como mais representativo da população interiorana que o negro, em função do menor dinamismo econômico das áreas rurais não incorporadas à economia exportadora.

Raça de caboclo

A mais célebre representação do mestiço de origem indígena na literatura brasileira das primeiras décadas do século XX é, sem dúvida, o Jeca Tatu, de Monteiro Lobato, criado em 1914. Em registro tragicômico, o escritor fez uma descrição mordaz da figura do homem pobre do centro-sul rural do país, criando um arquétipo que se tornaria uma das mais duradouras representações do homem interiorano na cultura brasileira. Apelando para um tom caricatural que deixa subjacente o conteúdo raciológico, o escritor anotou os principais elementos característicos dos modos de vida da população rural nesta região: o nomadismo, a escassez material, o trabalho esporádico, a existência improvisada, a recusa à criação de animais, a submissão do trabalhador pobre à autoridade dos proprietários, a incapacidade de criação de riquezas, a dependência em relação aos recursos naturais imediatamente disponíveis, a religiosidade rústica e o fundo supersticioso de sua mentalidade.

No que toca ao problema do nomadismo, sabemos que a extrema precariedade das técnicas agrícolas no país, sobretudo a generalizada prática da queimada, promovia um rápido esgotamento da fertilidade do solo, convertendo regiões de floresta em matagais inférteis no espaço de alguns anos, o que forçava as populações a periódicos deslocamentos em busca de novas terras. A condição de infixidez dos homens do campo era ainda determinada pelo cerceamento de seu acesso à propriedade territorial, o que os tornava suscetíveis às imposições dos proprietários, que poderiam expulsá-los das terras às quais se incorporavam. A mobilidade era, ao mesmo tempo, necessária à criação de alternativas de subsistência, já que sua inserção na agricultura comercial era residual e provisória. Para o escritor, no entanto, o caboclo, mestiço indígena retratado na figura do Jeca Tatu, era "nômade por força de vagos atavismos,"[1] ou seja, seu comportamento era determinado por um traço característico da primitiva cultura do nativo (Lobato, *Urupês* 141).[2] Mobilizando um dos conceitos chaves do darwinismo social, o escritor confere ao tipo caipira uma trajetória involutiva, ao revés do progresso, representado pela renovação tecnológica e pelo ingresso do imigrante italiano.

Outro aspecto enfatizado pelo autor em sua caracterização do tipo caboclo é a extrema carência de objetos de conforto e bem-estar material. A rusticidade de sua moradia, precariamente construída a partir de recursos naturais disponíveis, era, de fato, coerente com a curta permanência de seu morador, o que, na visão de Monteiro Lobato, explicava-se, entretanto, pela ausência de disposição para o trabalho e para a acumulação de bens, a "lei do menor esforço." Lobato não vê na vivência caipira nada que classifique como cultura e, menos ainda, como arte, sendo o caboclo, segundo ele, totalmente insensível à beleza e ao sentimento. "Só ele não fala, não canta, não ri, não ama." A modinha, canção popular tipicamente brasileira, é tida por ele como "obra do mulato, em cujas veias o sangue recente do europeu, rico de atavismos estéticos, borbulha d'envolta com o sangue selvagem, alegre e são do negro" (155).

Em contraste com esta descrição comparativamente simpática ao tipo mulato, o caboclo de Monteiro Lobato é abordado a partir de uma intrínseca inferioridade física, que pode ser resumida pelo termo "fronteiriço." No mesmo livro em que veio a público este arquétipo do "Jeca," ele foi encarnado por duas personagens ficcionais. Um deles é o Urunduva, caboclo "amarelo, inchado, a arrastar a perna" (87). Neste conto, o escritor opõe o aspecto da personagem à grandiosidade da paineira, belíssima árvore que o caipira pretendia vender para que ela fosse derrubada e então extraída sua fibra natural. Num outro conto, o Jeca é representado por João Nunes, caboclo indolente e constantemente bêbado que decide derrubar uma peroba para construir um monjolo e assim melhorar suas condições miseráveis de vida, vencendo o invejado vizinho bem-sucedido. Acaba, entretanto, derrotado em suas pretensões, seja por sua própria incapacidade técnica e despreparo para o trabalho, seja pelo chamado "feitiço do pau": a superstição sertaneja afirmava que cada floresta tinha uma árvore vingativa que castigava a maldade dos homens que a destruíam (52). Mais uma vez, o que define o homem pobre do sertão é seu conflito destrutivo com a grandiosa flora tropical, tida por Monteiro Lobato como em tudo superior ao raquítico homem da região.

O fundo raciológico da criação de Lobato não é, entretanto, explícito, confundindo-se, no caso da personagem Urunduva, com a malária, e, no caso do Nunes, com o vício da embriaguez. Mas se há alguma dúvida acerca disto, num artigo da mesma época o escritor condenava o uso, pela língua escrita, do dialeto do caipira, definido como "resíduo racial que vegeta nos sertões" ("Bibliografia" 638). Entretanto, em 1918, quatro anos depois da criação do Jeca Tatu, Lobato escreveu um artigo em que pedia desculpas a ele. Informado a respeito das endemias que grassavam pelo meio rural brasileiro, passou a defender o saneamento dos sertões, vendo no abatimento do Jeca os sintomas de males físicos perfeitamente curáveis, e não de uma fatalista degeneração racial ("Problema"). A personagem Jeca Tatu continuou sendo, durante muitos anos, uma das mais recorrentes representações do brasileiro, expressando ao mesmo tempo uma visão derrisória do homem do povo e uma afeição difusa por sua inocência e passividade ou, alternativamente, por sua malícia ou esperteza. Ao mesmo tempo, o insucesso das políticas de "salvação nacional" por meio do higienismo e a manutenção de bolsões de miséria no meio rural brasileiro, mesmo em períodos de intensa modernização, mantiveram viva no imaginário brasileiro a imagem do caboclo abatido e indolente.

Um mestiço superior

As secas que atingiram o sertão nordestino nas últimas décadas do século XIX e nas primeiras do século XX foram um objeto privilegiado da literatura de temática rural do período, sob o influxo da onda naturalista. Decerto, o tema darwinista da luta pela vida em um ambiente de recursos escassos adequava-se com perfeição à fórmula realista-naturalista. Muitas das narrativas sobre as secas representam a emigração, em direção às cidades litorâneas ou às regiões mais úmidas do sertão, trajetória de desumanização, de decadência moral e física na luta pela sobrevivência. Em seu romance *O paroara*, o escritor cearense Rodolfo Teófilo narra uma destas histórias de desenraizamento, acompanhando a trajetória do protagonista João das Neves, que se perdera da família durante o êxodo na seca de 1877, e que, já adulto, retorna à casa da família, no Ceará. Na visão do escritor, o próprio fato de haver demonstrado apego à terra de origem, desejar constituir família e fixar-se como pequeno agricultor era um sinal de que ele podia ser definido como um "mestiço superior," ou seja, aquele cuja constituição física e moral tenderia para a raça branca. De fato, segundo Teófilo, apesar do tipo geral indígena, seriam nele visíveis traços do homem europeu: um tom de pele mais claro, os olhos menos oblíquos, os cabelos mais finos, o tamanho das mãos e os dedos desiguais. E, sobretudo, "a estas manifestações da raça branca comprovando a lei do atavismo, se juntavam outras psíquicas de não menos valor: João das Neves tinha alma afetiva, era capaz de amar" (*O paroara* 19). Observa-se, neste ponto, a sobreposição entre a caracterização racial da personagem e uma tipificação de ordem moral, o que faz com que a condição de mestiço indígena do protagonista seja parcialmente atenuada, e com que possa ser estabelecida a mínima empatia entre o autor e o protagonista.

As firmes disposições de João das Neves em estabelecer-se como agricultor sedentário foram, entretanto, colocadas à prova por um novo período de seca. Em que pese todo o seu trabalho árduo e disciplinado, a instabilidade climática fê-lo perder toda sua produção, ameaçando a sobrevivência da família. No entanto, depois de ocupar-se por longos capítulos a narrar os ingentes esforços do protagonista para estabelecer-se como agricultor, demonstrando sua incansável luta contra as condições irregulares do meio físico, o escritor não atribui às causas ambientais o fracasso da personagem, e sim à sua constituição racial de mestiço. Em sua visão, não foi a perda da safra, após o sistemático investimento de todos os seus recursos, que conduziu João das Neves a uma trajetória involutiva, da agricultura para a caça e a pesca, e sim seus instintos atávicos, que o impulsionavam a atividades mais coerentes com a índole primitiva.

Nesta mesma linha, a tendência do mestiço indígena à errância explicava, segundo o escritor, a decisão do protagonista de emigrar para a Amazônia, para trabalhar na extração da borracha. De fato, sobretudo a partir da grande seca de 1877, que coincidiu com o início da grande expansão da extração seringueira, afluíram à Amazônia levas significativas de imigrantes nordestinos, provenientes, em sua maioria, dos estados do Ceará, Maranhão e Rio Grande do Norte. João das Neves personifica um destes imigrantes. Na visão do escritor: "O nomadismo da raça vermelha, transmitido por atavismo à população mestiça, a qual constitui talvez quatro quintos dos habitantes do Ceará, é o fator principal do despovoamento da terra cearense. Este instinto de vagabundagem inato no mestiço é alimentado por causas secundárias, entre as quais as secas e as irregularidades das estações ocupam o primeiro lugar" (187). Além disto, como seus conterrâneos, também agricultores pobres, João das Neves ter-se-ia deixado seduzir pela imagem paradisíaca de uma terra de abundância e amenidades, segundo o autor movidos todos pelo desejo do maravilhoso e pela mistificação, próprios aos mestiços.[3]

Entretanto, ao contrário da maior parte de seus companheiros, que não hesitaram em abandonar suas terras para seguir rumo ao "eldorado," como "mestiço superior" João das Neves sentiu "revoltarem-se com a sua ingratidão algumas gotas de sangue de outra raça que não era a vermelha" (214). Ou seja, sua resistência a abandonar a família é lida como manifestação da parcela branca de sua biologia, a única capaz de estabelecer relações afetivas. Apesar desta rebeldia do homem branco que tinha dentro de si, escreve Teófilo, ele seguiu seus instintos e partiu para a Amazônia, onde viveria uma experiência de cruel exploração do trabalho, penúria material, perigo constante e exposição a doenças.

Ao retornar ao Ceará, dois anos depois, desiludido, ainda que dispondo de razoáveis recursos financeiros, João das Neves encontrou a mulher agonizante; os quatro filhos haviam morrido de fome. E a malária, que o torturaria para sempre, era acompanhada pelo remorso de haver abandonado a família, punição moral que o escritor imaginou como forma de, mais uma vez, condenar o que seria o atávico instinto nômade do caboclo. O contrassenso em que recai o romance é patente, ao lançar sobre a população mestiça uma generalizada censura, ignorando suas reais condições de sobrevivência. Isto se torna particularmente descabido em função do dramático pano de fundo da seca e da exploração desumana do trabalho na Amazônia. Rodolfo Teófilo não abandonaria esta perspectiva: em um livro de 1922, imaginou um reino ideal regido pela racionalidade científica, em que um Estado totalitário estava encarregado de ordenar a vida privada, promovendo o aperfeiçoamento da espécie humana (O *reino* 83). O apelo à eugenia, que já havia sido defendida em O *paroara*, duas décadas antes, demonstra a longa duração do pensamento racialista, e seus derivados, no Brasil, ao mesmo tempo em que ilustra a centralidade do argumento racial, que se impõe a todas as demais ordens de fatores, mesmo que às custas da mínima coerência narrativa.

A terra prometida às raças superiores

A borracha consolidou-se, nos últimos decênios do século XIX, como um dos principais insumos da indústria moderna, sendo a Amazônia o único fornecedor do mercado mundial até a primeira década do século XX, o que representou sua inserção no capitalismo internacional. Este foi um dos mais conturbados períodos de sua história, sem ter havido, entretanto, qualquer alteração substantiva em sua estrutura de produção e comercialização (Weinstein, *A borracha na Amazônia* 91). A viagem de João das Neves, protagonista da obra de Rodolfo Teófilo, para a Amazônia remete às expressivas levas de trabalhadores que acorriam à região em busca de trabalho, em função das secas que atingiam o Nordeste brasileiro.

O desconhecimento da realidade amazônica não permitiu a Teófilo, entretanto, uma narração mais apurada da experiência da personagem naquela região. O ficcionista amazônico mais notável do período foi Alberto Rangel, engenheiro que conhecia profundamente a Amazônia e que foi capaz de converter em enredos literários os seus conflitos. Na coletânea de contos *Inferno verde*, publicada em 1908, estes dramas humanos traduziam uma conturbada dinâmica racial, na qual descendentes dos indígenas nativos, imigrantes do Nordeste brasileiro atingido pelas secas, brancos, negros e mestiços de todos os matizes lutavam entre si e contra o meio físico que, por sua exuberância e instabilidade, impunha os mais dolorosos obstáculos à conquista do território.

Na visão de Rangel, o caboclo exerceria neste contexto uma função de equilíbrio, por sua excepcional capacidade de extrair da floresta os meios de sobrevivência, e por sua obstinação em resistir aos desastres naturais característicos da região. Sua visão do tipo local é positiva, especialmente por sua permanência no meio de origem e por seu "caráter reservado, onde paira certa tristeza de exilado na própria pátria," na qual atuava como um "moderador feliz e inabalável" frente aos elementos adventícios que buscavam o "eldorado" da borracha (*Inferno verde* 45). Os contos amazônicos de Alberto Rangel são a expressão ficcional e pedagógica de uma concepção ampla acerca do momento histórico em curso e do futuro da região, escrevendo a luta do homem contra o meio, mas negando a ele qualquer protagonismo na condução de seu destino. Suas personagens são caracteristicamente malfadadas em sua resistência contra os incontáveis obstáculos impostos pela natureza, sobretudo a exuberância das formas de vida e a fertilidade "excessiva" da terra. Estas submetiam o trabalhador ao esforço incansável de conter o avanço da floresta, que rapidamente retomava os espaços abertos pelas pequenas colônias de trabalhadores agrícolas.

Neste sentido, são dadas como simbólicas trajetórias ficcionais como a do caboclo José Cordulo: trabalhador diligente e disciplinado, em um raro momento de descanso, vai com a família a uma festa nas redondezas da colônia em que vivia, mas quando retorna para casa não é mais capaz de reconhecer seu próprio terreno. Remando pelo rio, ao chegar ao espaço onde deveria estar seu porto, não encontra mais nada de seu, embora reconhecesse sem hesitação o lugar onde havia construído sua moradia, estabelecido sua plantação e sua criação de animais. Ele havia sido vítima da "terra caída," fenômeno da dissolução da terra nas águas dos rios, que naquele momento haviam engolfado o resultado de cinco anos de labor constante. Isto demonstrava, na visão do escritor, que não havia, na Amazônia, base sólida para a criação de uma sociedade baseada no trabalho regular e sedentário, superior sempre a força da natureza aos esforços do homem, mesmo os mais heroicos como os da personagem do conto. A conclusão a que conduz a narrativa volta-se, assim, para o elogio da inglória obstinação do mestiço amazônico:

> No dia seguinte, o sol nado, a vítima era um vencedor. O caboclo rodeado da mulher e dos filhos, plantava no chão, ao alto da 'terra caída', o esteio de sua nova habitação. Esse pau, colhido por ele na queimada rodeante, era um pendão de triunfo. A terra podia desaparecer, o caboclo ficava. Acima das convulsões da natureza, acima da fraqueza da terra, estava a alma do nativo com tranqüilidade e fortaleza. (91)

Logo, em sua luta de "Sísifo invertido," o caboclo da ficção de Alberto Rangel é um elemento diminuto no cosmos amazônico, onde o equilíbrio natural necessariamente seria restabelecido, mas independentemente do homem. Ao lado do mestiço nativo, destacam-se em seus contos os nordestinos, como o João das Neves do livro de Rodolfo Teófilo, que abandonavam a região das secas para buscar a sobrevivência na Amazônia. Lembre-se que, além da luta inglória contra o meio, os homens recrutados para o trabalho nos seringais tinham que lutar contra o sistema social opressivo que os condenava a uma condição de semiescravidão, num contexto de completa ausência de instituições legais que representassem um efetivo limite à violência de uma sociedade convulsa, instabilizada pelos heterogêneos elementos que acorriam a ela e pelo que o escritor define como "o resultado dos interesses do Capital que instituíra a sua própria defesa" (Rangel, *Inferno verde* 202).

É sobre este pano de fundo que se ficcionalizam destinos trágicos como o de Sabino, que troca sua mulher, a cabocla Maibi, pelo saldo da dívida que o prendia ao patrão, mas, enlouquecido de ciúme, termina por sacrificá--la, amarrada a uma seringueira e sangrada como se sangrava a árvore para a extração do látex. O martírio da cabocla expressa, aqui, não apenas a incapacidade do mestiço de dominar suas paixões, como a loucura coletiva da bárbara indústria da borracha.

Estes tipos étnicos, o mestiço nativo da Amazônia e o mestiço egresso do Nordeste, estariam, entretanto, como os demais tipos regionais brasileiros, condenados ao aniquilamento. Isto porque, segundo Rangel, o brasileiro estaria destinado a constituir, um dia, um único tipo racial, fruto da fusão de elementos distintos capaz de produzir, a partir da condição predominante de desordem e instabilidade, o equilíbrio etnológico capaz de fundir, "num só corpo," estas tendências discrepantes, deixando de ser "um desfalecido meio para o trânsito transfusivo de raças" (*Inferno verde* 48). Afinal, na visão do escritor, a Amazônia era o destino da civilização, "terra prometida às raças superiores, tonificadoras, vigorosas, dotadas de firmeza, inteligência e providas de dinheiro" (281). A realidade presente era, portanto, apenas um provisório momento de luta e morte, necessário para o saneamento do território, a imposição da agricultura sobre o solo da floresta, e o estabelecimento de uma urbe onde naquele momento apenas havia o acampamento dos conquistadores. Necessária se mostrava também, consequentemente, aquela população instável e mestiça que ganhava para os futuros donos do território, as "raças superiores," o domínio sobre a terra. O vigor físico, os dons morais da obstinação e do amor à terra não sobreviveriam, na visão do escritor, senão residualmente, à medida que incorporados, e assim anulados, por tipos tidos como mais fortes, caracterizados como portadores da civilização.

Restos de velhas raças

A ideia da iminente extinção das etnias mestiças do interior brasileiro foi traduzida para o ambiente social do Rio Grande do Sul pelo romance *Ruínas vivas*, de Alcides Maya, publicado em 1910. As peculiaridades históricas do estado em parte explicam o tema do romance: localizado no extremo meridional do país, o Rio Grande do Sul viu-se, desde sua formação, envolvido em disputas de fronteira, inicialmente em função do estabelecimento dos limites entre as possessões territoriais de Portugal e Espanha; no Brasil independente, imiscuiu-se nos conflitos da região platina, tornando-se a província mais militarizada do país. Além disto, sustentou por dez anos, de 1835 a 1845, o mais longo movimento revolucionário da história brasileira, em defesa de seus interesses políticos e comerciais, e uma sangrenta guerra civil, no início do período republicano, entre suas duas grandes facções políticas, de 1893 a 1895. Esta longa história bélica, que peculiarizou o Rio Grande do Sul no conjunto dos estados brasileiros, foi sustentada pela cooptação das camadas rurais pobres, que atuavam no trabalho das estâncias, nos períodos de paz, e como soldados nos períodos de guerra.

O autor de *Ruínas vivas* concebeu o romance como uma ilustração de que esta tradição belicosa estaria destinada a extinguir-se, condição necessária à integração das forças sociais do estado e à sua modernização. A mentalidade marcial desviaria o Rio Grande do Sul de uma desejada trajetória progressista, ao mesmo tempo em que atrasaria seu desenvolvimento institucional. Estas ideias, expressão de uma intensa militância político-partidária, foram traduzidas, no romance, de acordo com a linguagem racialista, defendendo-se que a etnia gauchesca que havia sustentado a história bélica do estado degradava-se, marginalizada em um sistema produtivo ineficiente marcado pela extrema concentração da propriedade, não restando a ela qualquer espaço no futuro do estado. Este futuro seria construído pelo fortalecimento das instituições, pela criação de uma infraestrutura produtiva atualizada e pela educação das classes populares.

O protagonista de *Ruínas vivas* é o mestiço Miguelito, neto de uma índia e de um velho guerreador dos tempos heroicos da história do estado, por parte de mãe, e, por parte de pai, filho natural renegado de um rico herdeiro das tradicionais elites brancas. A descrição do caráter de Miguelito é construída a partir dos princípios da ciência raciológica, sendo sua natureza de mestiço definida como anárquica por essência e desprovida de controles morais, conduzida apenas pela imposição da força. Por atavismo, guardaria vivos os instintos bélicos que teriam marcado a formação do tipo gaúcho, guerreiro por índole e por impulso, e não pela luta por qualquer causa abstrata. Fiel às noções evolucionistas que associavam o homem primitivo à prática da caça, o escritor descreve seu protagonista como um caçador espontâneo, dotado de "uma intensa animalidade primeva" (*Ruínas vivas* 43). A barbárie do homem miscigenado, associada ao comportamento animal, é uma imagem recorrente na construção de uma personagem caracterizada pela manifestação descontrolada dos instintos, embora não fosse negada a Miguelito uma certa capacidade de compreensão do mundo e de interpretação de sua condição de vida: "Ao turvamento do espírito correspondiam desordens fisionômicas alarmantes: dominavam-lhe a alma, de roldão, impulsos contraditórios e sensações divergentes; no auge da comoção sobrepujava a cólera; o fácies envelhecia; apagava--se-lhe no olhar esfuriado a cintila adolescente; e arremangava ligeiramente os lábios, como para morder..." (57).

Na visão do autor, o sangue indígena do protagonista o conduzia também ao nomadismo, à dificuldade de aceitação do trabalho rotineiro, à inconstância do espírito, aventureiro e imprevidente, apesar de sua habilidade inata nas práticas campeiras, inspiradas pela herança do nativo. Até aí o escritor estaria apenas reproduzindo princípios etnológicos vulgarizados acerca da selvageria latente no homem miscigenado, não fosse o protagonista do romance também um descendente da elite estancieira, não apenas uma elite branca, mas uma elite dotada pelo autor de traços aristocráticos, caracterizada pelo "instinto doméstico de predomínio, força de seu grupo étnico" (82). Temos, portanto, na personagem, um mestiço que "também pertencia à raça dos fortes, corria-lhe também nas veias o sangue dos autoritários" (159). Se, por um lado, esta hibridez selvagem-aristocrata o colocava "acima da instintiva *besta* forte de prazer, de coragem e de destruição," tornando-o capaz de comportamentos nobres, por outro lado sua ambição congênita de superioridade, seu desejo de força e de poder, fazia dele um pária entre os demais mestiços, com os quais não se identificava plenamente:

> Existia nele, contudo, um elemento qualquer de ideação, latente, ínsito, profundo, que faltava aos demais da sua idade e igualha: era diferente dos que o cercavam e, embora não tivessem a noção dessa dessemelhança, destacava-se de todos no pago por motivo dela. Arrebatado, violento, encruelecido na solidão nativa pela inclemência pastoril, desenvolvera em si mesmo, naturalmente, faculdades de sonho, revelando por vezes delicadezas de sentimento, mostrando-se generoso, capaz de pequenos sacrifícios, amorável de trato. (24–25)

Esta peculiar caracterização etnológica do protagonista conduz o escritor a considerá-lo duplamente inviável, em função das "duas intuições que o turbavam, as duas personalidades que o dividiam" (173): como mestiço indígena tipicamente gauchesco, era parte de uma etnia fadada ao desaparecimento, pela emergência de uma sociedade moderna em que o guerreador perderia seu espaço; e, como mestiço branco, descendente das autoritárias elites sulinas, havia sido renegado por elas como filho ilegítimo. O romance encena, na extinção do tipo guerreiro, o fim do ciclo bélico no Rio Grande do Sul, negando ao homem pobre do campo o espaço tradicionalmente dedicado a ele. No entanto, por trás do aparente pessimismo do escritor, que só vê restos, "de velhas crenças, de velhas construções, de velhas raças," existe também a exigência de um novo modelo de incorporação das classes pobres, cuja condição de miséria e marginalização é denunciada (175). O racialismo adotado pelo escritor turva, entretanto, a expressão desde espírito de crítica política que faz de *Ruínas vivas*, de qualquer modo, um precursor do "romance social" na literatura brasileira.

Etnografia e autobiografia

A adoção do paradigma científico racialista, que vimos aqui como estrutura teórica de um discurso de inferiorização do homem do campo, ficcionalizado pela literatura regionalista brasileira, é apenas um capítulo do que poderíamos chamar, de acordo com as ideias de Walter Mignolo, "a construção ideoló-gica do racismo" (*La idea de América Latina* 40). De acordo com as ideias do autor, o pensamento racista hierarquizou a humanidade, estabelecendo a hegemonia do poder europeu sobre os povos coloniais, definida não apenas pela detenção do poderio político, econômico e tecnológico, mas sobretudo pelo controle das formas de pensar o mundo, e que classificavam a huma-nidade a partir de um modelo ideal. Para nossos objetivos, o mais impor-tante é observar o que o autor chama de "estruturas de colonialismo *interno* do mundo moderno colonial" (71), qual seja, a transferência deste modelo de enunciação para a construção do discurso das elites da América, o que consistiu, basicamente, em implantar e manter a perspectiva hierárquica do pensamento europeu, capaz de conduzir à "marginalização e desumanização" dos povos indígenas, negros e orientais (73). Ainda que inferiorizadas pelas matrizes europeias, após sua autonomização política, as elites latino-america-nas construíram uma nova autoimagem, tomando posse do discurso colonial europeu, e assim relegando as populações locais à condição de inferioridade racial que endossava sua condição de submissão política. O estabelecimento do paradigma científico deu impulso a essas concepções, à medida que natu-ralizou os dados da cultura, da moral e da história, estabelecendo o domínio da biologia como a medida das potencialidades humanas.

No caso brasileiro, ao menos, a flexibilidade das posições de poder na sociedade escravista e pós-escravista tornou bastante complexa e vacilante esta hierarquização social, mas, grosso modo, reproduziu o discurso racista que aqui vimos dramatizado pela literatura de ficção rural, proclamando seus lugares-comuns: a indolência, a indiferença à vida e à morte, a incapaci-dade de estabelecer vínculos afetivos, a tendências nômades, a instabilidade emocional, a dependência e a pertinência em relação ao mundo da natu-reza, a instintividade animalesca e, sobretudo, a ausência de possibilidades de futuro, por sua incapacidade de adaptação à modernidade, o que representa-ria, afinal, a aniquilação desses tipos humanos primitivos, "tradições evanes-centes." Na maior parte dos casos, contudo, devemos, por outro lado, atentar para a complexidade desta produção cultural devotada à representação das sociedades rurais, uma vez que, frequentemente, esta expressão etnológica da diferença sobrepõe-se ao próprio esforço de incorporação das peculiaridades locais e regionais à cultura hegemônica e, acima de tudo, de formação de um espaço de representação da experiência capaz de promover a negociação, o diálogo e o intercâmbio entre o popular e o erudito, em dicção autobiográfica capaz de revelar o trânsito entre o rural e o urbano, e promover a negociação entre a tradição e a modernidade. Além de expressão do discurso racialista, esta literatura foi muitas vezes também, paradoxalmente, o espelho através do qual a cultura brasileira olhou para si mesma, consagrando identidades sociais incorporadas ao patrimônio coletivo.

LUCIANA MURARI

Notes

[1] O conceito de atavismo diz respeito à manifestação, nos tipos humanos degenerados, de comportamentos característicos do homem primitivo, como um tipo de retorno às fases primitivas da evolução da espécie. Uma frase de Maya ilustra esta concepção, ao descrever os sentimentos violentos de Miguelito como "algo de alheio, de anterior a ele, de sobrevivente nele" (*Ruínas vivas* 173).

[2] Apesar de possuir origem racial, o termo "caboclo," mestiço de branco e indígena, descolou-se paulatinamente de seu sentido estrito, adquirindo significados predominantemente culturais, ao designar os participantes dos modos de vida característicos do interior brasileiro, na região centro-sul, tornando-se assim similar ao termo "caipira."

[3] O termo "paroara" designa o imigrante contratado pelos produtores para retornar ao Nordeste e recrutar novas levas de trabalhadores para a Amazônia, por meio de um discurso do enriquecimento fácil e do elogio à abundância amazônica.

Obras Citadas

Cunha, Euclides da. *Os sertões*. São Paulo: Brasiliense, [1907] 1982. Impresso.

Lobato, Monteiro. "Bibliografia. Meu sertão. Catullo da paixão cearense." *Revista do Brasil* 4 (1918): 638–639. Impresso.

———. "Problema vital." *Mr. Slang e o Brasil e problema vital*. São Paulo: Brasiliense, [1918] 1946. 221–340. Impresso.

———. *Urupês*. São Paulo: Brasiliense, [1918] 1982. Impresso.

Maya, Alcides. *Ruínas vivas*. Porto Alegre: Movimento; Editora UFSM, [1910] 2002. Impresso.

Mignolo, Walter. *La idea de América Latina. La herida colonial y la opción decolonial*. Trad. Silvia Jawerbaum e Julieta Barba. Barcelona: Gedisa, 2007. Impresso.

Rangel, Alberto. *Inferno verde: scenas e scenários do Amazonas*. Tours: Arrault, [1908] 1927. Impresso.

Teófilo, Rodolfo. *O paroara*. Ceará: Louis Cholowieçki, 1899. Impresso.

———. *O Reino de Kiato*. São Paulo: Monteiro Lobato, 1922. Impresso.

Weinstein, Barbara. *A borracha na Amazônia: expansão e decadência* (1850–1920). Trad. Lólio Lourenço de Oliveira. São Paulo: Hucitec, 1993. Impresso.

Luciana Murari is a professor in the graduate program in Literature, Culture, and Regionalism at the University of Caxias do Sul, Rio Grande do Sul, Brazil. She holds a PhD in social history from the University of São Paulo (2002) and has published the monographs *Brasil, ficção geográfica. Ciência e nacionalidade no país d'Os sertões* (2007) and *Natureza e cultura no Brasil 1870–1922* (2009), as well as many articles, including "O espírito da terra: a teoria da cultura brasileira de Araripe Jr." (*Luso-Brazilian Review* 2007). She is currently researching the political bias of regionalist literature in Brazil's First Republic, as evidenced in the works of writers from Rio Grande do Sul. Email: lmurari@ hotmail.com

Wasting Away: (De)Composing Trash in the Contemporary Brazilian Documentary

Steven F. Butterman

Abstract. This essay examines the metaphor of garbage in contemporary Brazilian documentary to problematize issues of race, class, and gender, focusing especially on Marcos Prado's feature-length *Estamira* (2004). Utilizing the postmodern decomposition of *antropofagia* (*coprofagia*), theorized by Brazilian poet and cultural critic Glauco Mattoso as well as considerations of recent feminist thought, this essay will examine how the motif of *lixo* in recent Brazilian film serves to critique contemporary Brazilian social and economic policies by revealing a society that discovers itself—and ironically, its own value and values—through the garbage it produces.

In the preface to his recent philosophical essay on the ontology of trash, Greg Kennedy examines waste from the perspective of life in a so-called "throwaway society," arguing the following: "If we look at trash from the right angle, we start to see something more than a dirty collection of processed fibers, minerals, petroleum, and food scraps. Images of ourselves begin to emerge, uncanny images we could not otherwise behold except through this outside medium. By virtue of its sheer volume, trash now offers us the single greatest means for observing ourselves" (*Ontology of Trash* x).

Recent Brazilian films have focused, somewhat obsessively, on *lixo* ("trash") in its relationship to Brazilian society and, by extension, to the development

Portuguese Literary & Cultural Studies 23/24 (2012): 295–304.
© Tagus Press at UMass Dartmouth.

of social and political inequalities. While not a documentary per se, Heitor Dhalia's *O cheiro do ralo* (2006) articulates a complex if sardonic philosophical theory of garbage in relation to humankind. One of the most compelling scenes in Sergio Bianchi's *Cronicamente inviável* (2000) is a two-minute clip that illustrates man's inhumanity to man by depicting an elegant restaurant staff member physically driving away starving beggars who are attempting to open the lids of the garbage cans outside the establishment in search of food. In a bitingly sarcastic revision of the scene, which follows immediately, the staff member offers the same scraps of wasted food to a couple of wild dogs. The brilliant eleven-minute short piece *Ilha das Flores* (1989) uses and abuses the traditional technique of documentary narration to provide a scathing criticism of excessive waste and subsequent social injustice in the city of Porto Alegre, where, according to the film, approximately one million citizens produce some 500 tons of garbage on a daily basis. The film criticizes the tendency to transport garbage far away from the urban centers in which it is produced, making it geographically invisible in a futile attempt to erase its existence (and the consequences of its use and misuse) from our collective consciousness, where it only accumulates and causes serious problems: "[O] lixo é levado para determinados lugares bem longe onde possa livremente sujar, cheirar mal, e atrair doenças." The final scenes of the film show the emaciated and sickly residents of ironically named Ilha das Flores, who nurture themselves by consuming the garbage, the only sustenance at their disposal.

Winner of thirty-three film awards internationally, mostly for best documentary in 2004, 2005, and 2006, the film *Estamira* recreates the life story of its namesake, a 63-year-old woman who has lived and worked for over 20 years in the Aterro Sanitário de Jardim Gramacho, which receives more than 8,000 tons of garbage daily from the inhabitants of Rio de Janeiro. Through 2005, the *lixão* of Jardim Gramacho, located in the municipality of Duque de Caxias and surrounded by a small favela plagued with drug trafficking, the site occupied an area of more than 1,200,000 square meters. It is here that about 85 percent of urban trash produced in Rio was deposited every day over a course of more than 25 years.

The director, Marcos Prado, shadowed and observed Estamira for a period of two years. In a fascinating interview, Prado states what he had learned as a result of his two-year journey, relating that: "Aprendi mais tarde que o contingente humano do Aterro funcionava como um termômetro social. Ex-traficantes, ex-presidiários, ex-domésticas, ex-trabalhadores, velhos e jovens desempregados: todos juntos se misturavam ali em busca do sustento vindo do lixo e, muitas vezes, em busca do alimento que ali encontravam." This observation raises a number of interesting questions, perhaps the most distressing and disturbing of which is the following: Upon the impending closure of Gramacho, more than 15,000 inhabitants who work with recycled goods will no longer be able to support themselves, an interesting and sobering twist on the idea of dependency upon trash, rather than dependency on consumerism via material goods in pre-consumption status. In fact, some sociologists estimate that, in Brazil, there are two million people who base their livelihood primarily on the collection and recycling of aluminum cans. Framed in another way, the inevitable and ironic question becomes: What will happen to the inhabitants of the Gramacho when they are deprived of their livelihood of nurturing or nourishing themselves on its waste? This concern brings up a larger question of social disparity or inequality: These invisible (or worse, rejected, or rather e-jected) Brazilian citizens, without access to basic human rights and services, have become dependent on consuming, both metaphorically and literally, the waste that the overall "legitimized" society at large has produced. Therefore, we cannot overlook a very complex economics of the circulation and the consumption of trash that accompanies equally important concerns about the role of creative and consistent recycling in a heavily polluted and contaminated environment.

One might write an essay entirely devoted to the cinematographic techniques in the film, for they are quite interesting and complex. In the beginning of the movie, the viewer sees grainy textured images produced by a Super-8 camera. These Super-8 images alternate with 35 mm images in black and white and finally with 35 mm images in color. In essence, the viewer is exposed to several levels or layers of photography, used rather strategically, as we shall see, throughout the film, alternating from frames of a grainy texture to spotty, rather messy shades of black and white, mimicking the appearance of the antique reels of film characterizing the old black-and-white documentary genre, to a far more lucid and uncluttered black and white, to full color. While it is not within the scope of this essay to examine specific cinematographic techniques, it is interesting to note that this variance of perception, while serving as a metaphor for the need to perceive differently, also challenges traditional notions of "objectivity" surrounding documentary film and is perhaps somewhat deceptive (and most certainly biased) in its attempt to literally "color" the life of Estamira in ways that may or may not be realistic or even honest. When she talks about herself and her life, for example, the camera filters the scene from grainy to a dull black and white and finally to a vivid and clear black and white.

Estamira, the assumed product of accumulated trash, is elevated in status to become the queen or even the diva of trash. I argue that Estamira is essentially "trashed" in every way possible—she is used, abused, "jogada," "jogada fora," rejected (twice in marriage), and is transformed into trash and ultimately incarnates the queen of trash, where she becomes empowered to assume a leadership role in her community of *catadores* ("trash collectors"). It seems, therefore, that there is a semi-carnivalesque quality merging with the sublime sense of abject(ion).

Who is Estamira and for whom does she speak? Estamira represents, on one hand and quite literally, wasted human potential. Journalist Ana Lucia Prado argues that Estamira's actions as well as her philosophical viewpoints are reflections of the rejected/dejected/ejected parts of ourselves that we refuse to confront or to claim, writing: "Em suas andanças, [Estamira] segue vagando em pedaços que deixamos de nós, daquilo que desfazemos, que ensacamos e expelimos, do que rejeitamos, mergulha nessa negação e vê o mundo ao contrário. Ao contrário do que não vemos ou não queremos ver. Ela junta os nossos restos e nos devolve em metáforas." For me, this evaluation clearly mirrors cultural *coprofagia* à la Glauco Mattoso. The idea of wasted potential is revealed by Estamira to the consumers who have deposited their so-called trash to be transformed, somewhat anthropophagically, at the hands of a nurturing woman like Estamira, who reinscribes these discarded products with concrete value, or one may even say, concrete value*s*, in the plural. The reference to anthropophagy is quite clear, as is the allusion to coprophagy. In Glauco Mattoso's "Manifesto Coprofágico," the reader is (mis)treated to a post-modern rendition of Oswaldian anthropophagy. To appropriate and subvert this modernist literary strategy, Mattoso engages in a parodic re-working of Oswald's already satirical "Manifesto Antropófago," which was presented on a single page in a journal, the *Revista de Antropofagia*, itself reflecting the visual presentation of a large-scale mainstream newspaper. To reiterate, Oswaldian anthropophagy essentially involves a devouring of First World culture, after which a process of selective digestion occurs, in which some of the colonizer's culture becomes integrated into Brazilian culture. This cultural residue subsequently combines with other elements to transform itself into something new and distinct and, in the final product, uniquely Brazilian. The undesirable traits of the devoured and digested culture, for their lack of application or relevance to Brazilian society, are spit out—discarded rather than appropriated, and Mattoso, a self-acknowledged "sub-product" of Oswald de Andrade, and a few generations removed, has created a manifesto to treat the residue, the by-products, so to speak, of Oswaldian anthropophagy. Taking up one of Brazilian Modernism's most subversive aesthetic projects with irony and humor, Mattoso's preoccupations begin where Oswald's end: If the anthropophagist has eaten somebody, our cannibal will undoubtedly experience a bowel movement. Mattoso's multiple poetic voices receive the waste deposits of culture with a hearty appetite, eating the feces, or metaphorically ingesting "undesirable" or perhaps "un-in-corpo-rable" cultural elements that have been consumed and rejected (or ejected). In a postmodern anti-aesthetic re-working of Oswaldian anthropophagy, Mattoso proudly and angrily—but with tongue-in-cheek—identifies himself as a revolted member of the colonized Third World (Butterman, *Perversions on Parade* 119–20).

Similarly, throughout the progressive development of Estamira's character and the presentation of her eccentric insights, the spectator begins to see (and gradually cannot but see) that Estamira represents the human potential and determination to survive by blending and mixing rejected or ejected objects (even if abject) to create new significations and propose alternate uses that could not be conceived prior to these products having undergone decomposition. I see this process as a somewhat postmodern metaphor for reconstituting subjectivities on the basis of fragments of fixed identities that have been recycled into new (or better, renewed) possibilities.

Estamira provokes the viewer to reflect on the clichéd maxim: "You are what you eat," which, in the case of this film, is appropriately replaced with "You are what you waste." Both the main character and, it seems, the perspective of the filmmakers of *Estamira* theorize that a society becomes most acquainted with itself through the trash, garbage, waste that it produces. The detritus is inscribed with those ingredients that are devalued in society or even relegated to the status of filth, and consequently perceived as anti-hygienic. As Stallybrass and White contend in their classic piece, *The Politics and Poetics of Transgression*: "Disgust always bears the imprint of desire [...]. [L]ow domains, apparently expelled as 'Other,' return as the object of nostalgia, longing and fascination" (191). Similarly, the discarded is always inscribed with the mark of the cherished, the valued, the abundant, since the item in question was used (and sometimes abused) to the (usually grossly incomplete) end. The residual waste and its destiny are what become personified as Esta-mira. I agree with critics like Liane Barros who view Estamira exclusively as an outsider, as among the world's *esquecidos*, writing: "Estamira é uma outsider, faz parte da comunidade dos que vivem do lado de fora, os esquecidos do mundo, vivendo às custas dos restos e descuidos de uma civilização, que deles nada quer saber." However, I believe that Estamira also reflects precisely the opposite: Metaphorically, she is an "insider" in the most intimate of terms because she has ultimately studied and transformed the products of the intes-tines (or perhaps the internal workings) of the Brazilian body. However, in this light, I would like to argue that *Estamira* successfully fragments or slices through the detritus to reformulate a politics and a philosophy of "incorpora-tion" (which I would like to now slice and dissect into its three constitutive parts): *in-corpo-ration*. What is not rationed is wasted and becomes *in*tegrated *in*to the Brazilian physical body and, by extension, its psyche. In this sense, Estamira does not allow us to forget the material literally at our disposal nor the remnants we choose to dispose of, as she reintroduces them with new meanings and even constitutes her own existence, her own survival, on the foundation of this so-called "waste."

Scatological analysis has played an important role in feminist thought through the 1980s and 1990s, figuring prominently in the works of writ-ers like Julia Kristeva, Judith Butler, and Iris M. Young. In *The Powers of Horror: An Essay on Abjection*, Julia Kristeva conceptualizes excrement—or that which has been discharged from the body—as indicative of the body's boundaries; that is, the body's definition of elements internal and external to itself. The discharge comes to represent, then, the construction of an "Other" (3–4, 71). Yet it is important to realize, as Judith Butler points out in *Gender Trouble: Feminism and the Subversion of Identity*, that the contents that have been ejected from the body are undergoing a process of transformation that reconceives "something originally part of identity into a defiling otherness" (133). As such, elements at one time in-corpo-rated and imbued with subjective identification have become alienated from the subject's perception of itself. Iris M. Young, in *Justice and the Politics of Difference*, applies Kristeva's theories of abjection to notions of sexism, homophobia, and racism, viewing the body's sex, sexuality, or color as elements to be ejected; then, once differentiated and therefore autonomous from the subject's bodily boundary, these expelled identi-ties can be conceived with disgust. While Young portrays the repulsed viewer as one who owns a hegemonic identity, I believe this process may also be psychoanalytically extended to encompass a projection of the self in its denunciation and therefore compulsion to expel its own "abject" qualities. Internalized homophobia, or self-censorship on a more general level, may be examples that are symptomatic of the self's perhaps unconscious role in its own detachment from characteristics that define it, aspects that society has labeled as foreign to the cleanliness of the body and therefore relegated to the status of filth.

Judith Butler concisely summarizes the notion of bodily boundaries that establish acceptable elements of identity and that exclude, for the ultimate purpose of domination, facets deemed to be alien:

> What constitutes through division the 'inner' and 'outer' worlds of the subject is a border and boundary tenuously maintained for the purposes of social regulation and control. The boundary between the inner and outer is confounded by those excremental passages in which the inner effectively becomes outer, and this excreting function becomes, as it were, the model by which other forms of identity-differentiation are accomplished. In effect, this is the mode by which Others become shit. For inner and outer worlds to remain utterly distinct, the entire surface of the body would have to achieve an impossible impermeability [...]. This sealing of its surfaces would constitute the seamless boundary of the subject; but this enclosure would invariably be exploded by precisely that excremental filth that it fears. (134)

Ultimately, in this perspective, the threat of contamination by difference or "Otherness" is not only a powerful one but a reality that transcends any of the subject's vain attempts to construct a boundary to prevent reincorporation into its subjectivity. The security of a cleansed "inner" world that has temporarily succeeded in expelling abject qualities is a false one that will not be able to permanently uphold its artificial borders and will have to ultimately accept the difference that terrifies it, or, to reiterate Butler's metaphor, risk destruction by explosion. Mattoso's insistence on eating the *cagada* is enhanced by his acknowledgment that the supposedly rejected remnants have the potential to provide a feast of difference, a veritable banquet of societally rejected truths with which the author is attempting to re-nourish Brazilian, and by extension, post-modern consciousness.

The rejected elements, also known as waste, are ironically the best access to understanding the core values of any society, and Estamira's role in this process of self-revelation is thus critical. It is not surprising that she would be condemned to "Otherness" (in this case, perceived as insane) because of the threat that her dominion over trash represents to the collective unconscious, thus prompting her further marginalization and removal from perceived "normalcy." As Kennedy contends:

> Waste embarrasses and shames us because it confronts us with a reflection of our own shortcomings [...]. On the strength of this, we could make two plausible hypotheses. First, any society [...] that generates gross amounts of waste must have correspondingly gross inadequacies. Where the average person [in the US] creates nearly five pounds of garbage per day, the human failure must also be proportionately massive. Second, a society preoccupied with concealing its wastes must have, so to speak, something important to hide from itself. (4)

The notion of living among waste and constructing novelty out of the discarded reflects the fact that Estamira is quite aware of the fact that most of her surroundings have been relegated to the status of "waste" simply from lack of use, discontinued use, partial use, or even misuse, prompting her to remark: "Isto aqui é um depósito dos restos. Às vezes vem também descuido [...]." Estamira's self-proclaimed mission is to reveal society to itself, and she consequently suffers the high price of marginalization and the medical diagnosis of schizophrenia. Nevertheless, it is important to remind ourselves that Estamira does not function exclusively as victim or victimized but rather has staked out and proudly adopted her role, adapting amazingly well to life in the dump and embracing its value. At one crucial and especially lucid moment in her interviews, she states: "Eu, Estamira, sou a visão de cada um [...]. Ninguém pode viver sem Estamira [...]."

It is interesting and relevant to examine the motif of relativity of (in)sanity: Estamira's world is ironically more stable and controlled *inside* the trash dump than it would be in an institution or in mainstream society at large, where she is deemed to be invisible. I think the film also purports that both of these "microcosms"—inside or outside of the trash bin—are, quite frankly, crazy-making. The notion that Estamira is mentally disturbed, as the film relates at several points, and even suffers from schizophrenia, as we discover at another point, is indicative of another level of marginalization. One of the many criteria for social exclusion is the pronouncement and ultimately the diagnosis of *loucura*. In viewing and reviewing the film, I have found that the most compelling reason to explain why Estamira may be deemed psychotic is the fact that she confuses *luxo* with *lixo*, romanticizing and re-envisioning the material value and wealth of the discarded goods that she subsequently revives with new life.

The film struggles to persuade the spectator to believe that Estamira's rejection of her family and her choosing to live in an enormous garbage dump over the possibility (despite repeated invitations and opportunities) of reuniting with family in a more "civilized home" setting is symptomatic of her psychosis. However, without meaning to romanticize the harshness and the cruelty of the life that Estamira leads, she states repeatedly, during many moments of the film, that she takes pride in making items relegated to garbage usable again. In the process of recomposition, Estamira reinvests herself with a critical utilitarian role within the community (read: family) she has chosen to adopt. As she provides an overall assessment of her life in Gramacho, Estamira relates: "Adoro isso aqui. A coisa que eu mais adoro é trabalhar." This comment powerfully subverts the notion that the *marginal* or the *marginalizado/ marginalizada* is either not able to find or not willing to engage in fixed work, trashing, if you will, the prejudiced notion that the impoverished or the "formally" unemployed cannot or will not work for a living.

For Estamira and in *Estamira*, the economics of the circulation of trash becomes, then, a metaphor for living a richer, fuller life and a condemnation of wasted potentialities. One of the most salient observations Estamira makes is the following: "O homem está aqui para conservar, proteger, limpar, e usar mais […] o quanto pode […]. Economizar as coisas é maravilhoso. Porque quem economiza, tem. Então as pessoas têm que prestar atenção no que eles usam, no que eles têm […]."

It is from this garbage that Estamira constructs her own home, staking out her own vocation in the world, with steadfast pride and total self-determination. As such, Estamira's plight can also be seen as *queer* in the sense that her struggle represents freedom from societal standards, norms and expectations, as the diva of the dump works laboriously and conscientiously to construct a new sense of place and a leadership position in an adopted community with no ties to her biological family, from whose members she has experienced repeated rejection and harsh judgment.

Works Cited

Butler, Judith. *Gender Trouble: Feminism and the Subversion of Identity.* New York: Routledge, 1990. Print.

Butterman, Steven F. *Perversions on Parade: Brazilian Literature of Transgression and Postmodern Anti-Aesthetics in Glauco Mattoso.* San Diego: San Diego State UP, 2005. Print.

Cronicamente inviável. Dir. Sergio Bianchi. Agravo Produções Cinematográficas/RioFilme, 2001. Film.

Estamira. Dir. Marcos Prado. RioFilme, 2000. Film.

Ilha das Flores. Dir. Jorge Furtado. Casa de Cinema de Porto Alegre, 1989. Film.

Kennedy, Greg. *An Ontology of Trash: The Disposable and Its Problematic Nature.* Albany: SUNY Press, 2007. Print.

Kristeva, Julia. *The Powers of Horror: An Essay on Abjection.* Trans. Leon S. Roudiez. New York: Columbia UP, 1982. Print.

O cheiro do ralo. Dir. Heitor Dhalia. Geração Conteúdo, Primo Filmes, and RT Features, 2006. Film.

Stallybrass, Peter, and Allon White. *The Politics and Poetics of Transgression.* Ithaca, NY: Cornell UP, 1986. Print.

Young, Iris Marion. *Justice and the Politics of Difference.* Princeton, NJ: Princeton UP, 1990. Print.

Steven F. Butterman is associate chair, associate professor of Portuguese, and director of the Portuguese Program in the Department of Modern Languages and Literatures at the University of Miami. His publications include *Perversions on Parade: Brazilian Literature of Transgression and Postmodern Anti-Aesthetics in Glauco Mattoso* (San Diego State University Press, 2005); "Cinema marginal: subversão e reconstrução da identidade nacional brasileira nos filmes *Matou a família e foi ao cinema* e *Orgia, ou o homem que deu cria*," an invited essay in the edited collection *Miradas al margen: cine y subalternidad en América Latina y el Caribe* (2009); and "'I Can See Queerly Now—the Reign is Gone': The Path to Liberation and the Development of Homoerotic Themes in Pureza Canelo, Andrea Luca, and Ana Rossetti" (*Rocky Mountain Review of Language and Literature*, Fall 2001). Dr. Butterman is currently working on an article entitled "Referring and Refereeing Alternative Sexualities: The Sociopolitical Climate of the LGBT Movement in Brazil Today," and on a single-author monograph entitled *Experimental Film During Brazilian Dictatorship: Internal Dialogues Between Cinema Novo and Cinema Marginal.* Email: butterman@miami.edu

Pressupostos estéticos do academicismo literário:
A literatura brasileira no início do século XX

Maurício Silva

Abstract. This paper analyzes the cultural context of pre-modernism in Brazil, highlighting the process of canonization of authors by literary historiography, among other aesthetic and literary aspects of Brazilian literature. Furthermore, this paper analyzes the possible relationships between pre-modernist authors and the Academia Brasileira de Letras in the late nineteenth and early twentieth centuries.

Sob o influxo das mais diversas reformas e transformações, a Capital Federal vivia, nos anos que norteavam a passagem do século XIX para o XX, um período de súbito esplendor: não apenas a cidade, mas também a sociedade se renovava e se modernizava; a tecnologia—impulsionada pela recente Segunda Revolução Industrial—ganhava igualmente foros de novidade perene, com seus automóveis, aviões, máquinas diversas e invenções; levava-se adiante um *processo civilizatório* excludente, caracterizado por uma singular febre de saneamento público; os símbolos mais acabados do novo estilo de vida que se inaugurava com a virada do século espalhavam-se por toda parte, indo desde as famosas confeitarias e salões, às ruas e avenidas mais frequentadas, sem deixar de contar com os teatros, cinemas e casinos que surgiam por toda a cidade.

Glória e esplendor superficiais, é verdade, já que procuravam esconder—sob o manto diáfano da *joie de vivre*—os sintomas típicos de uma aguda crise social e econômica, que revelariam a face mais cruel da incipiente república.

Portuguese Literary & Cultural Studies 23/24 (2012): 305–314.
© Tagus Press at UMass Dartmouth.

Assim, não obstante ser o elemento superficial que contava para uma sociedade mundana cada vez mais atuante no comando das decisões políticas e administrativas do estado, entrevia-se, no bojo desse entusiasmado desenvolvimento, uma série infindável de processos marcadamente decadentes, refletindo um estilo de vida caracterizado por crises de toda espécie, mas sobretudo pelo esgarçamento do tecido social, ocasionado por um desenvolvimento urbano marginalizador, que se manifestava pelo aumento do consumo de drogas, expansão da carestia, problemas de moradia, alargamento da prostituição, crescimento da violência urbana, dilatação do desemprego etc., aspectos marcantes da vida social brasileira e que foram—na sua maioria—retratados pela literatura do período, acadêmica ou não.

Dessas contradições sociais, nasce uma necessidade de evasão, de fuga da opressora realidade circundante, enfim, de sublimação dos percalços sociais por meio de uma literatura que se consolidasse mais do que como reflexo de um pretenso lado "humano" da sociedade, como instrumento de criação de uma realidade artificialmente forjada. Por isso, literariamente falando, esse período foi marcado em profundidade por uma concepção mais ou menos padronizada da expressão artística, visão esta perfeitamente sintetizada na consideração da literatura como o *sorriso da sociedade.*

As instâncias legitimadoras do período—como, por exemplo, o jornalismo—, a par da ideologia veiculada por periódicos e dos discursos acadêmicos, deram sustentação social, por assim dizer, a um singular academicismo literário, composto pela produção ficcional de diversos autores, direta ou indiretamente vinculados à Academia Brasileira de Letras. Essa produção, moldada por uma pragmática literária rigidamente regulada, era composta por obras e autores que valiam, sobretudo, pelo modo como revelavam tramas, enredos e formas literárias, isto é, pelos recursos formais e estilísticos empregados em suas produções. Em outros termos, o que acabava contando mesmo era uma espécie de *modus faciendi* instituído pela Academia como referência a uma práxis estética a ser seguida.

A estética academicista, para efeito de comparação, opunha-se diametralmente àquela *literatura útil* de que fala Curvelo de Mendonça, cujo principal propósito era a veiculação do ideário anarco-comunista entre a classe média urbana (Rio, *O momento literário*; Luizetto; Leal). Fábio Lucas entende essa literatura como uma espécie de expressão estética contida numa denominação mais genérica de *ficção social,* a qual se divide em romance social, em que o coletivo ocupa o primeiro lugar na trama, romance político, em que predomina o indivíduo, e romance proletário, que reflete o ponto de vista do trabalhador nas relações sociais (Lucas; Hardman, "Engenheiros, anarquistas," "Antigos modernistas"). Curiosamente, embora possamos ver a literatura academicista como oposta a essa literatura militante e utilitária, de cunho marcadamente social, elas se igualavam no seu pragmatismo: enquanto aquela adotava uma pragmática da autopreservação burguesa, esta se empenhava por uma pragmática da denúncia da exclusão social, ambas devidamente simbolizadas por um modo particularizado de fazer literatura. Assim, para a literatura academicista, noções como as de diletantismo literário, preciosismo vocabular, cosmopolitismo, artificialismo e outras constituíam um verdadeiro *programa* estético, aprioristicamente definido e traçado sob os auspícios da Academia e seus membros.

Desse modo, o pragmatismo parecia ser o único ponto de contato com a literatura *social*—em tudo minoritária—, produzida pelos escritores ligados ao ideário anarco-comunista no Brasil daquela época. De resto, sua natureza estava muito mais próxima de um ideário burguês, sustentado pelo poder político estabelecido e por uma prática cultural institucionalizada. Trata-se, como já sugerimos antes, de uma literatura oficializada, produto de uma burguesia em ascensão, desdobramento estético do patriarcado que se burocratizava. Para Brito Broca, em célebre estudo, com a Academia tornava-se quase que necessário o aburguesamento do escritor (*A vida literária no Brasil*) e, para Francisco Foot Hardman, durante a Primeira República, "a literatura foi um dos principais veículos, senão o principal, da ideologia dominante" ("Palavra de ouro" 80; Prado "Nacionalismo literário").

Essa equação que aliava, num mesmo campo intelectual, prestígio social e produção literária, cultura oficial e estilização artística revelou-se de grande sucesso para a maioria dos academicistas, alçando-os à categoria de principais representantes da literatura brasileira durante a passagem do século. Tal equação pode ser resumida nessas palavras bastante sugestivas de um estudioso do período:

> os intelectuais gozavam de um prestígio invulgar, envoltos na aura da glória. Paralelamente, seu poder de fogo crítico e criativo se acha encolhido, estando às vezes anulado, quer pela co-optação, quer por manipular a literatura com o propósito de ascender socialmente e tirar proveito das benesses proporcionadas pela condição de escritor, fazendo da criação literária uma atividade frívola e inócua, simples lazer [...]. [A] literatura detinha a palma na área cultural. Mas não seria preciso espetá-la para perceber que estava murcha, insossa, 'sorriso da sociedade'. Vigora um neo-parnasianismo já bagaço, estilo por excelência das camadas dirigentes, com

seu versejar virtuosístico, sua linguagem empolada, pendurada com os berloques das
tiradas de efeito, seus ditos galantes, suas chaves de ouro. (Reis 106–108)

Evidentemente, o fato de vigorar entre os acadêmicos uma estética marcada por efeitos, na sua maioria, ornamentais não significa que esses mesmos
acadêmicos deixassem de perceber a ação deletéria de tais efeitos sobre a produção literária. Representantes de destaque de uma literatura entre diletante e
laudatória, entre afetada e artificial, com pouca ação romanesca e demasiadamente palavrosa, com enredos simplórios, padronizados e com virtuosismos
linguísticos, alguns acadêmicos, numa atitude de quase autofagia, deblateravam
contra um pretenso depauperamento da literatura nacional: enquanto Humberto de Campos chamava a atenção para o fato de a expressão literária carecer
de autores verdadeiramente originais, caracterizando-se antes por "sugadores"
de idéias alheias (*Mealheiro de Agripa* 53); Álvaro Guerra, membro da Academia
Paulista de Letras, apontava, em 1916, para o mesmo problema, diagnosticando
a carência crônica de originalidade na produção estética—"gravíssimo e talvez
insanável morbo da literatura no Brasil" (127). Mais radical em suas posições
a respeito dessa questão, outro ilustre membro da Academia, Medeiros e Albuquerque, em entrevista a João do Rio, afirma mesmo ser impossível pensar em
literatura nacional pela própria ausência de uma nacionalidade brasileira (cit.
em Rio, *O momento literário* 68). Enfim, João do Rio, em texto publicado pos-
tumamente, apontava para a penúria literária numa nação obsessivamente "à
espera de idéias estrangeiras" (*O momento literário* 70).

É certo que a crítica veiculada pelos acadêmicos de primeira linha soava
algo leviana, fazendo parte de um discurso vazio e sem impacto e impondo-se
mais como exercício de retórica; em outras palavras, representava uma teoria
que não tinha correspondência efetiva na prática de sua produção literária,
revelando-se um conglomerado de frases de efeito e caindo no mais absoluto
esquecimento. Basta recordarmos algumas opiniões veiculadas pelos literatos
oficializados em seus discursos acadêmicos, como aquelas que defendem a
preservação do vínculo da literatura brasileira com a tradição literária euro-
péia, o que vai de encontro à suposta falta de originalidade dos literatos.

Mas se os próprios acadêmicos emergiam como críticos de uma situação
pela qual, em grande parte, eles mesmos eram os responsáveis, com muito
mais razão essa situação era criticada por aqueles escritores e intelectuais do
período que assumiram um posicionamento ideológico e estético de franca
oposição ao academicismo vigente.

MAURÍCIO SILVA

É o caso de Lima Barreto, o mais fervoroso dos antiacadêmicos, ao criticar o corporativismo que campeava no meio literário nacional; ou de Gilberto Amado, que, num gesto de insatisfação com a situação da literatura do período, afirma peremptoriamente:

> o que nos calharia no momento actual, do ponto de vista literário, seria, por assim dizer, uma agitação romantica no sentido que essa expressão pudesse comportar de exaltação febril da imaginação creadora, de desprezo ostensivo das fôrmas consagradas, de arrancada gloriosa para o novo, o nunca dito, o interessante [...]. E é evidente que não pode ser com academicismos, linguismos e bobagismos, que havemos de constituil-a. (52)

Há, é certo, muito de rancor inconsequente e despeito em algumas das críticas veiculadas por contundentes e obstinados antiacadêmicos do período, mas o que importa mesmo é que se trata de evidências constatadas no calor da hora de acontecimentos responsáveis, como aludimos há pouco, pelo emprego de recursos literários (diletantismo, preciosismo, cosmopolitismo, artificialismo, etc.) e atitudes socioculturais (afetação, frivolidade, virtuosismo, etc.), advindas da moldura institucional do discurso literário academicista.

Mas talvez nenhuma outra marca estética caracterize tanto o academicismo literário como seu apego incondicional ao *formalismo*, o qual preenche, como poucos conceitos, a condição—já aludida por Humberto de Campos no prefácio à antologia de textos e discursos proferidos na Academia Brasileira de Letras—de autêntico "modelo acadêmico" (*Antologia da Academia Brasileira* 12) sob o qual impera uma espécie de *mística parnasiana da forma*. Em termos gerais, ela se define pela completa submissão à plasticidade de imagens literárias, construídas a partir do apego incondicional ao perfeccionismo linguístico ou do exagero preciosista dos torneios frásicos. Enfim, por uma deliberada e absoluta apologia da forma, quase sempre em detrimento do conteúdo.

Os autores academicistas, nesse sentido, viviam uma espécie de dramática contradição, marcada pela dicotomia forma/fundo: de um lado, eram tomados por uma síndrome da linguagem purista e do formalismo contemplativo; de outro lado, eram, não poucas vezes, levados a tratar de temas de extração popular, pouco condizente com o retoricismo em que eram vazadas prosa e poesia academicistas. Oposição que raramente alcançava um equacionamento positivo, resultando em obras de fundo mundano, assentadas sobre uma linguagem pretensamente erudita, a qual se constituía em fator de diferenciação entre as escritas acadêmica e jornalística, esta última, curiosamente, responsável pela consolidação do academicismo no Brasil, divulgando os autores e tornando-os profissionais da escrita.

Mas esse apego incondicional ao formalismo literário já vinha de longe; apenas se adensara com a emergência da estética parnasiana no final do século XIX e com a prevalência dos acadêmicos na passagem para o século XX, aliás, declarados cultores do Parnasianismo literário. Neste sentido, alguns indícios atestam que essa tendência ao formalismo teria encontrado suas primeiras manifestações relevantes na Colônia, com o modelo educacional então adotado, como sugere Fernando Azevedo, para quem a educação, naquela época, estava intimamente relacionada à família, à Igreja e ao poder político-econômico. O ensino, portanto, misturava o gosto pela sociedade aristocrática e o empenho dos padres na difusão do conhecimento, segundo as premissas da religião. O púlpito, com sua linguagem particular, tornava-se, logo, a arena das discussões:

de fato, desse ensino que se completava com a escolástica e a apologética, provieram não somente o interesse pela vernaculidade e o pendor para dar a tudo expressão literária, como também o amor à forma pela forma, o requinte e os rebuscamentos, e o gosto das disputações que, mais tarde, no Império e na República, pela associação do espírito literário e do espírito jurídico, deviam prolongar-se nas controvérsias gramaticais e filológicas, como nas polêmicas literárias. (Azevedo 20)

Dando continuidade a essa espécie de tradição do formalismo ligado à eloquência por vezes vazia e verborrágica, poder-se-iam apontar as academias no século XVIII; aquela "poesia retórica," de fundo moralizante e pedagógico, detectada por Alfredo Bosi (90) entre os pré-românticos, na passagem do XVIII para o XIX; ou a oratória de um Rui Barbosa na passagem do século XIX para o XX.

Como sugerimos, esse "amor à forma pela forma" pode ser facilmente detectado na produção literária da passagem do século, ocorrendo não de modo inconsciente, mas como resultado de uma deliberada assunção dos preceitos estéticos provenientes do Parnasianismo, fato evidenciado pela literatura da época e confirmado pelas várias tentativas de historicizar nossa produção literária no calor da hora dos acontecimentos. É assim que—apenas a título de exemplo—um acadêmico do porte de Graça Aranha, em conferência realizada no *Atheneu Argentino* (Buenos Aires, 1897), traçando um panorama da literatura brasileira do período, proferia estas representativas palavras, num discurso que em tudo pode ser tomado como uma espécie de diagnóstico oficial da literatura então produzida:

> somos um povo de homens de letras: não quer isto dizer que sejamos grandes escriptores, grandes poetas ou oradores; apenas significa que temos em alta dóse, talvez com prejuízo de mais vitaes energias, a sensualidade da frase [...]. *Vivemos da forma.* Para saboreal-a melhor, separamol-a do pensamento, e com que delicia não contemplamos as transformações por que passou a frase antiga, simples, lapidaria, limpida, até chegar ao complicado periodo moderno, em que a palavra é feita de musica, impregnada de pintura, e carregada de electricidade. (181–213; grifo meu).

Forma separada do pensamento: talvez tenhamos, aí, a síntese de um dos aspectos estéticos mais representativos da literatura academicista, com seus torneios verbais, sua "sensualidade da frase," seu exagero, seu preciosismo linguístico, sua plasticidade na composição de imagens, seus rebuscamentos vocabulares, sua acuidade gramatical, seu lusitanismo vernáculo, enfim sua obstinada *literatização* da própria literatura, num flagrante privilégio da *forma* em detrimento do *pensamento*, pela incorporação de pressupostos literários próprios da estética parnasiana.

Com efeito, é no Parnasianismo que os escritores academicistas foram buscar muitos dos elementos estéticos que comporiam seu peculiar *modus faciendi*, já que é por meio dessa estética que o culto à forma alcança o paroxismo. Para um crítico como Péricles Eugênio da Silva Ramos, o Parnasianismo pode ser considerado o "reino das formas fixas" (317) e para um crítico não menos atento, como Tristão de Athayde, ele era marcado pelo "amor das formas cheias e das rimas ricas" (cit. em Lima 81). Mesmo entre aqueles críticos que presenciaram, no calor da hora, o auge da estética parnasiana, percebe-se essa tendência à vinculação da expressão parnasiana ao rigor formal: para Araripe Júnior, por exemplo, os parnasianos ficariam conhecidos, na historiografia literária, como os "cultores da forma impecável" (108)

De fato, eram exatamente aspectos como a precisão vocabular (*mot juste*), a plasticidade, a correção gramatical, a *impassibilidade* das imagens e outras marcas parnasianas que os academicistas—cuja formação literária tinha, em muitos casos, se consumado durante a vigência do Parnasianismo—cultivavam (Pacheco; Cidade; Broca, *Naturalistas, parnasianos*). Essa adoração quase mística da forma pode ser percebida, por exemplo, nas profissões de fé dos mais representativos autores e/ou críticos academicistas, como é o caso de um

Olavo Bilac, para quem a pena "Corre; desenha, enfeita a imagem, / A idéia veste: / Cinge-lhe ao corpo a ampla roupagem / Azul-celeste / (Pois) Minha pena / Segue esta norma, / Por te servir, Deusa serena, / Serena Forma!" ("Profissão de fé" 06); ou, ainda, de um Coelho Neto, que igualmente numa profissão de fé sugestivamente intitulada "A forma," confessa: "por ella o meu sangue, toda minh'alma para resguardal-a: é o meu amor, é o meu idolo, é o meu ideal—a Forma" (*Rapsodias* 9).

Chega a ser curioso como, para os academicistas—cultores confessos do formalismo parnasiano—, a forma se apresenta como uma espécie de vestimenta da ideia, perspectiva já presente nos versos citados de Bilac e que prolifera por outros escritores do período, sobretudo Coelho Neto, para quem, no final das contas, "a *Fórma* é o revestimento artistico da phrase" (*Compêndio* 33).

Trata-se, evidentemente, de concepções bastante singulares do que seja a obra de arte, principalmente a obra de arte literária, afirmando-se como uma perspectiva assumidamente tributária do mais puro esteticismo parnasiano de origem francesa. Em seu curioso e verborrágico livro *Nós, as abelhas* (1936), por exemplo, Martins Fontes—devoto um tanto tardio do Parnasianismo—, defende a ideia de que essa estética teria servido como elo de ligação e, nas suas próprias palavras, "communhão sacerdotal" entre franceses e brasileiros, fazendo, parnasianamente, a seguinte comparação: "o *quid divinum* é a inspiração, o fogo sagrado; o *quid humanum* é o trabalho, a arte, a technica, a fórma" (284).

Essa distinção entre o que é inspiração e o que é técnica reverbera algumas percepções da época, como aquela lastimada por Francisca Júlia, a maior das poetisas parnasianas, de que sentia "presa a imaginação no limite da rima" (07) Lamentações como essa, provindas de figuras eminentes do Parnasianismo brasileiro, não constituíam propriamente uma afronta à expressão estética parnasiana, mas deixam em aberto um flanco para todo tipo de ataques contra o que era considerado, por muito críticos e artistas do período, um excessivo apego ao formalismo estilístico em detrimento do conteúdo.

Com efeito, não foram poucas as críticas contra os abusos estéticos dos parnasianos de primeira hora, compreensivelmente associados às mais relevantes figuras do academicismo literário. Num texto instigante e inteligente, por exemplo, Gilberto Amado, fazendo uma espécie de diagnóstico da situação cultural do país, ataca esse excessivo apego à forma literária, em detrimento da mensagem; critica, assim, a deletéria influência do classicismo anatoliano, incitando os jovens autores ao "desprezo ostensivo das fórmas consagradas" (52). Opinião semelhante a esta, com o mesmo teor crítico, pode ser encon-

MAURÍCIO SILVA

trada em Elysio de Carvalho, posição até certo ponto estranha num *radical de ocasião* integrante de *minorias ilustradas*, (Cândido; Prado, "*Lauréis insígnes*") mais afeito às superficialidades da vida mundana e aristocrática do que a uma autêntica literatura militante: condenando os parnasianos por "reduzir(em) a arte a uma simples questão de fórma," constata que por substituírem "o culto da Idéa pela Idolatria da Fórma, nunca foram nem serão artistas" (Carvalho 54). Finalmente, Lima Barreto afirma-se, também, como um dos mais acirrados críticos do formalismo parnasiano adotado pelos acadêmicos, defendendo a ideia de que a beleza não se encontra propriamente na forma literária, mas antes em seu conteúdo e substância; semelhante constatação o levaria, imbuído daquele sarcasmo que lhe era característico, a proferir esse pouco lisonjeiro diagnóstico: "entre nós, não há nada mais parecido com um poeta parnasiano do que outro poeta parnasiano" (284–85).

Obras Citadas

Amado, Gilberto. *Apparencias e realidades*. São Paulo: Monteiro Lobato & C., 1922. Impresso.

Aranha, Graça. "A literatura actual do Brasil." *Revista Brazileira* Tomo Décimo Terceiro, 1898. Impresso.

Araripe Júnior. *O movimento literário do ano de 1893. Obra crítica de Araripe Júnior*. Vol. III. Rio de Janeiro: Ministério da Educação e Cultura/Casa de Rui Barbosa, 1963. Impresso.

Azevedo, Fernando. *Máscaras e retratos. Estudos literários sobre escritores e poetas do Brasil*. São Paulo: Melhoramentos, 1962. Impresso.

Barreto, Lima. *Impressões de leitura*. São Paulo: Brasiliense, 1956. Impresso.

Bilac, Olavo. "Profissão de fé." *Poesias*. Rio de Janeiro: Tecnoprint, s.d. Impresso.

Bosi, Alfredo. *História concisa da literatura brasileira*. São Paulo: Cultrix, 1988. Impresso.

Broca, Brito. *A vida literária no Brasil. 1900*. Rio de Janeiro: José Olympio, 1960. Impresso.

———. *Naturalistas, parnasianos e decadistas. Vida literária do Realismo ao pré-Modernismo*. Campinas: Unicamp, 1991. Impresso.

Campos, Humberto de. *Antologia da Academia Brasileira de Letras. Trinta anos de discursos acadêmicos. 1897–1927*. Rio de Janeiro: W. M. Jackson, 1960. Impresso.

———. *Mealheiro de Agripa*. Rio de Janeiro: José Olympio, 1936. Impresso.

Cândido, Antonio. "Radicais de ocasião." *Teresina etc*. Rio de Janeiro: Paz e Terra, 1980. 83–94. Impresso.

Carvalho, Elysio de. *As modernas correntes estéticas na literatura brazileira*. Rio de Janeiro: Garnier, 1907. Impresso.

Cidade, Hernâni. *O conceito de poesia como expressão da cultura. Sua evolução através das literaturas portuguesa e brasileira*. São Paulo: Livraria Acadêmica, 1946. Impresso.

Fontes, Martins. *Nós, as abelhas (reminiscencias da epocha de Bilac)*. São Paulo: J. Fagundez, s.d. Impresso.

Guerra, Álvaro. *Palestras com a mocidade*. São Paulo: Pocai Weiss & C., 1916. Impresso.

Hardman, Francisco Foot. "Antigos modernistas." *Tempo e História*. Org. Arauto Novaes. São Paulo: Companhia das Letras/Secretaria Municipal de Cultura, 1992. 289–305. Impresso.

——. "Engenheiros, anarquistas, literatos: sinais da Modernidade no Brasil." *Sobre o pré-Modernismo*. Eds. José Murilo de Carvalho *et al*. Rio de Janeiro: Fundação Casa de Rui Barbosa, 1988. 23–30. Impresso.

——. "Palavra de ouro, cidade de palha." *Os pobres na literatura brasileira*. Org. Roberto Schwarz. São Paulo: Brasiliense, 1983. Impresso.

Júlia, Francisca. *Esphinges*. São Paulo: Monteiro Lobato e Cia. Editores, 1903. Impresso.

Leal, Cláudia F. B. "Literatura útil. Um estudo sobre três textos de ficção literária. 1900–1902." *Projeto memória de leitura*, Unicamp: Campinas, 2001. Web. <http://www.unicamp.br/iel/memoria/ensaios/baeta.html>.

Lima, Alceu Amoroso. *Primeiros estudos* I. *Contribuição à história do Modernismo literário. O pré-Modernismo de 1919 a 1920*. Rio de Janeiro: Agir, 1948. Impresso.

Lucas, Fábio. *O caráter social da ficção do Brasil*. São Paulo: Ática, 1985. Impresso.

Luizetto, Flávio. "O recurso da ficção: um capítulo da história do anarquismo no Brasil." *Libertários no Brasil. Memórias, lutas, cultura*. Org. Antônio Arnoni Prado. São Paulo: Brasiliense, 1987. 131–149. Impresso.

Neto, Coelho. *Compêndio de literatura brasileira*. Rio de Janeiro: Francisco Alves, 1913. Impresso.

——. *Rapsodias*. Rio de Janeiro: Garnier, s.d. Impresso.

Pacheco, João. *A literatura brasileira. O Realismo (1870–1900)*. São Paulo, Cultrix, 1971. Impresso.

Prado, Antonio Arnoni. *Lauréis insígnes no roteiro de 22*. Diss. FFLCH/USP, 1979. Impresso.

——. "Nacionalismo literário e cosmopolitismo." *América Latina. Palavra, literatura e cultura. Emancipação do discurso*. Org. Ana Pizarro. Vol. 2. São Paulo/Campinas: Memorial/Unicamp, 1994. 597–613. Impresso.

Ramos, Péricles Eugênio da Silva. "Consciência estética e aspiração à forma." *América Latina. Palavra, literatura e cultura. Emancipação do discurso*. Org. Ana Pizarro. Vol. 2. São Paulo/Campinas: Memorial/Unicamp, 1994. Impresso.

Reis, Roberto. "Por uma arqueologia do Modernismo." *Letras* 37 (1988): 101–114. Impresso.

Rio, João do. *Celebridades. Desejo*. Rio de Janeiro: Pátria Portuguesa e Lusitana, 1932. Impresso.

Rio, João. *O momento literário*. Rio de Janeiro: Fundação Biblioteca Nacional/Departamento Nacional do Livro, 1994. Impresso.

Maurício Silva holds a PhD from the Universidade de São Paulo and is director of graduate studies at the Universidade Nove de Julho and editor of the academic journal *Dialogia*. He published *A hélade e o subúrbio. Confrontos literários na* Belle Époque *carioca* (São Paulo: Edusp, 2006), *Sentidos secretos. Ensaios de literatura brasileira* (São Paulo: Altana, 2008), and *O novo acordo ortográfico da língua portuguesa* (São Paulo: Contexto, 2008). With Rita Couto he edited *Fernando Bonassi. Um escritor múltiplo* (São Paulo: Annablume, 2012). Email: maurisil@gmail.com

Os livros de linhagens da idade média portuguesa:
Os livros manuscritos medievais e sua rede de poderes

José D'Assunção Barros

Abstract. This article intends to examine some questions referring to the relations between power, book production, and reading in the time of medieval book manuscripts, reflecting on this question through an analysis of Portuguese ancestry books of the thirteenth and fourteenth centuries. In the first part of the article I examine the relationship between power, society, and the book manuscript. In the second part, I analyze the relationship between power, society, and the book as an object submitted to social forms of control.

O que eram, na Idade Média—época em que os livros eram manuscritos e cada cópia tinha uma existência única—os processos de produzir, possuir e ler um livro? Que poderes se entrincheiravam entre este gesto de escrever o livro, deter a sua posse, dá-lo a ler, e, finalmente, ofertá-lo à prática da leitura. Que posições ocupam o autor, o editor e o leitor nesta complexa rede de liberdades e limites—que poderes se exerciam sobre eles, e de que poderes eles mesmos—autor, dono da obra, leitor—participavam com os seus gestos de escrever e ler um livro manuscrito disponibilizado? Chegaremos a estas questões a partir de uma reflexão sobre os livros medievais que tomará como fontes os chamados livros de linhagens—genealogias produzidas em Portugal entre os séculos XIII e XIV. Começaremos por dizer que um livro, não importa qual seja, insere-se necessariamente em uma complexa rede de poderes e micropoderes. Como

Portuguese Literary & Cultural Studies 23/24 (2012): 315–330.
© Tagus Press at UMass Dartmouth.

texto literário, torna-se facilmente espaço de acesso e de interdições a competências leitoras várias, fechando-se àqueles que não compreendem seus códigos ou que não compartilham o idioma comum à comunidade linguística de seus leitores preferenciais, ao mesmo tempo em que se entreabre, nos seus diversos níveis, àqueles que podem apreender alguns de seus sentidos possíveis. Como objeto mesmo, o livro se oferece menos ou mais generosamente àqueles que podem adquiri-lo ou tomá-lo emprestado, ou àqueles que podem suportar ou sentir-se confortáveis diante das estratégias editoriais que lhe dão forma e materialidade. Como depositário de um discurso, na verdade de muitos discursos, o objeto-livro mostra-se, por fim, interferente e interferido, relacionando-se ao jogo de poderes e micropoderes que afetam a sociedade que contextualiza a sua produção e circulação.

Se tal ocorre com o livro já perfeitamente inserido na rede de mercado livresco típica de uma sociedade capitalista, onde o texto materializa-se em um objeto-livro que se reproduz mil vezes, dez mil vezes, quinhentas mil vezes, o que não diremos para os livros de períodos mais recuados? Que sistemas de controle e constrangimento não afetarão os universos livrescos de tiragens mais modestas, ou mesmo os livros que não eram ainda bem livros, como os incunábulos impressos com tipos móveis? Mais ainda, a que sistemas de poderes e contra-poderes não estarão sujeitos aqueles livros manuscritos que, sem desaparecerem totalmente com a entrada dos tempos modernos, imperavam no período medieval?

Para além do jogo de poderes e de lutas de representações que o afetam consideravelmente em vista do fato de que ele é antes de mais nada um livro-texto, o livro-manuscrito encerra uma série de outros espaços de interdições e acessos que se definem precisamente porque ele é também um livro-objeto de tipo manuscrito, com poucas cópias, por vezes ocorrendo mesmo ser objeto único. Assim, a edição, a posse, o uso, a leitura de um livro manuscrito sempre abrigam, nas suas múltiplas modalidades, singulares espaços de poder—e isto é particularmente válido para os chamados livros de linhagens medievais. É a este gênero textual, associado a uma forma manuscrita específica, que dedicaremos as considerações a seguir, de modo a refletir sobre a rede de poderes e micropoderes que podiam afetar os livros manuscritos medievais.

Antes de mais nada, vejamos o que eram os chamados livros de linhagens. Temos aqui uma modalidade de texto que deve ser inserida no âmbito das genealogias. Os textos genealógicos, na sua forma mais irredutível, correspondem a uma sequência de nomes e de relações entre os nomes que constituem uma rede familiar ou linhagística, e seu objetivo mais visível é o de perpetuar a memória e a história de uma sucessão familiar, de uma linhagem, ou mesmo de uma rede de histórias familiares que se entrecruzam. Quando a genealogia refere-se a famílias que são propostas como aristocráticas, ou que a si mesmas atribuem um *status* de nobreza, encontramos com frequência a denominação: nobiliários. Na Idade Média portuguesa, entre os séculos XIII e XIV, os nobiliários eram conhecidos mais habitualmente como livros de linhagens, e assumiram feições muito específicas. Diferentemente das genealogias dos demais países europeus do ocidente medieval, as genealogias ou livros de linhagens de Portugal neste período, e na verdade da península ibérica, tinham a clara peculiaridade de alternarem a modalidade genealógica propriamente dita—a mera listagem de nomes, por assim dizer—com narrativas mais alentadas, de diversos tamanhos e teores.[1]

Por outro lado, em comum com as demais modalidades genealógicas—tão recorrentes nos diversos países europeus do ocidente medieval—os livros de linhagem também costumavam desempenhar um papel de primeira ordem para a reconstrução social da memória familiar, notadamente no seio da nobreza feudal. Reconstruir uma lista de antepassados, de parentes e contraparentes, de relações entre um homem e os heróis ou traidores familiares que o precederam, era inserir este homem em um vasto sistema de valores e contravalores. Através da linhagem que se tornava visível a todos através dos nobiliários, os diversos indivíduos pertencentes à nobreza viam-se oportunamente inseridos em uma rede de alianças e solidariedades, e ao mesmo tempo em um sistema de rivalidades que contrapunha os indivíduos através de ódios e antipatias ancestrais que eram herdados tão concretamente como as propriedades fundiárias ou os brasões de família. As linhagens, e através delas os nobiliários que as registravam por escrito, conferiam ao indivíduo pertencente à nobreza um traço fundamental de sua identidade, explicitando-lhe seus espaços de inclusão e de exclusão social, as suas conexões com o mundo social e histórico, e sobretudo a sua inserção e tipo de inserção em uma complexa rede de entrecruzamentos familiares a linhagísticos.

Conforme se disse, muitas vezes as genealogias europeias não passavam de longas listagens familiares, com um mínimo de material narrativo, apresentando uma ou outra explicação que se fazia necessária para o acompanhamento de uma determinada história familiar através de uma dada sucessão de casamentos e filiações. Contudo, é precisamente nos reinos ibéricos dos séculos XI ao XIV, e mais particularmente ainda no Portugal dos séculos XIII e XIV, que as genealogias assumiram ainda esta característica bastante singular: tenderam a deixar de ser meras listas de casamentos e filiações para constituírem um gênero híbrido que misturava a crônica à genealogia propriamente dita. Assim, nesta espécie de texto, um tipo de discurso genealógico em forma de lista familiar—que vai descrevendo passo a passo uma cadeia linhagística através dos seus sucessivos desdobramentos—vê-se, de momentos em momentos, entrecortado por um discurso narrativo que é interpolado à lista genealógica para pretensamente caracterizar o indivíduo ou a família descrita.

Para facilitar a compreensão deste caráter híbrido do texto linhagístico, consideraremos em seguida um segmento extraído do *Livro de linhagens do conde D. Pedro*—o mais bem acabado livro de linhagens da Idade Média portuguesa:

> Este dom Rodrigo Gonçalvez era de vinte annos, e com seu poder foi em muitas fazendas, e diziam por el as gentes que nunca virom taes vinte annos. […]
> [Prossegue por uma enumeração e nomeação dos descendentes de dom Rodrigo Froiaz e de dom Rodrigo Gonçalvez de Pereira, seu neto, donde descendem os Pereiras, chegando por fim a dom Rodrigo Gonçalves.]
> Este dom Rodrigo Gonçalvez foi casado com dona Enês Sanches. *Ela estando no castelo de Lanhoso, fez maldade com uu frade de Boiro, e dom Rodrigo Gonçalvez foi desto certo. E chegou e cerrou as portas do castelo, e queimou ela e o frade e homees e molheres e bestas e cães e gatos e galinhas e todas as cousas vivas, e queimou a camara e panos de vistir e camas, e non leixou cousa movil. E alguus lhe preguntarom porque queimara os homees e molheres, e el respondeo que aquela maldade havia XVII dias que se fazia e que nom podia seer que tanto durasse, que eles nom entendessem algua cousa em que posessem sospeita, a qual sospeita eles deverom descubrir.*
> Depois, foi este dom Rodrigo Gonçalvez casado com dona Sancha Anriquiz de Porto Carreiro, filha de dom Anrique Fernandez, o Magro, como se mostra no titulo XLIII, dos de Porto Carreiro, parrafo 3°, e fez em ela dom Pero Rodriguez de Pereira e dona Froilhi Rodriguez. Este dom Pero Rodriguez de Pereira lidou com dom Pero Poiares, seu primo […]. (21G11; itálicos nossos)

O trecho em itálico corresponde a um segmento narrativo que interrompe o discurso genealógico simples—mera descrição de nomes, casamentos e descendências. Aqui, o genealogista deixa de descrever exclusivamente as relações de parentesco para passar a narrar um pequeno caso que envolve o último indivíduo mencionado na lista genealógica. Pela narrativa, sabemos que o nobre em questão fora traído pela esposa adúltera, mas que também se vingou exemplarmente—não apenas dos amantes adúlteros, como também de uma pequena população conivente com a transgressão. A narrativa funciona em múltiplas direções. Antes de mais nada confirma a honra do nobre vingador, ajudando a delinear a sua personalidade e reafirmando o seu valor no universo simbólico linhagístico—isto ao mesmo tempo em que deprecia a honra da esposa adúltera, e talvez de seus eventuais filhos e netos (que aliás não são mencionados na sequência genealógica). Como o nobre em questão foi casado uma segunda vez, segundo a descrição genealógica que se segue, vê-se algo valorizado este novo ramo linhagístico por contraste com o primeiro ramo, manchado pela antepassada adúltera.

Ora. Este ramo que parte do segundo casamento é precisamente aquele que vai desembocar na família dos Pereiras, patrocinadora de um refundidor do *Livro de linhagens* que em 1382 introduz no texto a narrativa interpolada. Por aí é possível vislumbrar algo das motivações enaltecedoras e depreciativas de que pode vir carregado um relato como o que acabamos de examinar, mormente quando inserido em uma sequência genealógica específica. Por outro lado, a narrativa justifica, talvez, uma violência praticada por um nobre contra toda uma aldeia (uma violência que terá efetivamente ocorrido ou uma violência que se coloca como passível de ocorrer no mundo imaginário). Mas, sobretudo, a narrativa transmite aos seus leitores-ouvintes um *exemplum*— oferecendo um padrão de moralidade que fixa parâmetros cavaleirescos e que estabelece interditos de várias espécies.

As interferências narrativas podiam se apresentar de modos diversificados nos nobiliários, constituindo desde comentários sobre o valor ou contravalor de tal ou qual nobre,[2] até trechos mais longos como o que acabamos de ler, chegando mesmo a narrativas de extensões consideráveis. Narrativas diversas costumam aparecer em cada um dos três livros de linhagens portugueses, configurando portanto uma prática corrente de alternar o registro familiar restrito com relatos de menor ou maior dimensão e de naturezas diversas. Há ainda casos em que um refundidor posterior interpola comentários ou novos segmentos narrativos em uma narrativa já estabelecida no documento original. Deste modo, o próprio texto linhagístico converte-se em espaço para múltiplos enfrentamentos sociais e tensões implícitas.

Compreendida a forma típica desta modalidade literária que era o livro de linhagens, poderemos aprofundar em seguida uma nova questão, que se refere ao jogo de poderes e micropoderes que interferiam não apenas na elaboração e circulação do texto linhagístico, como na própria constituição e uso do livro de linhagens como objeto manuscrito. Será necessário compreender, de saída, que tinham origens diversas as narrativas que eram interpoladas nos livros de linhagens para esclarecer, enaltecer ou depreciar aspectos familiares concernentes aos vários membros da nobreza portuguesa e ibérica (já que na verdade os livros de linhagens portugueses referiam-se não apenas a famílias nobres portuguesas como também a outras linhagens hispânicas). Muitas vezes, uma narrativa, que depois se veria interpolada em um livro de linhagens, tinha vida própria e prévia através de uma circulação oral na qual os trovadores medievais desempenhavam um papel central.

Nosso objetivo será discorrer, a partir daqui, sobre as estratégias que afloram na passagem das versões orais das narrativas linhagísticas para as versões escritas dos nobiliários—ou, ainda, na passagem de outras versões narrativas já escritas para estas versões escritas que constituem o material linhagístico. Com alguma liberdade no uso desta expressão, falaremos aqui das estratégias editoriais envolvidas nestas passagens.

Obviamente que um livro de linhagens—bem cultural da era dos manuscritos—deve ser diferenciado nas suas estratégias de publicação de um livro qualquer inserido na era dos livros impressos. O livro impresso, por exemplo, circula mediante uma grande quantidade de cópias tipográficas e vai ao seu público, sendo que neste caso o editor irá, em função disto, direcionar as suas estratégias editoriais para captar o interesse, as expectativas, a competência cultural de um grande público. Frequentemente buscará fórmulas para reunir em um único feixe alguns interesses diversificados, com o que poderá almejar captar simultaneamente faixas distintas do público consumidor. Poderá lidar não apenas com a publicação impressa de textos originais, mas também com a publicação popularizada de grandes obras já conhecidas—para o que achará lícito promover operações diversas.[3]

Já um livro de linhagens medieval, por exemplo, não vai ao seu público sob a forma de inúmeras cópias, e nem pode ser adquirido no mercado. O público é que deve ir ao livro de linhagens—e isto já coloca problemas de acesso ao exemplar único ou às cópias restritas de um manuscrito original. Em tempo: a redação de um livro mostra-se um empreendimento sofisticado na Idade Média, o que torna o exemplar manuscrito não apenas um bem cultural de luxo, mas também um instrumento de poder. Quem tem o poder neste caso são aqueles que simultaneamente controlam o acesso ao livro e definem os seus usos, abrindo o seu tesouro manuscrito para variadas práticas de leitura que lhes darão, cada uma delas, um tipo diferente de oportunidade de poder.

A alguns o dono permitirá que folheiem o livro, e a outros não. Aos mais chegados, ou aos mais importantes no seu circuito de alianças, permitirá uma leitura intensiva do livro ou—ainda que lance mão do conteúdo de seu manuscrito para a criação de novos livros—a investigação sobre as informações ou sobre a sabedoria nele contidas. Em outras oportunidades, irá oferecer o seu livro para a leitura coletiva em voz alta, o que irá tanto difundir a sua imagem de homem de cultura como ainda lhe assegurará uma nova oportunidade de poder, vinculada ao seu direito de indicar o que será lido (e portanto o que os outros poderão conhecer ou não de seu livro). Poderá ainda permitir que trovadores-narradores ou outros difusores culturais memorizem algumas das passagens do seu manuscrito para uma posterior difusão ou recriação, que será posta a correr mediante os mecanismos da oralidade. Quem detém o livro, por fim, pode autorizar nele novos acrescentamentos, convocando refundidores para continuar a obra ou completar um conteúdo que ainda não se esgotara (é o caso dos nobiliários, que pretendem registrar uma continuidade linhagística que ultrapassa o período de vida dos seus editores).

Estas são as estratégias pertinentes àquele que detém a posse do manuscrito, que pode ou não ter sido o empreendedor de sua edição (o livro, de tão precioso, é objeto de herança).[4] Existem também as estratégias editoriais propriamente ditas, mediante as quais o empreendedor da confecção do livro definirá o tipo de suporte, o modo como o livro é escrito, os materiais a serem incluídos (no caso de uma obra aberta como os nobiliários), as alterações a serem efetivadas, o nível de linguagem a ser buscado, os recursos para permitir que o livro abrigue duas ou mais formas de leitura, a presença ou não de iluminuras. Com todas estas dimensões cujo controle detém no processo de edição, o empreendedor do manuscrito joga com expectativas e competências textuais a atingir, com níveis de eficácia a serem alcançados, com mecanismos de inclusão ou exclusão de leitores (e, no caso dos nobiliários, também com mecanismos de inclusão e exclusão daqueles que serão citados nas narrativas e listas genealógicas). Mesmo a escolha do suporte define certas oportunidades de poder e possibilidades de uso: o livro de bancada, por exemplo, não pode ser transportado sem uma certa solenidade, e folhear as suas páginas implica uma outra relação de aproximação entre o seu conteúdo e o seu leitor que não aquela pertinente aos livros de fácil manuseio.

Todo este poder editorial, naturalmente, é aqui elaborado de uma maneira ainda intuitiva (estamos muito longe do mundo das estratégias de publicidade). Mas é de fato um poder a mais no jogo político, e os grandes homens de cultura da Idade Média sabiam lidar com estes recursos de poder assegurados pelo viés da cultura. Os reis-sábios ibéricos (como um Afonso X de Castela ou um D. Dinis de Portugal) ou os grandes nobres promotores de cultura (como um conde dom Pedro), certamente não estavam alheios à possibilidade de utilização destes poderes. Em vista disto, foram grandes promotores da feitura de crônicas, livros de linhagens e cancioneiros. Controlar o livro, palco literário para narrativas e cantigas imobilizadas sob a forma manuscrita, mostra-se quase tão importante quanto controlar um sarau trovadoresco, palco concreto para a expressão de cantigas e narrativas através da oralidade ou do imbricamento entre oralidade e escrita. É verdade que existe a diferença de que o palco trovadoresco pode acessar ainda as faixas iletradas de público (mas o livro também pode, é bem verdade, nas suas leituras sociais em voz alta).

Com isto devemos considerar que a constituição da forma e conteúdo de um nobiliário, a partir do duplo trançado da descrição genealógica e da rede de relatos linhagísticos, não está isenta da interferência dos seus múltiplos editores—no caso os coletores de narrativas e de informações genealógicas, os organizadores e compiladores do material linhagístico por eles fornecido, os promotores do empreendimento, e todo um grupo de escrivães e homens de cultura que se escondem sob o autor nominal do nobiliário (no caso do *Livro de linhagens*) ou sob nome nenhum (no caso do *Livro velho* e do *Livro do deão*).

Os nobiliários, como dizíamos, recolhem o seu material narrativo tanto da produção oral circulante no paço e nos meios senhoriais, como também de versões já escritas que, podemos conjeturar, circulavam também em cadernos e folhas individuais. A existência destas folhas individuais deve ser presumida a partir de uma reflexão sobre os diversos mecanismos possíveis para a preparação ou realização de uma performance narrativa oral. Examinemos algumas possibilidades.

A performance oralizada de uma narrativa, em alguns casos, deve ou pode se sustentar previamente em um texto de base utilizado ou como roteiro de orientação ou como texto rigoroso para a memorialização. Podemo-nos referir ainda ao caso da leitura em voz alta de um texto—seja a partir da folha pertencente ao orador, ou então a partir de um livro já estabelecido (no caso, é bom lembrar que o *Livro velho*, bem como algumas das crônicas que foram fontes para os outros dois nobiliários, eram contemporâneas dos saraus palacianos onde circulavam oralmente as narrativas que mais tarde seriam inseridas no *Livro do deão* e no *Livro de linhagens do conde dom Pedro*, e deste modo a leitura do *Livro velho* podia também fazer parte das atividades culturais aí desenvolvidas). Nada disto exclui, naturalmente, a co-presença da performance oralizada mais pura, inclusive aquela que vem carregada de elementos de improvisação e de interação com o público.

Existem significativas implicações na passagem para um *corpus* narrativo de narrativas que antes estavam isoladas. Seja uma versão narrativa que se acha registrada isoladamente em uma folha ou caderno individual, ou seja uma narrativa que faz parte do repertório de um trovador que a apresenta eventualmente no espetáculo trovadoresco, a passagem destas peças isoladas para o *corpus* do nobiliário as transforma de imediato, sobretudo porque estas narrativas passam a estar contaminadas pela proximidade das outras narrativas, pela sua alternância com uma lista genealógica, por novas conexões que até então não podiam ser imaginadas. Coabitando o mesmo *corpus* que outros textos, a narrativa antes isolada passa a dispor de novas vozes. Mas, de maneira inversa, pode-se dar que a narrativa seja também separada de um *corpus* anterior, de menores ou maiores dimensões, para ser reintroduzida em um novo *corpus*—e nesta operação novos sentidos também lhes são surpreendentemente acrescentados. Pode-se dar ainda que, em casos como este, algo se cale na passagem de um para o outro *corpus*, ou que uma mensagem que antes era explícita torne-se agora implícita, suplicante por complexas decifrações que antes seriam dispensáveis.

Em síntese, o editor-compilador detinha uma boa margem de manobra para a manipulação do material linhagístico que se propunha a registrar. Com suas estratégias editoriais visava uma determinada eficácia, o cumprimento de um programa voltado para objetivos específicos (como aquele registrado no prólogo do *Livro de linhagens*), bem como a já mencionada competência cultural do público receptor a que buscava atingir (no caso dos nobiliários era a nobreza, ou certos setores da nobreza, que primeiramente se tinha em vista). Do mesmo modo, o editor-compilador orientava as suas estratégias discursivas e editoriais também conforme as expectativas deste receptor, ou ainda conforme os usos que poderiam ser dados ao seu texto ou a partes isoladas de seu texto (a leitura individual privada ou a leitura social em voz alta, a consulta de base para performances orais ou para a composição de novas crônicas e nobiliários, e assim por diante). Por fim, inseria em um jogo sócio-político, que lhe podia ser favorável, todas estas oportunidades de poder oriundas do direito de definir e de escolher as múltiplas dimensões envolvidas na composição do texto e de seu suporte.

O jogo de leituras possíveis (e audições possíveis) é a dimensão que completa este complexo circuito. Atendo-nos às práticas e modos de leitura dos nobiliários, podemos imaginar um nível mais superficial de leitura que isola os episódios narrados de sua totalidade (portanto desligando-os ou não percebendo a sua intertextualidade possível). Há também uma leitura, ainda superficial, que se atém exclusivamente aos *exempla* oferecidos pelos episódios lidos de maneira isolada (ignorando portanto as conexões linhagísticas propriamente ditas, e não percebendo as múltiplas depreciações e enaltecimentos que se voltam contra indivíduos e linhagens concretas). Este tipo de leitor educa-se no ideal cavaleiresco, mas não nas secretas e maliciosas artimanhas das operações genealógicas.

Há o leitor de listas familiares, que não se interessa ou a quem é interditada a leitura mais demorada das narrativas, e que se concentra apenas nas referências genealógicas. Este apenas beneficia de uma compreensão da sua própria inserção familiar-linhagística, bem como das dos outros nobres, mas lhe escapam outras dimensões a serem compreendidas a partir do conteúdo narrativo interpolado. E existe por fim a leitura totalizada, que capta o texto na sua integridade complexa e habilita o leitor a compreender conexões implícitas entre as várias narrativas, percebendo adicionalmente as depreciações e exaltações que se escondem nos interstícios da intertextualidade, e captando também de uma maneira mais plena as lições cavaleirescas agora concedidas, não apenas pelas narrativas isoladas, mas pela mega-narrativa que se confunde com a interação entre todas as narrativas nos seus secretos diálogos internos.

Por ora, fica registrado que a existência de níveis e modos de leitura diferenciados a partir do material linhagístico, bem como o acesso a estes diferentes níveis e tipos de leitura, criam hierarquias adicionais entre os diversos leitores e ouvintes dos nobiliários. Aquele a quem é somente concedida a leitura ou a audição do episódio isolado vê-se enclausurado em um nível de percepção mais restrito ao entrar em contato com o material narrativo-linhagístico, e portanto lhe é proposto um lugar mais modesto na escala de leitores e ouvintes. Incluem-se aqui aqueles a quem é oferecida a leitura mais esporádica das páginas do nobiliário, aqueles que somente têm acesso a folhas individuais de narrativas, ou aqueles que são convidados muito eventualmente para os espetáculos trovadorescos. Naturalmente que nem todos eles podem ser situados no mesmo nível, uma vez que há muitos outros interferentes que desnivelam as capacidades individuais de entender e perceber os múltiplos aspectos de um texto—inclusive a própria competência textual conquistada na experiência individual de cada um. Mas, enfim, o importante aqui é dar a perceber que o acesso ao livro (e a qualidade do acesso ao livro) educa para novos modos de leitura deste livro—e que a interdição ou restrição de seu acesso impede a possibilidade de o indivíduo-leitor enriquecer seu repertório de modos de leitura de um livro (o mesmo vale para o espetáculo trovadoresco, que metaforicamente pode ser considerado como um livro interativo aberto para as práticas do espetáculo e da oralidade).

No outro extremo do *continuum* de competência textual localizam-se o leitor intensivo do nobiliário e o ouvinte frequente dos saraus palacianos e senhoriais, que, tendo um maior acesso às várias partes do mega-texto linhagístico, podem começar a desenvolver uma aprendizagem de sua totalidade. Mas é em todo o caso necessário lembrar que a compreensão plena do conteúdo linhagístico inclui ainda uma espécie de iniciação, que pode ser facilitada através de conversas a que se tenha acesso nos círculos de leitores e ouvintes mais experientes. Por fim, considere-se que—dadas as múltiplas naturezas dos vários conteúdos narrativos presentes nos livros de linhagens—um nível máximo de competência textual pode ser buscado naquele leitor que realiza aquilo que Roger Chartier chamou de uma leitura plural ("Textos, impressos, leituras" 123). Este leitor é capaz de distinguir com eficácia o cômico do sério, o anedótico do moralístico, o didático do meramente enaltecedor ou depreciativo, o fantástico do cotidiano, e nestas operações se apropriar de conteúdos que podem favorecer a sua experiência individual e a sua posição na luta de representações enfrentada na vida cotidiana. Aqui temos ainda um leitor que, tal como exemplificaremos adiante, possui certas chaves de intertextualidade que outros desconhecem. E alguns dentre eles chegarão mesmo a perceber a pluralidade de sentidos oferecidos pelos diversos níveis narrativos, e quiçá estarão aptos a captar algo das muitas vozes que habitam o discurso linhagístico, o que de resto os habilitará a tirar partido dos usos abertos a cada narrativa.

Esta capacidade mais plena de leitura do material linhagístico, proporcionadora de uma visão de profundidade e de conjunto vedada à maioria dos leitores, podia se tornar o tesouro de uns poucos que, em todo o caso, só podiam receber certas chaves mais secretas para a compreensão do texto na base de uma transmissão pessoal da informação, e isto quando tinham acumulado uma competência textual suficientemente adequada para recebê-la. Circulando por fora do círculo dos leitores-ouvintes da leitura ou da audição fragmentada, da intertextualidade não-percebida porque não-revelada, da recepção isolada de uma narrativa que se desagrega das outras, este leitor especial podia se situar em uma posição privilegiada para a compreensão do texto ou do espetáculo. Tudo isto também era poder, através do qual aqueles que o detinham podiam estabelecer alianças de identidade uns com os outros ao mesmo tempo em que se separavam daqueles que careciam da informação inteira. Penetrar em mais um compartimento de significado era portanto penetrar em um novo mundo, em uma nova classe de leitor, em um novo recinto de poder ao qual nem todos tinham acesso.[5]

No mais, acrescente-se que a possibilidade de imaginar cada leitor em afinidade com um modo de ler—ou em um lugar (não necessariamente fixo) no *continuum* da competência de leitura—não nos isenta (como não isentava os editores-compiladores que elaboravam as suas diversas estratégias) de avaliar as inúmeras práticas de leitura possíveis de serem partilhadas por um número significativo de leitores (e ouvintes) de níveis diversificados. Aproveitando algumas reflexões já desenvolvidas por Roger Chartier, podemos vislumbrar a variedade destas práticas que permitiriam que os usos de um texto circulassem "entre leitura em voz alta, para si e para os outros, e leitura em silêncio, entre leitura de foro privado e leitura de praça pública, entre leitura sacralizada e leitura laicizada, entre 'leitura intensiva' e 'leitura extensiva'" ("Textos, impressos, leituras" 131).[6] Tudo dependia, no caso da época dos nobiliários, de que o dono do livro, senhor do texto entesourado, o trouxesse à luz destas práticas em ocasiões especiais (como quem tira as joias do cofre na ocasião da festa), ou que atendesse em algumas ocasiões menos ou mais frequentes às solicitações dos diversos tipos de leitores, exercendo o seu poder de conceder ou interditar o acesso ao texto e de em certos casos definir o seu modo de leitura.[7]

É precisamente uma sutil rede de micropoderes que, veremos, se estabelecer na confluência do ato de conceder a um leitor-ouvinte o acesso ao texto (na sua materialidade, por assim dizer) e do ato de conceder aberturas para este ou aquele modo ou nível de leitura. Exemplificaremos com a menção a Aristóteles que aparece como um pormenor do prólogo do *Livro de linhagens do conde dom Pedro*. A certa altura da sua introdução ao seu livro de linhagens, o organizador, menciona uma pequeníssima passagem extraída do pensamento do filósofo grego, registrando aí uma marca de intertextualidade. Trata-se esta de uma informação a que nem todos têm acesso no mundo dos leitores-ouvintes linhagísticos (muitos não serão convidados a ler o prólogo, outros não perceberão a importância desta menção para compreender a ética com a qual se dialoga, outros serão meros ouvintes desatentos de narrativas isoladas nos saraus palacianos, e assim por diante). Examinando a questão por este viés, uma leitura de fundo plenamente consciente pode ser pressuposta como monopolizada por aqueles que se mostrassem capazes de estabelecer as devidas conexões intertextuais—certamente o conde D. Pedro e provavelmente alguns leitores privilegiados por um conhecimento prévio da *Ética a*

Nicômaco e das inter-relações ocultas entre o nobiliário e o texto grego (ou outras conexões intertextuais para além desta).

Quem controla um maior número de chaves para a compreensão de um texto pode ser considerado, naturalmente, mais poderoso no universo dos fruidores habituais e esporádicos de um livro. E há um duplo poder aí envolvido: o poder de compreender melhor o que outros vagamente compreendem ou mesmo ignoram, e o de conceder esta compreensão aos leitores que se quer privilegiar em dado momento, o que obviamente irá ocorrer de acordo com interesses do próprio concessor. A informação é aqui um elemento de poder. Quem pode concedê-la, senão aquele que controla os segredos autorais e editoriais do livro, que detém a totalidade de chaves para a sua compreensão, e que por outro lado tem acesso a um certo número de bens culturais que incluem os livros que devem ser postos em intertextualidade?

Deter ou conceder a informação de que o *Livro de linhagens* pode ser lido em conexão com a *Ética a Nicômaco* e, se assim se decidir, mostrar um exemplar da própria obra de Aristóteles àquele leitor que se pretende privilegiar, neste tempo em que os exemplares são raros porque manuscritos—eis aqui um poder exercido que concede novos poderes. Afinal, oferecer a um leitor uma nova chave para a compreensão do texto será, neste caso, permitir que ele tenha acesso a um compartimento do texto que até então permanecia secreto. Depois de abrir uma nova porta no texto, de penetrar no compartimento oculto, de adentrar uma passagem secreta que conduz a uma rede intertextual que até então se desconhecia, a leitura então já não será mais a mesma—e o leitor ter-se-á transmudado em um leitor ele mesmo mais poderoso, agora acrescido de uma nova competência textual e da posse de uma pequena chave que também ele guardará como um tesouro.

Entrevemos aqui como o *Livro de linhagens* também traz consigo possibilidades não declaradas de hierarquizar através da leitura, de excluir ou incluir o leitor-ouvinte em uma ou outra classe de leitor, de criar padrões de identidade e separação conforme as capacidades de penetração nos sentidos da obra. O livro, suporte solene de acesso restrito, e a informação extratextual, lugar de múltiplas mensagens de acessos sutilmente controlados, mostram-se aqui dois tesouros diferenciados. Em suma, aqueles que manipulam os usos do livro e as informações sobre o livro atuam potencialmente em diversos âmbitos. A determinação daquilo que se conhece, quando se é um nobre atualizado nos parâmetros cavaleirescos, confere a este grupo sociocultural seu modo de identificação e distinção (portanto seus critérios de exclusão)—e eis aqui um primeiro poder.

Mas, para dentro deste círculo mais amplo, quantos poderes determinados pela diversidade de possíveis saberes! Uma peça mais rara no quebra-cabeças da informação, um signo a mais no repertório da ostentação, um segredo ciosamente guardado para a tradução da informação codificada, uma chave capaz de abrir um portal de intertextualidade... em quantos caminhos o poder vaza o livro!

Avançaremos por uma última questão. Além de controlar o acesso à leitura, aquele que detém a posse física do nobiliário é também o dono de um livro inacabado, o que desde já traz novos acréscimos às suas possibilidades de poder. Ao se mostrar como o organizador e proprietário de um livro em aberto que está em permanente construção, e que aceita novos materiais que vão sendo gradualmente incorporados ao texto, o dono do nobiliário ou do cancioneiro controla também um novo espaço de inclusão e exclusão.[8] O conde D. Pedro, detentor de um *Livro de cantigas* e de um *Nobiliário*, converte-se por exemplo em uma expressão deste poder. Com o cancioneiro, que indica autorias das várias cantigas, lida com a inclusão / exclusão dos autores, definindo quem irá e quem não irá participar da coletânea e, em um segundo momento, demarcando-os com estratégias editoriais de hierarquização (classificando como jogral ou trovador, elogiando ou depreciando através de rubricas). Com o nobiliário, cujas narrativas são anônimas, controla a inclusão / exclusão dos personagens que serão mencionados pela literatura linhagística.

Quase seria a pior ofensa para um nobre, ávido de prestígio social, ser ignorado ou não ter os seus antepassados mencionados nas páginas de um nobiliário que se propõe a ser um livro da nobreza hispânica—não houvesse ainda a situação mais desagradável de ser lembrado como traidor ou covarde, como o marido traído que não vingou a sua honra, como o indivíduo malicioso que engana a sua própria parentela para alcançar objetivos mesquinhos, como o raptor que desonra viúvas e donzelas de boa linhagem. Controlar o acesso e a qualidade de acesso dos personagens à literatura dos nobiliários, e o acesso e a qualidade de acesso dos autores às páginas dos cancioneiros, é participar de maneira excepcional do poder de definir o perfil social de um conjunto importante de indivíduos. Aquelas folhas em branco em um nobiliário ou cancioneiro são ameaçadoras, porque são espaços de futura inclusão e de exclusão—espaços onde serão registradas as vozes e os silêncios dos atores sociais. Lugares da memória ainda não escrita, e portanto lugares de poder.

Quanto ao mais, o fenômeno da leitura (e também o da audição) mostra-se sempre riquíssimo de práticas criadoras das quais pudemos apenas mencionar uma pequena parte. Será pertinente atentar, quando possível, para os modos como a leitura pode afetar o próprio leitor, embora muitas vezes tenhamos que nos contentar apenas com conjecturas para este período medieval que investigamos. Em última instância, "cada novo leitor é afetado pelo que imagina que o livro foi em mãos anteriores" (Manguel, *Uma história da leitura* 28). Não é difícil imaginar a quantas transformações se abre o leitor que folheia o livro que ele mesmo sabe ter sido manuseado, em outras ocasiões, pelo rei ou por um nobre de saber reconhecido. Reconhecer-se-á como um homem especial, em tão especial companhia, ou sentir-se-á pequeno e ocasional ao se conectar com os ilustres leitores imaginários que oprimem o seu privilégio de folhear o imponente manuscrito? Sob o peso de tais constrangimentos, e sob a opressão do momento ou da sala de leitura em que foi introduzido, conseguirá ele refletir enquanto os olhos revelam o sentido das palavras? Ou dirigir-se-á ao seu anfitrião—o dono do livro—na busca de comentários ou esclarecimentos que terminarão por orientar a sua própria leitura para uma direção que ela não teria se estivesse na sua própria sala de leitura? Que mecanismos de inclusão e de exclusão, de deformação ou manipulação, podem quiçá ser entrevistos nesta experiência tão singular de ler e dar a ler um livro de linhagens!

Notes

[1] Os livros de linhagens foram compilados em momentos diversos entre o século XIII e XIV, sofrendo sucessivas interpolações até assumirem sua forma definitiva. São conhecidos basicamente três livros de linhagens: o *Livro velho*, o *Livro do deão* e o *Livro de linhagens do conde D. Pedro*, que aqui chamaremos de *Livro de linhagens*. Os períodos presumíveis para as suas compilações vão de 1282 a 1290 para o *Livro velho*, de 1290 a 1343 para o *Livro do deão*, e de 1340 a 1343 para o *Livro de linhagens*. As três fontes já possuem edições diplomáticas importantes: (1) os *Livros velhos de linhagens* (incluindo o *Livro Velho* e o *Livro do deão*) e (2) *Livro de linhagens do conde D. Pedro*.

[2] O segmento genealógico que acabamos de examinar inclui de saída um comentário deste tipo, ao afirmar que "[e]ste Rodrigo Gonçalves era de vinte annos, e com seu poder foi em muitas fazendas, e diziam por el as gentes que nunca virom taes vinte annos." Em seguida a este comentário curto, recomeça a descrição genealógica.

[3] Sobre estas possibilidades de estratégias editoriais para livros impressos do passado, veja-se os ensaios de Roger Chartier. No caso, o historiador francês aborda as publicações do *corpus de Troyes* (século XVII) e a chamada *Bibliothèque bleue*, do século XVIII. O capítulo "Textos, impressos, leituras" introduz uma discussão geral sobre o tema (121–139).

[4] Por ocasião de sua morte, o conde dom Pedro doa seu *Livro de cantigas* a seu amigo, Afonso XI de Castela.

[5] Podemos considerar as palavras de Foucault em *A ordem do discurso*, mais concretamente: "nem todas as regiões do discurso são igualmente abertas e penetráveis; algumas são altamente proibidas (diferenciadas e diferenciantes), enquanto outras parecem quase abertas a todos os ventos e postas, sem restrição prévia, à disposição de cada sujeito que fala" (37) e, pode-se acrescentar, à disposição do sujeito que lê ou escuta.

⁶ É importante ressalvar que hoje em dia é admitida a ideia de que a leitura individual tendia a ser no período medieval uma leitura em voz baixa para si mesmo, constituindo-se em exceção a leitura silenciosa propriamente dita: "A leitura envolvia assim um movimento do aparelho fonador, no mínimo batimentos da glote, um cochicho, mais comumente a vocalização, geralmente em voz alta." Mas é certo também que "desde o século XIII, o crescimento considerável do número de fontes disponíveis modificara a prática privada dos eruditos; no século XIV, as universidades, tendo instituído as bibliotecas abertas aos estudantes, são levadas a emitir regulamentos que exigem a leitura silenciosa" (Zumthor, *A letra e a voz* 105).

⁷ O 'dono do Livro' não precisa ser aqui um único indivíduo (como o rei ou o conde D. Pedro). Pode ser uma instituição como o Mosteiro do Santo Tirso, uma linhagem como a dos Pereiras, uma ordem ou confraria.

⁸ O processo de edição do *Livro de linhagens* pode dar uma ideia deste caráter de 'obra em construção': entre 1325 e 1340 procede-se à recolha de materiais e a uma primeira redação; entre 1340 e 1344 empreende-se uma segunda redação. Décadas depois, efetivam-se duas ou três refundições.

Obras Citadas

Aristóteles. *Ética a Nicômaco*. São Paulo: Abril Cultural, 1973. Impresso.

Chartier, Roger. "Textos e edições: a 'literatura de cordel.'" A história cultural—entre práticas e representações. Lisboa: Difel, 1990. 166–187. Impresso.

———. "Textos, impressos, leituras." A história cultural—entre práticas e representações. Lisboa: Difel, 1990. 121–139. Impresso.

Foucault, Michel. *A ordem do discurso*. São Paulo: Edições Loyola, 1996. Impresso.

Livro de linhagens do conde D. Pedro. Ed. José Mattoso. Lisboa: Academia de Ciências de Lisboa, 1980. Impresso.

Livros velhos de linhagens. Ed. José Mattoso and Joseph Piel. Lisboa: Academia de Ciências de Lisboa, 1980. Impresso.

Manguel, Alberto. *Uma história da leitura*. São Paulo: CIA das Letras, 1997. Impresso.

Zumthor, Paul. *A letra e a voz*. São Paulo: Cia. das Letras, 1993. Impresso.

José D'Assunção Barros holds a PhD in history from the Universidade Federal Fluminense (Brazil). He teaches as a visiting professor at the Universidade Federal de Juiz de Fora and as a tenured professor at the Universidade Severino Sombra de Vassouras. Among his books are *O campo da história* (2004), *Cidade e a história* (2007), and *Raízes da música brasileira* (2008). This paper was made possible by a grant from the Gulbenkian Foundation of Lisbon for a research project at the Real Gabinete Português de Leitura in Rio de Janeiro.

Rewriting Carolina Maria de Jesus: Editing as Translating in *Quarto de despejo*

Frans Weiser

Abstract. Carolina Maria de Jesus's *Quarto de despejo* catalogues her experiences living in a São Paulo favela. De Jesus sought personal agency via the writing and publication of her diaries, yet whether through the editing choices of reporter Audálio Dantas or translator David St. Clair, her voice was mediated and determined by third parties. Both men engage in translation, understood in its broadest sense as rewriting, in order to market the diaries. As a comparison of Dantas's intervention with Elizabeth Bishop's contemporary translation of Helena Morley's diaries suggests, Dantas translated de Jesus for the Brazilian public via his editing.

Upon its publication in 1960, Carolina Maria de Jesus's *Quarto de despejo: diário de uma favelada* became the bestselling book of all time in Brazil. Just two years later, an English edition titled *Child of the Dark* was published and widely adopted by North American universities. The following analysis suggests that the editorial mediations involved in both versions of the text are comparable as projects that seek to translate de Jesus as a narrator and as an author, functions that are often purposefully conflated in critical readings of her work.

A chronicle of de Jesus's hardships in a São Paulo favela, *Quarto de despejo* was an instant sensation, and the dramatic manner in which de Jesus was "discovered" by a young journalist, Audálio Dantas, only further legitimated the authenticity attached to her collected diaries. After overhearing de Jesus

Portuguese Literary & Cultural Studies 23/24 (2012): 331–342.
© Tagus Press at UMass Dartmouth.

threaten to put the misbehavior of neighboring adults into the book she was writing, Dantas gained her trust and ran segments of her diaries in the newspaper *O Cruzeiro* (1958–60), before editing and publishing them together as a single text. As an impoverished black woman, the gender, racial, and socioeconomic marginalization de Jesus experienced made her transition into a literary sensation all the more exceptional, although the acceptance she had hoped for proved elusive. Just as quickly as she had catapulted to fame, de Jesus was also dropped from the public spotlight, her subsequent books largely ignored. She was, in fact, forced to return to foraging for paper to survive, the very activity she poignantly describes in *Quarto de despejo*. She died in obscurity, forgotten by the literary and media establishments that lauded the sensational pronouncements of her writing persona yet never accepted de Jesus into the middle-class lifestyle for which she had struggled.

In an authorial aside near the beginning of *Carolina Maria de Jesus: uma escritora improvável* (2009), Joel Rufino dos Santos submits that de Jesus's story has been retold many times, though mostly in fragments. The most comprehensive accounts of her experience are still to be found in her own writing, yet dos Santos cautions against assuming that de Jesus and her narrator completely overlap: "A personagem [da Carolina] está nas entrelinhas dos seus livros; sua autora, nos seus escritos; a mulher, nos fatos de sua vida, que, como foram narrados pela autora Carolina, nos dão a *imagem* da pessoa, não a sua 'verdadeira' realidade" (21; emphasis in the original). If only one biography exists about de Jesus's life according to dos Santos, he is quick to highlight that his own book is neither a biography of de Jesus nor a historical portrait of Brazil before and under the dictatorship. As he confesses, "Minha Carolina, é, em boa medida, uma personagem que criei" (21).

His descriptions touch upon two important issues with regard to de Jesus's own writing, for *Quarto de despejo* also confuses easy genre classification, having been called many things—diary, testimonio, anthropological account— anything, in other words, but "literature," for the debate surrounding the general reluctance to confer literary status upon the book continues (Ferreira, "Na obra de Carolina" 103). In fact, well after de Jesus's death, a few critics still maintain that the diaries are a fraud perpetrated by reporter Audálio Dantas (Levine, *Unedited* 12–13). Yet perhaps more than evoke questions surrounding the discursive value of *Quarto de despejo*, dos Santos's claim to invent his own de Jesus invites revisitation of her self-fashioning within the diaries. Her autobiographical writing is interpreted by sympathetic critics as a strategic means of coping with poverty and marginalization while seeking both literary and social agency, yet we may ask whether the de Jesus who exists between the lines of her text has not always been a character "created" or mediated by others. In *Quarto de despejo* and its English translation, editorial and translational interventions clearly determine the meaning of her work for audiences and limit the extent of her self-expression.

Historians Robert Levine and José Meihy, in large part responsible for rescuing de Jesus's work from obscurity in the 1990s, have examined the ways in which her words have been mediated for her relative publics, criticizing aspects of David St. Clair's English translation *Child of the Dark*. Levine also interrogates the role Dantas played as editor of the diaries, refuting claims that the newspaper reporter fabricated de Jesus's text. Such mediation is distinct from the celebrated history in Brazilian literary circles of source-text manipulation. Vieira points to the reemergence of cultural anthropophagy via the *Tropicalismo* Movement in the 1960s as informing a specifically Brazilian "postmodern translational aesthetics," where translation is not understood as a process to create source and target language equivalence, but rather a subversive means of devouring and transforming the original text ("Postmodern Transnational" 66–7).[1] There is little doubt regarding the importance that translations had for de Jesus's work both within and outside the country; her posthumous *Diário de Bitita*, for example, was published in French in 1982, four years before it was ever made available to a Brazilian audience in Portuguese (Levine, *Life and Death* 74).[2] Nonetheless, while the self-reflexive approach to translation that Vieira details involves a playful irreverence, the then-contemporary translations of *Quarto de despejo* demonstrate none of this conscious subversion, instead enacting a desire on the parts of Dantas and St. Clair to create popular texts for consumption by national and international publics, rather than consuming the book as translators interrogating the originality of a cultural object. To what extent, then, can both men's interventions be qualified in terms of translational aesthetics?

Basnett and Lefevere seek to expand the traditionally understood scope of translation as merely signaling the conversion of a source text into a target language by instead arguing that translation encompasses any means of "rewriting" an original text. Based on the cultural norms and ideological motivations that must inform attempts to rewrite, they stress that its practice is never innocent or transparent, as translation typically results in an asymmetrical, rather than equal, exchange of discursive power ("Proust's Grandmother" 10–11).

Moreover, there are multiple types of translation; in addition to the interlingual kind that occurs between distinct languages, intralingual translation performs an important function as a form of rewording that takes place within the same language (Jakobson, "On Linguistic Aspects" 429). While St. Clair engages in the interlingual type more typically associated with translation, then, Dantas's editions may be seen to constitute an intralingual form.

The importance of Dantas's positionality with respect to the text cannot be downplayed, for in many ways *Quarto de despejo* represents his own intellectual project to create social awareness. Meihy wonders, "[C]ould Carolina have existed without Audálio? All of the events—the newspaper series, the book, the magazine coverage, Carolina's public appearance, seemed part of an interconnected web" (*Life and Death* 17). Maldonado Class suggests that Dantas's and de Jesus's cooperative relationship, along with Dantas's explanatory introduction, in which the reporter inscribes himself onto the project before allowing de Jesus's voice to be heard, act as a model for the blossoming genre of Hispanic American testimonio in the decades that followed (*El intelectual* 235, 280).[3]

Although Levine criticizes the extent of Dantas's omissions and active censoring, he recognizes that international reading audiences would not have adopted de Jesus as a symbolic oppressed heroine had Dantas published her diaries in their original form (*Unedited* 221). The phrase *quarto de despejo* is in fact a complex metaphor that is culturally specific, operating on multiple levels. Literally denoting a "garbage room," the phrase references a back room or enclosed porch in Brazilian homes, but it also alludes to de Jesus's mode of survival in which she picked up trash and paper to earn money via recycling; thus, "the published diary's title refers to a nondescript place in the back where castoffs and garbage were allowed to accumulate—just as human castoffs and people considered rubbish were allowed to accumulate in the growing shantytowns of Brazil's cities" (Levine, *Life and Death* 46). The lack of an equivalent metaphor in English perhaps explains Dutton Publishing House's choice to shift the American edition's title to *Child of the Dark* as a means to allude to de Jesus's emergence from difficult origins while still maintaining the sense of marginalization present in the Portuguese title. This alteration reflects more than just a titular shift, however; it is also symptomatic of the markedly distinct manners in which de Jesus's work was consumed by her national and international reading audiences. While part of her success stemmed from her portrayal of the human condition, her story also lent itself to various ideological interpretations; for socialist bloc countries her situation represented the contradictions of capitalism, though in Europe and the United States her experiences were read as the unjust consequences of centuries of colonialism (*Life and Death* 15).[4] Ironically, within Brazil, her success stemmed from Dantas's presentation of her work in a way that neither threatened middleclass readers nor specifically called for reform (Levine, *Unedited* 207). Thus, unlike their international counterparts, the Brazilian Intellectual Left rejected her, for they perceived that her individualistic writing did not attempt to collectively speak for feminist rights or against poverty.

Yet Dantas not only polished de Jesus's image; he defined it by choosing to publish only her diaries, whereas she had wanted to see her fiction in print. Indeed, despite the overwhelming success of her diaries, which provided sufficient financial support for de Jesus to move out of the favela with her three children and into a middle-class neighborhood that never accepted her, she had incredible difficulty publishing any of her creative writing. In her diary she relates how a shoemaker warns her that "não é aconselhável escrever a realidade" (*Quarto* 91), but this is the only mode of writing to which she would have access. When de Jesus first invited Dantas into her home to see her writing, she initially presented her short stories, but Dantas ignored "the childlike novels" (St. Clair, *Diary* 12), interested only in her testimony of favela life. In his introduction to *Quarto de despejo*, Dantas repeats sections of a favorable review of the diaries (written by poet and critic Manuel Bandeira), which suggests that "Carolina tem bastante talento literário para não fazer literatura" (n. pag.).[5] The compliment is double-edged, and sadly, subsequent editors appear to have followed suit. De Jesus's second collection of diaries, *Casa de alvenaria* (1961), fared poorly on the market, signaling that her cultural currency had already peaked. A book of her personal proverbs had to be published at her own expense, and the novel she wrote about her grandfather's life as a slave, *Escravo*, was never successful in finding a publisher (Levine, *Life and Death* 73–4). Having faced such a battle to bring any of her fiction writing to the market, there is no little irony in de Jesus's third collection of diaries, published posthumously as *Diário de Bitita*, being classified as fiction by the publisher. In fact, the only associations of de Jesus with fiction have represented attempts to discredit her work, as when detractors charged that Dantas had fictionalized or invented the accounts of *Quarto de despejo*.

In North America, de Jesus's book has been used as a point of departure to discuss poverty in Brazil. Levine expresses surprise that the book continues to be used in university classes, wondering if Brazilianists do not comprehend how dated the favela lifestyle that de Jesus lived is. He also directly criticizes St. Clair's translation of the work, *Child of the Dark*, "which has been in print for more than thirty-five years and is known to a generation of university students in Latin American Studies, [but] contains many errors, missed shadings of words, and missed emphases" (*Unedited* 4–5). And yet, St. Clair's is simply another in a string of ideologically charged translations, both literary and filmic, which have "crafted a Carolina for First-World consumption" (Kraay, "Documenting Carolina" 163).[6] The notion that multiple *Carolinas* exist presupposes an original text to be rewritten, though the Dantas-edited Portuguese text that St. Clair translated, for example, was by no means an "original." There was pressure on de Jesus to rewrite some of her entries, though it is not clear whether she ultimately did revise any segments at Dantas's behest. Nonetheless, she may also have reacted to the knowledge from 1958 onward that he would publish her work by writing new diary entries with him as an intended audience, shifting the focus from private to public production (Maldonado Class 251).

In his translator's preface to *Child of the Dark*, St. Clair relates Dantas's claim that he limited his editing to the deletion of repetitious scenes: "I did not rewrite […]. The words and ideas are Carolina's. All I did was edit" (*Diary* 13).[7] Dantas's politically oriented preface, however, is absent from the English version, replaced by St. Clair's preface, in which the language is relatively neutral and only glosses de Jesus's relation to Dantas. Although his introduction erases much of Dantas's presence within her text, toning down the political nature of the Brazilian reporter's words, St. Clair's role in the creation of de Jesus's enduring diary-image is much more invisible. He claims to focus instead upon the authenticity of the images de Jesus narrates rather than upon their social implications, suggesting that "Carolina's words are the words of the street […]. None of this has been altered in the translation, for to do it would be to alter the woman itself" (*Diary* 14–15), a claim to faithfulness with which Levine would take issue. St. Clair is of course modifying her words, though his above claim betrays a critical slippage, a tendency to read de Jesus's body and text as overlapping. To modify de Jesus's language, in other words, would amount not only to a translation of her textual persona, but also of her public self.

Nearly twenty years after her mother's death, de Jesus's daughter granted Levine access to the personal cache of unedited diaries that de Jesus had maintained. Putting to rest claims that Dantas had written the diaries, the archive provided insurmountable proof that "every single word she wrote was hers"

(*Unedited* 2). At the same time, the unedited diaries did provide a means to gauge the extent of Dantas's impact, which involved the deletion of two-thirds of her writing to create his abridged version. Levine concludes:

> Dantas' deletions were so extensive that the Carolina Maria de Jesus who emerges from the pages of *Quarto de despejo*, the international bestseller, was a different woman from the one that emerges from the pages of her unedited diaries. The former was docile, wistful, and seemingly reluctant to comment on the gritty realities of Brazilian politics. Dantas presented her through his editing as a woman who was aware of her miserable condition but who stood at a curious distance from the events she lived through [...]. The real Carolina, revealed in her unedited writings, was feisty, opinionated, and quick to blame politicians and officials for the wretched conditions in which the poor were forced to live. (15)

Levine is primarily concerned with the reductive reading of de Jesus that is produced, rather than the effect an "alteration of words" would have upon the completeness of her documentation of favela conditions. This may be a consequence of critical focus that has tended to emphasize de Jesus's body or image rather than the content of her words, a strategic tactic employed by journalists who have attempted to undermine other female Latin American testimonial writers.[8] Even so, de Jesus's work did fare better in Brazil than that of most other contemporary woman authors writing from marginalized social positions, which often simply fell through the cracks. Even narrative stances that were not as confrontational as those in *Quarto de despejo* were ignored, as "Brazilians during the 1970s and 1980s showed little interest in women writing about their difficult lives" (*Unedited* 11).

Her success may partially be traced to how Dantas and St. Clair managed to create an accessible narrator for distinct audiences. In order to suggest that the practices and motivations that guided the two men are not as distant as might initially appear, it may help to illustrate Dantas's relation to the text by comparing it with the strategies employed in the contemporary translation from Portuguese to English of another Brazilian woman's diary, that of Helena Morley. Despite the obvious differences inherent in interlingual and intralingual mediation, a brief comparative examination of the issues involved in this project will illustrate the shared goals to recast each diary writer, though this is in no way to suggest that Morley and de Jesus narrated similar issues or grew up in similar socioeconomic conditions.

In 1958, on the cusp of de Jesus's publication, the sales in Brazil of Helena Morley's *Minha vida de menina* were nearly that of the previous sixteen years combined (Machado, "Elizabeth Bishop's Translation" 130). The diary covered Morley's childhood from 1893 to 1895; first published in 1942 by her socialite husband, the jump in popularity in Brazil followed Elizabeth Bishop's English translation of the diary as *The Diary of Helena Morley*. In an analysis of Bishop's structural alterations to the text, Maria Teresa Machado is struck more by the conscious marketing strategies evoked than the specific linguistic issues involved, noting that for Bishop "it is the paratext, not the text, which is most revealing in terms of commercial expectations and marketing strategies. The paratext comprises the title of the work, author's names, prefaces, notes and other such things which encircle [Morley's] text" (125). Indeed, a quick examination of the features that Machado identifies reveals that in addition to sharing a desire to create a marketable commodity of the texts in their hands, Dantas and Bishop also follow similar courses in their enactment of their goal.

As Bishop's personal communication makes clear, her plan to create a "book of the month" sensation with Morley's text included attempting to link the book's title with that of Anne Frank's diary, a political and emotive tactic. The mediator's self-inscription upon the text becomes an important element for both Bishop and Dantas. Machado notes that Bishop's alteration of the diary's original title graces the bookcover with Morley's name for clarification purposes, as well as marking it as a "diary" for her North American audiences, yet it also leaves a void for Bishop's own name as translator to appear immediately below it.

It is in Bishop's long introduction, which competes with Helena's diary, where connections become most salient regarding how each respective editor stakes a claim to mediate the diaries of Morley and de Jesus. Bishop explains that when she visited Helena Morley in Brazil,[9] Morley's husband revealed that he was in fact the editor of the diaries, having decided to "put together all the old scraps and notebooks and prepare them for publication" (*Helena Morley* xii). He also decided to limit the diaries published in order to omit his presence in her life. Like Dantas, the invisible hand of Morley's husband performed an act of omission via his decision regarding what aspects and which years of Morley's experience to use as parameters for the publication. For Bishop, the primary concern in Morley's diaries is that "*it really happened*; everything did take place [...] just the way Helena says it did" (xxvi; emphasis in the original). This obligation to justify or claim the veracity of the text mirrors Dantas's own introduction, which champions the authenticity of de Jesus's book, lauding it over fiction, since "romances, quase sempre, são relatos ingênuos, sem os elementos capazes de interessar a alguém que não seja o próprio autor. Ora, Carolina não escreveu um romance, mas sim, um depoimento que, partindo da angústia individual, expôs as angústias de toda uma comunidade" (n. pag.).

A paradoxical relationship develops between the desire for the translator's visibility via the introduction and invisibility within each set of diaries; for both Bishop and Dantas the most salient aspect of their involvement concerns omission. In Bishop's translated version, thirty-eight of Morley's diary entries have been completely deleted, while within the entries preserved, entire paragraphs are missing, representing possible censorship of comments deemed unsettling for her North American audience. Machado does not take issue with the liberties that Bishop herself has taken, but rather her silence, her invisibility with regard to this "extensive pruning," which is not acknowledged in any way in the introduction to educate the reader (129). Although Dantas in his introduction does confess to having deleted phrases in order to defend himself against charges of fraud, he does not specify the degree of the deletion. He claims to merely minimize repletion, though potentially troubling commentary was similarly omitted. He frequently condensed eight pages into a single paragraph, and at one point, more than one hundred pages of de Jesus's diaries were cut to a mere four pages (Levine, *Unedited* 186). Nonetheless, the packaging as a testimonial work was successful: "[T]his is not to say that [as a book] *Quarto* suffered because of the deletions: its simple brevity contributed to its power as a social document and testimony. But the edited notebooks projected an image of the author that short-changed her personality" (206).

The point of Bishop's appropriative strategies, argues Machado, is to appeal to a mass audience, and the manner in which her translation literally rewrites Morley's persona and text helps put into perspective Dantas's alterations in his own appeal to mass readership. With her disproportionately long introduction, Bishop manages to bring her own presence into the reader's focus. And for all the brevity of Dantas's words, his presence too marks de Jesus's text. In his marketing role as editor, he enacts similar strategies to that of Bishop as translator—he assumes the role of de Jesus's first translator, though certainly not her last. In newspapers, the very medium that allowed for her exposure and subsequent success, journalists would continue to mediate de Jesus's words to the public, editing and constructing her words as they saw fit.[10] In doing so, they treated de Jesus in very similar fashion to the way that Bishop imagines Brazil in her translation; the country never emerges as a subject, but rather as a medium or vehicle to discuss social tensions (Cucinella, "Representing and Translating Brazil" 113). There is truth in Dantas's claim that the central subject of *Quarto de despejo* is not de Jesus herself (he claims that hunger is), though perhaps not in the sense that he intends. It may be equally possible to suggest that within Dantas's text de Jesus also serves as a vehicle rather than as a subject.

The battle over de Jesus's words continues. Levine's and Meihy's publication of her unedited diaries in 1999 is intended as a corrective to the lasting image of the author of *Quarto de despejo* by "setting the record straight." Unlike dos Santos's claim to write a book about the female author that is neither personal biography nor public history, Levine and Meihy aim to do both things by restoring de Jesus's own words (*Unedited* 17). In addition to analyzing intellectuals' motivations for misrepresenting her and her work, the book attempts to undo the de Jesus that Dantas created through his massive omissions in order to better demonstrate her contradictions and complexities. Additionally, their retranslations seek to correct the errors in St. Clair's version, although this would seem to only be the first step in a necessarily long project; de Jesus's image, already constructed, will be difficult to disturb or rewrite. Importantly, a variety of forms of translation are once again the key vehicle for uncovering de Jesus, though, ironically, while the two historians attempt to be as faithful to her words as possible, they admit that they too are forced to edit and delete sections in order to present representative samplings of the real individual and her work.

Notes

[1] Vieira utilizes the work of Augusto de Campos and Haroldo de Campos as examples of "transtextualization."

[2] Ferreira notes that the original title, *Um Brasil para brasileiros*, was altered by the editors to include de Jesus's childhood nickname "Bitita," but also infantilized the work in the process, changing the emphasis from nation to personal memories (106).

[3] Just as Rigoberta Menchú would later seek to discredit the editorial intervention of anthropologist Elisabeth Burgos-Debray in *Me llamo Rigoberta Menchú, y así me nació la conciencia* (1982), there also existed tensions between de Jesus and Dantas, which the former wrote about, and which may have been suppressed by Dantas. For excellent analyses of Latin American and North American intellectuals' stake in the success of *Quarto de despejo*, see both Maldonado

FRANS WEISER

Class's *El intelectual y el sujeto testimonial en la literatura latinoamericana* and Paulino Bueno's "Carolina Maria de Jesus in the Context of *Testimonios.*"

⁴ Given the reception of de Jesus's work in Europe, the British version published by Souvenir Press is curious, as the translation by St. Clair is rendered as *Beyond All Pity,* prompting the reader to question who or what is exactly beyond all pity. Is it the collected diaries or de Jesus? In such a case it would serve as an ironic reference to Brazilian society's treatment of de Jesus once her initial success faded from the national spotlight.

⁵ For a discussion of the literary qualities in *Quarto de despejo,* see Vogt's "Trabalho, pobreza e trabalho intelectual."

⁶ Kraay laments the one-dimensional nature of de Jesus's representation in a review of one of the few film projects about her to survive beyond its planning stages, *Favela: Das Leben in Armut* (1972). Much as Levine argues about the one-dimensional image of de Jesus that Dantas's editing created, Kraay believes that this packaging for international readership comes at the expense of the complexity with which she treats the favela "condition" in her work.

⁷ The "chain" of originality is complicated even within the translation. St. Clair does not identify the source of the citation, though he may well be referring to a line from Dantas's own introduction to the Portuguese edition where the reporter quotes Manuel Bandeira's literary review in self-defense of his role in the diary's publication: "Este declarou no prefácio que selecionou trechos dos cadernos de Carolina, suprimiu frases. Mas não enxertou nada. Acredito" (n. pag.).

⁸ Valdivia analyzes journalistic attempts to minimalize the impact of Nobel Peace Laureate Rigoberta Menchú via focusing upon her image rather than her message ("Gendered Silence" 117).

⁹ Helena Morley is the pseudonym under which Alice Dayrell Brant wrote.

¹⁰ In a diary entry from 1961, de Jesus mentions she is at work on a novel *Diabolic Woman* (*Quarto* 111). Unfortunately, the book suffered the fate of her other works of fiction, never seeing the light of day. As de Jesus relates, her work was interrupted by a female reporter from Rio de Janeiro who, instead of listening to de Jesus's answers, wanted something sensational and tried to convince de Jesus to claim she was in the midst of a love affair.

Works Cited

Basnett, Susan, and André Lefevere. "Proust's Grandmother and the Thousand and One Nights: The 'Cultural Turn' in Translation Studies." *Translation, History, and Culture.* Eds. Susan Basnett and André Lefevere. London: Pinter's, 1990. 1–13. Print.

Bueno, Eva Paulino. "Carolina Maria de Jesus in the Context of *Testimonios*: Race, Textuality, Exclusion." *Criticism* 41.2 (Winter 1999): 257–284. Print.

Cucinella, Catherine. "'Not One Word More Apt or Bright?' Representing and Translating Brazil in the Diary of 'Helena Morley.'" *The Art of Elizabeth Bishop.* Eds. Sandra Regina Goulart Almeida et al. Belo Horizonte, Brazil: Universidade Federal de Minas Gerais, 2002. 113–123. Print.

Ferreira, Déborah. "Na obra de Carolina Maria de Jesus, um Brasil esquecido." *Luso-Brazilian Review* 39.1 (Summer 2002): 103–119. Print.

Jakobson, Roman. "On Linguistic Aspects of Translation." *Language in Literature.* Cambridge, MA: Belknap, 1987. 428–35. Print.

Jesus, Carolina Maria de. *Child of the Dark: The Diary of Carolina Maria de Jesus.* Trans. David St. Clair. New York: Mentor, 1963. Print.

————. *Quarto de despejo: diário de uma favelada.* São Paulo: Livraria F. Alves, 1963. Print.

————. *The Unedited Diaries of Carolina Maria de Jesus.* Eds. Robert Levine and José Carlos Sebe Bom Meihy. Trans. Nancy P. S. Naro and Cristina Mehrtens. New Brunswick, NJ: Rutgers UP, 1999. Print.

Kraay, Hendrik. "Documenting Carolina: *Favela: Life of Poverty.*" *Luso-Brazilian Review* 36.1 (Summer 1999): 163–164. Print.

Levine, Robert, and José Carlos Sebe Bom Meihy. *The Life and Death of Carolina Maria de Jesus.* Albuquerque, NM: U of New Mexico P, 1995. Print.

Machado, Maria Teresa. "Elizabeth Bishop's Translation of the Diary of 'Helena Morley.'" *The Art of Elizabeth Bishop.* Eds. Sandra Regina Goulart Almeida et al. Belo Horizonte, Brazil: Universidade Federal de Minas Gerais, 2002. 124–131. Print.

Maldonado Class, Joaquín. *El intelectual y el sujeto testimonial en la literatura latinoamericana.* Madrid: Editorial Pliegos, 2008. Print.

Morley, Helena. *The Diary of Helena Morley.* Trans. Elizabeth Bishop. New York: Ecco, 1977. Print.

Santos, Joel Rufino dos. *Carolina Maria de Jesus: uma escritora improvável.* Rio de Janeiro: Garamond, 2009. Print.

Valdivia, Angharad. "Gendered Silence and Resistance: Rigoberta Menchú Reaches the Global Arena." *A Latina in the Land of Hollywood and Other Essays on Media Culture.* Tucson, AZ: U of Arizona P, 2000. 107–124. Print.

Vieira, Else Ribeira Pires. "A Postmodern Transnational Aesthetics in Brazil." *Translational Studies: An Interdiscipline.* Eds. Mary Snelly Hornby et al. Amsterdam: J. Benjamins, 1994. 65–72. Print.

Vogt, Carlos. "Trabalho, pobreza e trabalho intelectual." *Os pobres na literatura brasileira.* Ed. Roberto Schwarz. São Paulo: Editora Brasiliense, 1983. 204–213. Print.

Frans Weiser is a postdoctoral fellow in the Department of Hispanic Languages and Literatures at the University of Pittsburgh. His current research concerns hemispheric American historical fiction, Latin American intellectual history, and transnational film. Email: frw5@pitt.edu

Portingale to Portugee

George Monteiro

For Victor Mendes

Abstract. Still employed derisively, particularly in certain locales and in specific situations, the variously spelled term "portagee" has a long history. Beginning with a relatively naïve confusion over the English pronunciation and spelling of the singular and plural forms of "português" and "portugueses," the word "Portuguese" turned (by a sort of back-formation) into "Portugee." Significantly, the term "portagee" seems not to have started out as a derisive ethnic slur, but became one, almost exclusively, over three or four centuries. It was even used, interchangeably with the term "Dago" at times, to refer to "dark" foreigners, usually taken to be of southern European origin.

Vagrancy is a crime unknown in the Azores, it being the natural habit of the population.
"Winnowings." *Cincinnati Daily Enquirer* 14 April 1872: 2.
Evening Bulletin [San Francisco] 20 April 1872: 4.

Of one very noticeable feature of the present commercial convulsion, we really have some reason to be, as a people, ashamed. After vaunting, for years, in the face of all mankind, our wonderful "practical sense," and our unparalleled cleverness in regard to things material, we no sooner find ourselves in the midst of a financial

Portuguese Literary & Cultural Studies 23/24 (2012): 343–359.

storm, than we lose our wits and set up a confused outcry of incoherent exclamations, which would disgrace a Portuguese crew driving on a lee shore. Nobody can be found to take or to hold the helm....
"The Clergy and the Crisis." *New York Times*
14 Oct. 1857: 4.

The Spaniards and Portuguese have, more perhaps than any other people, been the subjects of that John Bull–ish kind of prejudice which looks upon all foreigners as "outland dogs," whom the honour of their own country requires them to despise and misrepresent.
"Portuguese Hospitality." *Cincinnati Literary Gazette*
5 Feb. 1825 [3]: 42.

Strip a Spaniard of his virtues and the residuum will be a Portuguese.
Hartford Courant 16 Oct. 1900: 18.

The word *'Gee* (*g* hard) is an abbreviation, by seamen, of *Portuguee,* the corrupt form of Portuguese.
Herman Melville. "The 'Gees.'" *Harper's New Monthly Magazine* Mar. 1856 [12]: 507.

The Captain says, "Curs don't grow out of lions' cubs; you can't turn a white boy into a nigger; and a Portugee, as every sailor knows, is a Portugee by birth."
Walter Besant and W. J. Rice. *By Celia's Arbor,*
Appletons' Journal Mar. 1878 [4]: 237.

The swarthy skins and dark, glancing eyes that betokened the Portuguese or the "greaser" were there in plenty, while here and there throughout the crowd could be seen the heavier forms and duller features of the German and Swede.
Viola Bruce. "On the Gonzales Ranch." *Overland Monthly* Oct. 1899 [34]: 327.

"Look at all the children!" Saxon cried. "School's letting out. And nearly all are Portuguese, Billy, not Porchugeeze."
Jack London. *The Valley of the Moon.* New York:
Macmillan, 1913: 303.

The Anglos called this zone the Portuguese Flats (*Porta-geeze* was the way they said it), which may have meant some Portuguese once had lived there, or may simply have implied that it was filled with greasers.
Richard Ben Cramer. *Joe DiMaggio: The Hero's Life.*
New York: Simon & Schuster, 2000: 17.

One Frenchman will beat two Portugee / And one Englishman will beat all three.
English Sailor's Phrase (1824).[1]

The Captain of a whaler to his mutinous crew: "I haven't a bit of confidence in Portugese. Good wages and kind treatment have no effect on them. They are born cutthroats. There is not a man of you that would not disgrace a yellow dog by his company."
Biloxi Herald 15 Oct. 1892: 3.

"Even if I placarded my name on my back and what I did, 'taint likely I'd have to face a grand jury for running a knife into a mongrel Portuguee way out in the South Sea a score of years ago."
Louis Becke. *The Ebbing of the Tide*, quoted in *The Book Buyer* [New York] 1 July 1896 [13]: 370.

If the Bermuda farmer is a "Portagee" (which he frequently is when he's not a Saban or a Turks Islander, or a colored person), when the weeding takes place, all the family from the cradle to the grave assist at the ceremonial.
Hanna Rion. "A Few Kind Words about the Bermuda Onion."
The Craftsman 1 June 1911 [20]: 326.

"I have sailed the high seas, touched the coast of Africa, went up the Amazon when I was a cabin boy, talked with frog-eaters, Portogees, Lascars, greasers, spig-goties and one-eyed Swede captains...."
Richard Washburn Child. "The A and B of Little Jess."
Hampton Magazine [New York] Feb. 1912 [27]: 14.

"'Yup, I don't care much for whale's meat ... fer eatin' purposes ... it's almost as bad as jellyfishes which no animal will eat ... except a Portyguese, and they goes bughouse about 'em...."
Glenn H. Mullin. *Adventures of a Scholar Tramp.*
New York & London: Century, 1925: 264–5.

We once discussed which were the cleanest troops in trenches, taken by nation-alities. We agreed on a descending-order list like this: English and German Protestants, Northern Irish, Welsh and Canadians; Irish and German Catholics; Scots, with certain higher-ranking exceptions; Mohammedan Indians; Algerians; Portuguese; Belgians; French. We put the Belgians and French there for spite; they could not have been dirtier than the Algerians and the Portuguese.
Robert Graves. *Good-bye to All That.* 1929. New York:
Anchor Books/Doubleday, 1985: 182.

The community is eminently Portuguese—that is to say, it is slow, poor, shiftless, sleepy and lazy.
"Mark Twain's Description of the Azore Islands."
San Francisco Daily Bulletin 22 Aug. 1867: 1.

Ev'ry time I write some Portugee
The wise ginks start to kinnin' me.
Don't matter if 'taint the best there be.
They all wanter stop a-kiddin' me.
I could slip you many a wheeze
If I'd be let do it in Portugeez.
So tell them guys they'd better cheese
Diggin' into my Portugeez.
M. G. "Stop Kidding Mack-Gaffney's Portuguese."
Chicago Daily Tribune 17 Mar. 1912: C1.

The Buffalo *Express* in a ribald spirit remarks: "Judging from the way Dom Pedro scooted through Chicago, we fancy he had heard of King Kalakaua's experience with Mayor Colvin and the Board of trade. There's no telling what Colvin would have said, but the playful young men of the Board of trade would undoubtedly have hailed him as 'Old Brazil-Nuts,' and have urged him to 'pull down his vest,' in the choicest Portugee."
Chicago Daily Tribune 23 Apr. 1876: 4.

The White Dawn follows the adventures of three American whalers trapped on Canada's frozen Baffin Island after their boat capsizes and their companions drown. The three are an odd lot: Billy, a roughneck, impetuous brawler; Daggett, a sensitive, inquisitive young man and Portagee, a good-natured black.

Gene Siskel. "Truth Blows in On Gale-Force Wind." *Chicago Tribune* 23 Aug. 1974: B1.

I know they call Spanish-speaking people Spicks. But what do you call the Portuguese?—
We call them Pricks, of course.
Anonymous [1968].

In the state of New York newspapers offer references to "Henry Portugee" (*The Cabinet* [Schenectady] 10 Feb. 1824: 4), "William A. Portugee" (*Kingston Daily Freeman* 26 Nov. 1883: 2), and "Eliza Portagee" (*Kingston Daily Freeman* 4 Jun. 1923: 1).

The Elizabethan Age knew the name of the country running down the western side of the Iberian peninsula as Portingal and its denizens as Portingales, terms that over time turned into Portugal for the nation, Portuguese for its inhabitants. The latter soon became problematic to some, who seemed unable to negotiate the fact that the word "Portuguese" was both singular and plural, with the upshot being, by some sort of back-formation, that while Portuguese retained its value as a plural, Portugee became the colloquial term for the singular. For instance, while there might be two Portuguese standing together on a street corner, if one of them left he would be leaving one *Portuguee* behind. Inevitably, the second "u" dropped out of the spelling (the American poet, Elizabeth Bishop, who spent nearly two decades living in Brazil, invariably spelled the word "Portugese"), and the term was spelled in various ways, running through all the vowels and then some—Port(*a*)gee, Port(*e*)gee, Port(*i*)gee, Port(*o*)gee, Port(*u*)gee, Port(*y*)gee, Porteg(*h*)ee (as in Charles Dickens's novel *Little Dorrit*), and Portag(*h*)ee. And to form the plural of this colloquial singular all that was necessary, naturally, was the addition of the final "s." What is important to note is that there is no evidence to indicate that the word was first coined as a pejorative term, one meant to slur or insult natives of Portugal. In fact, its use in stories and essays throughout the centuries is descriptively neutral at least as often as it is pejorative. Of pertinence here is the following paragraph, published in 1910:

"Portuguese" is one of those words which have been a constant pitfall to our English tendency toward false singulars and plurals, says the *London Chronicle*. To the sailor man one Portuguese is inevitably a "Portugee," just as one Chinese

individual is a "Chinee." And before the end of the seventeenth century our fore-
fathers seem to have been unable to speak of several Portuguese at once other than
as "Portugeses" or "Portuguezes." Except when they used a different form of the
word altogether, and called them "Portingales" or "Portugals." It is rather a pity
that "Portingale" has not survived so that neither a single nor plural Portuguese
should worry the English.[2]

"Portingale" (with or without the "e" at the end) has a long English life.
"Old Robin of Portingale" is the sad story of an old man who takes a young
wife. It survives as a child ballad. Chaucer, in the fourteenth century, knew the
country at the western end of the Iberian peninsula as "Portyngale." Impressed
by the "intrepid Portingals who had sailed with Ferdinand Magelhaens" and
who "had brought back strange tales of Patagonia and the inhabitants of those
storm latitudes," Shakespeare may have conceived of his Prospero (*The Tempest*)
as "a Portingale Merchant."[3] It was recalled that well before the Pilgrims landed
in Massachusetts "Portingals"—Portuguese fishing vessels—visited the Isles of
Shoals off the coast of what is now called Maine.[4] By 1824, however, when
"Portingale" shows up in his poem *Don Juan* (xvi, 14), Lord Byron's use of the
word can be described only as quaint or antiquarian, although articles about the
Elizabethan Age continued to quote Holinshed, the sixteenth-century chroni-
cler on "delicates 'wherein the sweet hand of the sea-faring Portingale is not
wanting.'"[5] Rare exceptions were Dorothea L. Ramsbottom, who, in letters to
The Albion in the 1820s and 30s, insisted, somewhat anachronistically, on referring to Portugal as "Portingal."[6] Bravely quixotic, then, is the only way one can
describe the effort in 1981 to resurrect the term by the Fall River–born poet,
Thomas J. Braga, who chose to call his first, *saudoso* book of poems, *Portingales*.[7]

The subject of this article is not "Portingale," however, but "Portugee," a term
with shadowy beginnings and, as we have seen, various spellings.[8] One can only
speculate that, at least at first, "Portugee" was based on a misunderstanding of the
term Portuguese. In the Portuguese language "Portugueses" is the plural for "Português"; in English, however, the term "Portuguese" serves as both singular and
plural, though there is evidence that the Portuguese originals were, rather awk-
wardly, translated directly into English. In 1708 the translator of Bartholomeu
Leonardo de Argensola's *History of the Discovery and Conquest of the Molucco and
Philippine Islands* valiantly, if clumsily, referred to the "Portugueses."

What seems to have happened, however, as I have already indicated, is that
with the term "Portuguese" (understood as plural, ending in "s") came "Portugee"

as a popular form of the singular, with, eventually, "Portugees" becoming a plural. As the *Oxford English Dictionary* explains, "Portagee" represents "a spurious 'singular' form of 'Portuguese'" (adjective and noun), "this being regarded as a plural." In due course, however, its common, pejorative function—both as singular and plural—was to express disdain for the Portuguese.

"I read that novel—*The Portygee*—and there wasn't one Portuguese native or Portuguese descendant in the whole book," a colleague once complained. Published in 1920, *The Portygee* was the work of Joseph C. Lincoln (1870–1944), a prolific writer of fiction with a Cape Cod setting. What my colleague had missed then, evidently (but was clearly implied in the novel), was that Lincoln's choice of title was based on the then common usage among Cape Cod sea captains of the term "Portygees" to refer to all foreigners. Since for Lincoln the term was generic, as he indicates in the dust-jacket blurb, he could use it precisely without worrying about its ultimate derivation. As a generic term for "foreigner," moreover, Portygee was even broader in coverage than the term Dago, which several decades ago referred commonly not only to Italians but to other southern Europeans as well, particularly the Spanish and Portuguese.[9] It was "a crowd of 'Dagos'" that English visitors to Madeira encountered when they went ashore, according to an English ship's chaplain in 1872.[10] In Jack London's novel *The Valley of the Moon* (1913), one of the characters boasts: "I can lick any Dago that ever hatched in the Azores."[11] And in W. H. Macy's "Leaves from the Arethusa's Log" (1868), the terms Portuguese and Dago are used interchangeably, the latter mainly in the dialogue.[12] Certainly a high point in the use of the term came when in the 1920s the noted American writer Malcolm Cowley referred honorifically to the sacrificed Italian anarchists, Sacco and Vanzetti, as "dago Christs."[13]

It is clear that, like the word "Dago," "Portugee" often lost its denotative specificity as a term employed exclusively for the Portuguese. Thus, at times, "Portugee" came to be used to refer to any foreigner or outsider subject to suspicion, derision, disdain, and inferior status precisely because of his "outsiderness." It was not only the word "Portugee" that was used to "put down the Portuguese," however. "Dagos" was also so employed. One observer, writing in the *Southern Literary Messenger* in 1852, notes:

Monuments of Portuguese glory stand prominently on almost every chart or map of any portion of the southern hemisphere, in the Portuguese names borne by islands, capes, coasts, towns or cities; but neither these names, nor those of the

Albuquerques, of Vasco de Gama, who led the way round the Cape of Good Hope; of Magellan, whose starry clouds attract the gaze of the southern voyager, whose vessel was the first to circumnavigate the earth; nor *Os Lusíadas*, the epic of Camoens; nor the *poesias* of Antonio Ferreira have been enough to secure respectful consideration for the Portuguese by Anglo-Saxons of the present day. Whether in Europe, Africa, India, China, or Brazil, members of the mass of the Anglo-Saxon race, when visiting Portuguese settlements, speak of the inhabitants among themselves under the name of Daygoes, "Diogos" that is—Jimmies, somewhat contemptuously used, as the epithet "Yankee," or "Jonathan," was once freely applied to all Americans by the English, the term Yankee is not now very frequently employed in that sense.[14]

More commonly, however, "Dago" was used to include the members of several different ethnic groups. In *Forest and Stream* in 1894, for instance, we read: "The occupants this morning [on the wharf in Biloxi] were a couple of dagos, as all Italians, Sicilians, Spanish, Portuguese, and Austrians are indiscriminately called hereabouts, who were dozing in the sunshine."[15] In Los Angeles in 1908, we read of complaints of "the market seiners, mostly Portuguese and other 'Dagoes,'" who "have made sad havoc with the alongshore fishing by destroying the young of corbina, yellowfins, croakers and other breaker-loving varieties wholesale."[16]

It was with this more generalized meaning, possibly, that Mark Twain employed the term in naming two characters in minor works "Portugee Joe" ("American Claimant") and "The Portygee" ("My Debut as a Literary Person").[17] It is unlikely, however, that it is with this broader reference that the servant Abel Stebbins employs the term in Oliver Wendell Holmes's novel *Elsie Venner* (1861) when he voices suspicion, "I can't help mistrustin' them Portagee-lookin' fellahs."[18] The Mormon prophet Joseph Smith employs the term "Portugee" as a pejorative in a letter from Illinois, where Portuguese from Madeira had settled.[19] When the novelist Henry James employs a variant of the term in *The Ambassadors* (1903), moreover, there can be no mistake. "I think I make out a 'Portagee,'" one of his characters says, referring, seemingly and rather casually, not simply to a native of Portugal but, probably, to a Sephardic Jew.[20]

In addition to the examples from Mark Twain and Holmes, American writing offers a wealth of evidence of the presence of the term "Portugee" in the culture. In essays and stories there are characters whose identity carries with it the nickname—"Portegee John," "Portugee Jake," "Portugee Frank,"

"Joe, the Portugee," "Portugee Joe," "Portugee Manuel," "John the Portugee," or "Peter Portugee."[21] A sailor out of Saybrook, Connecticut, one who has seen Portugal, might be called "Portagee Jack"; and in Fort Lee, on the New Jersey side of the Hudson River, there was a legend, with the ruins of a house to lend it credence, about one "Moll Portagee" (or "Portuguese Moll").[22] And, of course, there was the western territory's John "Portugee" Phillips—an Azorean immigrant born on the island of Pico—who became famous for having made the long and dangerous "ride to Fort Laramie" to report on "the Fetterman disaster" perpetrated by warring Indians in 1866.[23] That "Portugee" may have been the accepted term to refer to the Portuguese in Wyoming is suggested in the statement, made in 1918 in the Wyoming *State Tribune* that the "sardines of the Portugee" are packed in tin-plate "made in America."[24]

Other figures were known only as "Portugee," constituting, thereby, a type, in fiction, essay, or news account, one not calling for further identification by given or family name. In Savannah, Georgia, in 1781, there was a slave named, simply, "Portagee."[25] It was "an unfortunate Portugee" who stayed behind at St. Urbes, reported an American sea captain in 1811.[26] One Brazilian coffee-planter was described as a "greasy Portugee."[27] Sometimes a seaman was worse than a "Portugee"—he was a coward—or sometimes it was the "Portugee" who was the coward or he was a thieving, murderous villain; at other times he was merely an "unprincipled" being, "a Loafer," a "wild" one, or an incompetent.[28] Of the last named, consider the views of the satisfied housewife living in "Blank Falls, Massachusetts," whose account of her "Portugee" female help deserves quoting at some length:

> I have tried having help and tried doing my own work, and have decided that it is cheaper to have help. I get a "green Portugee" (as we call them) girl for two dollars a week. That is $104 a year. That sounds cheap to some that pay three or four dollars a week to help, but the patience that is needed to get on with these green girls can't be calculated in dollars and cents. None of them know anything about cooking, most of them never saw a stove, and I have had some who had never seen stairs, and would only go up and down them on their hands and knees. Of course they don't know any English, and as soon as they have learned a little they generally think they are worth more wages and leave me. I do almost all my own cooking, but the "Portugees" are good at washing and ironing, first-rate scrubbers, and like to work in the garden, so that, having all the heavy work done, I can give my time to sewing.... I do like my house to look well, and to

keep things up, so every year I allow $35 for repairs. One year the money will go mostly for a new carpet for the sitting-room, and the next year for something else. It always all goes, for the "Portugees" are great smashers.[29]

Besides being ignorant, the "Portugee" was also superstitious.[30] But occasionally, a "Portugee" was capable of being helpful, even if the captain of "a Portugee whaler" was guilty of "a big Portugee swear."[31] Or a "Portugee" might act out of loyalty or heroism; one had manned a lighthouse under extremely dangerous conditions, for example.[32] At times a "Portugee" might even warrant consideration as just "a real good feller."[33] "Portugees" might even be praised and admired for their canniness, as were the Azoreans who, making the best of their indentured service in Hawaii, left for the city when their contracts were up, or he might be valued for his skill and dependability as a farmer or as a cook aboard ship.[34] A "Portugee" might come from many different places: the island of Brava (as he does in Herman Melville's sketch about the Capeverdean presence in American whaling) or Jamaica, Fayal or, more generally, the so-called Western Islands.[35]

It was rather late in the "Portugee" naming-game when John Steinbeck put forth his morally deficient "Portagee Joe" in *Tortilla Flat* (1935)—a characterization that enabled the actor Spencer Tracy, who had learned the term "Portugee" for his role as a Gloucester fisherman in *Captains Courageous* (1937), the film based on Rudyard Kipling's 1897 novel, to bring it to perfection in the movie version of Steinbeck's novel in 1942. For what it's worth, let me throw in something from the reviews of three other movies. In *Primrose Path* (1940), Ginger Rogers is faced with "'Portugee' rivals for the coveted attention of Joel McCrea"; in *Deep Waters* (1948), Caesar Romero is rather "silly" as "a light-hearted Portugee fisherman"; and in *The World in His Arms* (1973), Anthony Quinn plays a character "called 'Portugee,'" who smiles a lot and says things like "'Heh, Heh, Heh, some day I keel you, Boston Man.'"[36]

The term "Portugee" also appears as a modifier in ethnic references— not always pejoratively. The "Portuguese-man-of-war"—"any of several large marine organisms, having long, stinging-tentacles hanging down from a bladderlike float"—finds itself referred to as "Portigee men-of-war"; further, a magazine article in 1879 ("Bush-Life in Queensland") gushes, "How charming to watch the minute 'Portugee men-o'-war,' each little bark cruising on its own account, and commissioned in the admiralty court of nature, in the name of nature's God!"[37] More amusing is the version of the expression "a la

Portugaise" that appears in an advertisement in the *New York Times* in 1854 touting a book called *Forecastle Yarns*. One chapter is called "A Portugé Breakfast."[38] In the 1840s one "Dr. A. M. Mauriceau" of New York advertised "'Portuguese Female Pills,' invented by M. Desomeaux, M.D., of Lisbon, Portugal, which never fail in effecting a cure in all cases of irregularities, stoppages, or retention of the menses."[39]

There are, of course, many less neutral or poetic uses of "Portugee" (or "Portuguese"). A "Portuguese parliament," according to sailors, is a gathering where everyone talks but nobody listens.[40] Seamen defined a "Portugee devil" as someone "when good, too good."[41] When a person is confused and doesn't know where to begin telling his story, he is said to be in a "Portuguese pigknot."[42] A "Portagee gate" is a lazy man's version of a gate—a rope thrown over a stake.[43] "Portugee time," translated from Portuguese *a hora portuguesa*, singles out the national inclination—it is believed—for arriving late for appointments, solemn occasions, etc. "Portugee colonial" (or "Immigrant Chic") refers to poorly-made "modern" furniture foisted on the unsuspecting recent immigrant; and a goat is "a Portugee lawnmower." "Portagee overdrive" is the "gear" used when coasting downhill in neutral to save fuel. In California "Portugee lift" is a longshoreman's way of criticizing anyone who avoids carrying his share of the load.[44]

The social import of such combinations has not been gauged. Yet while "the derisive adjective, either as a term or pattern is not important," it has been noted that, when "placed within a cultural context," it "may indicate qualitatively, long-held prejudices and cultural antagonisms."[45] This is manifestly so, for example, in the case of the "Portagee lift." Heard on San Francisco docks for as long as anyone could remember, the term popped up in 1977 in a TV documentary about Eric Hoffer, a well-known writer at the time, who used the expression with no sense of its prejudicial nature.[46] The "Portugee" longshoreman appears in references by the comic Johnny Carson, who pretended to insult a person in his audience by describing him as having seen "his mother in a stag movie with five Portuguese longshoremen" ("Tonight Show" 22 May 1979). Dick Martin told a similar joke involving an Aunt Martha who was delighted to find herself the only female shipwrecked with a boatload of Portuguese sailors ("Tim Conway Show" 19 April 1980). Heading Steve Martin's list of things to be thankful for on the eve of Thanksgiving Day in 1981 is "the Atlantic Ocean because without it a lot of Portuguese would be walking into my living room" ("My Best Show Ever" 25 November 1981). Here the joke also reflects the xenophobic feelings about immigration overall. On another occasion Martin presented as one of the "Bizarre Oddities of the World" a bit about the Portuguese dentist. Standing before two persons jumping up and down on a trampoline and speaking into a hand mike and wearing a trench coat, Martin reports: "If you are thinking of going to Portugal this year, be sure to have your cavities filled because here in Portugal they still practice the art of trampoline dentistry" ("Comedy Is Not Pretty" 23 January 1982).

Then there is the "Portugee joke." Let us end this survey, not with a bang but a few groans.

(1) There is a five-dollar bill on the ground. Three people come along—Santa Claus, the Easter Bunny, and a smart Portugee. Who, of the three, will get to it first?—Nobody. There is no Santa Claus, there is no Easter Bunny, and there is no such thing as a smart Portugee.
(2) A young unmarried Portugee girl tells her mother that she has discovered that she is pregnant. Her mother, concerned, asks hopefully (if desperately), "But are you sure the baby's yours?"
(3) Want to sink a Portugee ship? Put it in water.
(4) Portugal is the only country in the world where a Portugee's mistress is uglier than his wife.
(5) Hear about the new Portugee bank? You give them a toaster and they give you $500.
(6) "Put two Portygees on a rock in the ocean and they'll be rich in ten days. How? By stealing from each other."[47]
(7) "A Portuguese poet asks: 'How do I love thee?' and concludes, in his last line, 'I shall love thee better after death.' He must have seen her in a bathing suit."[48]
(8) What is the longest bridge in the world? The Braga Bridge—it links Portugal to the U. S. of A. That same slippery span over the Taunton River connecting Somerset with Fall River is known to truckers as the "Portugee slide."

Oddly, even when the intention has been to defend the Portuguese in America something will go awry. Consider the following paragraph culled from the *Boston Transcript* in 1910:

"Three men and a Portagee" was the description of his schooner's crew by an old Cape Cod "cap'n," the implication being that the "Portagee" was somewhat less than a full man. This provincial ignorance and conceit, however, have been pretty well worked out of the Cape Cod Yankees by this time. They now see all about them the best, it might almost be said the only, farming worthy of the name, as fitted to the peculiar situation—namely, the intensive cultivation of small fruits and early vegetables—done by the skilled and industrious Portuguese, although the "Bravos" may first have arrived on the New England coast as sailors and fishermen. In many of the old towns of the cape, and, indeed, all down along the coast to the farthest "harbors" of Maine, the best places in the town, and in some instances the larger part of the land, are now the proud and prospering possessions of the little dark people. Did ever any of us know such a Portuguese who was not a capable fellow, smart […], but smart in figure—if a woman, what the French mean by "chic"—neat in working clothes, even and neat handed in work, quick to apprehend and industrious and faithful in sticking to and finishing up a job?[49]

There's little need to italicize for emphasis the vestige of the "Portagee" epithet in the well-meaning description of the Portuguese as these "little dark people." Perhaps the best way to conclude this survey of the term "Portugee" and its various appearances is with a personal anecdote. Once while my cousin Manny Cabral was recovering from heart surgery, he was visited in the hospital by two of his non-Portuguese golfing buddies. I was witness to this exchange. As his friends were taking their leave, one of them said: "Well, we miss you out there on the golf course; so you better get better fast, Portugee." To which Manny replied, amiably but pretending to take the high road, "Thanks; but to you—I am *Mr.* Portugee."

Notes

General editor's note. Unless otherwise noted, the reference "Print" is implicit in all bibliographical items.

[1] "L'Hermite en Italie." *Museum of Foreign Literature, Science, and Art* 1 Apr. 1824 [4]: 308. A similar bit of doggerel is explained as "the comfortable lie"—with increased numbers—that "one Englishman, by reason simply of being an Englishman, was the equal of two Frenchmen, three Spaniards, or five Portugee" (Hamilton Drummond, "How Martin Hughes found Manoa-land," *English Illustrated Magazine* July 1899 [190]: 323). See also: "Pungent Salts," *All Year Round* 7 Nov. 1868 [20]: 526; "Napoleonic Caricatures," *New York Times* 17 Aug. 1884: 9; "Some Old British Ballads," *Chambers's Journal* Aug. 1888 [5]: 504; and "Our Naval Increase," *Chambers's Journal* May 1896 [13]: 328.

[2] "Portuguese in English," *Dallas Morning News* 13 Dec. 1910: 11.

[3] "Stories of Adventure—Shakespeare," *New York Times* 11 Nov. 1894: 22; M. D. Conway, quoted in *The Critic* 23 Apr. 1893 [17]: 531.

[4] John Scribner Jenness, "The Isles of Shoals," *The Friend* 25 Oct. 1873 [47]: 74; Jenness, *The Isles of Shoals*, Cambridge: Hurd and Houghton, 1873: 12.

[5] "The England of Elizabeth" [from the *Edinburgh Review*], *Littell's Living Age* [5th series] 8 Sept. 1877 [19]: 585; Charles Dudley Warner, "The People for Whom Shakespeare Wrote," *Atlantic Monthly* June 1879 [43]: 738; "Strange Food" [from the *Cornhill Magazine*], *Littell's Living Age* [5th series] 17 Aug. 1889 [67]: 432. See also the poem: "Mr. Barney Maguire's History of the Coronation," *The Albion* 15 Sept. 1838 [6]: 296.

[6] Dorothea L. Ramsbottom, "Letter from Mrs. Ramsbottom," *The Albion* 30 Aug. 1828 [7]: 92; 6 Dec. 1828 [7]: 205; and 10 Dec. 1831 [10]: 215.

[7] Thomas J. Braga, *Portingales*, Providence, RI: Gávea-Brown, 1981. See also: Alison Macleod, *The Portingale*, London: Hodder and Stoughton, 1976.

[8] Except in direct quotations I shall use "Portugee" throughout. Different plays on the word "Portuguese" include "Pork Chops," "Porkacheese," "Pork & Cheese," and "Portugoose." The last of these terms has a history going back to the nineteenth century at least. The following exchange is reported in the *Chicago Tribune* in the nineteenth century:

> "Would you say 'Portugee' if you wanted to speak of one inhabitant of Portugal?" asked the golf editor, looking up from his work. "You wouldn't call one a Portuguese, would you?"
> "Of course not," said the tiddledewinks editor. "You'd call him a Portugoose." ("Another Question Settled," *Philadelphia Inquirer* 26 Apr. 1896 [134]: 35)

"Porta-goose" and "Portageese" were favored terms of derision employed liberally by the American poet Ezra Pound; for a list of examples taken from Pound's *Cantos* see: Norwood Andrews Jr., *The Case Against Camões*, New York: Peter Lang, 1988: 53. "Portugoose" also appears in A. A. Roback's *A Dictionary of International Slurs*, Cambridge, Mass: Sci-Art Publishers, 1944: 59; reissued in facsimile by Maledicta Press, Waukesha, Wisconsin, in 1979. Common, too, is "Pork Chops." Which brings us to Frank "Porky" Vieira, a legendary athlete and long-time baseball coach at the Univeristy of New Haven, in Connecticut, who explains that his enduring nickname evolved out of "Portugee," his original nickname. Portuguese water-dogs, lately receiving general attention due to the Obamas' interest in them as pets, are known as "Porties"—a nickname that is not hostile but skirts dangerously close, as I hear it, to "Portugees."

[9] Roback's opinion that "Dago" was "originally a nickname for Spaniards only, deriving from *Diego* (James)" (*Slurs* 26) is supported by information from the New Orleans *Times Picayune* in 1896: "The word 'Dago,' now commonly applied to the Italians all over the country, came originally from Louisiana, where it at first referred only to people of Spanish origin, but was later applied to Italians and Portuguese as well. The word is a corruption of 'Diego,' (James,) which is a common Spanish name, San Diego being the patron saint of the Spaniards" ("Origin of Popular Phrases," *Times Picayune* 24 Feb. 1896: 2).

[10] "Leaves from a Chaplain's Log," *Zion's Herald* 4 Jan. 1872 [49]: 2.

[11] Jack London, *The Valley of the Moon*, New York: Macmillan, 1913: 310.

[12] W. H. Macy, "Leaves from the Arethusa's Log," *Flag of Our Union* 4 July 1868: 430. The following joke was culled from the London journal *Puck*:

> Little Tim—Father, I'm going to take up manual training.
> Murphy—Don't ye dere! Ye see what happened to him, don't ye? Ye kin follow Emp'ror Willyum or the Mike-doo of Chiny, but Oi'll not have ye imitatin' that Portygese dago—Manuel. (*Evening News* [San Jose, California] 21 Aug. 1911: 6).

[13] Quoted in: Barry Werth, *The Scarlet Professor*, New York: Anchor Books, 2002: 40.

[14] "Notes and Commentaries, on a Voyage to China," *Southern Literary Messenger* July 1852 [18]: 393–94.

[15] L. J. M. "How 'Ras Fools the Divers," *Forest and Stream* 24 Mar. 1894 [42]: 244. This reminds me of a "Portugee" riddle current some twenty or more years ago: "What do you call a guy who sleeps in a car? A 'car-dosa.'"

[16] Edw. L. Hedderly, "Southern California Fishing," *Forest and Stream* 23 May 1908 [70]: 820.

[17] Notably, however, in his first letter on the Azores when the excursion ship Quaker City stopped there in 1867, Mark Twain referred to "a Portughee of average intelligence," a reference that, when he converted his travel letters into the book *The Innocents Abroad*, he changed to "a Portuguese of average intelligence." See: *Traveling with the Innocents Abroad: Mark Twain's Original Reports from Europe and the Holy Land*, ed. Daniel Morley McKeithan, Norman: U of Oklahoma P, 1958: 5, 10.

[18] Oliver Wendell Holmes, *Elsie Venner—A Romance of Destiny*, Boston: Houghton Mifflin, 1889: 424.

[19] Joseph Smith [Letter from Nauvoo, Illinois], *Deseret News* [Salt Lake City, Utah] 1 Apr. 1857 [7]: 4.

[20] Henry James, *The Ambassadors*, ed. Leon Edel, Boston: Houghton Mifflin, 1960: 127. See the *OED*.

[21] William M. Turner, "Daisy's Mission," *Overland Monthly and Out West Magazine* Dec. 1873 [11]: 515; Henry S. Brooks, "The Crazy Professor," *Overland Monthly and Out West Magazine* Aug. 1884 [4]: 130–31, 137; Ninetta Eames, "Staging in the Mendocino Redwoods," *Overland Monthly and Out West* Sept. 1892 [20]: 274; "The Romance of a Post-Office: The Story of a Mining Camp," *New York Times* 18 Dec. 1898: SM14; Luella Pierce Churchill, "Vailima, the Home of Stevenson," *New York Times* 26 Feb. 1899: IMS12; "A Professor's Holiday," *New York Times* 5 Oct. 1924: BR8; Lieut. Thomas W. Symons, *Report of an Examination of the Upper Columbia River and the Territory in its Vicinity in September and October, 1881, to Determine its Navigability, and Adaptability to Steamboat Transportation*, Washington: Government Printing Office, 1882: 119; "A Roving Printer" [J. D. Jones], *Life and Adventure in the South Pacific*, New York: Harper & Bros., 1861: 34; "Boiler Let Go," *Grand Forks Daily Herald* 14 Sept. 1897 [16]: 1; "Lost in the Jungle," *All the Year Round* Oct. 1861 [6]: 88; "The Log of the Wanderoo," *London Society* Sept. 1882 [42]: 288; "Up a Tree," *All the Year Round* July 1870 [4]: 130.

[22] Henry M. Lyman, *Hawaiian Yesterdays: Chapters from a Boy's Life in the Islands in the Early Days*, Chicago: McClurg, 1906: 71–72; Thomas Dunn English, "Fort Lee on the Hudson, Second Paper," *Appletons' Journal* 16 Dec. 1871 [6]: 690.

[23] Hoffman Birney, "Round-Up on the Western Range," *New York Times* 7 Oct. 1951: 234; and "Marine List," *Connecticut Gazette* 9 Feb. 1792 [29]: 3. See also: A. M. Anderson, *Portugee Phillips and the Fighting Sioux*, Chicago: Wheeler, 1956.

[24] "Tin Plate Tariff Tale," *Wyoming State Tribune* 31 July 1918: 4.

[25] "Georgia," *Royal Georgia Gazette* 8 Feb. 1781 [102]: 2.

[26] "Extract from a Letter from an American Captain, at St. Urbes, to the editor of the Repertory," *Concord Gazette* 23 Apr. 1811 [4]: 3.

[27] K. and Hesketh Prichard, "The God of the Lagoon," *Windsor Magazine* Dec. 1899 [11]: 58.

[28] *Biloxi Herald* 15 Oct. 1892 [9]: 3; Virginia W. Johnson, "A Palace of Cobweb," *Harper's New Monthly Magazine* July 1875 [51]: 270–71, 274; The Athelings; or, The Three Gifts [from *Blackwood's Magazine*], *Living Age* 20 June 1857 [53]: 730; "Sketches in the East Indies—Pulo Pantang," *Harper's New Monthly Magazine* Aug. 1855 [11]: 330; Jones, *Life and Adventure*: 34; G. H. Ballow, "Monomy," *Harper's New Monthly Magazine* Feb. 1864 [28]: 309; A. D. H. "Some Incidents on a Whaler," *Forest and Stream* 29 Mar. 1877 [8]: 110.

[29] Mary Dash, "A New England Letter," *Harper's Bazaar* Aug. 1906 [40]: 756.

[30] W. Burt Foster, "The Bo'Suns Pipe," *Duluth News Tribune* 4 Dec. 1897 [17]: 6.

[31] Joseph M. Rogers, "The Yarn of the Ancient Mariner," *Philadelphia Inquirer* 10 Feb. 1895 [132]: 2.

[32] Gustav Kobee, "Life in a Lighthouse (Minot's Ledge)," *Century Magazine* Jan. 1894 [47]: 369.

[33] H. C. Bunner, "Crazy Wife's Ship," *Harper's New Monthly Magazine* Dec. 1892 [86]: 117; W. H. Bishop, "Fish and Men in the Maine Island," *Harper's New Monthly Magazine* Sept. 1880 [61]: 505.

[34] Haole, "Sunshine and Shadows of Hawaii: A Bird's-Eye View of America's Blighted Paradise," *New York Times* 18 Feb. 1906: SM1; "Sea Cook Tries Mutiny," *New York Times* 9 Jan. 1903: 2.

[35] Herman Melville, "The 'Gees," *Harper's New Monthly Magazine* Mar. 1856 [70]: 507–9; Frank R. Stockton, "Pomona's Bridal Trip," *Scribner's Monthly* Mar. 1879 [17]: 693; Sarah Orne Jewett, "The Foreigner," *Atlantic Monthly* Aug. 1900 [86]: 154; Thomas Wentworth Higginson, "The Haunted Window," *Atlantic Monthly* Apr. 1867 [19]: 434; Bishop, "Fish and Men" 505.

[36] "Concerning Certain Cinematic Chat," *New York Times* 24 Mar. 1940: 111; "Missed the Boat," *New York Times* 23 July 1948: 12; Caryl Rivers, "I Fell in Love with Montgomery Clift," *New York Times* 2 Sept. 1973: 7.

[37] Lauchlan Bellingham Mackinnon, *Atlantic and Transatlantic; Sketches Afloat and Ashore*, New York: Harper, 1852: 222; "Bush-Life in Queensland" [from *Blackwood's Magazine*], *Littell's Living Age* 24 Jan. 1880 [144]: 219.

[38] *New York Times* 7 June 1854: 5.

[39] An example of this advertisement by "A. M. Mauriceau, Professor of Diseases of Women," with an office on Broadway, taken from the New Orleans *Times Picayune*, reads: "The celebrated 'Portuguese Femail Pills,' invented by M. Desomeaux, M.D., of Lisbon, Portugal, which never fail in effecting a cure in all cases of irregularities, stoppages, or retention of the menses, (for which Dr. A. M. Mauriceau has the exclusive agency for this country,) can be sent by mail to any part of the United States. Price $5 a package—postage 10 cents. All letters must be post-paid, and addressed to Dr. A. M. Mauriceau, Box 1224, Post Office, N. Y." (27 April 1847: 3). See also: Ely van der Warkle, "The Detection of Criminal Abortion," *Journal of the Boston Historical Society* 1870: 4–5; qtd. by Malcolm Potts, "History of Contraception," *Gynecology and Obstetrics*, ed. John W. Sciarra, Philadelphia: Harper & Row, 1982: 7.

[40] Roback, *Slurs* 59; Frank Shay, *A Sailor's Treasury*, New York: Norton, 1951: 178. See the *OED*.

[41] "Steam on the Propontis and Hellespont," *London Saturday Journal* Jan. 1840 [3]: 26.

[42] Roback, *Slurs* 59. He also lists "Portuguese pumping," but does not define it, saying only that it is "a phrase of uncertain but unquestionably questionable meaning, in the opinion of both Ware and Partridge" (59).

[43] Charles Reis Felix, *Through a Portagee Gate*, Dartmouth: Center for Portuguese Studies and Culture/University of Massachusetts Dartmouth, 2004.

[44] These last two terms are listed, respectively, by Hanley and Green. Roberta Hanley, "Truck Drivers' Language in the Northwest," *American Speech* 1961 [36]: 273. Archie Green, "John Newhaus: Wobbly Folklorist," *Journal of American Folklore* July-Sept. 1960 [73]: 211.

[45] Ed Cray, "Ethnic and Place Names as Derisive Adjectives," *Western Folklore* Jan. 1962 [21]: 34.

[46] "Eric Hoffer: The Crowded Life." P.B.S.-TV.

[47] Horace P. Beck, "Folklore in Rhode Island," *Northeast Folklore* Fall 1959: 37. The basic joke was told in the nineteenth century at the expense of others—not the Portuguese. (1) "Two Mississippi River gamblers who began one night with a dime each [...] before morning had won

from each other a hundred dollars apiece." John Hay, "Kane and Abel," *Frank Leslie's Illustrated Magazine* 22 Apr. 1871: 86. (2) In Irving Bacheller's novel *Eben Holden: A Tale of the North Country*, there is a reference to big talkers among the Yankees who, when alone, succeed in out-talking themselves (Boston: Lothrop, 1900: 139).

[48] "Local Items," *Chicago Tribune* 6 Apr. 1884: 15.

[49] "Portuguese Cape Codders," *Colorado Springs Gazette* 25 Dec. 1910: 30.

George Monteiro is professor emeritus of English and of Portuguese and Brazilian studies at Brown University. Among his books and editions are *Robert Frost & the New England Renaissance; The Correspondence of Henry James and Henry Adams; The Presence of Camões; Stephen Crane's Blue Badge of Courage; The Presence of Pessoa; Fernando Pessoa and Nineteenth-Century Anglo-American Literature; Conversations with Elizabeth Bishop;* and *Stephen Crane: The Contemporary Reviews.* In press are *Love and Fame in Fernando Pessoa: Five Chapters* and *Elizabeth Bishop in Brazil and After: A Poetic Career Transformed.*

Camões revisitado na visão mitopoética de Manuel Alegre

Pedro Carlos Louzada Fonseca

Abstract. This comparative study traces the formal and substantive influence of Camões's sonnets and some passages from *Os Lusíadas* (1572) on Manuel Alegre's *Com que pena* (1992). Using the concepts of dialogism, intertextuality, and mythopoetics, it aims to demonstrate that contemporary Portuguese poetry, as exemplified by Alegre, undertakes a formally and thematically revisionist approach to the classical Camonian model. In Alegre's work, this task of reinterpretation is directed at a legitimation of his poetry through an alignment with the literary value represented by Camões and with the central themes of Portuguese literary and cultural history.

A teoria literária reconhece, na gestação de um texto literário, a presença de uma relativa influência de textos culturais que exercem a sua motivação estética e ideológica no texto produzido (Kristeva 111). Esse procedimento dialógico tem as suas particularidades e propriedades específicas (Bakhtin 85–106). Uma delas diz respeito ao fato de o autor, por meio dessa dialogia intertextual, poder se distinguir como criador original, quando capaz de manipular de forma criativa o material utilizado de outras fontes (Brownlee and Stephens 1–19).

Tendo por base noções desse tipo, este estudo da presença de Camões em Manuel Alegre consiste num exame de aspectos formais e conteudísticos da

Portuguese Literary & Cultural Studies 23/24 (2012): 361–369.

poética camoniana, que, submetidos a um tratamento estético inovador, constituem o cerne do fazer poético de Manuel Alegre. Essa espécie de apropriação, baseada na intertextualidade, tem como resultado a produção da nova poesia de Alegre por meio da reinterpretação da antiga poesia de Camões (Brownlee 109–27). Além de preservar o valor do seu modelo, do seu "próprio poético," (Castro 5–23, 69–77, 129–166) a poesia de Alegre reinterpreta-o com originalíssima recriatividade, tornando-o atual na medida em que reavalia e reconstrói as suas idéias e sentimentos originais (Brownlee 109–27). É nesse sentido que talvez possam ser entendidas as palavras de Borges ao comentar que "cada escritor crea a sus precursores" (128).

Essa releitura de Alegre consiste numa verdadeira reatualização temporal de Camões, na medida em que resgata à sua poesia a propriedade de inspirar e de dar forma e modo de ser à atual visão do poético expressa por Alegre. Apesar de situados em diferentes momentos histórico-culturais, as condições dos respectivos tempos vividos pelos dois poetas apresentam problemáticas análogas, tornando-se a visão e a imagem camonianas motivo para Alegre redimensionar, em moldes transfigurados, a visão camoniana na sua própria. Alegre professa essa correspondência com um pacto de fidelidade a Camões, expondo, no poema "Criptografia" do seu livro *Com que pena* (1992), o seu propósito inter e metatextual de fazer a sua poesia enquanto "leitura-construção" (Todorov 420), de forma transubstanciada, do seu modelo elegido, sugerindo mesmo uma disposição de mistificação psicografista:

Da rosácea de enxofre nasce o pacto
da magia da fórmula do rito
vai-se a ver e Camões é o próprio acto
de passar a poema o nunca dito.

Tem cornos que não vêm no retrato
tem pés-de-cabra e o fogo do maldito
e quanto mais disperso mais intacto
vai-se a ver ele dita e eu passo a escrito.

Intertexto intervida intersemântica
alquimia alquimia escrita quântica
vai-se a ver e Camões é a voz que dita.

E já não sei se escrevo ou se sou escrito
é a magia o fogo o signo
cripto-
grafia de uma escrita em outra escrita. (Alegre 49)

A influência e o reaproveitamento do modelo camoniano na literatura portuguesa é uma realidade tradicional, bastando aqui apontar como razão precípua disso o fato de Camões ter escrito numa época, de forma inigualável, propícia para definir as bases fundadoras do que veio a se conhecer, de forma peculiar, como sentimento lírico e espírito épico da índole rácica portuguesa. Haja vista disso o exemplo de Pessoa, o super-Camões de *Mensagem* (1934), obra pretendida como uma réplica lírica à épica de *Os Lusíadas* (1572). Com intento semelhante ao de Pessoa em resgatar valores éticos do glorioso passado português refletido por Camões, os poemas de *Com que pena* de Alegre apresentam-se nos limites de uma irônica utopia, na medida em que a sua lírica, invocando o canto da autenticidade histórica lembrada por Camões, enaltece sentimentos e idealizações inconformados com crítica realidade do seu tempo.

Colocada em destaque ímpar a genial magnitude da revisitação de Camões por Pessoa, Alegre é um dos muitos poetas da modernidade portuguesa que, cada um a seu modo, recorreram-se à ilusão de transpor e ultrapassar as lições do mestre quinhentista. Entretanto, essa vontade de superação desse "peso" camoniano, intentada por esses poetas, esbarra em questões que têm a ver com a formação dos chamados mitos da cultura nacional (e Camões é um deles), panteonizados, desde a tradição, por seu valor literário e poético, cujo alcance cosmovisivo e estético adquirem a qualidade de valores intemporais e universais.

Manuel Alegre é um poeta que, consciente disso, faz a sua poesia como leitura-construção colada em Camões, num processo simbiótico de remitificação do seu modelo, descobrindo nele situações de alcance significativo para avaliar poeticamente a sua própria época. Reinterpretando a figura do poeta e da sua obra, Alegre subintitula o seu livro *Com que pena* com a apologética dedicatória "Vinte poemas para Camões." O primeiro poema da coletânea lembra *Os Lusíadas,* invocando e equivalendo Camões ao próprio herói dessa epopéia (Vasco da Gama), recordando, assim, a *invocatio* da epopéia clássica. Através deste processo metonímico, Alegre assume-se, por transposição, como um novo bardo ao feitio camoniano, responsável pela continuação do tradicional legado poético e histórico português. Invoca, para tanto, o canto camoniano a inspirar-lhe como singradura. Por meio dessa estratégia retórica, Alegre, ao se colocar como sujeito da enunciação de um mito, confere a si próprio conotações mitificantes, na medida em que se torna provedor de um mito.

Entretanto, a mitopoetização de Camões por Alegre obedece teoricamente a certos procedimentos poéticos e estilísticos. O primeiro deles é o uso da musicalidade e de imagens mitificadoras (Friedrich 17–40). Outro recurso é o emprego de uma linguagem metafórica de alta densidade simbólica, que conota uma temporalidade imune à organização da razão lógica (Frank 15–17). Trata-se de um tempo que adquire a dimensão da intemporalidade anterior ao *logos* (Blumenberg 38). Ao fazer uso desses procedimentos mitificantes, Alegre recorre ao próprio estilo e propriedades poéticas de Camões. Dessa forma, ao tratar do hipotexto camoniano de forma mitopoética, Alegre confere à sua própria poesia um estatuto mítico aproximado ao seu modelo.

Para assim proceder, o primeiro elemento a ser aproveitado por Alegre refere-se ao ritmo melódico e à cadência vocabular empregada por Camões nos seus sonetos e na sua poesia épica. Concomitante com essa reelaboração estilística, Alegre vai estruturando as idéias temáticas da sua cosmovisão poética consubstanciada na interpretação da vivência de Camões enquanto homem e poeta, conforme pode ser notado nos seguintes versos de *Com que pena*:

Desterro desconcerto desatino
vai-se a vida em palavras transmudada
vai-se a vida e cantar é um destino
página a página de pena e espada.

Conjura desengano má fortuna
oxalá só vocábulos mas não
a escrita não se cinde e a vida é um
cantar é sem perdão sem perdão.

Quebrar a regra nenhum verso é livre
outra é a norma e a frase nunca dita
lá onde de dizer-se é que se vive.

Cortando vão as naus a curta vida
transforma-se o que escreve em sua escrita
Lusíadas é a palavra prometida. (43)

Este poema de Alegre, através da metatextualidade construída com base na apropriação do texto camoniano, constitui uma verdadeira biografia poética de Camões. A fidelidade foco-emblemática da construção textual de Alegre faz uma *mimesis* estética do discurso poético original em todos os seus níveis: estrutural, estilístico, semântico e temático. Em termos de substrato mitopoético, o texto camoniano, repoetizado por Alegre, mitifica, em grandeza épico-ideológica, a nacionalidade histórica portuguesa decantada literariamente, recordando, dessa maneira, a tradição da mentalidade lusitana da equivalência entre Pátria e cultura literária, genialmente concebida e marcada para a posteridade por Fernando Pessoa ao dizer: "A minha pátria é a língua portuguesa" (17). Recuperar o sentido da grandiosidade passada através da missão do escritor, que se imola em função da escrita patriótica, parece ser o significado do mito camoniano entrevisto por Alegre. O verso final do soneto de Alegre, "Lusíada é a palavra prometida," reflete claramente a nostálgica esperança que todo mito encerra na disposição de sua reatualização temporal (Blumenberg 17).

A seguir, algumas considerações mais pontuais merecem ser feitas para se verificar essa mitopoetização de Alegre decalcada no texto camoniano. Dentre inúmeros outros versos retrabalhados por Alegre com base na poesia de Camões, os seguintes "Cortando vão as naus a curta vida" e "transforma-se o que escreve em sua escrita" constituem uma referência metatextual aos versos "Cortando vão as naus a larga via" e "Transforma-se o amador na coisa amada," respectivamente de *Os Lusíadas* (IX.51) e do soneto camoniano que principia por aquele mesmo verso. Entretanto, o que poderia ser aqui tomado como vulgarmente parodístico possui a seriedade de um sentido irônico e reflexivo, pois corresponde a ideia de efemeridade histórica do destino do poeta e da glória da sua nação Quinhentista à idéia de perenidade mítico-simbólica em que tal glória e destino se transformariam na posteridade.

A reapropriação de Camões por Alegre é, em todos os seus aspectos, de uma coerência estética e ideológica quase que perfeita. Para uma maior convergência dos temas, Alegre apura-se inclusive na imitação estilística do seu modelo. Nesse sentido, o ritmo melódico de Alegre reproduz o estilo camoniano da cadência encontrada no decassílabo de incidência tônica regularmente feita na sexta e décima sílabas, conforme pode ser notado nos seguintes versos: "Desterro descon*cer*to desa*ti*no, / vai-se a vida em pa*la*vras transmu-*da*da." Alegre, para demonstrar a sua consciência da adequação entre estilo e ideia, muda esse esquema rítmico no verso em que ele fala do livremetrismo. Assim, em "Quebrar a regra ne*nhum* verso é *li*vre," de decassílabo o verso passa para endecassílabo, e a tonicidade recai na sétima e na décima primeira sílabas. Outro elemento determinante da melodia poética de Camões, reapropriado por Alegre, é a repetição na forma do *polyptoton,* isto é, o emprego lexical e/ou sintático de termos de variações cognatas. Dentre os vários casos deste recurso em Camões, destacam-se os seguintes:

> *Mudam-se* os tempos, *mudam-se* as vontades,
> *muda-se* o ser, *muda-se* a confiança;
> todo o mundo é feito de *mudança.*
> Tomando sempre novas qualidades. (Camões 102)

Alegre utiliza esse mesmo recurso como indiretas referências a Camões, como nos seguintes exemplos de *Com que pena*: "*vai-se a vida* [...] / *vai-se a vida* [...] / cantar *é sem perdão é sem perdão* / [...] transforma-se o que *escreve* em sua *escrita*" (43). Esse recurso da repetição garante a musicalidade natural da língua (Friedrich 27), tornando-se um elemento essencial para a consolidação do efeito mitopoético. Se a construção mitopoética de Camões, feita por Alegre, se baseia num diálogo intertextual e se o diálogo se caracteriza pelo uso, dentre outros recursos, da repetição enquanto produção de um envolvimento emocional (Tannen 48), então está explicada a disposição emotiva com a qual Alegre dialoga com Camões na sua poesia. Tal disposição dialógica da mitopoetização camoniana de Alegre pode ser empaticamente notada nos seguintes versos de *Com que pena*: "teu canto e tu são nossa rima e nosso ritmo / decassílabos em volta do planeta" (10).

No afã de elevar Camões a símbolo cultural da nacionalidade portuguesa, Alegre corresponde ou amplia o canto literário do poeta renascentista à própria melodia da voz popular:

> Talvez soubesse [Camões] o que mais tarde
> Eliot havia de formular: a música
> da poesia é a música latente do falar
> corrente [...]. (32)

É bastante conhecido o sentimento nostálgico dos velhos e autênticos valores da raça portuguesa, que Camões expressa para censurar os desmandos materialistas responsáveis pelo declínio cultural, moral e político de um Portugal na época do seu império ultramarino; sentimento esse associado à sua cosmovisão poética e filosófica do estado caótico e desconcertado do moderno mundo em que vivia. No terreno mítico, declínio e desconcerto constituem a contraparte disfórica do modo de ser das construções míticas (Bollack 67–116). Alegre, da mesma forma que Camões, expressa uma nostalgia do passado português tradicional, revela um sentimento nostálgico da passada, porém profetizada por Camões como fátua e efêmera, glória de um Portugal da época das conquistas e expansão além-mar, podendo-se, com essa aproximação, afirmar que, para a mentalidade e cultura portuguesas, o binômio pátria-poesia constitui-se essencialmente baseado na memória do passado. Nesse sentido, podem ser lidos os seguintes versos de *Com que pena*:

> Vai-se a Índia em vogais e consoantes
> o resto é morrer de pequenez
> Camões porque poema nunca dantes.
> Maldivas Madagáscar Moçambique
> não mais canção um ritmo português. (47)

Como nota final dessa nostálgica reconstrução mitopoética de Camões, Alegre testemunha o realizar da profética intuição camoniana ao, paradoxalmente (porque misto de euforia e fatalismo), conceber a fundação heróica da identidade nacional já continente dos motivos e das causas germinais do seu próprio fim. Dessa época passada—de cujas reencarnações o Mito do Sebastianismo tornou-se a expressão mais autêntica—o que resta é só a literatura, o heróico poético da épica camoniana. Mesmo a sua imortal grandiloquência passa com a morte do seu autor, num povo que perdeu a sua cultura, tornando--se na "gente cega e muda [que] somos nós" (41). Devido a isto, Alegre pede que o hipotexto mitopoético de Camões fale através de si, da sua poesia de *Com que pena*, isto é, com a pena (instrumento) da escrita de ambos e a pena (sofrimento) por ambos sentida pelo destino histórico e cultural do seu povo.

Na sua absoluta fidelidade poética e ideária à cosmovisão camoniana, Alegre, ressentido com a condição do seu próprio tempo cultural e histórico, continua incansavelmente a tecer e a destecer—Penélope ulissíaca à espera do seu Portugal—o tecido textual de Camões, flâmula da identidade nacional. Assim é que Alegre—com o sentimento do desconcerto dos versos do seu inspirador ("Mudam-se os tempos, mudam-se as vontades"), mas sem perder a típica amorosidade ("[Amor] é dor que sente sem doer")—finalmente endereça a Camões o seu apelo apostrófico:

Com que voz nos diria com que voz?
O tempo se mudou mas não o seu
falas connosco às vezes quase a sós
e o que te dói nos dizes sem doer. (41)

Dada a densidade do poder de intertextualização e metatextualização de Alegre, resta concluir, perguntando a outro poeta do mais genuíno sentimento português e universal—o Fernando Pessoa da "Autopsicografia"—o que ele diria da dor-sentimento de Camões refletida no verso de Alegre: "e o que te dói nos dizes sem doer" (41).

Obras Citadas

Alegre, Manuel. *Com que pena: vinte poemas para Camões.* Lisboa: Publicações Dom Quixote, 1992. Impresso.

Bakhtin, Mikhail. *The Dialogic Imagination.* Trans. Caryl Emerson and Michael Holquist. Austin: University of Texas Press, 1990. Impresso.

Blumemberg, Hans. "Wirklichkeitsbergrif und Wirkungspotential des Mythos." *Terror und Spiel.* Ed. Hrsg. von Manfred Fuhrmann. München: W. Fink, 1971. Impresso.

Bollack, Jean. "Mystiche Deutung und Deutung des Mythos." *Terror und Spiel.* Ed. Hrsg. von Manfred Fuhrmann. München: W. Fink, 1971. Impresso.

Borges, Jorge Luis. "Kafka y sus precursores." *Otras inquisiciones.* Buenos Aires: Ediciones del Sur, 1963. Impresso.

Brownlee, Kevin, and Walter Stephens. Introduction. *Discourses of Authority in Medieval and Renaissance Literature.* Ed. Kevin Brownlee and Walter Stephens. Hanover and London: University Press of New England, 1989. Impresso.

Brownlee, Maria Scordilis. "The Counterfeit Muse: Ovid, Boccaccio, Juan Flores." *Discourses of Authority in Medieval and Renaissance Literature.* Ed. Kevin Brownlee and Walter Stephens. Hanover and London: University Press of New England, 1989. Impresso.

Camões, Luis Vaz de. *Poesia lírica.* Ed. de Isabel Pascoal. Lisboa: Editora Ulisseia, 1980. Impresso.

Castro, E. M. Melo e. *A literatura portuguesa de invenção.* São Paulo: DIFEL, 1984. Impresso.

Frank, Manfred. "Die Dichtung als 'Neue Mythologie.'" *Mythos und Moderne.* Frankfurt am Maim: Suhrkamp, 1983. Impresso.

Friedrich, Paul. *The Language Parallax.* Austin: University of Texas Press, 1986. Impresso.

Kristeva, Julia. *The Kristeva Reader.* Ed. Toril Moi. New York: Columbia University Press, 1969. Impresso.

Pessoa, Fernando. *O livro do desassossego.* Lisboa: Editora Atica, 1982. Impresso.

Tannen, Deborah. *Talking Voices.* New York: Cambridge University Press, 1989. Impresso.

Todorov, Tzvetan. "La lecture comme construction." *Poétique* 24 (1975): 413–26. Impresso.

Pedro Carlos Louzada Fonseca is professor of Portuguese literature at the Federal University of Goiás (Brazil), where he serves as the editor of *Signótica*, the journal of Graduate Studies in Letters and Linguistics. His publications include numerous articles published in Brazil and in the United States on such topics as the medieval bestiary and Luso-Brazilian colonial literature. His book *Bestiário e discurso do gênero no descobrimento da América e nacolonização do Brasil* (São Paulo: EDUSC) appeared in 2010. Among his research interests are misogynistic and pro-women discourses in medieval literature. E-mail: pfonseca@globo.com

Portuguese Short Takes: Three Storytellers in Portugal's Post-Revolution Years

Rui Zink

Abstract. How does literature map a nation's issues—namely, in the Portuguese case, the colonial war, women's role, and gay rights? The novel has been fiction's most successful form for the last two centuries, yet a case may be argued for a more compact form to convey modern-day conflicts. Joyce Carol Oates says that short stories are "a form ideally suited for the expression of the imagination." Mário de Carvalho, Teresa Veiga, and Miguel Vale de Almeida wrote stories that, by the way they deal with issues and their mastery of the form, help to map contemporary Portugal.

Establishing a canon for the short story

Anyone slightly familiar with publishing is aware of it: though readers have less and less time to read—given the huge competition from other media—longer novels still tend to be more successful than short story collections. And even great short story masters like John Cheever or Truman Capote are better known for their longer writings, Raymond Carver and Jorge Luis Borges being rare cases of authors who gained high appraisal while writing only stories.

Portuguese post-1974 fiction is no exception, with Saramago's, Cardoso Pires's, Bessa Luís's, and Lobo Antunes's novels as the best-known (and deservedly so) pillars of the country's literary prose in the democracy years.

However, short stories are important. Joyce Carol Oates considers them "a form ideally suited for the expression of the imagination" (*Oxford Book*

Portuguese Literary & Cultural Studies 23/24 (2012): 371–388.

of American Short Stories 4). It could be said that an incisive short story can be like a knife whose cut disembowels before one even notices. The writers mentioned knew it too, for without exception, as a kind of sabbatical between writing their novels, over the years they often published stories in magazines and in major newspapers' summer editions.

Admittedly, writing a good short story is easier than writing a good novel. Size matters, as Russian critic Boris Eickenbaum acknowledged in 1925—for size in a literary work is a measure of breath, rhythm, melody, that is to say, form. A novel demands a long stance that is not for the meek, even in this era when from beneath every stone the unexpected writer seems to pop up. However, the same cannot be said about a great story or an outstanding novella. The same goes with poetry: to write a good poem may be in anyone's grasp, but to write a great poem is another matter. And if one were to try to design a canon of important Portuguese stories that would trace a map of Portugal's last four decades, one might look for other writers than the usual suspects.

Why 1974–2001?

Prose fiction somehow deals with reality. It has been said that fiction searches for an epoch's inner truth, free as it is to avoid the lies of factual events. It takes its pulse from real life and reflects its tensions like a violinist tuning the strings of his instrument. Thus, a canon of Portuguese short fiction should deal both with the work on the language—the very key to literature—and the texts' connection with the outside world they somehow represent. Paul Ricoeur elegantly defined literature as "the quasi-world built by interactive literary texts" (*Du texte à l'action* viii), and when one talks about national literatures we picture the relationship between these two semi-worlds, the one made by texts and the one defined by geographical, historical, metaphysical, and mythical borders.

25 April 1974 is a defining moment in Portuguese twentieth-century history. It ought to be a very acceptable landmark to any sensible critic. Where should we put the other landmark? Maybe 11 September 2001. One may argue that the latter is not of such a national importance as the former. Then again, one may also argue that if April 1974 sent the Portuguese on a quest for democracy and its promised benefits—freedom, the abolishment of censorship, wealth, optimism—9/11 hurt the perception of democracy's overwhelming power in more than one sense. To say the least, security seems nowadays a more common word than freedom. Another argument in defense of this

paradigm: if Salazar could say "We are proudly alone,"[1] joining democracy's family (namely joining the EEC in 1986) meant "alone nevermore."

Censorship

Jacinto Prado Coelho points out censorship as one of the main traits of Portuguese literature's character—not only during Salazar's dictatorship (1926–1974) but also during other regimes through about four centuries, with the religious *Index*, the Royal Censors, and so on (*Originalidade da literatura portuguesa*). It may go as well for any regime—it remains as a pressure on Portuguese literature. Nonetheless, print was very much alive, and writers tried to do their best. Only censorship was more than present, it was *present*. Writers got so used to seeing their books apprehended, or fearing that, they learned to deal with it by writing between the lines, insinuating more than expressing directly, for fear of imprisonment.

This state of affairs leads to at least two things: the omnipresence, in writers' minds, of the censor (not necessarily the fear, but at least a sort of annoying, sometimes exciting, background noise), and the longing for foreign reading material to learn from. In fact, since the eighteenth century *o estrangeiro* was something more than a daring place filled with cultures and artifacts not fully understood—it was a world filled with promise, where ideas circulate freely. In a Western world too sure of its "superiority," Portuguese (and, among them, Portuguese artists and intellectuals) tended to be something other than xenophobes, they were—they still are—enthusiastically xenophiles.

In literary terms, this means being open to outside influences. An interesting project would be, for instance, to compare the formative readings by American and Portuguese writers. Naturally, this could be extended to other nationalities. In a less developed form, it is easier to do so than one would expect, simply based on a *corpus* of interviews from printed sources in a given time. For the moment, this unproven assumption should be enough: Portuguese writers learn their trade not only from the writers who forged/formed the Portuguese language and mind frame, but—in a variable though significant amount—from outside sources. For instance, one can trace in Saramago the Colombian García Márquez's influence more than that of any Portuguese writer. As for Lobo Antunes it would be Faulkner; for Mega Ferreira, the Argentinean Borges; for Diniz Machado, American hard-boiled detective stories and cinema *noir*. This is not a problem, just a hint at the variety of influences on Portuguese writers—which, somehow curiously, might lead to a lack of communication among them. One of the not-so-beneficial side effects of this nearly automatic search for other literatures leads, sometimes, to an under-nourishment of mutual references.

A canon

A canon is not much more than a proposal—a tentative reader. If the reader's organizer(s) to do their best, in the most honest and informed way, it is up to others to check whether that very reader is useful or not. When one deals with controversial canons of contemporary fiction, like that by Harold Bloom (*Western Canon*), disagreement and disappointment are inevitable: Does anyone agree with Bloom's choices? That's not the point, though. The point is, in fact, two points: (1) a canon is a useful tool to organize thought about literature; (2) thanks to Mr. Bloom's appraisal I happened to be able to read Cormac McCarthy long before Oprah found him. And I'm grateful to Mr. Bloom for that.

Thinking about a Portuguese short story reader, what texts from which authors would one choose? Would such a book be coherent? What would be the criteria? But, of course, literary quality, what else? The problem is that literary quality is hard to grasp. And although literary quality can have its judges, its award juries, its prestigious publishing houses, the so-called literary circuit (Bourdieu would call it the "literary economic system" [*Rules of Art*]), it is still a ghost being chased by fools, especially when one tries to find it in contemporary texts, failing to obey a simple mathematical axiom: the member of a group cannot contain the very group to which it belongs. If we translate "contain" by "evaluate objectively" the analogy becomes clearer. Of course, the alternative—that scholars only devote their time to texts from the past—would not only be sensible, it would also be unfair and pernicious. Unfair, because living artists should not pay for others' limitations, pernicious because literary studies follow Sisyphus's lesson: to keep trying, even if the possibility of success is unlikely.

Such a book should be based on a machine—what sort of machine? As always, it would be the reader's organizer(s)'s choice, plus its literary value: each story's connection both with Portuguese language and literature, how it adds to what has been written before. But I'd say each story should also be considered by the way it addresses Portuguese reality as well as the human condition. This could be asserted because, although it "represents a concentration of imagination" (Oates 5), a story also answers (echoes, distorts, subverts) reality—it just can't help it. Thus, Portuguese stories to be inserted in such a canon should also be considered by the way they report (in the very largest sense of the word) Portuguese themes—in one way or another. Of course one cannot exclude novelists. But one is not compelled to include them on account of their success as novelists.

My reader is still a work-in-progress, but I know about a few stories (and their authors) I'd like to include and can reasonably justify. For instance, stories by Guilherme de Melo, Eduardo Pitta, Lídia Jorge, Teolinda Gersão, Pedro Paixão, Inês Pedrosa, Hélia Correia, Luísa Costa Gomes. Or outsiders like Adilia Lopes's narrative poem "Autobiografia":

> Os meus gatos
> Gostam de brincar
> Com as minhas baratas (72).
> [My cats
> like to play
> with my cockroaches.]

From Lobo Antunes I would choose one of his *crónicas*, namely, the one about a day at the mall, a tiny tale where he catches the essence of Portuguese suburban life in modernity. The same goes for Miguel Esteves Cardoso, one of the pillars of Portuguese contemporary writing, influencing, both in a good and a not-so-good way, generations of promising writers with his humorous and British approach to Portuguese culture.

The concept of this reader would be, "one author, one shot," a difficult task, for some writers have a world of wonderful stories—Borges for one. Still, it can be done—it has been done. Although not always fair, it allows us to hear many voices. Afterwards, we can look more closely at authors who got our attention and find out more about their work. In early Japanese Karate, championship matches were decided by *shobbu ippon*—one strike that in real combat could be deadly. (Of course, one has to imagine that.) I rather like the concept applied to writing: one tale to make the difference. Actually, one should be enough—and if our mind is aroused by a story in such a way that we want to look up other works by its writer, so much the better. In a way, any anthology implies the possibility of hypertext: connections and ramifications born from each text.

Reality calls: Three outstanding storytellers

The three authors discussed below are not necessarily the most important. Their stories, however, are particularly interesting both from a strictly literary point of view and the way they deal with reality calls, i.e., contemporary issues. Mário de Carvalho confronts the Portuguese colonial war (1961–1974), Teresa Veiga and Miguel Vale de Almeida approach gender issues. Veiga tends to picture a woman's fate as a trap set up before her time and into which eventually she will fall, mainly when born in a provincial area. Almeida approaches with both accuracy and sensitivity the social and intimate implications of gay life.

In Mário de Carvalho the plot device is the backbone of his work: the composition is there, perfectly set, before the writing takes place. The same follows for Almeida's work. And after the frame is set, the writer only has to insert the words in their most appropriate places—fill in the blanks, as it were.

Teresa Veiga is more serpentine. Composition is there, as well as structure—but it is not the main thing. Veiga is about the voice, usually a cynical young woman's voice—like a grown-up Alice with an M before the A.

As for Miguel Vale de Almeida, he uses a clear, straightforward style, and he is definitely the least literary of the three, his body of work being mainly in anthropology.

We have then: (a) a powerful tale about Portuguese colonial war on several fronts (Angola, Moçambique, Guiné, Cabo Verde, Timor, S. Tomé); (b) a dreamlike tale about a woman's coming-of-age; (c) a sharp glimpse at gay subjects in post-democratic Portugal.

Mário de Carvalho

Mário de Carvalho (Lisbon, 1944) is one of Portugal's best-loved writers—by readers as well as by other writers. In fact, one could say it would be difficult (though not impossible, as human nature obliges) to find a reader who doesn't have warm feelings towards Carvalho and his work. This sort of information, negligible for long-dead artists, has its value when one knows how personal relations affect publishing success, mainly in small countries where the literary circles are yet smaller. Carvalho's work is respected, has found its readers across a thirty-year career, and has been the object of critical appraisal and the recipient of some important awards.

"Era uma vez um alferes" is not only a brilliant story, it also deploys a very simple, effective plot device that becomes a powerful metaphor about Portugal's colonial war: a soldier steps onto a landmine and can't move.

If it were a play we could call this the first act. Then—beginning of second act—comes a superior, a captain, who helps him endure the wait until help comes. The *alferes* is an ensign, a junior officer rank, and constitutes the part of the army who actually triggered the 1974 Carnation Revolution in Portugal: non-professional low-grade officers (i.e., young men with college studies, a plus in Salazar's Portugal) sent to the battlefront as cannon fodder, while the professionals knew better.[2] As for his superior, a captain (and a career officer), he is not only loyal to the regime but also a man reputed for his cruelty. However, in the course of events (or non-events) he shows both unexpected bravery and compassion, as he is willing to help his fellow in trouble.

We then have a young officer—unwilling, in spite of himself, for we'll come to know he fled to Paris at a certain moment of his youth—leading his men across the savannah, when suddenly he hears a click and realizes he's stepped on a mine. Now, like Portugal in that war, he can't move, neither forward or backwards. The only thing he can do is wait, wait for the mine brigade. But, to his surprise (and his comrades'), it's not the mine experts who come but a captain, this one a professional officer, known for his rigidity, his cruelty, his allegiance to the regime, his cold distance towards the soldiers. However, surprisingly enough, this captain now appears nearly shockingly agreeable: "—Então, nosso alferes, um contratempo irritante, hã? C'est la guerre […]" (114) ["—My, my, lieutenant, what do we have here? Quite an upset, hmm?"].

One does not need to be an expert in irony to see the ambiguity in these words. Three possible meanings come to mind: (a) the captain is not aware yet of how serious the situation is; (b) he is trying to lighten things up, as a doctor would do to cheer up a patient's spirits; (c) he is, for some reason, teasing the *alferes*.

However, one doesn't know why, and both soldiers and reader may admire his courage. Though slightly annoying, he seems fearless and genuinely willing to help the lieutenant. Maybe he's not so bad, after all. He volunteers to keep the younger officer company. *We'll both blow up, if it comes to that*, says his behavior. He's even compassionate, as if saying: *Hold my hand, soldier: do not despair*.

The *alferes* has trouble balancing the captain's presence with what he has heard about him before. Flashbacks and the present situation intertwine, never losing the tension. It is a compact tale, in spite of this double-sided structure.

Anti-personnel landmines were a soldier's—or, after the war, a child's—nightmare, especially in Angola. In 1996, Angola was labeled the country with the largest amount of such mines in the world. One of the rumors about

Princess Diana's death had to do with such reality—her fight against these mines forgotten in Angolan soil long after the colonial war ended.

For these anti-personnel mines didn't necessarily kill, they could take off a limb or two.

From this departure point—stepping on a mine—unfolds the rest of the story. Through flashbacks, the life of the lieutenant as a college student, his flight to Paris where he lived in exile, and a portrait of a young man as a clumsy rebel in a country that seems like a *huis clos*. Back to the *present* moment, nothing has changed. The soldiers are clueless until the captain arrives.

Thus we have two main characters: the *alferes* and the captain, whose interaction is somehow like that of Othello and Iago. And two secondary characters; no, not the medic or the other soldiers (I'd call them the chorus, as in Greek tragedies). The two secondary characters, actually both invisible, are Africa (its life, its "freedom fighters," its richness, its beauty, its strength, its inhabitants) and the landmine.

> [O] alferes, uma vez mais, deu-se a profanar um poema entredentes. Eram versos de Sédar Senghor que gerações sucessivas de oficiais universitários haviam virado do avesso: *J'écoute le chant de l'Afrique lointaine et le chant de ton sang* [...]. *J'écoute le sang de l'Afrique putaine et le chant de ton sein* [...]. (99)
>
> [(O)nce again, the *alferes* found himself mumbling a poem. Verses by Sédar Senghor twisted by generations of officers with a college education: *I listen to the song of far away Africa and the song of your blood* (...). *I listen to the blood of fucking Africa and the song of your tit* (...).]

This version of original verses by Senegal's president-poet and independence hero, Leopold Sengar Senghor—the only mark of a black African in the story—appear without translation. No need. In the 70s and 80s, a cultured Portuguese—as the main character and the potential reader—would read French fluently (nowadays English has replaced it).[3]

Besides this poem, whose verses are maliciously twisted as children often do to lyrics of known songs, there are no Africans—and no *turras*—in this war story set in Africa. (*Turras* is another word for *terroristas* ["terrorists"], and it has somehow a nearly comic sound.) The black guerrillas are a present fear but absent as ghosts, or present only as ghosts. Well, there is the mine—the mine represents them, is their work, a mark of their presence as droppings are, in safari parks, sometimes the only sign of nearby beasts.

However, this reasoning comes undone when we realize that actually there is no mine—and whatever it was, it was not put there by the *turras* (materially) or by Africa (symbolically). What seemed like war—in Africa, against a fearsome enemy—ends up being a completely Portuguese affair, a monologue of the colonizer with himself, or a dialogue inside that monologue, between two opposite sides of the same coin: the young, idealist *alferes* trapped in a situation he didn't ask for, and the captain, unable to accept that the way he sees things is outdated, if not utterly wrong.

Kafka and Beckett can be considered strong influences in Mário de Carvalho's work, although he stays closer to common ground than them. In other works, Carvalho will show a benevolent humor (however aggressive it might pretend to be) that will eventually reach its peak in the 1992 novel *Era bom que trocássemos algumas ideias sobre o assunto*, in which a frustrated middle-aged man tries to become a member of the Portuguese Communist Party, not because of some ideological sudden illumination, but because he's hurt, his life seems a failure, and the PCP seems like a nice, cozy place where the elderly are treated with respect.

In the end, hours pass and, for some reason, the experts are late. They will not come, and we will know that the captain never called them in. The *alferes* faints and—nothing happens. When the soldiers check on the *alferes* they realize he died of a heart attack, of exhaustion, of fear. He died. The mine was never there or, another possibility, it was a fake, put there on purpose as someone's idea of a bad joke.

They go back to the fort. There the rumors spread. The captain, by himself, calmly smokes a cigarette. The medic, drunk, screams in tears, "Sádico, sádico do caraças!" ["Sadistic, sadistic shit!"] until others take him in.

Discussing this story in public libraries, I noticed it is not clear for some readers whether it was the captain who prepared the whole scene. It is clear for me. But it says two things: Carvalho could write a tale that summarizes the very nature of the Portuguese colonial war, and the debate about it is still there and wounds are not yet entirely healed.

Teresa Veiga

Teresa Veiga (Lisbon, 1945) has published, so far, five collections of stories and novellas, plus one (not so good) novel. When *História da bela fria* came out as a comet, in 1992, nobody knew what to say.[4] Teresa Veiga was a mature writer publishing her third collection of stories as humbly as a struggling writer should do—however, with an empowered style one could expect to see only in masters. Very well, we can cope with that: she waited as long as needed, until she was in full control of her art, before publishing whatever she thought worth publishing. Not just a collection of stories but a selection of stories. And these were long stories, nearly novellas some of them. The sentences were accurate, classical, the paragraphs were long without the forced length of some Latin American–influenced magical realism. They were long in a nineteenth century way, elegant, sober. She seemed to be someone who was writing with leisure on her hands, and for an educated reader who has no time to lose with rubbish but who can afford an hour or two of sheer, old-fashioned reading pleasure.

The titles of some stories such as "A amante de Kropochine" ("Kropochine's lover") may remind us of Russian-born Nina Berberova. And yes, I feel (but it can be an illusion) echoes of Berberova's *Astachev à Paris* and *Le mal noir*. Berberova (1911–1985) was a descendant of White Russians, whose wonderful gems of novellas were (re-)discovered only very late, in a similar (but less spectacular) way as Hungarian Sándor Márai. Did Teresa Veiga read those same books? I would say so, though I can hardly prove it. As it happens, I can't even prove that Teresa Veiga is Teresa Veiga!

She must also have read Agustina Bessa Luís (1924), but then again every Portuguese writer read and loved (or jealously loathed) Agustina's torrential and ironical and wise fiction, full of aphorisms, genial glimpses at the human mind and behavior.[5] From Agustina she takes the humor, the bitter irony, the cruel detail. Not the form, though. Where Agustina has been criticized for the lack of editing in her books, one can say nothing about the clean, clear waters of Veiga's discipline.

We say *she* but, until now, nobody but her publisher really knows Teresa Veiga's identity. Is it a real name? Is it actually a woman? Would she really nowadays be in her sixties as *Wikipedia* attests? Who knows? Some tinker with the idea of her being the alias of a renowned writer, and I would not discount that possibility. Her publisher definitely knows. And, of course, she knows—if she is a she.

All the stories in *História da bela fria* are in the first person. First person tends to favor the idiosyncrasies of a personal voice. Though, it goes without saying, the option for this narrative mode doesn't necessarily translate immediately into a search for an authorial voice. However, it does promote such a search. It could be Narrative 101: the third person is an easier tool to outline events; the first person privileges the voice, and makes us rely on (the reader either accepts it or stops there) the narrator's idiosyncrasies, manias, style, etc. Even when the narrator is distinct from the author—and in fiction it seldom happens—there is still a connection between them, and the author's first imaginative task is to interiorize (and then exteriorize) the narrator's voice.[6]

Veiga's narrators are, nearly always, women. As for the tale, it tends to be apparently trivial, though filtered through the narrator's voice, who is slightly unreliable (no reason not to trust her, but…) for she is not always sure of the way she tells things (thus making the reader feel less secure): "Talvez eu devesse ter começado por contar […]" (13) ["Maybe I should have begun by telling (…)]."

One single exception in *História da bela fria* is "O Poeta do campo" ("The provincial poet"), in which the *fait divers* is a remembrance from a town judge of his first professional ordeal. However, it soon gains the tonalities of a perverse children's tale and the telling of a vague pedophilic seduction doesn't avoid—on the contrary—the characteristics of a traditional oral tale. And the magistrate gets lost in his tale: "Culpada ou inocente? A verdade é que não consigo chegar a uma conclusão" (58) ["Guilty or innocent? Truth is, I can't reach a conclusion"]. It is a trait of Veiga's narrators: no matter how clear minded they are, or even cruel (and cruelty can be a sort of pragmatism in the real world), they get lost in their own tale, or we may say they get lost chasing their own tale. They stumble, they get more (or less) than what they asked for, and therefore they usually lose. There is always something missing, a bitter taste in the mouth, the feeling that the human capacity to truly enjoy emotional victories is overrated.

Veiga's subject is frustration—frustration allied to a sort of tenacity, a capacity for endurance that demands a sacrifice. To put it plainly, her stories are about that knowledge of defeat that seems to be the very condition of a woman's fate in a certain Portugal that might have gone free but whose real life, mainly in its provincial environment, still has its roots in a frozen time.[7] "História da bela fria" and "Consequências do processo de descolonização"—my two favorite Teresa Veiga stories—deal precisely with events that might occur anyway, but our feet (well, her heroines' feet) may be imprisoned in dry mud, and therefore it is too late for them. One could remember Fernand Braudel's lesson: ideas take a long time either to go or to settle, and episodic events (for instance, a revolution) are not going to change that from one day to the next.

Veiga's narrator is not exactly an unreliable teller—on the contrary, she always tells what she thinks actually happened. The thing is she's not always sure of what exactly did happen. She doesn't know how to wrap up a story either. In both stories, "História da bela fria" and "Consequências," there is no real closure. But, of course, that is exactly where Veiga wants us. No real closure.

História da bela fria's first story has that very same title. It won't take long for the reader to realize that both book and story are one single *manifesto*: of a tone, a pace, a willingness not to take prisoners.

The structure is intriguing. One tale is boxed inside the other, and there is a lack of leverage that creates a strange effect, for it seems it is badly organized, yet we know (since page 1) that the authorial voice is the master of the narrative events.

First we have the narrator's learning of life circumstances from eavesdropping on her mother's friends' confidences. Then, all of a sudden, she gets stuck in one of the stories—oddly enough not one she heard from them. From the moment she knows Aline she becomes obsessed and for half of the story (11 pages out of 21) we listen to Aline telling her mother's story and, soon, her father and stepmother's tasteless tragedy (i.e., operatic in a kitsch way). Like a story depicted on a lady's fan, "bela fria" is just the name of a villa but also a synecdoche for three other *belas frias*: Aline, her father's second wife, the narrator, and, yes, also the author. It is indeed a statement, a war cry: watch out, folks, here comes the *bela fria*, the ice-cold beauty.

Two main references pop out at me, one literary, the other cinematic: the in-boxing of *One Thousand and One Nights*, and the narrative mistake in Hitchcock's *Psycho*, when for half the film we follow one story and then it is taken away from us and we're thrown forcefully into a very different one.

Unless the reader accepts the several tales as part of a single puzzle, all these women are ice-cold beauties. Given the circumstances—provincial, well-off hypocritical families in, let's say, the second half of Portugal's twentieth century—that might be the only way out for a clever woman

As for "Consequências do processo de descolonização," the book's other great story, it is a title leading straight to ambiguous readings. In the literal one we have a scholarly text on the consequences of the decolonizing process. Otherwise we must approach this title suspicious of irony and wonder where it will lead. What is it? Such blunt, "unattractive" titles are not that uncommon in twentieth-century literature. After all, literature is a tension between faith and suspicion in the power of words to mean what they say, and one can argue that in this resides its power.

Once again, as often recurs in Veiga, we enter a world where a pragmatic young woman (16? 26? both possibilities are likely), with a slightly cynical and disenchanted view of the world, faces a situation she can't control—in which she's powerless—but only up to a certain point. Events unfold in a trivial, though somehow oneiric, mode.

The subject of this tale is quite plain: the narrator spends the summer in a vacation hotel as a chaperone for her unmarried cousin. There they meet a family of *retornados* (people who came back from the colonies) and become daily acquaintances. The father is an unpleasant former military man and the first sentence opens with him: "Um tipo nojento, o coronel, sempre a cagar sentenças" (61) ["A disgusting man, the colonel, always full of shit"].

Then we meet the mother, a composed lady, very uptight, although "diariamente fornicada" (61) ["Daily attended to in bed"],[8] and Semiramis, the beautiful daughter. However, these are just the preliminaries: neither the title, nor the colonel, nor the mother, nor the seductive Semiramis are the main characters or what the story is about. We are finally introduced to the son: a midget who somehow didn't develop as his parents expected (unheard of in the colonel's family, filled with competent males), and stays "prisoner" in his room, studying to enter the university, to compensate for his obvious physical incompetence.

Miguel Vale de Almeida

Miguel Vale de Almeida (Lisbon, 1960) has been for years a respected voice in the Portuguese public arena and is a major contributor on gender issues, as well as a gay rights activist. His books on anthropology are translated into English, and he has been a visiting professor in American universities. Of the three writers, he's the one who currently follows more actively the European tradition of the intervening intellectual (though Carvalho was exiled in Sweden until 1974). At the same time, he belongs to a new generation—those who were teenagers during the revolution—whose cultural center is no longer Paris but New York. There is a clarity, effectiveness, and economy in his storytelling that owes a debt to outstanding twentieth-century American fiction both in written and cinematic form.

Quebrar em caso de emergência was published in 1996 by a small publishing house, Olhapim, now vanished. Almeida had published only one novel, *Euronovela* (1997), a political tale awarded the prestigious Prémio Caminho for best science fiction. That work, written both before and after some of the stories in the collection, identifies Almeida's main targets as a fiction writer, as an anthropologist, and as a citizen: gender issues, the frail and strenuous building of a sexual identity, and tensions between individual choices and social acceptance.

There is a portrait of Portugal in the 80s when Almeida himself was a young man and then a full-grown adult, and a sharp glimpse into the slow social building of a gay identity that is now understood to be part of an open society. There had been books (not many) on the subject of homosexuality, but Almeida's short stories have an agenda. Without being polemics, they do have a clear and sound ideology.

As with Carvalho, in "Uma razão para tudo" we have a simple situation from which the amplification of meaning derives. A social worker questions a juvenile delinquent accused of a petty theft in a hotel room. The boy is a punk in more than one sense: not only is he jobless and mainly living in the streets, he is also close to being a male prostitute of the lowest kind—the ones picked up on street corners. (Sociological fact: Portugal being a country of *bons costumes*, homosexual prostitution in some parts of the country has been for decades at once illegal, like all other kinds of public exposure, and accepted, that is, ignored.)[9] As with Carvalho and Veiga, the reader perceives an author fully in charge of his tale.

The title—"A reason for everything"—quotes the main question the social worker asks the boy: "Tem de haver uma razão para tudo!" (106) ["There is a reason for everything!"].

The social worker seems to try to understand the boy's motives and inquires about them. But it soon becomes apparent that she is not only disinterested but also devoid of genuine empathy and the intelligence necessary to grasp the boy's inner drama. Her disinterest in really wanting to know *why* he stole the wallet represents the lack of concern of a system both intellectually blindfolded and emotionally comatose. The question is eventually answered—not by her but by the reader. Though the wrongdoer himself is reluctant to answer the clumsy social worker, he nevertheless conveys to us what it was like dealing with his sexuality in a small town. Almeida's style is precise and sensitive yet able to put bluntly things that make the reader understand the mixture of shame, loneliness, and inevitability that the boy faced growing up:

O beto é rabo! O Beto é puta! (110)
[Beto takes it in the ass!]

Eventually we do find out what went on in that hotel room. There was a theft, the theft of a man's wallet. Only the motive was not money—but something else. After a businessman had picked up the boy in the street they went to the man's hotel room, where the man allowed himself to engage in sex. But when Beto tried to kiss the man he was rejected—violently and with disgust.

In the end, the juvenile delinquent gives an answer that satisfies the social worker's need for a logical explanation:

> Foi para roubar?
> Ya. (113)
> [Was it to steal?
> Yeah.]

Such an answer is satisfying in the way it keeps the system safe—and everybody safe from troubling questions: What was the boy doing with that good citizen? Why would he be there? Why do people do such things? Hypocrisy is the key: as long as they keep to themselves, things run smoothly. It was a robbery, a simple robbery motivated by monetary needs and not by love betrayed. The man didn't want to kiss Beto, for it was safer to his identity to maintain things as a financial transaction rather than as an emotional one:

> Deslizei um bocadinho, para lhe dar um beijo, dois beijos, sei lá, apetecia-me beijar-lhe os lábios. Esbugalhou os olhos e empurrou-me para o lado, à bruta. "Alto e pára o baile! […] É melhor ires-te embora. Vá. Quanto é que levas? Nem me deste tempo de perguntar." (112)
> [I moved slightly, to give him a kiss, two kisses, I don't know, I felt like kissing him. He widened his eyes and brutally pushed me aside. "Now you wait! […] You better go now. Go. How much was it? You didn't even give me time to ask."]

In fact, the title is ironic (as usual with Veiga), and in its normalcy promotes a second-degree reading in which the reader does indeed access the true motive for the boy's crime.

Vale de Almeida shows his sensitivity in talking about what is not supposed to be discussed. Playing off with the title of one of Raymond Carver's best known stories, "What we talk about when we talk about love," perhaps an invisible presence, we could say that this story is about *what we talk about when we steal our one-night-stand lover's wallet.*

What do we know about that young man? We know he met his partner/client/victim in some shady street. The man was probably a married businessman passing by and—although he did things with the boy—he couldn't withhold his contempt when a tender kiss was attempted. There's the motive: a lack of emotional connection.

We realize now we let ourselves fall into the trap of prejudging. Maybe the boy was not a juvenile delinquent after all. Not a chronic thief, at least. He was indeed an outsider. That condition does exist and, in simple strokes, Almeida makes it clear to us: growing different, enduring continuous bullying, being marginalized, and slowly pushed into a side world with its sordid aspects.

Miguel Vale de Almeida was elected to Parliament in October 2009, the first gay Portuguese MP in 35 years of democracy. In October 2010 Portugal was the third European nation to approve gay marriage.

Imagination and the imaginary

Three authors and three stories that express three major issues in contemporary Portugal: the ghost of the colonial war, the shifting status of women, alternative sexualities.

Short stories involve us because they connect myth and experience, and do so in incisive ways. Literature entails imagination, but it is more effective when it conveys reality, not when it flees it. Are there more realistic stories than Kafka's *The Metamorphosis* or Grimm's fairy tales? The way things are today, I look forward to reading an excellent story about the current economic crisis that adds to the ever-evolving canon. For, as Kafka would put it, reality is needed. Or, to misquote Beckett: one doesn't need to be a realist in order to grab reality by its horns. Or its tail, Picasso might have added. Portuguese fiction is the result of both a collective and individual work-in-progress. Its answers might be given by individual authors, but once published they belong to the realm of literature. They belong to us.

Notes

[1] "Estamos orgulhosamente sós." Although Salazar died in 1969, the authoritarian regime lasted until 1974. EEC: European Economic Community. Later it became only EC, European Community.

[2] Data about Portugal's lack of literacy until 1974 vary, but it is accepted that the illiteracy rate was high, between 30% and 40% of the adult population, uncommon in Europe.

[3] Portuguese writers, like Portuguese readers, appear to be more open to the world than, for instance, French. Though not scientifically proven, I believe that Portuguese writers tend to be fluent and active readers of several other languages. In my experience, minor languages or those with little political influence tend to promote such multilingualism.

[4] A first collection of stories, published ten years earlier, had a very discreet career. Same for *O último amante* (1990).

[5] Saramago more than once acknowledged Agustina's genius, in a generosity towards a fellow writer not always easily shared by writers in quest of immortality.

[6] Martin Amis has been often accused of letting his own voice show in his first-person stories (and nearly all of them are first person): no matter who tells the story—an American policewoman, a Russian old man—they all sound like Amis.

[7] The same could be said about men, but in Veiga they are usually too plain to endure significant metaphysical pains.

[8] To put it mildly.

[9] Salazar's "mild customs."

Works Cited

Almeida, Miguel Vale de. *Euronovela*. Lisbon: Caminho, 1998. Print.

———. *Quebrar em caso de emergência*. Lisbon: Olhapim, 1996. Print.

Berberova, Nina. *Astachev à Paris*. Trans. P. Y. Bertrand. Arles: Actes Sud, 1988. Print.

———. *Le mal noir*. Trans. Luba Jurgenson. Arles: Actes Sud, 1994. Print.

Bloom, Harold. *The Western Canon: The Books and School of the Ages*. New York: Harcourt Brace, 1994. Print.

Bourdieu, Pierre. *Rules of Art: Genesis and Structure of the Literary Field* [*Les régles de l'art*, 1992]. Palo Alto, CA: Stanford UP, 1996. Print.

Carvalho, Mário de. "Era uma vez um alferes." *Os alferes*. 3rd ed. Lisbon: Caminho, 2000. Print.

———. *Era bom que trocássemos algumas ideias sobre o assunto*. Lisbon: Caminho, 1995. Print.

Carver, Raymond. *What We Talk About When We Talk About Love*. New York: Knopf, 1981. Print.

Coelho, Jacinto Prado. *Originalidade da literatura portuguesa*. Lisbon: Instituto de Cultura e Língua Portuguesa, 1977. Print.

Grimm, Jacob, and Wilhelm Grimm. *The Complete Fairy Tales of the Brothers Grimm*. Trans. and intro. Jack Zipes. New York: Bantam, 2003. Print.

Kafka, Franz. *The Metamorphosis, In the Penal Colony, and other stories*. Trans. Willa and Edwin Muir. New York: Shocken, 1988. Print.

Lopes, Adília. *Dobra. Poesia reunida 1983–2007*. Lisbon: Assírio & Alvim, 2009. Print.

Oates, Joyce Carol, ed. *The Oxford Book of American Short Stories*. New York: Oxford UP, 1992. Print.

Ricoeur, Paul. *Du texte à l'action*. Paris: Seuil, 1986. Print.

"Teresa Veiga." *Wikipedia*. 2011. Web. 15 Aug. 2012.

Veiga, Teresa. *História da bela fria*. Lisbon: Cotovia, 1992. Print.

Rui Zink (Lisbon, 1961) is a writer and a professor of Portuguese literature at the Universidade Nova de Lisboa. Among his books are *Hotel Lusitano* (1986) and *O Anibaleitor* (2010). In 2009 he was Hélio and Amélia Pedroso/FLAD Endowed Chair and writer-in-residence at the University of Massachusetts Dartmouth, and, in 2011, writer-in-residence at the Middlebury Language School, Vermont. His main current interest is the interaction between fiction and essay in contemporary fiction. Website: http://ruizink.com

Literary Abodes: Machado de Assis on Interiors

Estela Vieira

Abstract. This article looks at how the arrangement of domestic interiors and interior decorating become increasingly important topics of cultural inquiry at the end of the nineteenth century. This cultural and social phenomenon is specifically intertwined with the development of narrative and has an important influence on the work of Machado de Assis. This essay examines important biographical information and some of the author's personal correspondence in order to analyze Machado's relation to houses, furnishings, and interiors. Machado develops in his narrative a discourse concerning interior settings and their contents that interrogates what it means to inhabit space and to have space inhabit the novel. The author's experience with rooms, furnishings, and objects suggests that dwelling revealed something to him about the problematic mode of both existence and poetics.

It is hard to find a late nineteenth-century novel that is not fascinated with dwellings and with their interiors in particular. One has only to recall Henry James's *The Spoils of Poynton* to be reminded of the ubiquitous trend of many of these narratives to turn not only homes into protagonists, but also the contents of houses into major characters of a story. Mrs. Gereth, who is introduced to us as a woman "who had been kept awake for hours by the wallpaper in her room" (2), epitomizes the furniture- and object-crazed characters of this period, who ultimately convince readers that there is indeed a lot at stake in

Portuguese Literary & Cultural Studies 23/24 (2012): 389–398.
© Tagus Press at UMass Dartmouth.

their tables and chairs. No more than a cursory look at the cultural and literary studies of this time reveals that domesticity and interior decoration were
widespread topics of inquiry. Generally speaking, however, studies on the
interiors of dwellings immediately focus on the rising exchange economy, the
growing capitalist and mass production of commodities, and the increasing
fascination with material culture and fetishism, concluding that the cultural
obsession with interiors is simply a byproduct of these characteristically bourgeois phenomena. My study of interiors in the work of Machado de Assis, Eça
de Queirós, and Leopoldo Alas[1] has led me to discover that the intricate private settings that turn up in fiction time and again do a lot more than mirror
or satirize social norms. Beyond serving the novel thematically the interior is
a fundamental formal component indicating larger ontological and cultural
changes. This *topos* reveals that specific philosophical and social transformations, which take place at this time and rely on our sense of inhabiting space,
are intertwined with the development of narrative.

In other words, interiors have meta-fictional and metaphysical qualities.
Furnishing, designing, and inhabiting an interior setting become activities
akin to the writing of narrative. It is only since the nineteenth century, when
important developments in the culture of the interior took place, that such an
analogy between novelistic endeavors and the arrangement of interiors begins
to emerge. To give two emblematic examples: Edgar Allan Poe writes an essay
in 1840 entitled "The Philosophy of Furniture" in which it becomes clear that
Poe is not only, as Walter Benjamin observes, the first physiognomist of the
domestic interior, but also one of the earliest writers to give furnishings and
the enclosed setting a narrative life of their own. Edith Wharton's 1897 *The
Decoration of Houses* is widely accepted as one of the initial and most influential doctrines on interior design as we conceive of it today. This ground-
breaking architectural treatise, however, can also be read as a narrative poetics
in the sense that Wharton connects the writer's task to that of the decorator's.
Both Poe and Wharton imply that in rooms as in fiction ornament is not
independent of structure. While these nineteenth-century writers begin to
reassess the qualities of space, twentieth-century philosophical thought questions how interior dwelling enlightens our understanding of the workings of
the imagination and how our ontological situation relates to inhabiting space.
In his phenomenology of the domestic shelter, Gaston Bachelard shows how
a philosophy of the imagination or of the poetic is necessarily also a poetics of
space. As Diana Fuss explains in *The Sense of an Interior*, if Bachelard sees in

a house a poem, Martin Heidegger reads poetry as a special kind of building (4). Heidegger, in his essay "Poetically Man Dwells," and to a certain degree in his major work, *Being and Time*, reads human dwelling as a primordial testament to human existence and to the nature of the poetic imagination. In other words, to be is also to inhabit, and to inhabit is to narrate or to imagine. As Walter Benjamin famously explains in *The Arcades Project*, the "phantasmagorias of the interior" become the condition of nineteenth-century existence and this illusory interior begins to define modernity (9). The attention nineteenth-century fiction pays to interiors anticipates in important ways the fascination with interior life so prevalent in twentieth-century philosophical thought and modernist narrative.

Most critics agree that Machado de Assis is a transitional figure who, while writing primarily in the nineteenth century, anticipates twentieth-century modernity on the levels of both content and form. So it is not surprising to discover that he too cultivates a sense of interior space throughout his life that affects his philosophical views of the world and his understanding of writing. Machado develops in his narrative a discourse of interior settings and their content that inquires about what it means to inhabit space and to have space inhabit the novel. But Machado's own experience with rooms, furnishings, and objects also seem to suggest that dwelling revealed something to him about the problematic mode of both existence and poetics. Thus, in this essay I would like to take a brief look at the importance Machado attributes to interior space in his own relation to private life, and highlight what importance this has in his writing.[2]

Rio de Janeiro is the predominant setting for Machado de Assis's (1839–1908) fiction and life, although he moved a significant amount within the capital of the Brazilian empire.[3] Machado's father, a mulatto artisan, and his working-class Azorean-born mother were dependents or *agregados* of a wealthy family that owned most of Livramento Hill. The property's owner, Maria José de Mendonça Barroso Pereira, was also Machado's godmother, and between his family's poorer dwellings and the wealth and refinement of his protector's home, the writer probably experienced vastly contrasting interior settings as a young boy.[4] An early and successful career in the printing, publishing, and journalistic worlds led to his constantly relocating as his social status improved. In the 1860s, already a respected journalist, critic, and poet, Machado lived with his Portuguese colleague Francisco Ramos Paz, of whose extensive library he partook.[5] He married the sister of a Portuguese friend and poet in 1869, and with Carolina Augusta Xavier de Novais lived in various middle-class homes in the center of town until finally settling in a chalet on Rua Cosme Velho, number 18.[6] Most critics and biographers consider Cosme Velho the main domestic space that encompasses Machado's private life, habits, and thoughts, and although the building itself has not survived, the house remains part of Brazil's cultural patrimony since many of its significant contents are today museum pieces.

A 1997 protocol enlarged the Brazilian Academy of Letters' original collection of Machado's belongings, books, and writing desk with other furniture and objects that originally belonged to Machado and Carolina. The exhibition, entitled "Cosme Velho, 18," displays a large part of the interior contents of the couple's former home; it houses furniture, books, and decorative objects, and attempts to recreate the author's interior ambience, drawing one closer to Machado's material surroundings. The study *Rua Cosme Velho, 18* provides historical background for the various furnishings and details the efforts involved in their restoration. According to this study, most of Machado's furniture adheres to the tendency of the time to reproduce French styles in national factories, to adopt what the authors call "uma conduta sobretudo imitativa, e não criadora" (40). Curiously, Machado expresses much more confidence in the national production of furniture than do the authors of this study. They quote an August 16, 1895 chronicle where Machado is clearly enthusiastic:

> As nossas grandes marcenarias estão cheias de móveis ricos, vários de gosto; não há só cadeiras, mesas, camas, mas toda sorte de trastes de adorno, fielmente copiados dos móveis franceses, alguns de nome original, o *bijou de salon*, por exemplo, outros em língua híbrida, como o porta-*bibelots*. Entra-se nos grandes depósitos, fica-se deslumbrado pela perfeição da obra, pela riqueza da matéria, pela beleza da forma. (39)

Machado is impressed by the formal beauty of the national furniture production, and by its ability to inspire new linguistic modes. Another striking detail in this study concerns the fact that the couple's matrimonial bed is an exception to the imitative norm since it is an original piece imported from England. Choosing such a high-quality intimate furnishing seems not only to reinforce the closeness of the couple but also to highlight certain qualities that Machado and Carolina gave precedence to when it came to their interior.

The way Machado relates to things and places explains how homes become such dominant leitmotifs in his fiction, and why he calls a house a symbol

ESTELA VIEIRA

of his life experience and turns it into a kind of fictional theater.[7] Luciano Trigo claims that Machado and his wife "iam mudando de casa à medida que Machado avançava na carreira burocrática" (21) and, on one level, the frequent relocating suggests how social class is inevitably implied in dwelling. But Machado always understood the association between interiors and social status ironically. One of his wry journalistic chronicles begins, "Fui ontem visitar um amigo velho, Fulano Público, e achei-o acabando de almoçar…. A casa em que mora, é um resumo de tôdas as habitações, desde o palácio até o cortiço, para exprimir—creio eu—que êle é o complexo de tôdas as classes sociais" (3: 449). Despite the sarcasm, it becomes clear that for Machado, the home reflects an individual's values and contradictions, including his own. Although Francisca de Basto Cordeiro's personal account of her experience with the couple lacks accuracy and is at times biased, the testimonial does include two important portraits of the couple's interiors. The first describes an apparently barren and modest home on the Rua do Catete and seems to contrast the more luxurious setting at Cosme Velho. Despite Cordeiro's efforts to draw distinctions, the details actually reveal that the furniture mostly stayed the same.[8] Lúcia Miguel Pereira gives a more modest description of Cosme Velho:

> A casa seria mais confortável do que a dos primeiros anos do casamento, com duas criadas, móveis simples e cômodos, um ou outro quadro, bons livros, algumas edições de luxo, mas o ambiente era o mesmo, de aconchego e de simplicidade digna. Tudo tranqüilo, decente e fino. (183)

Machado valued above all the emotional protection that his home and wife provided, for the two were intertwined for him. And in fact Carolina devoted herself extensively to the enrichment of their interior space. Cordeiro refers to Carolina's "personalidade artística" and "espírito engenhoso" in describing her commitment to interior *décor*, and from Cordeiro's descriptions and details, it is probable that Carolina would have designed her own patterns and some furniture pieces (31). Carolina developed an interest in the arts and crafts and Machado in acquiring and collecting meaningful objects and artworks. This combines with the couple's carefully considered design of the floor plan with which they sought to create a conscientious sense of their space, so that—more than their social progression—consistent aesthetic concerns impacted their interior improvements. Machado's study was purposely isolated from the rest of the house and from the exterior world. Cordeiro explains that in it "A porta, para a varanda, fôra inutilizada por um armário envidraçado" (33). The brightly lit and cheerfully adorned sleeping quarters, on the other hand, opened up on the garden, and the fabrics and upholstery are full of representations of nature. The modern individual dwells and fashions his or her subjectivity in a designed space that at the same time both wards off and opens onto the world. Machado is able to bring the world inside his private spaces, transforming them into the protected center of his identity and imagination.

With Carolina's death, Machado's sense of the space they inhabited together intensifies. Cordeiro tells us that toward the end of his life, Machado preferred to sleep in Carolina's sewing room, where he would have felt closer to her creative environment. The creative fictional process, which is present in both Carolina's crafts and in Machado's writings, thus stands for Machado as a synecdoche for the way in which the modern world is inhabited. Furthermore, Machado shared with his closest friends some of his melancholy and ideas about the connection between his interior and the memory of his wife. In a letter thanking Joaquim Nabuco for his condolences, Machado writes: "Aqui me fico, por ora na mesma casa, no mesmo aposento, com os mesmos adornos seus. Tudo me lembra a minha meiga Carolina" (3: 1071). In a response to José Veríssimo's positive reviews of *Esaú e Jacó* (1904) he explains: "Cá vai o volume para o pequeno móvel onde guardo uma parte das lembranças dela" (3: 1073). According to Pereira, this small piece of furniture, located by Machado's bedside, contained the couple's personal correspondence (later burned) and Carolina's jewelry and other personal items worn on her wedding day. Just as many of his characters showcased mementos, relics, and symbolic objects, Machado also collected and displayed certain meaningful pieces. The famous gift from Joaquim Nabuco, "o galho do carvalho de Tasso," is clearly a prized possession. He writes to Nabuco: "O próprio galho, com a sua carta ao Graça, já os tenho na minha sala, em caixa" (3: 1075).

Machado's involvement with the Academy of Letters also demonstrates how important the inhabiting of an interior is for the development of a meaningful ideal. The first president of the Brazilian Academy of Letters, Machado had the difficult task of finding a house for the institution. He wanted to create an organization to advance a national literature but also to build a meeting space for the Brazilian intelligentsia. The first chapter of Josué Montello's study of Machado's work in the Academy is very appropriately titled "A casa de Machado de Assis." Machado is evidently enthusiastic and good-humored with respect to this undertaking: he writes to Joaquim Nabuco, "A Academia vai continuar os seus trabalhos, agora mais assídua, desde que tem casa e móveis" (3: 1075). The first temporary setting that Machado finds for the Academy is a shared space with the Academy of Medicine:

> Temos enfim uma sala no Pedagogium [...]. Fui ver a sala, é vasta, tem mobília e serve bem aos nossos trabalhos. Naturalmente, os retratos e bustos que lá estão são de médicos, mas nós ainda os não temos de nossa gente, e aquêles, até porque são defuntos, não nos porão fora. Entendi-me também para obtermos um lugar em que possamos ter mesa e armário para guarda dos nossos papéis e livros. (3: 1050)

Like his own characters, Machado also reads and transforms the space around him, bringing to life inanimate portraits and busts of dead illustrious men.

These penetrating ideas about objects and spaces resurface in Machado's evolving concept of narrative creation and its connection to national identity. What Machado called a "certo sentimento íntimo" in his infamous 1873 essay is represented in his concept of interior space (3: 804).[9] Anticipating the thoughts of Walter Benjamin, who wrote that the private individual brings together "remote locales and memories of the past" (19) and "the far away and the long ago" (9), Machado too claimed that the author can speak of "assuntos remotos no tempo e no espaço" and be Brazilian in one's inner self (3: 804). Roberto Schwarz argues convincingly that Machado was able to observe and represent the complexities of Brazilian society once he achieved a certain social status.[10] In other words, once he had his own private space, or his own fictional theater, he could in his writing more effectively compose, destroy, and build up again different social and fictional spaces.

Machado interiorizes a sense of nationality while developing an aesthetic sensibility of his private self. The interior world provides the intellectual freedom that motivates him to experiment technically and allows his philosophical audacity. By enclosing himself in his study behind the glass armoire full of books, Machado ironically feels freer to reach his inner mind and sense of what to him defines his nation. This turning inward is already evident in his early writing. Many of his first-person-narrated chronicles begin by describing the comfort, silence, and particularities of a private salon or study, which then inspires philosophical reflection or debate with a similarly comfortably seated interlocutor. In his novels it becomes increasingly evident how Machado relies on the house, the drawing room, and the private quarters as a rhetorical tool not only to explore the interior lives of his characters but also to frame many of his narratives' thematic concerns.

The interior is also an important *topos* in a number of short stories. To conclude I would like to take as an example, D. Conceição from "Missa do Galo." Her relation to her interior space brings out important conflicts that she faces with herself and others. Often in Machado interiors reveal the frustration of the female character, yet they also demonstrate the challenges of the writer. Not unlike the novels, Machado's short stories focus on the writing of fiction and become meta-literary constructions that depend formally on interior spaces. For example, the nocturnal domestic setting that structures "Missa do Galo" functions to seduce both the narrator and the reader. The whole narrative consists of a conversation the first-person narrator remembers having had years ago with his hostess, D. Conceição, in her *sala de visitas*. In a middle-class home such as this one on the Rua do Senado, the *sala da frente* is typically the best situated and most elaborately decorated room. Here is where the narrator waits for midnight mass, reading at a table in the center of the room until he is interrupted by D. Conceição. The reader supposes that D. Conceição is attempting to seduce Sr. Nogueira because of the way she sensually interacts with the room's furnishings. Trying to get closer to the narrator, D. Conceição moves from one piece of furniture to another, using her body to touch different objects.

It is also from this interior movement that the reader probes the mind of D. Conceição. Once she sits in the chair where the narrator originally sat her thoughts take a turn. The narrator is forced to confer center stage to the female protagonist. From her position, D. Conceição looks into a mirror that stands above the narrator. Therefore, she sees the narrator and herself as one. The true narrator of the story, then, D. Conceição begins to reflect on how her life with an unfaithful husband is symbolically represented by what surrounds and faces her. She attempts to indirectly communicate her feelings to Sr. Nogueira and the reader by discussing the two paintings that hang over the *canapé* and then deliberating on whether or not to get new wallpaper. D. Conceição's impatience and anxieties surface in her engagement with her interior, prompting her not only to seduce the apparently unaware and unresponsive narrator but also to self-reflect. The narrator seems blind to this metaphoric interior and exercise that clearly stands for both D. Conceição's desires and the story itself. The short story, like D. Conceição, is also self reflective, finding its real source in the woman and her story. This highly complex text, whose vocabulary reinforces a sense of confinement, constructs a dreamy atmosphere, and mixes erotic symbols with religion and the imagination, is an excellent example of how Machado begins to develop narrators that inevitably lose control of their narration and misread the intentions of other characters. The narrator unwittingly gives prominence to D. Conceição and her interior setting.

Machado understood, as contemporary readers should as well, that tracing the thresholds and configurations of the novelistic abode equates to the reading of our time. His works invent and shape complex relations between an inner and an outer dimension of space that constitutes the core of their narrative world-making. What gains visibility in his writing is the existential shift of modern subjects towards the cultivation of the interior. The interior realm inspires the development of his fictional worlds and serves the author as a point of departure for his imaginative spaces, while also drawing him closer to his inner self, and inspiring the critical questions that governed his view of reality and his sense of history and cultural identity.

Notes

[1] See *Interiors and Narrative*, my forthcoming book on these three figures from Bucknell University Press.

[2] For more on this topic, see the introduction to my forthcoming book.

[3] Machado claims frequently in his correspondence and writings that he was destined to live and die in, and never travel far from, Rio de Janeiro. In 1897 he writes to José Veríssimo: "Eu sou um pêco fruto da capital, onde nasci, vivo e creio que hei de morrer, não indo ao interior senão por acaso e de relâmpago" (3: 1042).

[4] See Jean-Michel Massa's biography for Machado's early years.

[5] According to Lúcia Miguel Pereira's biographical study, *Machado de Assis. Estudo crítico e biográfico*, Machado most likely lived with Ramos Paz between 1860 and 1869.

[6] The couple first lives in Rua dos Andradas 119 in the center of town until 1873. Then for shorter periods from 1873 to 1874 on Rua Santa Luzia 54, on a second floor of Rua da Lapa 96 from 1874 to 1875, and from 1875 to 1878 at the Rua das Laranjeiras 4. They move to Rua do Catete 206 in 1878, the year during which they spend three months in Nova Friburgo, and live there until 1883 before moving to Cosme Velho.

[7] See Beatriz Berrini's "A casa: uma em Machado, outra em Eça."

[8] Cordeiro's brief description begins: "Na sala da frente, havia apenas uma modesta mobília de palhinha (sofá, 2 cadeiras de braço e outras comuns), estantes de ferro com livros e uma escrivaninha onde papéis e jornais se amontoavam. As paredes, nuas. Nada embelezava o modesto ambiente onde a instável felicidade elegera domicílio" (20). It is important to note that when the couple moved to the Catete they were already married nine years, which would seem to contradict Cordeiro's reference to an "instável felicidade." Cordeiro provides a lengthy description of the interior of Cosme Velho (31–33).

[9] The essay is entitled "Notícia da atual literatura brasileira: instinto de nacionalidade."

[10] Roberto Schwarz develops these ideas in his essay "Duas notas sobre Machado de Assis."

Works Cited

Assis, Joaquim Maria Machado de. *Obras completas*. 3 vols. Rio de Janeiro: Aguilar, 1962. Print.

Bachelard, Gaston. *The Poetics of Space*. Translated by Maria Jolas. Boston: Beacon Press, 1994. Print.

Benjamin, Walter. *The Arcades Project*. Translated by Howard Eiland and Kevin McLaughlin. Cambridge, MA: Belknap Press of Harvard UP, 1999. Print.

Berrini, Beatriz. "A casa: uma em Machado, outra em Eça." *Recortes machadianos*. Ed. Ana Salles Mariano and Maria Rosa Duarte de Oliveira. São Paulo: EDUC, 2003. 277–295. Print.

Cordeiro, Francisca de Basto. *Machado de Assis na intimidade*. Rio de Janeiro: Pongetti, 1965. Print.

Fuss, Diana. *The Sense of an Interior: Four Writers and the Rooms that Shaped Them*. New York: Routledge, 2004. Print.

Heidegger, Martin. "Poetically Man Dwells." *Poetry, Language, Thought*. Trans. Albert Hofstadter. New York: Harper Collins, 1971. Print.

James, Henry. *The Spoils of Poynton*. Ed. David Lodge. Middlesex, UK: Penguin, 1987. Print.

Massa, Jean-Michel. *A juventude de Machado de Assis (1839–1870)*. Trans. Marco Aurélio de Moura Matos. Rio de Janeiro: Civilização Brasileira, 1971. Print.

Pereira, Lúcia Miguel. *Machado de Assis. Estudo crítico e biográfico*. 5th ed. Rio de Janeiro: José Olympio, 1955. Print.

Poe, Edgar Allan. "The Philosophy of Furniture." *The Unabridged Edgar Allan Poe*. Philadelphia: Running Press, 1983. 641–646. Print.

Rua Cosme Velho, 18: relato de restauro do mobiliário de Machado de Assis. Rio de Janeiro: Academia Brasileira de Letras, 1998. Print.

Schwarz, Roberto. "Duas notas sobre Machado de Assis." *Que horas são? Ensaios*. São Paulo: Companhia das Letras, 1987. Print.

Trigo, Luciano. *Viajante imóvel. Machado de Assis e o Rio de Janeiro de seu tempo*. Rio de Janeiro: Record, 2001. Print.

Wharton, Edith, and Ogden Codman, Jr. *The Decoration of Houses*. New York: W. W. Norton, 1997. Print.

Estela Vieira is assistant professor of Portuguese and Spanish at Indiana University, Bloomington. Her forthcoming book, *Interiors and Narrative*, studies the spatial poetics of Machado de Assis, Eça de Queirós, and Leopoldo Alas. She has published on varied topics and authors such as Fernando Pessoa, Eça de Queirós, and the Lisbon Earthquake, and works comparatively on Lusophone and Hispanic literatures and cultures. Email: evieira@indiana.edu

Photobook of the City: Eduardo Gageiro's *Lisboa no cais da memória*

Paul Melo e Castro

Abstract. In this article I examine the representation that Eduardo Gageiro's *Lisboa no cais da memória* makes of Salazarist Lisbon in the post-war period up until the Carnation Revolution. I look at how the work's *anchorage* and its obvious generic affiliation as humanistic street photography set up a particular reading of the work for the reader. I then consider how the text's photobook format works to convey the sorts of meanings associated with this type of photography and creates a city-like space in which the reader can follow the footsteps of the flâneur/street photographer into the historical space and time in question.

Published in 2003, Eduardo Gageiro's *Lisboa no cais da memória* re-groups photographs of the Portuguese capital taken by the Portuguese photographer between 1957 and 1974, dating in the main from the first half of this period. Perhaps Portugal's foremost photojournalist, Gageiro has produced many photobooks, often in collaboration with important Portuguese writers. He worked on *Gente* with José Cardoso Pires (whose introduction to this work provides a perceptive albeit short analysis of Gageiro's style), *Lisboa operária* with David Mourão-Ferreira, and *Olhares* with António Lobo Antunes, just to name those texts whose thematics dovetail with the work under analysis here. Indeed, *Lisboa no cais da memória* contains images extracted from all of

Portuguese Literary & Cultural Studies 23/24 (2012): 399–407.
© Tagus Press at UMass Dartmouth.

these previous works, and performs an anthological function in relation to Gageiro's work concerning Lisbon.

The images in *Lisboa no cais da memória* show the enmeshment of ordinary people in the environment of history. Synthesised into a sequence of photographs, the photobook tells the story of the city in the post-war period; there is, however, no unbroken linear chronology or topology. Instead, the images are organised into thematic strands, though there are short sequences dealing with discreet events. The book starts with two prefatory texts, one by a former president of Portugal, Jorge Sampaio, and one by journalist António Valdemar (a democratically elected head of state and an independent journalist both being eloquent symbols of the changes in the country since the period *Lisboa no cais da memória* represents). In the first Sampaio declares that the work "é um depoimento, um testemunho, um documento e uma memória. Por ele passam o tempo individual e o tempo colectivo, o tempo da alegria e o tempo da tisteza, o tempo da opressão e o tempo da liberdade" (n. pag.). In the second Valdemar states "a figura humana voltou a ser o elemento nuclear da objectiva atenta de Eduardo Gageiro" and that the book "representa uma interpelação e denúncia do quotidiano" (n. pag.).

For the ensuing photographs these texts serve as what Roland Barthes termed *anchorage* (39). This term refers to textual material that acts as a signpost for the reading of images. Sampaio's text, with its conflation of individual experience and collective history, of happiness and sorrow, indicating a conflicting historiography of the period, is one such signpost. Valdemar's noting of the human and everyday as foci is another. Together these two pieces point us towards a reading of the photobook as representing a city where human life, though fettered, flourished nonetheless in a period of political inertia and great social and environmental change.

For this meaning to be enabled, however, these signposts must be followed by a corresponding interpretation on the reader's part. I want to look at how the photographs—considered in the light of genre affiliation and expectations and the way the images are concatenated into a photobook—enable the interpretation ordained in their anchorage. The images in *Lisboa no cais da memória* fit the genre of street photography, the vast majority of the pictures having been taken in the public space of the city. Westerbeck and Meyerowitz characterise street photography as centring around "candid pictures of everyday life" based on "errant details, chance juxtapositions, odd non sequitors, peculiarities of scale and the quirkiness of life in the street" (34). It is photography at street level, on the part of a pedestrian, attentive to the life and emotions of the people encountered whilst crossing the city. This being so, we can construe Gageiro's photobook as the record of an individual trajectory through the collective time and space of the Salazar-era city. Gageiro's photographs are identified and identifiable as taken in particular places and in particular years, ranging in space from the traditional dockside neighbourhoods to the incipient urban sprawl to the north and west of the city and in time from the impoverished city in the 1960s pulled apart by emigration and the colonial wars to the human landslide of liberation in 1974.

Westerbeck and Meyerowitz go on to characterise street photographers as *bystanders* who, in their understanding, are "people who come to bear witness. They are those who are there expressly for the purposes of making observations, which in this context is almost the same thing as making observances, as if taking the photograph were a ritual fulfilment of a moral obligation" (34). If we accept this engagement as an implication of the genre, the fact that the images contained in *Lisboa no cais da memória* are evidently street photography implies a certain humanistic attitude to what is represented, one similar to the position described in Sampaio's prefatory statement.

As well as having an affiliation with a certain genre of photograph-taking, *Lisboa no cais da memória* can also be classified according to the format in which its photographs are presented, a factor that is just as important as genre in analysing how Gageiro's work represents the city. Rather than being displayed in a studio exhibition or catalogue, Gageiro's photos are arranged in a photobook, which can be defined simply as a work in which the primary message is created by a *sequence* of photographs. In their history of the photobook, Parr and Badger quote Prinz as stating that therein "the photographs lose their own photographic character as things in themselves and become parts, translated in ink, of a dramatic event called a "book" (7). It is in this respect that the photobook becomes a historiographical approach, by articulating historical material to create a dramatic event, a sort of narrative discourse.

It is a commonplace that the act of photography severs image from space and time. Eduardo Cadava sees the image thus sundered as a *citation of history* (xvii). The organisation of photographs into a photobook has the effect of artificially re-introducing a potential time and a definite space, creating a loose narrative. John Berger claims that "an instant photographed can only acquire meaning insofar as the viewer can read into it a duration extending beyond itself" (89). Here this duration is created by the concatenation of images, using the images to signify the wider reality from which they were captured: the everyday life of a particular city during a certain period. Parr and Badger argue that "in the true photobook each picture may be considered a sentence, or a paragraph, the whole sequence the complete text" (7). I would say that, just as the photobook occupies a grey area between the film and the novel, it would perhaps be more accurate to see the composing images of the photobook as hovering somewhere in between the literary word and sentence and the cinematic shot and sequence.

Whilst events, people, and places are depicted, and a narrative created through *mise-en-séquence*, there is, however, no clear plot. How then does *Lisboa no cais da memória*'s historiography work? For Berger, "if photography does narrate, it narrates through montage," going on to suggest that the photobook employs an Eisensteinian *montage of attraction*. This I argue is what we can see at work within this photobook, the emotivity of the Eisensteinian attractions sitting well with street photography as I have described it. In a montage of attraction, each image should attract that which follows and vice-versa. Berger goes on to say that "the energy of this attraction could take the form of a contrast, an equivalence, a conflict or a recurrence. In each case, the cut becomes eloquent and functions like the hinge of a metaphor" (287). Thus, discrete elements are stitched together to form a whole and construct a narration.

Here it is useful to look at an instance of montage in order to see how this process functions in practice. The sequence in question shows the 5 October 1960 protests by the M.U.D. (Movement for Democratic Unity) against the Salazar government. The first image (280) shows a group of protesters amassed before a public building. The building flies a Portuguese flag, shrouded in shade. Directly below it a member of the crowd holds aloft another national flag, highlighted in brilliant sunshine. Two versions of Portugal are about to confront one another. The next image (281) "cuts" in closer (though, from the background it would appear that we have moved to another location), picking out several members of the throng who are identified as key protagonists in the accompanying caption. They are Arlindo Vicente, a member of the *Seara Nova* group and democratic presidential candidate in 1958, Adão e Silva, a lawyer from Lisbon and one of the dictatorship's staunchest opponents, and Azevedo Gomes, chair of the M.U.D. Behind them an illuminated Portuguese flag is again brandished by an anonymous protester.

The way the next images are linked is interesting. The following photograph (282) doesn't date from 1960 but rather from 1966. It depicts what appears to be a police parade through one of Lisbon's main squares. In a strong diagonal stretching from the bottom left upwards, a row of uniformed policemen march imposingly, each being led by a police dog. The effect is intimidating, not least because, in the strong sunlight, each policeman's eyes are in shadow below the brim of his helmet. At the far end of their rank, peering from the pavement, hemmed in between a police vehicle and a prohibitive street sign, stand the public, constrained and cowed. The next image (283) shows the protest march under way. In contrast to the policemen in the previous picture, the protestors, many of whom are looking around them in trepidation, are assembled into a loose cluster. Despite their evident nervousness, the illuminated flag again makes its appearance in the centre of the image, embodying the hope for positive change perhaps. The two sides literally meet in the following image (284), which shows a protester and a policeman. The protester rolls back, one arm raised as a shield whilst the officer's truncheon swoops down. The contrast between the clenched posture of the policeman and the supine position of the protester, as well as the obvious inequality between the officer's official weapon and the prone man's woeful shield tell us all we need to know about the relationships enacted in this incident, as do the dismayed, impotent attitudes evinced by two onlookers. The prepotency of the state at this juncture couldn't be clearer.

Here, in the depiction of protest, power, and repression, there is something approaching a plot. Not all the images in the photobook entertain this type of flowing relation between one another, however. *Lisboa no cais da memória* is divided up into seven sections, each of which deals loosely with a theme. Each of these sections is prefaced by an extract from a poem and a picture of a jobbing photographer taking portraits in the streets, symbolising the immersion of the reporter-photographer-*flâneur* into the everyday lives of the people he depicts. The first section deals with a cross-section of the city, both topological and social. It introduces the reader to the traditional infrastructure of the Lisbon around the Castelo de São Jorge and the Alfama, as well as the new *Avenidas Novas* areas into which the city expanded after the Second World War. The image on page 24 shows a shepherd and his flock walking from left to right over rough ground, whilst the new urbanisations of Areeiro stretch out in the distance. The divergence and co-existence of old and new is made patent.

The second strand concentrates on children and activities of the street. Whilst the focus is on the simple joys of childhood and their picturesque aspect, there is a more sombre undercurrent in these images. For Cardoso

Pires, all Gageiro's shots of children represent "a imagem da infância traída" (*Gente* n. pag.) by the political and social situation in Lisbon. One image (*Lisboa* 67) shows a young, brooding man cradling an infant whilst a group of children and women congregate by a doorway. Whilst we cannot read the exact events surrounding the situation, consternation and what we might imagine as a fear for the baby's future are clear on the man's face. Another image (70) shows a group of children careening down a hill through a bank of smoke. The setting is Casal Ventoso, traditionally one of the city's most impoverished neighbourhoods. Whilst the children charge along with a care-free air, the smoke could be said to represent the uncertainties of their future.

The third theme deals with the everyday life of the city, the traditional working life of people that "mourejam por ferias e por cidades, ocupando o breve espaço da pátria que lhes cabe" (*Gente* n. pag.) and the changes this existence is undergoing. Many depict the traditional portside activities of the city, to which images of the construction of the Ponte Salazar are contrasted. Another image shows a small fishing boat against the backdrop of the newly built bridge (*Lisboa* 107), contrasting the modern and the traditional, but also highlighting, via their position mid-river, the time the fishermen shown still had to wait before the bridge received its current name, Ponte 25 de Abril. The fourth concentrates more closely on traditional life in the streets "inland." Images proliferate of people in the midst of their routines. The fifth strand continues the theme of the third and fourth, but in a more quirky vein, depicting, amongst other things, a great many shots of people waiting, especially old people, conveying a feeling of historical inertia. For Cardoso Pires, Gageiro "regista, sim, o velho que está dentro de cada adulto" (*Gente* n. pag.), waiting and old age being an indirect way to represent the unfortunate longevity of Salazar's premiership. The sixth shows the activities and pastimes of the city, music and bars, bullfighting and football, religious events and processions and provides a re-working of the way in which these were portrayed at the time by the regime. Football, for example, is shown as both a tool used by the regime (255), with Salazar shaking Eusébio's hand after the country's relative success in the World Cup of 1966, and as a potential locale for political mobilisation in an image of protest banners held aloft by students during the Académica-Benfica cup final of 69. The seventh, coming after the years of inertia and protests, shows the revolution and its immediate aftermath.

These more loosely connected thematic strands are constructed and must be approached in a different way than the smaller narrative sections that exist within them. Their relative disconnection means that the photobook does not work in the same way as film and has two effects on the way in which the montage of attraction functions. The first is that instead of causing the narrative to flow, in Berger's words, "such an energy [the energy of the attraction between images] then closely resembles the stimulus by which one memory triggers another, irrespective of any hierarchy, chronology or duration." The second effect is that this subverts the linear notion of sequence, creating a situation in which "the sequence has become a field of co-existence like the field of memory" (*Another Way* 288). As well as particular narratives about certain events then, the loose groupings cause the book to act as a sequence of memories of certain aspects of the city.

For Cadava, photographs transform time into space (59). If we accept the preceding premises, we can argue that the sequential thematic arrangement of images makes possible a spatial representation of the city, a space of co-existence and commemoration, which can be moved through by a reader/viewer. Bearing in mind the street photography in *Lisboa no cais da memória*, we can even say that this journey takes place on foot and can follow different trajectories. There is a linear organisation of the work into themes, which are traversed horizontally so to speak. However, there are other routes and shortcuts possible, which take a more associative direction. Unlike a film, in which the spectator is borne along by the flow of time, in the photobook time is under control. At any moment, by flicking forward or backwards (an activity that the loose narrativity of the photobook encourages) the reader can bring two different images into contact. This could take the form of comparing the same place at different times, similar figures in different situations, or even just the serendipitous juxtaposition of disparate images: a sort of vertical traversal.

One way of conceptualising this process would be to compare the construction of sentences in language to this manner of traversal. The horizontal traversal can be said to work in the same way as a paradigmatic chain, insofar as each image gains significance though its divergence from a similarly themed "vocabulary" of photographs. The vertical traversal can be compared to the syntagmatic chain, in that the meaning of an image is enacted by its selection to follow a particular image and the tenor of the ensuing photograph. An example: At random I can open the book and see a dishevelled and impoverished man cooking his dinner over a small fire on the street (178). If I turn back a page I can see Cardinal Cerejeira, the bishop of Lisbon and a supporter of the regime, inspecting a kitchen before a presumably lavish official dinner

(176). This would outline the iniquity of the times. If I look at the photograph on the opposite page, on the other hand, I can see a group of seemingly content women eating their meagre meal together on the street and perhaps think that despite the deplorable poverty there did exist companionship and solidarity (179). While I am constructing this sequence, I might bear in mind the young soldiers embarking for the colonial wars (272, 273, 274, 275) or the crowd of chimney sweeps as an explanation for the absence of men at the street meal (exigencies of war or traditional divisions of labour) or instead the image on page 248 of a procession of Santo António, 1966 (the importance of Catholicism in the life of the city). With around 300 photographs in the photobook, the number of such trajectories is manifold.

The arrangement of motionless photographs into sequences and the movement needed to traverse these introduce an unresolved tension between stillness and motion in Gageiro's work. It is through this relation that the city of *Lisboa no cais da memória* is constructed. While the flow of a film may introduce an element of a "here and now" into the narrative and hurry the spectator along, *Lisboa no cais da memória* remains resolutely in the static "there and then," as it is the reader/viewer who strolls through it. A telling translation for the Portuguese title would be "Lisbon in the Dock of Memory." In this way, as well as being the portrait of a port city, by taking the other meaning of the word dock the work can also be seen as a place of extended judgement from a humanist point of view where various aspects of the city's history are tried, then acquitted, such as the simple communality of the people, a disappearing way of living, or condemned, like the repression of the regime, eventually swept peacefully away in 1974.

PAUL MELO E CASTRO

Works Cited

Barthes, Roland. *Image-Music-Text*. Trans. Stephen Heath. London: Fontana Press, 1977. Print.

Berger, John, and Jean Mohr. *Another Way of Telling*. London and New York: Writers and Readers Cooperative Society, 1982. Print.

Cadava, Eduardo. *Words of Light: Theses on the Photography of History*. Princeton, New Jersey and Chichester, West Sussex: Princeton UP, 1997. Print.

Gageiro, Eduardo. *Lisboa no cais da memória*. Lisbon: Edição do Autor, 2003. Print.

Parr, Martin, and Gerry Badger. *The Photobook: A History*. Volume One. London: Phaidon Press, 2004. Print.

Pires, José Cardoso, and Eduardo Gageiro. *Gente*. Lisbon: Editorial O Século, 1971. Print.

Westerbeck, Colin, and Joel Meyerowitz. *Bystander: A History of Street Photography*. London: Thames and Hudson, 1994. Print.

Paul Melo e Castro holds a PhD in Portuguese from the University of Cambridge. He is a lecturer in Portuguese at the University of Leeds. His single-author monograph *Shades of Grey: 1960s Lisbon in Novel, Film and Photography* was published in 2011. Among his interests is the representation of 1960s Lisbon in works by Eduardo Gageiro, José Cardoso Pires, and Fernando Lopes. Email: P.M.Castro@leeds.ac.uk

The Blindness of Meirelles

Alessandro Zir

Abstract. The main idea of this essay is that any successful translation of an artistic masterwork must in some way rescue the whole *poiesis* that sustains the original work as an aesthetic phenomenon. If the translation does not succeed in doing this, it simply fails. What has to be translated is, first of all, not the content, ideas, story, or even formal characteristics, but the tension that brings all of the elements together. This is especially visible when the translation is done from one medium to another, such as when a literary masterpiece is brought to the cinema. Fernando Meirelles's adaptation of José Saramago's *Ensaio sobre a cegueira* is a failure in this sense.

The movie begins: an extreme close-up into the pinstriped and reflective traffic lights oscillates with another close into blurry cars driving by. This is enough to prove the possibility of expressing visually the texture of an oppressive—if white and symbolic—*blindness*. Even after the frame opens, the angles are still a little slanted, jammed. The cars keep crossing in front of the camera, out of focus, cutting between the scene and the spectators, almost knocking them down. It is a very good start. Unfortunately, the tension generated by the discerning use and subtle selection of cinematographic resources does not last through the end of the movie. It is outstripped by the narrative, or worse, by the content of the narrative, by what the director wants to say, by

Portuguese Literary & Cultural Studies 23/24 (2012): 409–418.

the heaviness of a message. The narrative collapses in the exact measure that it loses the opportunity of revealing itself in the same way in which the title of the movie is announced: submerged in a milky reflection that gets unfolded by being reverted, inverted in a slanted, moving surface of glasses and mirrors. And in this context, the original cinematographic resources collapse as well. The bright light that in some passages of Meirelles's *The Constant Gardener* smelled of marketing cliché, superficially embellishing the hardly convincing intimacy of love scenes, is extremely effective here in expressing a blindness that is the excess of vision. The problem is that the tension generated by all the technical resources is insufficient to sustain a narrative that pedagogically and didactically deforms itself into something that the director seems to be condescendingly and horribly forced to say at its expense. The director is betrayed, possibly by himself.

To come back to the pertinence of the resources, there are the audible as well as the visual ones, as the ingenious mix of tires screeching, car horns tooting, and an electronic-chromatic rustling that tracks the unbalanced, helpless spinning of the first blind man—wide-open arms over a vertiginous pedestrian crossing, still at the beginning of the movie. Minutes later, there is the scuffling and whispering unfolding of an iris cleared away in a tactile, plicate mechanism of an unseen peephole. Also unfolded and cleared away, muffled, are the set of curious bells that play along with the husky countertenor voice of the maiden with sunglasses, when she walks towards a love transaction in a hotel room, before she goes blind. There are triangles and buzzers, crackles and swishes. In the middle of the movie, the scene in which a table is erased and redrawn—another example of an outstanding visual resource—unexpectedly resurges; pushing the boy with a thump is a masterly example of an insightful and discerning combination of the director's audible and visual creativity. This is what can be said about the audible effects, but the use of music is entirely different. It does nothing more than punctuate certain points already too formulaic in the narrative, exaggerating their cliché-like character and collapsing into a total nonsensical slush. One example is the melodious and sighing reunion of the first blind man with his wife when she arrives at the hospital. Another example would be the condescending musical moment when the jewels are collected. The actors are also weakly directed, which makes some of the dialogue hardly convincing, not to mention the crying scenes. The first example, and perhaps the most glaring, occurs in the clinic of the physician, where sentences such as "do you think

I'm lying?" and "I know how to get to the hospital" become pathetic due to a lack of inner rhythm. The performances of Julianne Moore, Mark Ruffalo, and Alice Braga are potent, but they do not withstand the implausibility of their own characters, the predictable linearity of the script.

The weakness of the movie becomes patent when it is compared to Saramago's book. The point, however, is not that Saramago's book is aesthetically superior, but that a deficient approach to the text, to Saramago's story, undermines the constitutive elements of the movie itself. The movie comes apart independently of any comparison. There are elements and gaps in the movie the alchemy of which is unfortunate in terms of their fictional plausibility, while in the case of the book, on the contrary, such alchemy is extremely effective. The movie does not succeed in attaining that minimal dimension of autonomy in relation to actuality that would enable it to become something in itself. The movie does not emerge as a work. It would always be possible to opt for a poetical construction completely different from the one exhibited in the book. But the criticism that is made here is that, different or not, the problem is that the chosen construction doesn't work, and perhaps exactly because the movie remains too much attached to the book, but in a terribly ineffective way in terms of its own construction. And this is completely independent from the ingenuity and richness of the resources contrived.

What subverts the movie is an immaculate didacticism in a setting in which people will continually step both in their own shit and on deceased people. In relation to this point, Fernando Meirelles shows indeed he is not only creative and discerning but has guts. The movie has passages undeniably disgusting in the best sense. One does not have to be entirely satisfied, however, since Saramago's book—with its feces, deceased people, vomit, snot, and all sort of bad smells and viscosities—could give rise to myriad Pasolinian *Salòs*. Of the five senses, vision and even its absence are not what prevails, but the sense of smell, permanently oppressed by all sorts of stenches. Maybe one cannot see, but it is impossible not to smell that when diffused in such a reeking and genuine miasma any linear, well meant, pedagogic solution is fated to self-putrefaction. No matter if *Blindness*, in terms of dirtiness, seems to favor smut over secretions. It is *Children of Men* rather than *giornate di Sodoma*.

The concept of white blindness as something underlying some sort of benign illumination has a basis in Saramago's book. It can be inferred, for instance, from the passage in which is described the outbreak of blindness in the man who initially helps and then steals the car of the first blind man.

Eyes, turned to the inside, as mirrors, are able to "explicitly show what we were trying to deny with the mouth." They are "a consciousness with teeth ready to bite" (Saramago 26).[1] Or, as is said later, the blindness is "a luminous glory" (94). However, especially in this latter expression suggested by the narrator, there is a caustic irony. The luminous glory is also feces, because "light and brightness" smell to the physician exactly like shit, when he cannot even clean himself because there is no paper for the toilet towards which he has crawled, groping over a sticky floor (96–7). It is actually a "hideous white tide" (115) of "a frightened horse, a horse with eyes wanting to jump out of their sockets" (131). It is "the eye that refuses to recognize its own absence" (129). It is as well the possibility of returning to a thing-like state, a kind of remission, an eschatological regression that transfigures the symbolic by a process of thing-like specification: "[To] cross the visible skin of things passing into their inner side, into their glowing and irremediable blindness" (65)—this is the desire of the physician's wife.

The movie lacks this ambiguity, as well as the irony and coldness that articulate and sustain the story in the book, as in the passage in which the narrator confesses that "the grotesque of the spectacle would have made the most sobering observer laugh his head off, it was hilarious, many blind crawling forward, their faces close to the floor like swine" (105). It is this detachment of the narrator that gives to the book the undertone of a parody of itself without which the story proposed by Saramago would be empty. Is it really possible to make a movie out of it? How to create in cinematographic terms the gibe of a narrator who, knowing that the physician's wife is not blind, treats her as an exemplary model of blindness with "frontal vision" (87)? How to create in cinematographic terms the cynicism of a narrator who jocosely allies himself with the food thieves, characterizing them as "the hand [...] that feeds" (162)? Or who says about the blind making noise in order to distract the attention of the gang of rapists: they "were like lady mourners in a trance" (202)? Or who says about the blind who turn back to see the nude breasts of the physician's wife that they do so too late, because she had already covered herself with a coat (228)? Or who makes the following comment about the panic unleashed by the discovery that the image of the saint inside the church was also blindfolded: "[O]ne has to be really kind not to burst out laughing in view of this grotesque entanglement of bodies searching for arms to release them and legs to run away" (303)? But no kindness can forgive the director for not realizing that without this lampooning of the narrative in relation to the narrative itself—of the narrator in relation to the spectacle that he himself depicts—whatever could be saved from the story would be, in the end, as implausible as a Dracula performed by a toothless actor. Such a lampoon could be rescued with resources not much more complicated than the introduction of a narrator, as has been done in some classics of Robert Bresson, and in *Plata quemada*. Meirelles delays the use of this resource until the last minutes of the movie, when he avails himself of the voice of the blindfolded old man, but it is then too late.

A glowing example of immaculate, nonsensical didacticism is the speech made by the physician, when he says that he would not mind prostituting his own wife since they were all fated to starve to death. The movie gives here the mistaken impression that the disarray of the whole situation might derive from the lack of some fundamental or basic necessity, which could have been previously and predictably attended to. Meirelles does nothing other than to repeat literally what is written in the corresponding passage of Saramago's book, and yet the departure from Saramago's book, taken as a whole, of its spirit, of the marrow of its text and *poiesis*, couldn't be larger. In an essay published in the newspaper *El País* eight days after the twin towers attack, Saramago says, differently from Nietzsche (for whom the fact that God does not exist would imply that everything is possible), that for him, Saramago, it is rather the case that, God apparently existing, all atrocities can be justified in his name. What is actually common to both Saramago and Nietzsche is the indictment of the nihilism into which one falls when everything becomes possible—be it by God or by the lack of God. Their malaise comes from a liquidation of all values. It could be said that this is exactly one of the main roots of Saramago's *Ensaio sobre a cegueira*. In the name of survival, everything becomes possible. When the only thing that remains is to survive, we attain the ground of a fundamental necessity, or rather we dissolve the apparently fundamental status of such a necessity, in the name of which is perpetrated a general dissolution of all possible values, exactly because in view of such a necessity everything would become justifiable. The most pressing problem is not simply starving to death, as it would be possible to infer in a hurried reading—not that starving to death is not a problem, but, against any simplistic pedagogy, to be able to satisfy people's hunger and their other few basic necessities is not the solution for the blindness at issue here, especially if one does so at the expense of everything else.

What truly horrifies does not come from something concrete, palpable. When the maiden with sunglasses says, in the movie, "it is not easy knowing that we have killed someone, like I did," this is just another example of immaculate, nonsensical didacticism, occasioned by a literal but myopic repetition of the words in the book. The genuine problem is not simply to kill (no matter if this is done with scissors), as the viewer might wrongly conclude, only to leave the cinema edified by the natural goodness of us all (or of some few, among which he certainly includes, besides the maiden with sunglasses, the physician's wife and probably himself). In the book, when she is reflecting over the fact that she has killed the king of ward one with a scissors, the physician's wife ends by considering that "it is necessary to kill [...] when what is still alive is already dead" (189). That is, the genuine drama, the tragedy of consciousness does not come from any original purity, from any humanitarian, moral atrophy of the ability to kill. Much on the contrary, tragedy comes from the discovery of a possible state of fuzziness between the alive and the dead, this state of living death, which not only justifies assassination but demands it, as a necessity. One must conclude that what is legitimately pressing here is not the discovery of a natural ground, but the instauration of values, of distinctions and divisions, as the ones between living and dead beings. At the end of the book, the same woman will defend the importance of an order "that wants the dead in their place of the dead and the living in their place of the living, while hens and rabbits feed some and are fed by others" (288). It is the minimal recognition that not everything must be possible and that things must not be taken as equal (even if we are starving to death). And there is no lack of irony in this formulation, mentioning hens and rabbits, to warn about the ambiguity and the transitory character of values, but nothing could be more "fundamental" than the contraposition, concretized in time, of these reversible differences. The movie fails in conveying all this, it fails in conveying the complexity of matters at issue, and we are left with nothing more than the self-edification of the good and pathetic viewer in the armchair of the cinema, an unsuspected specimen of Alex from *Clockwork Orange*, confident in his hunger and natural inability to kill.

When, differently, the director was bold enough to create, to invent a dialogue that was not originally in the book, the outcome is effective: "[M]ay I suck on your nipples? Just a little bit. Here you go." These expressions, uttered in falsetto, among the guttural roars of a dark brown, blurry orgy constitute one of the most genuine scenes in the movie. Another example of convincing originality emerging in the movie is the character of the king of ward one, the clownish amoralism of whom is consummately captured by

Gael García Bernal. It would be mean but fair to consider that the character profited from being killed in the first half of the movie. All the other actors are forced to sustain, from the beginning to the end of the movie, a continuous idealization that in the case of the character performed by Bernal would have been *a priori* impossible. In the book, both the physician and his wife have defects and ambiguities. For instance, they retreat every time they have the opportunity to take a more daring attitude that could reverse the unbearable situation inside the hospital. Very quickly they accept the ruse of having to pay for the food expropriated by the blind of the other ward, and when the physician has the chance of taking hold of the firearm of the thief, he fails, and regrets it (147). The excuse, in this case, is that any abrupt reaction against the thieves could bring the whole situation to an even worse denouement. Or at least it is this that the character says to himself in the book. And it is not much more than the movie is capable of conveying to the viewer. However, there are in the book other signs that the things a character says to himself—and this applies to the case of the physician as well, and his wife—are to a great measure defensive rationalizations, resulting less from an excellence of reasoning and moral purity than from passivity and even laziness. The movie does not explore these ambiguities, and because of this omission it undermines the main characters, the ones who have to maintain intact, from the beginning to the end, their sizeable dose of goodness. It is true that, even in the book, the passivity of the physician's wife is not a mere defect, yet it is not idealized, no matter if it is somewhat heroic. It is "an infinite fatigue, a will to curl around oneself, the eyes [...] turned to inside [...] till they were able to reach and observe the interior of the brain itself, there where the difference between seeing and not seeing is invisible to the simple view" (157–8). There is no didacticism here. There is no easy pedagogy and edifying solace. Passivity is also the possibility already mentioned of salvation as an eschatological retreat, the transfiguration of the symbolic in a thing-like state. Intentionally or not, Saramago flirted here with some kind of Judaic mysticism that is known to be rooted in Portuguese culture since the late middle ages. Hence the concrete essence of things as being something impossible to denominate, as says the maiden with sunglasses: "[I]nside us there is something that has no name, this thing is what we are" (262).

The escape from the quarantine hospital after the fire, with the disappearance of the guards and the unavoidably lampooned and thus excellent "we are free," propels the movie beyond the collapse that one wishes would finally end it. This expression, "we are free," is not voiced as a simple cliché but rather as a hyper-cliché, not merely implausible but completely nonsensical in that world of nuts, and thus, accordingly, plausible. It is only this hyper-cliché that enables the narrative to recover its breath and go on towards an end that is, unfortunately, more and more broken. In this effective scene of the "we are free," the camera once more moves from the perspective of a claustrophobic frame—a crack—opening onto the city's wreckage, remindful, among other things, of the lampooned and apocalyptical atmosphere of classics such as Stanley Kubrick's *Full Metal Jacket.* In this freed scenario, the "eat something" said to the physician by his wife after the struggle to save the grocery bags in the store stops being the easy sign of some basic necessity that it would be possible to predictably satisfy, and becomes something concrete in the categorical poverty of what one meagerly owns, in a positive void of meaning in which the word "necessity" is as meaningless as a wrested piece of salami, or as half of a cereal bar coming apart between one's teeth. It is a scene strong enough to capture all the irony lacking in the others—a perfect if not superior version in film of the written joke that it is possible to "heighten" the "perfume of a tough bread loaf" to the state of "the very essence of life" (227).

It is not bread, however, but water that gains primacy at the end of the narrative. In the book it even has an explicit religious character, as when the three women washing are presented as "three graces" and the narrator speaks of "soul" and "God" (265–7). Here indeed it appears that something lyrical is demanded, maybe even something basic, and definitely fundamental, but that would only be annulled by all the accumulated dirtiness, till then impossible to eliminate. According to the book, there is no water in the pipes; it is impossible to get clean. One can change dirty clothes for clean ones, but there is no way to wash, except when the rain comes. We are in the opposite situation in relation to the one at the hospital, in which one would do anything, plunge into the most ignoble and stinking dough, just for a loaf of bread. This water is not a necessity that compels, but something that frees one from everything that he or she was forced to stand in the name of an alleged necessity. In this sense, water really is a *grace.* It is also, one should not forget, cold water, water that makes one tremble, and which one cannot stand for very long. In the movie, however, independently from its temperature, all grace is lost, because there is beneath it the romantic imperative (in a Rousseauian sense) that there are fundamental necessities that would linearly crown the lyric core of some kind of noble humanism, which would be necessary to rescue by all means, even when the paid price does not make up for what is lost. We are then cheered with whispers, a Bach cantata melody, and "this is your home now too," "there is nothing like clean water," "human family and a dog." It would be possible to respond to the toast by complaining, among other things, that the terrier of the movie, no matter its wire hair, does not convey any ambiguity as does the one in the book, "a harsh and intractable dog when it has not to wipe out tears" (230). One could as well be nostalgic of hyenas "with shrunken rumps," and hens "crazily happy" eating (possibly human) meat (237). To be entirely fair, one has to admit that in this final deception of the narrative, the creator of which lacked non-seeing eyes, another great insight occurred, proving that we are still before the director of *Cidade de Deus*, a masterpiece. Saramago was able to include, in the last pages of his story, and in an almost paradoxical way, the writer himself, balanced in a subtle asymmetry between writing and reading. Exactly the same paradox is reproduced in the movie, when the physician takes *pictures*, and in a way that is even more in accordance with this *blindness* that, after all, seemed to be the subject of them both.

Note

[1] The translations are mine.

Work Cited

Children of Men. Dir. Alfonso Cuarón. Universal Pictures, 2006. Film.

Clockwork Orange. Dir. Stanley Kubrick. Warner Bros, 1971. Film.

Full Metal Jacket. Dir. Stanley Kubrick. Warner Bros, 1987. Film.

Meirelles, Fernando, dir. *Blindness*. Rhombus Media, 2008. Film.

———. *Cidade de Deus*. O2 Films, 2002. Film.

———. *The Constant Gardener*. Focus Features, 2005. Film.

Plata quemada. Dir. Marcelo Piñeyro. Oscar Kramer SA, 2000. Film.

Salò o le 120 giornati di Sodoma. Dir. Pier Paolo Pasolini. Produzioni Europee Associati, 1975. Film.

Saramago, José. *Ensaio sobre a cegueira*. São Paulo: Companhia das Letras, 1996. Print.

Alessandro Zir is a journalist and philosopher, with publications in Brazil, Chile, and Portugal, including chapters of books, papers, translations, and fiction. Member of the GIFHC (Interdisciplinary Group in Philosophy and History of Science), ILEA/UFRGS – Brazil, he has participated in international symposia in institutions such as the Max Planck Institut für Wissenschaftsgeschichte (Berlin), and the Biblioteca Municipal de Évora (Portugal). He is a Capes scholarship holder (Ministry of Education, Brazil), and received his PhD in the Interdisciplinary Program at Dalhousie University (Halifax, Canada) in July of 2009. Email: azir@dal.ca

La retórica del poder: El discurso ideológico
de Salazar a través de sus aforismos políticos

Alberto Pena-Rodríguez

Abstract. The Portuguese dictatorship of Oliveira Salazar was a corporatist
fascist regime whose propaganda structures were very much involved
in the creation and consolidation of the New State (1933–1974).
Salazar's political project and his propagandistic discourse were based on
notions drawn from his extremely conservative thinking. His Catholic
beliefs regarding God and Family as well as the patriotic tradition were
the principal ideas of his political discourse. In order to involve the
Portuguese people in his ideological model, the New State's Department
of Propaganda and its official newspaper, the *Diário da Manhã*, organized
systematic campaigns to promote Salazarist arguments. By analyzing his
most popular political aphorisms from the beginning of the New State,
this article attempts to examine the rhetorical techniques used by Salazar
to transform himself into the great leader of Portugal.

El aparato propagandístico del Estado Novo, creado en 1933 a partir de la
fundación del Secretariado de Propaganda Nacional (SPN), fue muy eficaz en
sus acciones de control de la conciencia nacional portuguesa; supo manejar
todos los resortes del poder para adoctrinar de manera decidida y planificada
a la sociedad lusa utilizando todo tipo de técnicas comunicativas que pronto
consiguieron apagar cualquier tipo de contestación (Paulo, *Estado Novo e propaganda*).[1] La dictadura fue justificada en sus inicios, además, por intelectua-

Portuguese Literary & Cultural Studies 23/24 (2012): 419–440.

les de prestigio como el escritor Fernando Pessoa, que contribuyó a legitimar el Estado Novo con un discurso político coincidente en muchos aspectos con el del propio Salazar en los inicios de la dictadura (Mendes, "Justifying Dictatorship"). De manera coordinada, el SPN y el partido único del régimen, la União Nacional, pusieron en marcha múltiples iniciativas que consiguieron extender rápidamente la influencia de las consignas de la dictadura a todos los sectores de la sociedad portuguesa (Pena-Rodríguez, "Tudo pela nação" 177–204). Las campañas de comunicación del Estado Novo siguieron las mismas pautas que otros modelos políticos de matriz fascista, en las que el líder era el Jefe indiscutible y sus mensajes eran palabras sagradas (Matos, *Salazar* 85–97).[2] La imagen que se ofrecía de Salazar en los años treinta era completamente endiosada: protagonizaba innumerables reportajes periodísticos en la prensa lusa que lo convertían en una especie de héroe nacional, salvador de las esencias de la patria, sabio infalible y redentor de Portugal (Martins, *Olho de Deus* 45–53). Su prestigio, según narraba el *Diário da Manhã*, había hecho renacer el "espirito civilizador" de su país y merecía, por ello, formar parte del patrimonio de la civilización europea:

Ao seu génio de doutrinário e de construtor; à sua competência de financeiro e de jurista; à sua fé integra e à sua persistência calma; ao seu rigor nos seus métodos e à clarividência dos seus juízos; à sua força de vontade e à sua superior noção do interesse nacional; à sua probidade absoluta de administrador e à sua energia inquebrantável de chefe. Por isso mesmo, o nome e Salazar, o pensamento de Salazar, as reformas de Salazar, fazem parte do mais alto património da civilização europeia. E as homenagens ao chefe do governo português acumulam-se, multiplicam-se, traduzem com eloquência o valor *universal* [cursiva en el original] do seu prestígio. Prestígio de Portugal e prestígio de Salazar—ambos intimamente unidos, numa fórmula sintética de ressurgimento. E o prestígio de Portugal será tanto mais sólido, tanto mais alto, quanto melhor se sinta lá fora a plena estabilidade do seu governo, a progressão serena do seu esforço, dentro dos mesmos princípios condutores, sob o mesmo chefe ilustrado e consagrado no presente pelas mais belas vitórias hão-de continuar e frutificar integralmente, nas jornadas da História futura![3]

La constante publicación de noticias y comentarios elogiosos sobre su acción política convirtieron a Salazar en una figura popular e insustituible como Presidente del Gobierno. La estrategia salazarista tenía como objetivo agrupar a todos en torno a él, con un marcado estilo paternalista, para evitar las disidencias y las fricciones internas y lograr la consolidación del Estado Novo, que era un proyecto político, aunque inspirado en el modelo del fascismo corporativo italiano, creado por Salazar para Portugal y los portugueses (Torgal, *Estados novos* 287–322). Cada una de sus decisiones políticas, de sus propuestas sociales, de sus frases, era una lección, era "a lição de Salazar."[4] Sus palabras se revestían siempre de un halo divino. La retórica periodística sobre el prestigio del dictador y su proyecto político era el discurso dominante en la mayoría de los medios de comunicación nacionales en los años treinta. La venta de retratos suyos era frecuente entre los afiliados de la Legião Portuguesa y la Mocidade Portuguesa, y la prensa portuguesa publicaba anuncios que recordaban que la "bela estampa do eminente chefe Salazar" se podía comprar en cualquier librería.[5]

Los grandes diarios de difusión nacional, especialmente el *Diário da Manhã*, junto con *O Século*, el *Diário de Notícias*, el *Comércio do Porto* y *O Primeiro de Janeiro*, además de la estatal Emissora Nacional y otras radios afines al Estado Novo y al servicio del SPN como el influyente Radio Club Português, jugaron un papel muy importante en la forja del discurso salazarista como la ideología oficial del nuevo régimen (Adinolfi, *Ai confini del fascismo* 93). Otros periódicos de referencia nacional como el *Diário de Lisboa* y el *República* no colaboraron de manera explícita en las campañas propagandísticas que glorificaban a Salazar y sus ideas, pero tampoco pudieron construir un discurso crítico con la dictadura porque el férreo control de los Serviços de Censura lo impidieron (Príncipe, *Segredos da censura*). Además, el gobierno del Estado Novo promovió y subvencionó numerosas publicaciones de carácter nacionalista (léase salazarista) para galvanizar las directrices políticas del líder portugués. Entre ellas, podríamos citar como ejemplos resonantes, el *Boletim da Legião Portuguesa*, y las revistas *Defesa Nacional*, *Alma Nacional* y *Acção: Semanário Português para Portugueses*.

Prensa y discurso político: los aforismos de Salazar

El discurso salazarista se convirtió pronto en la principal fuente ideológica del Estado Novo y en la única y verdadera esencia del auténtico pensamiento político portugués (Ribeiro de Meneses, *Salazar. Uma biografia*).[6] Las palabras de Salazar eran una especie de mandamientos que no era posible discutir. Desde su condición de militante católico y de catedrático universitario, podríamos describir sus discursos como homilías académicas de profundo

carácter patriótico. Así, se fue construyendo una eficaz mitología propagandística sobre su sabiduría, cuya representación retórica tenía un sentido pedagógico y popular (Mónica, *Educação e sociedade* 67–92). Uno de los momentos
más interesantes sobre la popularización y difusión masiva del discurso salazarista fue cuando los dos principales medios de comunicación del régimen, el
Diário da Manhã y la Emissora Nacional, organizaron en marzo de 1937 un
concurso nacional sobre los aforismos más brillantes de Salazar con el fin de
divulgar el "pensamento nacionalista" del dictador.[7] Los medios de comunicación salazaristas hicieron una campaña sin precedentes del concurso, distribu-
yendo carteles (incluso de forma aérea)[8] por todas las ciudades y pueblos del
país encabezados por las lemas "Ouvir a *Emissora Nacional*" y "Ler o *Diário
da Manhã*," bajo las cuales se reproducía un perfil de Salazar realizado por
el pintor Eduardo Malta y el reclamo "Grande Concurso Nacional."[9] Para
adquirir la condición de concursante era necesario oír y leer diariamente los
dos medios públicos durante dos meses, en busca de las frases más lúcidas
del dictador, pues en cada edición se publicaba un único aforismo. Fueron
publicados en total 60 eslóganes políticos del dictador, que condensaban las
claves ideológicas del salazarismo con mensajes profundamente patrióticos,
aderezados de un catolicismo militante, un profundo anti-comunismo, una
defensa a ultranza del corporativismo, del colonialismo portugués y del control de la opinión pública.

En total participaron en el concurso 7.623 personas, que tuvieron que
escoger y votar por la jaculatoria que creían más representativa de la patriótica sabiduría de Salazar. Se anunciaron grandes premios para los vencedores,
entre ellos un coche y cientos de regalos donados por innumerables casas
comerciales. Los premios tenían varias categorías, divididas de forma estratifi-
cada por clases sociales: amas de casa (cuyo mejor obsequio era una máquina
de coser), obreros (un seguro de vida), oficinistas (una máquina de escribir),
estudiantes (un traje académico y gratuidad de tasas universitarias) y fun-
cionarios públicos (18 días de vacaciones en los mejores hoteles de Portugal).[10] La frase más votada fue "Tudo pela Nação, Nada contra a Nação,"
que casualmente era el subtítulo del *Diário da Manhã* y la principal divisa
política del régimen. Resultó elegida por 5.982 concursantes.[11] Sus mejores
200 máximas, además, fueron publicadas en un libro de edición inglesa por
el SPN con un retrato del dictador, según una crónica publicada en el *Diário
de Notícias*.[12] Las frases completas, que fueron recopiladas una a una a través
de las diferentes ediciones de marzo y abril de 1937 en el *Diário da Manhã*, se

reproducen a continuación (según el orden cronológico de publicación) por su indudable valor histórico:

Nº 1: "Tudo pela Nação, Nada contra a Nação."

Nº 2: "Temos obrigação de sacrificar tudo por todos; não devemos sacrificar-nos todos por alguns."

Nº 3: "Não há Estado forte onde o Poder Executivo o não é, e o enfraquecimento deste é característica geral dos regimes políticos dominados pelo liberalismo individualista ou partidário e pelos excessos e desordens do parlamentarismo."

Nº 4: "Os homens que se habituam a cumprir sempre e só o seu dever pouco se lhes dá do lugar que ocupam; interessa-lhes muito desempenhá-lo bem."

Nº 5: "Se a Fé não é uma mentira, será fonte inesgotável de vida espiritual; mas, se como virtude e dom de Deus, nem compreendemos que se imponha pela força nem a vantagem de se contrariar a sua prática."

Nº 6: "Os portugueses que se aprestem a oferecer o seu concurso sabem que cumprem um dever, mas não adquirem um direito, e que precisamente com a sua ajuda é que Estado vai deixar de fazer favores a alguns para poder distribuir justiça a todos."

Nº 7: "É timbre do Governo não prometer—realizar; não começar—fazer."

Nº 8: "A universalidade de ideia e de ação no curso da evolução católica e europeia, dirigida à elevação material e moral da espécie, eis a característica da história da nossa Pátria."

Nº 9: "Por mais longe que vá a nossa tolerância perante as divergências doutrinais que em muitos pontos dividem os homens, nós somos obrigados a dizer que não reconhecemos liberdade contra a Nação, contra o bem-comum, contra a família, contra a moral."

Nº 10 "Nós temos uma doutrina e somos uma força. Como força compete-nos governar: temos o mandato duma revolução triunfante, sem oposições e com a consagração do País; como adeptos duma doutrina, importa-nos ser intransigentes na defesa e na realização dos princípios que a constituem."

Nº 11: "Na vida pública como na particular a falta de sinceridade desgosta e cansa: nenhum regime político que use a mentira como método de governo ou se contente de verdades convencionais pode acreditar-se na alma popular."

Nº 12: "O comunismo é, como sistema e independentemente de algumas realizações materiais, a síntese de todas as revoltas tradicionais da matéria contra o espírito e da barbaria contra a Civilização. Ele é a grande 'heresia' da nossa idade."

Nº 13: "O plutocrata não é nem o grande industrial nem o financeiro: é uma espécie de híbrida intermediária entre a economia e a finança; é a 'flor do mal' do capitalismo."

Nº 14: "Nenhum povo no Mundo pode amar mais Portugal do que os portugueses, nem instituição ou Governo pode haver que melhor os defenda do que o Governo da Nação."

Nº 15: "Tem muita força quem tem razão e quem não dá contra si mesmo razão aos outros."

Nº 16: "Para elevar e robustecer, engrandecer as nações é preciso alimentar na alma colectiva as grandes certezas e contrapor às tendências de dissolução propósitos fortes, nobres exemplos, costumes morigerados."

Nº 17: "É impossível valer socialmente tanto o que edifica como o que desmoraliza, os criadores de energias cívicas ou morais e os sonhadores nostálgicos do abatimento e da decadência."

Nº 18: "Portugal não perturba a paz do Mundo nem a ninguém pode permitir que perturbe a sua."

Nº 19: "Nenhum de nós—nacionalista e amante do seu País—faz profissão de nacionalismo agressivo, exclusivo, odioso, antes, se apega à noção de pátria, é que compreende, por instinto do coração e por imposição da inteligência, que o plano nacional é ainda o melhor para a vida e os interesses da humanidade."

Nº 20: "Na organização das corporações económicas deve ter-se em vista que os interesses por ela prosseguidos, ou melhor, os interesses da produção, têm de subordinar-se não só aos da economia nacional no seu conjunto, mas também à finalidade espiritual ou destino superior da Nação e dos indivíduos que a constituem."

Nº 21: "Demos à Nação optimismo, alegria, coragem, fé nos seus destinos; retemperemos a sua alma forte ao calor dos grandes ideais, e tomemos como nosso lema esta certeza inabalável: Portugal pode ser, se nós quisermos, uma grande e próspera Nação."

Nº 22: "Por cima da negação do que há de mais evidente e palpável na nossa obra brilhará sempre o despertar da consciência nacional, o prestígio de Portugal no Mundo: por toda a parte o orgulho de ser português remoça o sangue dos portugueses de hoje e permite repousem tranquilas no túmulo as cinzas heroicas dos portugueses de ontem."

Nº 23: "Agora, como em todos os momentos críticos, é preciso escolher, saber escolher e saber sacrificar—o acidental ao essencial, a matéria ao espírito, a grandeza ao equilíbrio, a riqueza à aquidade, o desperdício à economia, a luta à cooperação."

Nº 24: "Nós queremos caminhar para uma *economia nova* (itálica original), trabalhando em uníssono com a natureza humana, sob a autoridade dum Estado forte que defenda os interesses superiores da Nação, a sua riqueza e o seu trabalho, tanto dos excessos capitalistas como do bolchevismo destruidor."

Nº 25: "Há alguns anos que já a nossa política deixou felizmente de ser o reflexo de dois ou três outros países. A experiência feita tem demonstrado que a hora não é das direitas nem das esquerdas: a hora é de quem sabe o que quer e quer na verdade realizar o seu ideal político."

Nº 26: "Quando estivermos bem compenetrados de que a aliança com a Inglaterra não é nem uma tutela nem uma fiança da nossa ação política interna ou externa, não recearemos as atitudes equívocas ou subservientes nem a diminuição da nossa ação internacional, antes havemos de trabalhar por valorizar ao máximo aquele apreciável instrumento político: visto que temos de dar, havemos de saber exigir."

Nº 27: "Nós queremos ir na satisfação das reivindicações operárias, dentro da ordem, da justiça e do equilíbrio nacional, até onde não foram capazes de ir outros que prometeram chegar até o fim."

Nº 28: "Há uma geração sacrificada ao futuro da Pátria—a nossa geração."

Nº 29: "A autoridade é um facto e uma necessidade: só desaparece para se reconstituir, só se combate para a entregar a outras mãos. É um direito e um dever—dever que se nega a si próprio se se não exerce, direito que tem no bem comum o seu maior fundamento. É ainda um alto dom da Providência, porque sem ela nem seria possível a vida social nem a Civilização humana."

Nº 30: "O nosso espírito está aberto às mais largas reformas no campo económico e social; só fazemos exceção das que desconheçam o principio da hierarquia dos valores e dos interesses e da mais perfeita conjugação destes dentro da unidade nacional."

Nº 31: "A riqueza, os bens, a produção não constituem em si próprios fins a atingir; têm de realizar o interesse individual e o interesse colectivo; nada significam se não estão condicionados à conservação e elevação da vida humana."

ALBERTO PENA-RODRÍGUEZ

Nº 32: "Nenhum bem me parece exceder para as nações a estabilidade de Governos capazes: se a permanência dos nulos se assemelha à estagnação, é ainda pior o rápido desfile de sumidades com seus farrapos de ideias e planos e seus empurrões descompassados na máquina governativa."

Nº 33: "Há na vida das sociedades modernas uma crise mais grave do que a crise da moeda, e dos câmbios, e do crédito, e dos preços, e das finanças públicas, mais grave porque é mãe de todas elas—é a crise do pensamento eco-nómico, diremos, a crise dos princípios informadores da vida económica."

Nº 34: "A adulação das massas pela criação do 'povo soberano' não deu ao povo, como agregado nacional, nem influência na marcha dos negócios públicos, nem aquilo de que o povo mais precisa—soberano ou não—que é ser bem governado."

Nº 35: "Vamos conseguindo com segurança o método, na sequência da nossa política realista e por meio da nossa organização corporativa, o que revolucionariamente não pode ser executado ainda que prometido, e mais longe iremos ainda, quando pudermos não só anunciar nos discur-sos ou inscrever nas leis, mas efetivar, na prática, os dois maiores direitos que ao homem podem ser assegurados: o direito ao trabalho e o direito à instrução—o pão do corpo e do espírito para todos os portugueses de boa vontade."

Nº 36: "Advoguei sempre uma política de administração, tão clara e tão simples como a pode fazer qualquer boa dona de casa—política comezinha e modesta que consiste em gastar bem o que se possui e não se despender mais do que os próprios recursos."

Nº 37: "Só o espírito do mal se agita; só os sem pátria veem com ódio renascer e abrir a flor do nosso patriotismo, afirmar-se o nosso sentido de Nação, multiplicarem-se as manifestações do nosso progresso material e moral, consolidar-se a nossa posição no Mundo, estabelecer-se a paz interna pela Justiça; só os falsos profetas reincidem nas promessas que nunca cumpriram e encarecem despudoradamente muitas outras que não poderiam ser cumpridas."

Nº 38. "A nossa posição relativamente ao comunismo está fixada e em relação aos comunistas também. Contrariamente ao que ele faz não vamos combatê-lo em parte alguma, mas aqui não consentiremos que nos escravize a nós. Esta política de bondade e tolerância tem nas fronteiras e no interior o limite imposto pela salvação comum, e esse em caso algum será desrespeitado."

Nº 39: "Nós e a Espanha somos dois irmãos, com casa separada na Península, tão vizinhos que podemos falar-nos das janelas, mas seguramente mais amigos porque independentes e ciosos da nossa autonomia."

Nº 40: "O Estado não deve ser o senhor da riqueza nacional em colocar-se em condições de ser corrompido por ela. Para ser árbitro superior entre todos os interesses é preciso não estar manietado por alguns."

Nº 41: "Não há sindicato onde não existe espírito corporativo, consciência do valor do trabalho e do lugar que ocupa no conjunto da produção, compreensão da necessidade de cooperar com todos os outros factores para o progresso da economia nacional. Onde tais qualidades não existem, mas só o espírito da luta de classe, não temos verdadeiramente o sindicato, temos a associação revolucionária, a força ao serviço da desordem."

Nº 42: "Quem é contra a Nação não pode ser militar."

Nº 43: "O Estado Novo deve ser bem forte e resistente para dominar as correntes revolucionárias, assegurar a unidade nacional, coordenar a atividade de todos os elementos, enfim, empreender e fomentar a verdadeira revolução que tem de ser esboçada por estas gerações e prosseguida pelas que lhe sucederem."

Nº 44: "Se muitos homens não disporem para viver de mais nada senão do potencial do seu trabalho, duas conclusões se impõem: uma é que é preciso organizar a economia nacional de modo a terem trabalho os trabalhadores; outra é que o trabalho tem de ser regulado e organizado por forma que o salário permita aos trabalhadores viver."

Nº 45: "A herança é o reflexo na propriedade do instinto de perpetuidade da raça; transmite-se com o sangue o fruto do trabalho, da economia, quantas vezes de grandes privações."

Nº 46: "A Nação é para nós uma e eterna; nela não existem classes privilegiadas, nem classes diminuídas. O povo somos nós todos, mas a igualdade não se opõe e a justiça exige que onde há maiores necessidades aí seja maior a solicitude: não se é justo quando se não é humano."

Nº 47: "A solidariedade de interesses que está na base da sociedade obriga cada um de nós a contribuir pela inteligência ou pela ação para o património comum: o homem que não trabalha lesa todos os demais."

Nº 48: "Que pena me faz saber aos domingos os cafés cheios de jovens, discutindo os mistérios e problemas de baixa política, e ao mesmo tempo ver deserto esse Tejo maravilhoso sem que nele remem e velejem, sob o céu incomparável, aos milhares, os filhos deste País de marinheiros!"

Nº 49: "A ordem e a perfeita correção dos processos financeiros são, além de condição essencial do nosso ressurgimento, garantia da independência e integridade da Pátria."

Nº 50: "Alheios a todos os conluios, não vendemos, não cedemos, não arrendamos, não partilhamos as nossas colónias, com reserva ou sem ela de qualquer parcela de soberania nominal para satisfação dos nossos brios patrióticos. Não no-lo permitem as nossas leis constitucionais; e, na ausência destes textos, não no-lo permitiria a consciência nacional."

Nº 51: "É na verdade com o mesmo critério de Nação, agregado social diferenciado, independente, soberano, estatuindo, como entende, a divisão e organização do seu território, sem distinções de situação geográfica, que nós consideramos, administramos as colónias. Tal qual como o Minho ou a Beira, e, sob a autoridade única do Estado, Angola ou Moçambique ou a Índia. Somos uma unidade jurídica e política, e desejamos caminhar para uma unidade económica, tanto quanto possível completa e perfeita, pelo desenvolvimento da produção e intensa permuta das matérias primas, dos géneros alimentícios e dos produtos manufacturados entre umas e outras partes deste todo."

Nº 52: "A vida humana tem exigências múltiplas e é de desejar que cada vez tenha mais. Mas nesta via ascendente de necessidades e de riquezas acumuladas não deve esquecer-se que não há progresso quando a vida é mais rica, e só quando é mais alta, mais nobre na sua chama interior e na sua projeção externa."

Nº 53: "Tumultuam à nossa roda bastos egoísmos, vaidades, ambições de mando, sôfregos interesses individuais que não se subordinam e pretendem sobrepor-se aos interesses da colectividade; e há muitos milhares de portugueses que oferecem a sua dedicação ao bem comum, que tomam a defesa deste como dever onde quer que se lhes indique o lugar da ação, trabalhando, obedecendo, *servindo* (cursiva original): estamos vendo coisas novas em Portugal."

Nº 54: "Ter bem presente no espírito que os homens vivem em condições diferentes e que esse facto se opõe, por vezes a que seja uma realidade a sua igualdade jurídica; proteger o Estado de preferência aos pobres e aos fracos; fomentar a riqueza geral para que a todos caiba ao menos o necessário; multiplicar as instituições de assistência e de educação que ajudem a elevar as massas populares à cultura, ao bem estar às altas situações do Estado e da Nação; manter não só abertos, mas acessíveis, todos os quadros à ascensão livre dos melhores valores sociais—isto é amar o povo e, se a democracia pode ter ainda um bom sentido, isto é ser pela democracia."

Nº 55: "A revolução do 28 de Maio é vincadamente popular—pela sua preocupação de contacto direto com a alma do povo e de satisfação das suas instantes necessidades."

Nº 56: "Portugal é um Estado que ama a paz, tem o espírito civilizador, colabora no fortalecimento da ordem universal, estigmatiza a guerra ambiciosa, perfilha a arbitragem para a liquidação das questões entre os Estados, integra o seu direito público no quadro dos fins superiores da humanidade, e pretende o desenvolvimento harmónico, pacífico, produtivo, das faculdades dos cidadãos, para o aperfeiçoamento e progresso das relações internas e externas da Nação."

Nº 57: "Duma civilização que regressa cientificamente à selva separa-nos sem remissão o espiritualismo—fonte, alma, vida da nossa História. Fugimos a alimentar os pobres de ilusões, mas queremos a todo o transe preservar da onda que cresce no Mundo a simplicidade de vida, a pureza dos costumes, a doçura dos sentimentos, o equilíbrio das reações sociais, esse ar familiar, modesto mas digno da vida portuguesa—e, através dessas conquistas ou reconquistas das nossas tradições, a paz social."

Nº 58: "Temos em Portugal sacrificado muitas vezes demasiadas coisas a um humanitarismo que desconhece a justiça devida à grande massa inocente, vítima constantemente imolada às fúrias dos que esse humanitarismo absolve. Nós podemos perdoar as penas, mas não podemos esquecer as culpas, e criminosos seriamos não deduzindo dessa generosa atitude a necessidade duma vigilância mais atenta, duma segurança mais firme, e duma repressão mais severa, se factos passados viessem a repetir-se."

Nº 59: "Nós não compreenderíamos—nós não poderíamos admitir— que a escola, divorciada da Nação, não estivesse ao serviço da Nação, e não compreendesse o altíssimo papel que lhe cabe nesta hora de ressurgimento, na investigação e no ensino, a educar os portugueses para bem compreenderem e bem saberem trabalhar."

Nº 60: "Operamos com prudência e segurança, com o método nosso já conhecido, uma transformação profunda na essência e na orgânica do Estado; fazemos da vida económica elemento da organização política; pomos o trabalho, seja qual for a sua forma, entre os conceitos básicos da nova vida social e fazemos guerra a todos os parasitismos, a começar pelo da administração pública; pretendemos ordenar a economia nacional, salvaguardando a iniciativa privada; queremos o nacionalismo em economia, mantendo a benéfica concorrência dos produtores entre si e destes com os dos países estrangeiros; tendemos à organização de todos os interesses para a sua defesa e valorização, mas queremos o Estado suficientemente digno e forte para não ser corrompido por eles, para lhes não permitir que abusem da sua força e para os coordenar em ordem à realização conveniente dos fins superiores dos indivíduos e da Nação."

Salazar y el "país más feliz de Europa"

Este catálogo de aforismos políticos es una prueba más de la intensa propaganda que, en general, los medios de comunicación portugueses realizaban a favor de la imagen pública del fundador del Estado Novo. Evidentemente, se trataba de una natural respuesta del régimen para blindar el poder y defender la estabilidad del gobierno en torno a la indiscutible figura de su líder; pero también hay una clara dinámica retórica de culto fascista al Jefe, alrededor del cual se crea una jerarquía corporativa y una estratificación social oficial (Ramos de Ó, *Anos de Ferro* 137–145). Esta defensa a ultranza del salazarismo se debía, según el órgano oficial del gobierno salazarista, a que "[…] estamos num tempo em que aqueles que defendem uma ideologia política de salvação e engrandecimento nacional precisam de fazer propaganda intensa e continua dos seus princípios e convicções, como meio de defesa própria, de esclarecimento alheio e de oposição a propagandas contrárias de doutrinas desnacionalizadoras […]."[13]

La propaganda salazarista supo aprovechar muy bien las circunstancias derivadas de los acontecimientos trágicos de España entre 1936 y 1939 para resaltar el valor patriótico de la obra de Salazar frente a una España en guerra. Esta estrategia retórica estableció también una relación directa entre los éxitos del franquismo y la dictadura portuguesa, pues el discurso político del Estado Novo insistía en que la fortaleza política y económica que Salazar había conseguido para Portugal antes de julio de 1936 era un espejo en el que se miraba la "nueva" España de Franco. El aparato propagandístico retrató, además, al dictador portugués como el verdadero artífice del triunfo militar del franquismo sobre los "comunistas" españoles, tal y como afirmaba el editorial del *Diário da Manhã* al cumplirse un año del estallido del golpe militar español, bajo el título "Ressurreição de Espanha":

Como portugueses, não esqueçamos que se à Espanha verdadeira e nobre foi possível reerguer-se e caminhar isso se deve à existência neste canto do ocidente da Península de um Portugal tranquilo e firme, segura garantia de que a fogueira não podia alastrar, exemplo bem digno de seguir, capaz de encorajar e de animar. Só assim seremos justos para nós próprios, só assim mostraremos ao Mundo, que nos admira, que somos gratos ao chefe que nos dirige e nos comanda, que somos, como povo, bem dignos de tal chefe. Orgulhosos da nossa força, que não é afrontosa para ninguém, e do nosso prestígio, conquistado alegremente com pequenos sacrifícios bem compensados, estaremos melhor para louvarmos quantos tem marcado por seu esforço admirável e heróico na defesa da civilização.[14]

La prensa portuguesa utilizó sistemáticamente el contraste con respecto a la convulsa situación política de España para provocar el espontáneo agradecimiento popular a un líder que había restaurado la dignidad y la grandeza de Portugal. De acuerdo con esta lógica retórica, el artículo publicado por João Ameal (uno de los intelectuales más prestigiosos del régimen) en el *Diário da Manhã* el 8 de octubre de 1936 retrata con precisión cuál es el escenario peninsular: "Enquanto a Espanha percorre, com glória amarga, à custa de mil vítimas e de mil catástrofes, a via dolorosa da Reconquista—Portugal segue a sua marcha, dia a dia mais segura e feliz, na vanguarda das nações de Europa. O Estado Novo representou para nós economia magnífica de muitas revoluções—ou, talvez, do pior de tudo: da guerra civil. Bastar-nos-á o sofrimento da Espanha atual para compreendermos o valor extraordinário deste benefício."[15] Por eso, el periodista Augusto Lima Júnior pedía en un artículo publicado en el *Diário de Lisboa* la solidaridad de los portugueses con Salazar, "sentinela da civilização cristã na Península Ibérica."[16] "Não acredito que haja um único português, seja qual for o seu matiz político ou doutrinário, que não esteja integralmente identificado com o governo da sua pátria, nestes dias em que a torpeza bolchevista procura aviltar o nome eterno de Portugal. Haverá um único português que a esta hora não esteja solidário com Salazar? Não! Não acredito na existência de portugueses sem vergonha," decía el informador salazarista.[17]

Las pruebas de adhesión a la dictadura eran constantes. En la prensa portuguesa o por medio de manifestaciones públicas que tenían una amplia cobertura informativa, Oliveira Salazar era entronizado como el gran salvador; no sólo como el hombre que había evitado al país de un cruenta guerra civil como la española, sino también el hombre que había colocado a Portugal entre las naciones más poderosas del mundo. En definitiva, el "jefe" portugués, al que cada año se le rendían homenajes en el aniversario de su llegada al poder (el 27 de abril),[18] o durante las conmemoraciones del golpe de Estado (el 28 de mayo)[19] era, según el intelectual franquista español Eugenio Montes, el ejemplo a seguir por España.[20] El escritor falangista Mauricio Karl apunta también que, al margen de las diferencias lógicas de cada nacionalidad, España debía seguir los pasos de la Revolução Nacional portuguesa. Karl testimonia así lo mucho que su país debía al Portugal de Salazar,[21] por el que el presidente del movimiento tradicionalista español Renovación Española, Antonio Goicoechea, también expresa su más profunda admiración.[22]

La propaganda portuguesa convierte a Portugal en un modelo para la España del general Franco, quien también reconocía, en una entrevista concedida al periodista Augusto de Castro para el *Diário de Notícias* al finalizar la guerra, que era un admirador de Oliveira Salazar (CNLNRF 241). Declaración que era la confirmación de otras afirmaciones suyas anteriores en las que mostraba su intención de construir en España un Estado parecido al portugués.

De este modo, Salazar se transforma en el guía nacional, desarrollando una "genial" política internacional respecto de la Guerra Civil española.[23] Según el periódico oficial del régimen, el líder del Estado Novo consiguió, gracias a su perspicacia diplomática, adoptar la posición más digna y conveniente para Portugal y para España.[24] Tras las revueltas internas más graves contra el gobierno autoritario luso durante la guerra española, ocurridas el 8 de septiembre de 1936, el 20 de enero de 1937 y el 4 de julio de este mismo año,[25] hechos que la propaganda oficial relacionó directamente con los "comunistas" españoles, la figura de Salazar salió fortalecida.

António Ferro, en el prefacio a la edición alemana de uno de sus libros de propaganda, reconoció en 1938 la influencia fundamental de la guerra española en la fama y carisma de Oliveira Salazar, que consiguió crear la unidad de la sociedad portuguesa gracias al peso de su figura:

> Creio não me enganar se afirmo que a revolução espanhola e a guerra civil muito contribuíram para a união de todos os portugueses em volta do seu Chefe Salazar, e para a consolidação do regime por ele criado [...]. Portugal não tem, lembremo--nos disso, nenhuns outros vizinhos além dos espanhóis ; está isolado entre a Espanha e o oceano. Sente carregar sobre si todo o peso do poderio espanhol, do qual se desligou politicamente desde o fim do século XI, e esse é o poderio de um grande país. Lembremo-nos disso, pois há certos factos e certos números que sempre devemos ter diante dos olhos. Portugal é cinco vezes e meia menor do que a Espanha; a Espanha conta 22 milhões de habitantes e Portugal seis milhões e meio [...]. O exemplo da Espanha e a conspiração comunista, que felizmente

falhou, prestaram a Portugal e ao seu chefe um enorme serviço de ordem nacional e moral. Não puseram apenas um fim à oposição e não estimularam apenas os hesitantes, mas mostraram ainda em que elevado grau foi Salazar um homem previdente, quão necessárias foram as suas reformas e que lance extraordinariamente feliz não significava para Portugal ter conseguido levar a cabo a sua reconstrução nacional antes da implantação da república na Espanha.[26]

El *Diário de Notícias* lo explica con claridad en su editorial del 21 de enero de 1937: "A Península Ibérica é hoje um campo de batalha e Portugal, quer o queiram quer não os covardes e os traidores, constitui agora a retaguarda de um exército em campanha."[27] Con un mensaje nacionalista, se colocaba al dictador como víctima de una persecución del comunismo internacional, que pretendía derrocarlo por todos los medios sin éxito. Según Salazar, los verdaderos agitadores del país eran los agentes españoles al servicio del bando leal al gobierno de la República española que pretendían exportar la guerra a Portugal.[28]

Según las consignas oficiales, el *reviralhismo* odiaba a Salazar por su independencia y por sus virtudes como gobernante. El Estado Novo aprovechó las acciones contra Salazar de sus opositores para transformarlo en un mártir y un héroe al mismo tiempo. En este aspecto, uno de los momentos en los que la propaganda fue más intensa fue las semanas posteriores al atentado terrorista que los anarquistas portugueses cometieron contra él el 4 de julio de 1937 en Lisboa (Farinha, *Reviralho*). João Silvestre manifiesta en *A Voz* que la bomba contra el dictador llevaba el sello del gobierno español: "É o mesmo que estão fazendo os vermelhos de Madrid no ataque às posições nacionalistas da cidade universitária. É o que fizeram em Carabanchel e o que também fazem em Bilbau para que fosse pelos ares a cidade, à entrada das tropas nacionalistas [...]. Quem ensinou estas artes aos vermelhos de Madrid devem ter sido os mesmos mestres que as ensinaram aos conspiradores de Lisboa."[29] Los fracasos de la oposición, sumados a los relatos periodísticos que hablaban de un Salazar invencible que luchaba por proteger a los portugueses del marxismo y colaborar con los españoles en una cruzada diplomática y propagandística sin cuartel, aumentaron aún más el carisma del líder portugués, convertido en una especie de hombre de hierro con un corazón de oro.

La prensa portuguesa informa que esta postura mereció el reconocimiento de medios de comunicación de todo el mundo. Citando expresamente aquellos periódicos de tendencia conservadora o fascista que elogiaban su política exterior, Salazar es caracterizado como uno de los grandes líderes del mundo.[30] En Chile,[31] Alemania,[32] Brasil,[33] Canadá,[34] Francia,[35] Polonia,[36] u otros lugares,[37] Salazar gozaba de un prestigio infinito.[38]

Salazar es transformado en un hombre con la reputación y poder suficiente para reivindicar su derecho a influir en el destino de Europa. "A figura de sr. dr. Oliveira Salazar tornou-se popular no estrangeiro e o seu nome tão conhecido e respeitado como um dos maiores estadistas da atualidade, que não é raro chegarem noticias até de homenagens que, espontaneamente, os estrangeiros lhe prestam," dice el *Diário de Notícias*.[39] Asimismo, era habitual la publicación de testimonios de intelectuales o políticos de diferentes países que emitían algún juicio laudatorio sobre el líder portugués, cuyo talento político era inigualable por ningún otro gobernante, según estas versiones. Para el intelectual griego N.G. Politis, amigo personal de António Ferro, el Estado Novo podía muy bien ser el referente fundamental para la construcción de un futuro Estado europeo.[40] El escritor francés Maurice Maeterlinck, autor del prólogo de la edición francesa de los *Discursos* de Oliveira Salazar, expresa que Salazar estaba "vacinado contra o mal," ya que su espíritu era un "verdadeiro laboratório" de utopías.[41] Belinda Pogaetsky confirma que la "grande obra patriótica" del dictador luso alcanzaba una fama mundial, y Raymod Recouly resalta su discreción y sinceridad a pesar de todo.[42] También se publican las palabras de Pierre Gaxotte, que describe a Salazar como "uma das mais nobres figuras e dos mais profundos pensadores da nossa época!"[43] Según estas semblanzas hagiográficas, el dictador portugués era el guía que conducía a su pueblo por el camino correcto. Nada en él era imperfecto y cuando hablaba o actuaba lo hacía por el bien de todos, según la literatura periodística del régimen: "Quando dizemos que fala Portugal não nos servimos apenas duma metáfora; porque quando fala Salazar fala Portugal e quando Portugal fala—o ouvem."[44]

Para anular el efecto de las críticas que dirigían muchos otros intelectuales o periódicos de los países democráticos europeos a Salazar por la vulneración de la neutralidad en el conflicto español y su descarado apoyo a los rebeldes franquistas, los diarios salazaristas los desautorizaban catalogando esos comentarios como propaganda comunista.[45] La mitificación del dictador portugués, cuyo nombre era utilizado para bautizar bibliotecas en la universidad,[46] aviones,[47] escuelas militares[48] o trofeos deportivos,[49] se basaba también en el reconocimiento público que le tributaban instituciones o medios de comunicación extranjeros. Las noticias de homenajes, tanto dentro como fuera de Portugal, a la figura de Oliveira Salazar eran permanentes en la segunda mitad de los años treinta. Entre otras distinciones, Salazar fue nombrado doctor

Honoris Causa en Nueva York por la prestigiosa universidad católica de Fordham en junio de 1938[50] y socio honorario del Instituto dos Advogados Brasileiros un año antes.[51] Sus méritos eran incontestables y su forma de gobernar un ejemplo a seguir.[52] "A Nação tem plena confiança na inteligência e na ação do sr. Presidente do Conselho porque conhece e aprecia os frutos abundantes e ricos da sua política construtiva; o estrangeiro admira e respeita a sua obra porque ela representa a prova concludente de que as nações são sempre curáveis desde que sejam bem governadas."[53] Portugal era un país sano en una Europa "enferma" gracias a los milagros de su dictador, según el *Diário de Notícias*.[54] Opinión que el escultor danés Jean Ganguin lleva incluso más lejos afirmando que la nación peninsular era "o país mais feliz da Europa."[55]

Este tipo de comentarios irritaban profundamente a los opositores, que en alguna ocasión mostraron su perplejidad por la actitud aduladora de algunos diarios dirigiendo cartas a sus dueños o directores. Una de las misivas fue enviada al director del *Diário de Notícias*, Eduardo Schwalbach, al que se reprochaba en tono amenazante la actitud sumisa de su periódico con Salazar:

> O seu pasquim até mete nojo. Não se pode ser mais baixo nem mais miseravelmente adulador. Se os artigos não vêm firmados por você, são contudo da sua responsabilidade. Nunca vi incensar tão servilmente. Pasmo do cinismo de que dá provas. Afinal quem é o Salazar? Um astucioso como qualquer outro. Que tem ele que outro não fizesse? Nada. Absolutamente nada. Vocês os aduladores mesquinhos são uns canalhões, mas talvez não venha tarde o tempo em que se hão-de retratar como qualquer trânsfuga. As baboseiras que você tem publicado só servem para aumentar o ódio e indignação daqueles que não sabem rastejar aos pés de qualquer ambicioso astuto. Tome cuidado com o futuro, que talvez se arrependa...[56]

Conclusiones

El discurso político de Salazar tuvo una extraordinaria importancia propagandística para el adoctrinamiento de la sociedad portuguesa y su identificación con las consignas del Estado Novo. Salazar trasladaba a la opinión pública de manera periódica, sistemática y orquestada a través del control de los medios de comunicación su punto de vista sobre todos los acontecimientos de trascendencia pública que podían tener consecuencias para la consolidación de su proyecto político, con instrucciones precisas sobre la manera de actuar en cada caso. Sus discursos eran una especie de "homilías patrióticas" cargadas de un enorme paternalismo, de las que el aparato de propaganda del régimen, dirigido por el literato António Ferro, extraía y publicaba aquellos aforismos o lemas que funcionaban como auténticas consignas ideológicas para la sociedad portuguesa.

Una de las acciones más singulares de la propaganda salazarista fue planificada con la participación de los principales medios periodísticos del Estado Novo, el *Diário da Manhã* y la Emissora Nacional, que organizaron en 1937 un concurso nacional sobre las frases más brillantes de Salazar. Las normas del concurso obligaban a los concursantes a reunir durante dos meses, una a una, 60 frases políticas del líder portugués, entre las que los concursantes seleccionaban la que representaba más claramente los preceptos ideológicos de su modelo político. El aforismo elegido fue "Tudo pela Nação, Nada contra a Nação," que se convirtió en la principal divisa ideológica del salazarismo.

Quizás el momento histórico más relevante en la forja del discurso salazarista ocurrió durante la guerra civil española, durante la cual la propaganda del Estado Novo se esforzó por construir una imagen heroica de un Salazar víctima del comunismo internacional, capaz de conservar la paz en Portugal y de convertirse en ejemplo para la nueva España de Franco y Europa.

Gracias a esta política de culto a su retórica propagandística, que engrandeció su figura y transformó sus palabras en una suerte de fuente de verdad sagrada, Salazar pasó a ser un héroe nacional prácticamente infalible en su diagnóstico de la realidad. Lo que decía no podía ser cuestionado: era la palabra del dictador, la retórica del poder.

Notes

[1] Sobre el Estado Novo hay una abundante bibliografía. Una de las obras más actuales, que recoge un extenso análisis sobre las investigaciones publicadas sobre este campo de estudio es la de Luis Reis Torgal: *Estados novos, Estado Novo*. 2ª ed. 2 vols. Coimbra: Imprensa da Universidade, 2009. Impreso. Para tener un conocimiento cronológico sobre el período del Estado Novo, puede consultarse también: Fernando Castro Brandão. *Estado Novo. Uma cronología*. Lisboa: Livros Horizonte, 2008. Impreso. Para conocer los personalidades y las instituciones del Estado Novo, véase: Fernando Rosas, y J. M. Brandão Brito (eds). *Dicionário de História do Estado Novo*. 2 vols. Lisboa: Bertrand Editora, 1996. Impreso. Y para conocer la figura política de Salazar véase: Luis Filipe Ribeiro de Meneses. *Salazar. Uma biografia política*. Lisboa: Dom Quixote, 2010. Impreso.

[2] Para comprender en toda su extensión la importancia estratégica del Secretariado de Propaganda Nacional (SPN) pueden consultarse las siguientes obras: Jorge Ramos De Ó. *Os anos de Ferro. O dispositivo cultural durante a "política do espírito" 1933–1949*. Lisboa: Estampa, 1999. Impreso; Heloisa Paulo. *Estado Novo e propaganda em Portugal e no Brasil. O SPN/SNI e o DIP*. Coimbra: Minerva, 1994. Impreso; y Goffredo Adinolfi. *Ai confini del fascismo. Propaganda e consenso nel Portogallo salazarista (1932–1944)*. Milano: Franco Angeli, 2007. Impreso.

ALBERTO PENA-RODRÍGUEZ

[3] *Diário da Manhã* 14 Ene. 1938 [2418]: 1. Impreso.

[4] *O Século* 27 Abr. 1938 [20154]: 5. Impreso.

[5] *O Século* 30 Mayo [20186]: 12. Impreso.

[6] Salazar publicó en Coimbra sucesivas ediciones de todos sus discursos políticos, con un notable éxito de público. Las referencias son las siguientes: Antonio de Oliveira Salazar. *Discursos e notas políticas.* 5ª ed. Vol. 1. Coimbra: Coimbra Editora, 1946. Impreso; 2ª ed. Vol. 2. Coimbra: Coimbra Editora, 1959. Impreso; 2ª ed. Vol. 3. Coimbra: Coimbra Editora, 1961. Impreso.

[7] El SPN contribuyó a la difusión del pensamiento salazarista mediante la creación de los premios literarios, que reconocían principalmente aquellas obras literarias que se amoldaban a los presupuestos ideológicos del régimen, dentro de la denominada "política do espírito." Para más detalles sobre esta cuestión puede consultarse el libro del que es autor el que fue director del SPN desde su fundación, António Ferro, titulado *A política do espírito e os prémios literários do SPN.* Lisboa: Edições SPN, 1935. Para un análisis académico sobre los premios literarios del SPN puede leerse en el libro de Rui Pedro Pinto. *Prémios do espírito. Um estudo sobre os prémios literários do Secretariado de Propaganda Nacional do Estado Novo.* Lisboa: Imprensa de Ciências Sociais, 2008. Impreso.

António Ferro (1895–1957) tuvo una trayectoria intelectual muy singular. Desde muy temprana edad, manifestó sus dotes literarias y su debilidad por el periodismo; se vinculó al movimiento modernista portugués; fue editor de la revista modernista *Orpheu* (1915) y publicó, en esta primera etapa, varias obras, como *Misal de trovas* (1912) o *Cartas do Marinho* (1919), que era una colección de sus crónicas publicadas en *O Século.* Después de una estancia en Angola como miliciano, vuelve a Portugal con una disposición más participativa en la vida política, haciendo una defensa del nacionalismo y a favor de la intervención del Estado en la cultura. En 1921, dirige la revista *Ilustração Portuguesa*, donde queda patente su carácter nacionalista. En 1922 se establece en Brasil, desde donde trabaja como crítico teatral del *Diário de Lisboa* y escribe su obra dramática *Mar alto.* A su vuelta, en 1924, hace sonadas entrevistas a dictadores, militares e intelectuales nacionalistas europeos para *O Século* y el *Diário de Notícias*, entre los cuales estaban Mussolinni, Miguel Primo de Rivera, el general Pétain, Gabriel d'Annuncio, o Clemenceau, que fueron recogidas en su libro *Viagen à volta das ditaduras.* Su obra política se vería ampliada con *Prefácio à república espanhola* (1933), en la que pretende hacer una radiografía de la vida pública española mediante la descripción de algunos de sus ilustres personajes, como Marcelino Domingo, José Ortega y Gasset, Indalecio Prieto o Miguel de Unamuno. Entonces Ferro ya se sentía identificado con el proyecto salazarista y, en 1932, publica una serie de entrevistas a Salazar en el *Diário de Notícias* recogidas en *Salazar. O homem e a sua obra* (1933), que alcanzó numerosas ediciones en varios idiomas. En 1933, Ferro asume la dirección del Secretariado de Propaganda Nacional (SPN), a través del que pone en práctica su proyecto intervencionista en el arte y la cultura portuguesa. En 1935, desde el SPN, crea el Cinema Popular Ambulante y, poco después, el Teatro do Povo. Fue director del SPN entre 1933 y 1945, y del Secretariado Nacional de Informação (refundación del SPN) desde entonces hasta 1950. Otras de sus obras, además de las ya citadas, son: *A Fé e o império* (1935) y *Homens e multidões* (1938). Referencias académicas ineludibles sobre António Ferro son: Ernesto Castro Leal. *António Ferro. Espaço político e imaginário social (1918–1932).* Lisboa: Edições Cosmos, 1994. Impreso; Raquel Pereira Henriques. *António Ferro. Estudo e antología.* Lisboa: Alfa (Testemunhos Contemporâneos), 1990. Impreso; Fernanda de Castro. *Ao fim da memória (1906–1997).* 2 vols. Verbo: Lisboa, 1988. Impreso; y César Oliveira. *A preparação do 28 de Maio. António Ferro e a propaganda do fascismo 1920–1926.* Lisboa: Moraes Editores, Pistas Passado/Presente, 1980. Impreso.

[8] *Diário da Manhã* 31 Mar. 1937 [2134]: 8. Impreso.

[9] *Diário da Manhã* 21 Mar. 1937 [2125]: 1. Impreso.

[10] *Diário da Manhã* 21 Mar. 1937 [2125]: 1. Impreso.

[11] *Diário da Manhã* 16 Jul. 1937 [2240]: 3–5. Impreso.

[12] *Diário de Notícias* 18 Mayo 1939 [26319]: 1. Impreso.

[13] *Diário da Manhã* 21 Mayo 1937 [2184]: 1. Impreso.

[14] *Diário da Manhã* 18 Jul. 1937 [2242]: 1. Impreso.

[15] *Diário da Manhã* 8 Oct. 1936 [1966]: 1. Impreso.

[16] *Diário de Lisboa* 16 Oct. 1936 [4998]: 2. Impreso.

[17] *Diário de Lisboa* 16 Oct. 1936 [4998]: 2. Impreso.

[18] *Diário de Notícias* 27 Abr. 1937 [25583]: 1. Impreso.

[19] El *Diário da Manhã* publicó en la celebración de 1938 un suplemento especial dedicado a la Revolução Nacional de 156 páginas. Cf.: *Diário da Manhã* 25 Mayo 1938 [2548]. Impresso.

[20] *O Século* 15 Mayo 1937 [19813]: 6. Impreso.

[21] *O Século* 24 Ago. 1936 [19556]: 5. Impreso.

[22] *Diário de Lisboa* 30 Dic. 1936 [5070]: 4. Impreso.

[23] Sobre Portugal y la Guerra Civil española pueden verse las siguientes referencias bibliográficas: Iva Delgado. *Portugal e a Guerra Civil de Espanha*. Lisboa: Publicações Europa-América, s. d. Impreso; César Oliveira. *Salazar e a Guerra Civil de Espanha*. 2ª ed. Lisboa, Edições O Jornal, 1988. Impreso; Alberto Pena. *Salazar, a imprensa e a Guerra Civil de Espanha*. Coimbra: Minerva, 2007. Impreso.

[24] *Diário da Manhã* 16 Abr. 1937 [2150]: 3. Impreso.

[25] El 8 de septiembre de 1936 se produjo la revuelta de los marineros en tres barcos de guerra portugueses: el Afonso de Alburquerque, Bartomoleu Dias y el Dão. El 20 de enero de 1937, ocurrió el atentado anarquista contra varios edificios del gobierno o empresas privadas de Lisboa, entre ellos el Ministério do Interior, la Emissora Nacional y el Rádio Club Português. El 4 de julio de 1937 los anarquistas volvieron a atentar, esta vez contra el mismísimo Oliveira Salazar, que salió ileso.

[26] Arquivo Oliveira Salazar/Arquivos Nacionais Torre do Tombo, CO/PC-12, Pasta nº 1, 19ª subdivisión, hojas nº 47–52. "Actividade informativa e de propaganda do Secretariado de Propaganda Nacional (1933–1943)." Prefacio de António Ferro a la edición alemana de uno de sus libros, sin especificar (1938).

[27] *Diário de Notícias* 21 Ene. 1937 [25489]: 1. Impreso.

[28] *Diário da Manhã* 11 Sep. 1936 [1940]: 1. Impreso.

[29] *A Voz* 8 Jul. 1937 [3724]: 1. Impreso.

[30] *Diário de Notícias* 13 Sep. 1936 [25363]: 5. Impreso.

[31] *A Voz* 22 Dic. 1936 [3533]: 6. Impreso. El periódico dirigido por Fernando de Souza cita un artículo publicado por el ministro de Finanzas chileno, Roberto Mecks, titulado "Salazar, dictador impersonal," diciendo que es "motivo de orgullo para la latinidade." *A Voz* se refiere también a artículos de intelectuales como el escritor Eduardo Barrios.

[32] *O Século* 3 Jun. 1937 [19832]: 1–2. Impreso.

[33] *Diário de Notícias* 5 Nov. 1936 [25415]: 4. Impreso.

[34] *Diário da Manhã* 31 Ene. 1937 [2078]: 1. Impreso.

[35] *Diário da Manhã* 6 Dic. 1936 [2025]: 1, 7. Impreso.

[36] *Diário da Manhã* 16 Ene. 1937 [2063]: 1. Impreso.

[37] *Diário da Manhã* 23 Mar. 1937 [2127]: 8. Impreso.

[38] La delegación de Oporto de la União Nacional editó en 1949 un libro que recogía opiniones y testimonios de eminentes personalidades y periodistas de diversos países en la prensa

internacional sobre Oliveira Salazar, entre 1928 y 1948. Véase el libro *Projecção de Salazar no estrangeiro (1928–1948)*. Porto: União Nacional do Porto, 1949. Impreso.

[39] *Diário de Notícias* 29 Jul. 1936 [25317]: 1. Impreso.

[40] *Diário de Lisboa* 29 Nov. 1936 [5042]: 4. Impreso.

[41] *O Século* 1 Mar. 1937 [19739]: 1. Impreso.

[42] *Diário de Notícias* 26 Feb. 1937 [25523]: 1. Impreso.

[43] *Diário da Manhã* 11 Dic. 1937 [2386]: 1. Impreso.

[44] *Diário da Manhã* 24 Jun. 1937 [2218]: 1. Impreso.

[45] *O Século* 26 Ene. 1937 [19707]: 1. Impreso.

[46] *O Primeiro de Janeiro* 26 Abr. 1938 [115]: 1. Impresso; *O Século* 30 Abr. 1937 [19799]: 1. Impresso. La "Sala Salazar" de la Universidad de Porto recibió importantes aportaciones bibliográficas de la embajada alemana e italiana.

[47] *Diário da Manhã* 3 Abr. 1937 [2227]: 1. Impreso.

[48] *Diário da Manhã* 4 Jul. 1938 [2585]: 6. Impreso.

[49] *Diário da Manhã* 31 Jul. 1938 [2612]: 8. Impreso.

[50] *Diário da Manhã* 22 Jun. 1938 [2573]: 1. Impreso.

[51] *Diário da Manhã* 13 Jun. 1937 [2207]: 1. Impreso.

[52] *Diário de Notícias* 6 Ago. 1936 [25325]: 1. Impreso.

[53] *Diário da Manhã* 18 Ene. 1937 [2065]: 1. Impreso.

[54] *Diário de Notícias* 11 Mar. 1939 [26252]:1. Impreso.

[55] *Diário de Notícias* 26 Nov. 1936 [25436]: 2. Impreso.

[56] Arquivo Oliveira Salazar/Arquivos Nacionais Torre do Tombo (AOS/ANTT), CO/PC-3G, Carpeta nº 1, 4ª subdivisión, hojas nº 11 y 12. Carta anónima enviada al director del *Diário de Notícias*, 09/07/1937.

Obras Citadas

Adinolfi, Goffredo. *Ai confini del fascismo. Propaganda e consenso nel Portogallo salazarista (1932–1944)*. Milano: Franco Angeli, 2007. Impreso.

Comissão Nacional do Livro Negro para o Regime Fascista [CNLNRF]. *Correspondência de Pedro Teotónio Pereira para Oliveira Salazar (1931–1939)*. Vol. 1. Lisboa: Presidência do Conselho de Ministros, 1987. Impreso.

Farinha, Luís. *O reviralho. Revoltas republicanas contra a ditadura e o Estado Novo 1926–1940*. Lisboa: Editorial Estampa, 1998. Impreso.

Martins, Moisés de Lemos. *O olho de Deus no discurso salazarista*. Porto: Edições Afrontamento, 1990. Impreso.

Matos, Helena. *Salazar. A construção do mito (1928–1933)*. Lisboa: Círculo de Lectores-Temas & Debates, 2010. Impreso.

Mendes, Victor K. "Justifying Dictatorship: The Dictator Salazar in 1930 and the Poet Fernando Pessoa in 1928." Congreso Internacional sobre las Dictaduras. Moscú, 2009. Ponencia.

Mónica, Maria Filomena. *Educação e sociedade no Portugal de Salazar*. Lisboa: Presença, 1978. Impreso.

ALBERTO PENA-RODRÍGUEZ

Paulo, Heloísa. *Estado Novo e propaganda em Portugal e no Brasil. O SPN/SNI e o DIP.* Coimbra: Minerva, 1994. Impreso.

Pena-Rodríguez, Alberto. "*Tudo pela nação, nada contra a nação.* Salazar, el Secretariado de Propaganda Nacional y la censura." *Hispania* 72-240 (2012): 177–204. Impreso.

Príncipe, César. *Os segredos da censura.* Lisboa: Editorial Caminho, 1979. Impreso.

Ramos de Ó, Jorge. *Os anos de Ferro. O dispositivo cultural durante a "política do espírito," 1933–1949.* Lisboa: Estampa, 1999. Impreso.

Ribeiro de Meneses, Luis Filipe. *Salazar. Uma biografia política.* Lisboa: Dom Quixote, 2010. Impreso.

Torgal, Luis Reis. *Estados novos, Estado Novo.* 2ª ed. Coimbra: Imprensa da Universidade, 2009. Impreso.

Alberto Pena-Rodríguez is associate professor of propaganda history at the University of Vigo, Spain, and chair of the Propaganda, Culture, and Communication Techniques Research Group. He holds a PhD in the European Doctoral Program at the Complutense University of Madrid, and was the dean of the Faculty of Social Sciences and Communication and the president of the International Association of Communication History. Pena-Rodríguez is the author of several books and articles on the history of propaganda in Iberian relations and Portugal, including *O que parece é: Salazar, Franco e a propaganda contra a Espanha democrática* (2009). He has also worked as a journalist in radio, television, and print media, and received awards in journalism and research such as the Fernández del Riego National Journalism Prize (2010), the Barreiros Foundation Research Prize (2009), and the Galician Government Journalism Prize (1992). He is the director of the International Iberian Seminar of Communication Research and is currently working on a research project about the Portuguese press in the US. Email: alberto@uvigo.es

Anibal Frias. *Fernando Pessoa et le quint-empire de l'amour: Quête du désir et alter-sexualité*. Paris: Petra, 2012.

Fernando Beleza

Issues of gender and sexuality had until recently occupied an ambivalent position in the vast *corpus* of Fernando Pessoa's criticism, being at the same time pervasively present—since as early as the public reception of Álvaro de Campos's odes published in *Orpheu* (1915)—and peripheral to, if not completely absent from, theoretical considerations of the poet's *drama mental*. In recent years, the academic interest in the questions of gender, sexuality, and corporeality in Pessoa studies has undoubtedly increased, contributing to a clarification of the importance of such issues for a deeper understanding both of Pessoa's work and of Portuguese "First Modernism." Nevertheless, as Robert Bréchon, the acclaimed French biographer of Pessoa, states in the first lines of his preface to Anibal Frias's *Fernando Pessoa et le quint-empire de l'amour: Quête du désir et alter-sexualité*, this book is indeed the first monographic study to discuss exclusively and systematically the role of sexuality, gender, corporeality, and desire in the work of the foremost modern Portuguese writer. For this reason alone, Frias's study deserves the attention of anyone interested in Pessoa's work, Portuguese Modernism, or issues of gender and sexuality in Portuguese and lusophone studies. Its relevance is not, however, due only to the growing importance of this field in Pessoa studies; the book's thematic interest is amplified by the original and thought-provoking readings it contains, readings often unafraid of problematizing well-established critical positions and as such deserving a wide circulation among the academic and non-academic public.

At the core of Frias's approach there is an attempt at a reconstruction, and consequent reading, of the unfinished "love cycle" ("ciclo amoroso") that had been planned and partially written by Pessoa from 1913 till at least 1930. Among the five projected poems of the cycle, only the first two were completed and published by the poet: *Antinous* and *Ephitalamium*. Of the other three, mere fragments or sketches of the project remain, as far as is known.

Portuguese Literary & Cultural Studies 23/24 (2012): 441–443.
© Tagus Press at UMass Dartmouth.

Through a well-informed literary and philosophical approach to a selected corpus of Pessoa's texts—illuminated by references to such writers and thinkers as Nietzsche, Rimbaud, Blanchot, Yourcenar, Merleau-Ponty, Freud, and Foucault—*Fernando Pessoa et le quint-empire de l'amour* suggests a reconstitution of the five-poem cycle, which is productively read in relation to the poet's utopian (re)conceptualization of the Fifth Empire in *Mensagem*.

Frias's book is divided in three parts. The first part is composed of a reading of a wide corpus of Pessoa's texts, informed to a large extent by poststructuralist thought and recent gender theory. Refusing psycho-biographical approaches—and this is definitely a critical posture that strongly marks this book, for better or for worse, depending on the reader—Frias argues instead for an inseparability of textuality and sexuality in Pessoa's work that must be accounted for, naming it as the poet's *t/sex/t/uality*. In Pessoa's oeuvre, he suggests, the textual (heteronymic) multiplications of a decentered subject in a constant process of becoming go hand in hand with a questioning of the stability of gender and sexual identities, which makes Pessoa, at least in this realm, postmodern *avant la lettre*. Even if some of the conclusions of this first section are not totally new, Frias's well-informed and thought-provoking argumentation offers a crucial theoretical and critical background for his subsequent (re)construction and reading of Pessoa's "love cycle."

The study's second part is dedicated to a close reading of the poem *Antinous*, and to its contextualization in what Frias considers to be the projected logic, architecture, and dynamics of the whole "love cycle," outside of which, he argues, each individual text is unable to attain the fullness of its possible meanings. Frias rejects both the tradition of psycho-biographic readings of *Antinous* (as his reader has come to expect by this point), along with the often argued notion of homosexual/heterosexual complementarity between *Antinous* and *Epithalamium*. Instead he follows Pessoa's lead in regarding these texts as the first two elements of a cycle of poems, projected to reflect on five successive cultural moments in which worldviews, sexualities, and different desires emerge as deeply intermingled: Greece, *Antinous*; Rome, *Epithalamium*; Christianity, *Prayer to a Woman's Body*; modern Empire, *Pan-Eros*; Fifth Empire, *Anteros*. Furthermore, Frias's reading exposes the relevance to Pessoa's project of topics such as memory, art, and temporality, which had been previously neglected by the critics.

The central element in the book's third part is a hypothetical (re)construction of the unfinished "cycle," based on a corpus that ranges from fragments of the three unfinished poems to texts by Álvaro de Campos, Alberto Caeiro, Bernardo Soares, António Mora, and Jean Seul de Méluret, as well as by Nietzsche and other non-Pessoan authors. Frias's reading leads him to argue for a similarly organic relationship between the whole "love cycle" and the poet's *Mensagem*, and to suggest the pertinence of a comparative juxtaposition between the final stage of the cycle, *Anteros* (said to be characterized by a yet to be invented neo-pagan form of love reaching beyond sexuality and gender), and Pessoa's idea of the cultural and spiritual Fifth Empire. From this reading emerges what Frias boldly names as Pessoa's "Fifth Empire of love"—an esoteric (or, as some might argue, *queerly* esoteric), literary reinvention of love and desire pointing towards a realm beyond dualisms and modern categorizations of gender and sexuality.

Anibal Frias's book opens up many new possibilities for reconsidering Pessoa's work, not only in relation to issues of corporeality, gender, and sexuality, but also for readings oriented by other critical perspectives. This wide scope of prospective critical consequences both shows the relevance of this topic for a broader understanding of Fernando Pessoa's work and makes this book a crucial contribution not only to the fields of gender and queer studies within Pessoa scholarship but also to Portuguese literary and cultural studies in general. Furthermore, Frias's study is very well written, clearly organized, and, despite the complexity of the topics it discusses, reasonably accessible also to the non-academic public.

Fernando Beleza holds a BA in Romance literatures from the University of Coimbra and an MA in comparative literature from the University of Porto. He has published articles in peer-reviewed publications on nineteenth-century fiction and presented papers at international conferences on Modernism, gender, and queer theory, as well as on Lusophone postcolonial topics. He is currently a PhD candidate in Luso-Afro-Brazilian studies and theory at the University of Massachusetts Dartmouth. Email: fernando.beleza@gmail.com

Portuguese Literary & Cultural Studies
www.plcs.umassd.edu

Portuguese Literary & Cultural Studies 1
Fronteiras/Borders.

Portuguese Literary & Cultural Studies 2
Lídia Jorge in other words / por outras palavras.
Guest Editor: Cláudia Pazos Alonso, Oxford University

Portuguese Literary & Cultural Studies 3
Pessoa's Alberto Caeiro.

Portuguese Literary & Cultural Studies 4/5
Brazil 2001. A Revisionary History of Brazilian Literature and Culture.
Guest Editor: João Cezar de Castro Rocha, Universidade do Estado
do Rio de Janeiro

Portuguese Literary & Cultural Studies 6
On Saramago.
Guest Editor: Anna Klobucka, University of Georgia

Portuguese Literary & Cultural Studies 7
A Repertoire of Contemporary Portuguese Poetry.

Portuguese Literary & Cultural Studies 8
Cape Verde: Language, Literature & Music.
Guest Editor: Ana Mafalda Leite, Universidade de Lisboa

Portuguese Literary & Cultural Studies 9
Post-Imperial Camões.
Guest Editor: João Ricardo Figueiredo, Universidade de Lisboa

Portuguese Literary & Cultural Studies 10
Reevaluating Mozambique.
Guest Editor: Phillip Rothwell, Rutgers University, New Brunswick

Portuguese Literary & Cultural Studies 11
Vitorino Nemésio and the Azores.
Guest Editor: Francisco Cota Fagundes, University of Massachusetts
Amherst

Portuguese Literary & Cultural Studies 12
The Other Nineteenth Century.
Guest Editor: Kathryn Bishop-Sanchez, University of Wisconsin, Madison

Portuguese Literary & Cultural Studies 13/14
The Author as Plagiarist—The Case of Machado de Assis.
Guest Editor: João Cezar de Castro Rocha, Universidade do Estado
do Rio de Janeiro

Portuguese Literary & Cultural Studies 15/16
Remembering Angola.
Guest Editor: Phillip Rothwell, Rutgers University, New Brunswick

Portuguese Literary & Cultural Studies 17/18
Parts of Asia.
Guest Editor: Cristiana Bastos, University of Lisbon

Portuguese Literary & Cultural Studies 19/20
Facts and Fictions of António Lobo Antunes.

Portuguese Literary & Cultural Studies 21/22
Garrett's Travels *Revisited.*
Editors: Victor K. Mendes and Valéria M. Souza,
University of Massachusetts Dartmouth and Middlebury College

Portuguese Literary & Cultural Studies 23/24
Economies of Relation: Money and Personalism in the Lusophone World.
Guest Editor: Roger Sansi, Goldsmiths, University of London

Adamastor Book Series
www.plcs.umassd.edu

Eduardo Lourenço. *Chaos and Splendor and Other Essays.*
Edited by Carlos Veloso, New York University
ISBN 0-9722561-1-3

Producing Presences: Branching out from Gumbrecht's Work.
Edited by Victor K. Mendes and João Cezar de Castro Rocha
Afterword by Hans Ulrich Gumbrecht, Stanford University
ISBN 1-933227-22-2

Luís de Camões. *Sonnets and Other Poems.*
Translated by Richard Zenith
ISBN 1-933227-26-5

*The Traveling Eye: Retrospection, Vision, and Prophecy in the
Portuguese Renaissance.*
Fernando Gil, EHESS, Paris, and Helder Macedo, King's College, London
ISBN 978-1-933227-29-0

António Vieira. *The Sermon of Saint Anthony to the Fish and Other Texts.*
Translated by Gregory Rabassa
ISBN 978-1-933227-30-6

Eça de Queirós. *The Correspondence of Fradique Mendes.*
Translated by Gregory Rabassa
ISBN 978-1-933227-32-0

Eça de Queirós. *The Relic: A Novel.*
Translated by Aubrey F. G. Bell
Preface by Harold Bloom
ISBN 978-1-933227-35-1 and Ebook ISBN 978-1-933227-38-2

Bernardim Ribeiro. *Maiden and Modest: A Renaissance Pastoral Romance.*
Translated by Gregory Rabassa
Preface by Earl E. Fitz
ISBN 978-1-933227-37-5

Portuguese Language Textbook Series

Francisco Cota Fagundes. *Um passo mais no português moderno: Gramática avançada, leituras, composição e conversação.*

Portuguese in the Americas Series

Portuguese-Americans and Contemporary Civic Culture in Massachusetts.
Edited by Clyde Barrow, Center for Policy Analysis,
University of Massachusetts Dartmouth
ISBN 0-9722561-0-5

Through a Portagee Gate.
Charles Reis Felix
ISBN 0-9722561-4-8

In Pursuit of Their Dreams: A History of Azorean Immigration to the United States.
Jerry R. Williams
ISBN 0-9722561-6-4

Sixty Acres and a Barn: A Novel.
Alfred Lewis
ISBN 0-9722561-5-6

Da Gama, Cary Grant, and the Election of 1934.
Charles Reis Felix
ISBN 0-9722561-8-0

Distant Music.
Julian Silva
ISBN 0-9722561-9-9

The Representation of the Portuguese in American Literature.
Reinaldo Silva
ISBN 1-933227-18-4

The Holyoke.
Frank X. Gaspar
ISBN 1-933227-20-6

Two Portuguese-American Plays.
Paulo Pereira and Patricia A. Thomas
ISBN 1-933227-21-4

Tony: A New England Boyhood
Charles Reis Felix
ISBN 1-933227-24-9

Community, Culture and The Makings of Identity: Portuguese-Americans along the Eastern Seaboard
Edited by Kimberly daCosta Holton, Rutgers University, Newark, and Andrea Klimt, University of Massachusetts Dartmouth
ISBN 1-933227-27-3

The Undiscovered Island.
Darrell Kastin
ISBN 1-933227-23-0

So Ends This Day: The Portuguese in American Whaling, 1765–1927.
Donald Warrin
ISBN 1-933227-28-1

Azorean Identity in Brazil and the United States: Arguments about History, Culture, and Transnational Connections.
João Leal
ISBN 1-933227-31-1

Move Over Scopes and Other Short Fiction.
Julian Silva
ISBN 978-1-933227-33-7

The Marriage of the Portuguese (Expanded Edition).
Sam Pereira
Foreword by Frank X. Gaspar
ISBN 978-1-933227-34-4

Home Is an Island: A Novel.
Alfred Lewis
ISBN 978-1-933227-36-8

Land of Milk and Money
Anthony Barcellos
ISBN 978-1-933227-40-5

The Conjurer and Other Azorean Tales
Darrell Kastin
ISBN 978-1-933227-41-2